해방기 남북한 극문학 선집
Ⅰ

해방기 남북한 극문학 선집 Ⅰ

초판 1쇄 발행일 · 2012년 11월 8일

지은이 · 김남천/ 김사량/ 김승구/ 김창만
엮은이 · 이재명
펴낸이 · 이정옥
펴낸곳 · 평민사

주소 · 서울시 서대문구 남가좌 2동 370-40
전화 · 02)375-8571(영업)/ 02)375-8572(편집)
팩스 · 02)375-8573
등록번호 · 제10-328호
값 · 22,000원

http://blog.naver.com/pyung1976
ISBN 978-89-7115-589-9 04810

*잘못 만들어진 책은 바꾸어 드립니다.

해방기 남북한 극문학 선집 I

이재명 엮음

김남천
김사량
김창만 김승구

평민사

책 머 리 에

해방기 남북한 극문학 선집(Ⅰ~Ⅳ)은 한국연구재단의 연구과제 KRF 2007-327-A00473 (연구과제명 "해방기 남북한 극작품의 데이터베이스화 및 공연문화사 연구")를 수행하면서 기획되었다. 2009년 연구과제를 마무리하면서 온라인상의 자료센터를 개설하려 하였으나, 여러 가지 여건이 마땅치 못한 상황이 되고 말았다. 궁리 끝에 지난번 연구과제의 성과물인 근대 희곡·시나리오 선집(해방전 공연희곡집 외 10권)의 사례를 계승하는 차원에서 2권 분량의 극문학 선집을 출판하기로 하였다.

수많은 자료를 여러 차례 검토한 끝에 2권으로는 귀중한 자료를 다 담아내기 어렵다고 판단하여, 사비를 들여서라도 추가로 2권 더 출판하기로 하였다. 하지만 연구원도 제대로 확보되지 않은 상태에서 혼자서 자료를 검토하고 수록 작품을 선정하는 작업에 상당한 시일이 걸리고 말았다. 선집 4권에 수록될 작품 선정이 마무리될 무렵, 뜻하지 않은 눈수술로 출판 작업은 더욱 더뎌질 수밖에 없게 되었다. 최종 원고와 원문 대조 작업 및 교열 작업과 사투를 벌인 결과, 해방기 남북한 극문학 선집 Ⅰ·Ⅱ 2권을 1차분으로 먼저 출판하기에 이르렀다.

1945년 8·15 해방 이후 1950년 한국전쟁이 일어나기 이전까지 남한에서 발표된 극작품으로는 80여 편을 확인할 수 있었다. 같은 시기 북한에서 발표된 극작품은 100여 편에 이르는데, 국립중앙도서관과 명지대 도서관, 미국 국립문서보존소(한국전쟁 중 북한지역에서 노획한 자료들 상당수는 최근 국립중앙도서관 해외수집기록물 자료실에 D/B로 확인 가능), 중국 연변대 도서관 및 러시아 국립도서관에서 60여 편의 극작품과 13권의 희곡집을 수집할 수 있었다. 이들 중에서 대략 40여 편의 작품을 추려, 해방기 남북한 극문학 선집으로 묶게 되었다.

해방기 남북한 극문학 선집에 수록된 작품을 선정한 기준은 일차적으로 작품성이 뛰어난 것으로, 당대 극문학의 수준을 가늠할 만한 작품을 우선적으로 골랐다. 그 다음으로 그동안 발굴되지 않아 연구가 미흡했던 극작가와 그의 작품을 소개하려는 취지로 미공개 극작품 위주로 선정하였다. 그러다 보니 해방기 남북한 극문학 선집에 북한쪽 작품이 많아지게 된 요인이 되었다. 또한 탄생 100주년을 맞이한 문인들을 기념하고 작품세계를 재조명하려는 취지에서 최근 10여 년 사이에 각종 작품전집류들이 홍수를 이루게 되었다. 유치진과 오영진, 김영수, 함세덕, 신고송, 이주홍, 진우촌 등의 작품집이 대표적인데, 여기에 소개된 극작품 역시 수록대상 목록에서 제외하다 보니 남북한 작품 사이의 균형이 맞지 않게 되고 말았다. (수집한 작품과 게재 지면 및 공연 사항 등에 대한 자료와 작가별 작품 현황 등의 자료는 내년 초에 발행될 해방기 남북한 극문학 선집 Ⅲ, Ⅳ에 수록할 예정이다.)

    한국연구재단 연구과제를 수행하는 과정에서 연구원으로 도움을 준 양수근 선생과 우미옥 선생에게 감사드리며, 그동안 연구실에서 함께 애쓴 윤성훈, 권오경, 박소희, 배나은, 신다혜, 정지혜 조교에게도 감사의 인사를 전한다. 특별히 이번 연구과제 수행과 선집 발간에 있어서 윤성훈의 역할은 자료 수집과 정리 및 연구의 모든 방면에서 절대적이었다.

    이들 명지대 문예창작학과 관련인들과 별도로, 혜화동1번지 5기 동인들과 혜화동1번지 2012 봄 페스티벌 기획진과 같은 젊은 연극인들에게도 감사드린다. 이들은 다소 무겁고 재미없을 주제인 "해방공간"을 젊은 감각으로 새롭게 재조명함으로써 이번에 출판하는 선집의 의의를 확인시켜 주었다. 6,70년 전에 발표된 김사량의 「호접」을 비롯한 이동규의 「두루쇠」 등 5편의 희곡작품을 새롭게 무대화한 혜화동1번지 5기 동인들의 열정에 다시 한 번 감사드린다.

    또한 극예술학회의 젊은 연구자 여러분이 본 선집에 수록될 자료를 검토하고 앞으로의 연구 방향 검토를 위한 "해방기 세미나"에 열의를 갖고 진행해 준 것에 감사드린다. 매서운 겨울 방학과 무더운 여름 방학이라는 악조건 속에 전개된 세미나에서 백소연, 전지니, 양근애, 문경연, 권두현, 김남석, 우수진, 서재길, 김정수, 백승숙, 김향, 백선애, 조보라미 선생(무순!)이 애써 주셨다.

    끝으로 한국 연극과 극문학 발전을 위해 애쓰시며 어려운 출판 환경 속에서도 본 선집의 출판을 떠맡아 주신 평민사 이정옥 사장님께도 더 없는 감사를 드린다. 지지부진한 작업을 지켜보면서 격려와 성원을 아끼지 않은 가족에게도 감사한다. 계속되는 시련과 고통 속에서도 연구할 수 있는 체력과 여건을 허락해 주신 하나님의 은혜에 다시금 감사하지 않을 수 없다.

앞으로 이루어야 할 연구와 남은 생애가 더 나은 내일과 임재하는 하나님 나라의 건설에 유용하게 쓰일 수 있게 되길 간절히 기원해 본다.

2012년 10월 금토산 자락에서
이재명

[목차]

김남천
삼일운동 · 9

김사량
뇌성 · 75
더벙이와 배뱅이 · 131
무쇠의 군악 · 197
봇똘의 군복 · 213
호접 · 232

김승구
춘향전 · 291

김창만
강제병 · 399
북경의 밤 · 439

일 러 두 기

  1. 수록된 작품은 원문 그대로 게재하는 것을 원칙으로 한다. 다만 의미 전달의 효율성을 높이기 위해 작품의 일부분에 현대 띄어쓰기를 적용하였다.

  2. 한자(漢字)의 경우 역시 원문 그대로 표기하는 것을 원칙으로 하나, 일부에서 지나치게 남용된 한자는 한글로 표기한다.

  3. 문장 부호는 가로 조판 방식에 맞게 현대적으로 변형하였다. 또한 '◇ ○ ◎ ( )' 등 원문의 독립 지문 표시 기호는 현대 방식에 맞게 모두 생략하고, 위아래로 한 줄씩 띄워 독립된 지문 표시를 하였다.

  4. 단어가 반복될 때 '〈'이나 '〃' 기호로 표시하거나 일본어 '々'를 사용하는 경우, '〈'이나 '〃'는 현행 가로쓰기 체계에 맞지 않기 때문에 앞의 단어나 구의 반복을 그대로 살려주는 방식으로 표기하였다(예 : 떨어질 듯이 〈 → 떨어질 듯이 떨어질 듯이).

  5. 문맥상 오자(誤字)임이 분명한 것이라 할지라도 본문에서 수정하지 않고 주석 처리를 하였다. 또한 의미 해석이 필요한 단어나 구, 절에 대해서도 주석 처리를 하였다.

  6. 원문 판독이 불가능한 글자의 경우, 가능한 그 숫자만큼 '□' '*' '○' 표시를 하였다.

삼일운동

헌사(獻詞)

이 한 편(編)을 삼가 삼일운동에 희생(犧牲)된 만 여 선열(先烈)의 무덤 앞에 드리나이다.

내가 태극기(太極旗)를 우러러 처음 보기는 1919 기미년(己未年) 삼월 일일 보통학교(普通學校) 일학년 나이 아홉 살 때였다. 아침 햇발이 유난히 빛나고 아름답던 그날 수 십 군중(群衆)의 선두에서 천천히 퍼득이며 방선문(訪仙門)을 거쳐 고을로 행진해 들어오는 태극기(太極旗) - 이 농민군중(農民群衆)의 선두(先頭)에 선 최초의 태극기 밑에서 내 고향 수 백 동포(同胞)가 왜군헌(倭軍憲)의 총(銃)칼에 피를 뿌리고 쓰러졌다. ○래(○來) 이십 수년 간 고향 젊은이로서 태극기와 붉은 기를 사수(死守)하여 혹은 넘어지고 쓰러진 이 혹은 총칼에 몰려서 옥(獄)에 갇힌 이 그 수를 헤아릴 길이 없다.

삼십육 년의 긴 철쇄가 끊어져서 이제 내가 붓과 친숙한 지 십수년 처음으로 엮어 보는 이 투쟁기록(鬪爭記錄)의 드라마를 나는 서울 앉은 채 쓰지 않으면 안 되게 되었다. 고향의 선배와 선열의 무덤을 찾아 보고 그들이 흘린 피의 전적(戰跡)을 살펴보고 싶은 마음 누를 길이 바이 없으나 시방 나는 그러한 여유(餘裕)와 시간을 가지지 못한 채 이 희곡(戱曲)에 붓을 든 것이다. 그러나 성천(成川)서 일어난 사실(史實)만으로 이 극을 짜는 것이 아님은 물론이나 내 뜻과 피와 마음이 가는 곳은 의연히 평양서 백육십 를 격(隔)한 나의 고향이 아닐 수 없는 것이다. 언어나 무대에서 특별한 지방색을 고집(固執)할 필요가 없음은 이 운동이 일 지방에서만 일어난 것이 아니기 때문도 있는 것이나 방언이 연기의 진실성을 저해할까 우려함에 결과된 일이다. 대방(大方)의 비판(批判)을 바라는 바이다.

장면
  전(全) 3막 8장

제1막 기미년 초순경(初旬頃)
  제1장 현자성의 방 (동일학원숙사)
  제2장 고영구의 집
제2막 기미년 3월 1일
  제1장 방선문 앞마당
  제2장 헌병대문 앞마당
  제3장 교회당 앞마당
제3막 기미년 3월 말일
  제1장 고영구의 집
  제2장 동네 벌판

주요인물
  현자성(玄子誠) (25)   동일학원 교사
  고영구(高永九) (28)   망명간 전 동일학원 교사
  나 씨 (54)   영구의 어머니
  최성순 (23)   영구의 아내
  고병호 (4)   영구의 아들
  칠성이 영감(40)   영구의 막인(幕人)
  최창현 (21)   영구의 처남, 성순의 남동생
  최진순 (19)   성순의 동생, 창현의 누이동생
  이기수 (21)   동일학원 상급생
  김두일 (20)   동
  장동휘 (22)   동
  박쾬영 (21)   전노교 청년대표, 진순과 약혼 중
  조성일 (50)   야소교 목사
  최헌술 (43)   천도교 구장
  박동근 (25)   읍내 청년유지대표
  안재두 (40)   농민
  문경훈 (31)   밀정
  田中 (37)   헌병대장, 중위
  길호일 (34)   헌병 보조원 (경찰관)
  岡田 (45)   헌병조장
  기타 농민, 학생, 부녀자, 헌병 보조원(경관) 등 다수

제1막 기미년 2월 초순

제1장 어두어갈 무렵에서 밤까지 현자성의 방

무대

오른편에 치우쳐서 동일학원 숙사로 된 현자성 교사의 거처 두간 방. 앞으로 적은 걸상만큼 한 넓이로 마루가 달리고 방문 옆 바람벽에 크게 먹으로, 고영구 선생이 남긴 말씀 중에서
'미워할 줄 아는 사람이 진실로 사랑할 줄 아는 사람이다.
우선 알자, 뒤에는 용감히 나가자.
단합하면 이기고 흩어지면 진다.'
하고 써서 붙인 것이 보인다. 방 안에는 정면에 세계지도, 기둥에 시계, 작은 책상과 책, 이불과 요, 한 자리를 올려놓은 석유 궤짝을 고쳐 만든 궤짝? 등. 무명으로 만든 중절모 기타. 왼편은 운동장의 한 부분을 넘어서 교사(校舍), 십자가를 세운 교문 등의 원경(遠境), 철봉대가 선 곳으로 통용(通用)하는 길.
읍내서 삼십 리 가량 떨어져 있는 후진 부락으로서 가질 수 있는 점경(點景)들.

마루 위에서 어린 학도가 남포등(燈) 등피알1)을 닦다가 안으로 들어가서 끼어놓고 단정히 놓았던 신을 신고 운동장으로 나와 철봉대 앞을 지나 통용로로 나가려 할 때 현자성 교사와 마주쳐서 경례한다. 현교사 예를 받고 무대 가운데로 걸어 오다가 무엇을 생각했는지 퇴장하는 학동을 돌아보아 그를 부를 듯 하다 말고 방 앞을 향하여 오는데 학동과 엇갈려서 최진순이가 앞치마로 손을 닦으며 등장한다. 현교사는 방 안을 들여다보고 학원 구내를 한바퀴 순시할 생각으로 운동장에 나선다.

현교사   아, 진순이가 어떻게
진 순   (인사하고 잠시 주저하다가) 선생님께 꼭 여쭈어 볼 말씀이 있어서요. (그리고는 얼굴을 수그리고 긴 머리채 끝에 매인 당기를 만진다)
현교사   내게요. 그럼 이리로 들어가지.

---

1) 등불이 꺼지지 않게 바람을 막고 불을 밝게 비치게 하는 유리알.

진　순　오라버니 몰래 잠시 여쭈어 볼려는데 들어갈 것 없이 잠깐만.
현교사　잠깐이래도 운동장 가운데서 이야기 할 수 있나. 그럼 이 마루로 와서 앉든지. (먼저 가서 토목 두루마기 입은 궁둥이를 털석 걸터앉힌다)
진　순　(권해도 앉지 않고 그의 앞에 서서 역시 당기만 만진다)
현교사　오라버니는 시방 나와 저녁상을 물리고 무어 좀 숙제 학습할 걸 치우고 있었으니까 좀 더 있어야 올 것이오. 무어든지 이야기 할 게 있으면 말해 보지.
진　순　(용기를 내서) 다름이 아니오라 혹 들으셨는지 몰라도 읍내 박관영씨와의 혼사 말씀예요. 두 집안 어른끼리 벌서 작정해 논(놓은) 건데 그이가 아시다시피 천도교 신도(信徒)가 안애요. 그러타구서 오라버니는 아버지가 듣지 않으셔두 파혼하는 게 옳다구 주장하시는데, 제 생각으로도 오라버니 말씀이 지당한 것 같아서 어떡하면 좋을가 선생님께 여쭈어 보는 겁니다.
현교사　아버지께 그 뜻을 말씀해 보셨나.
진　순　저야 어떻게 말씀 드릴 수 있어요. 어머니가 은근히 그애가 아마 천도교꾼이라구 꺼리는가 봅디다. 허구서 귓뜸으로 여쭈어 보셨더니 펄펄 뛰시면서 천도교고 동학이고 간에 점잖은 분들이 가운데 나서서 다 작정이 되고 편지까지 받은 걸 갖다가 그 집안 망치는 수작 옮기지두 말라구 공연히 꾸중만 드샜답니다.
현교사　오라버닌 파혼하구 어떻게 하라는 건가.
진　순　글쎄 도망이라두 빼라구 그러지오.
현교사　도망. (잠시 생각한다) 진순인 집을 버리구 아버지 어머니를 떠나서 도망갈만 한 각오가 생겼나.
진　순　아직은 덜 생겼어두 선생님이 그것이 옳다구 권하신다면 그만 각오는 가질 것 같애요. 하느님 뜻을 거역하여 큰 죄를 짓느니 부모님의 옳지 않은 뜻에 순종치 못하는 것이 낫지 않으세요.
현교사　(잠시 또 생각하다가) 내 아버지한테 한번 이야기해 보지. 잘 말씀드리면 양해해 주실른지 아는가.
진　순　아마 안 될 거애요. 오라버니께서 한번 여쭈었더니 그럭헐랑 그 예수구 하래비구 모두 그만 집어치라구, 되려 예배당에 다니는 것까지 못 가게 하실 생각이신걸요.

◇ 그때 진순이 오빠 최창현, 두루마기 바람으로 성큼성큼 통용로로 등장.

진 순   아이, 어떻게 해. 오라버니가 오시네.
현교사   오면 어때요. 같이 상의(相議)하면 더 좋지.
창 현   너 진순이 어째 여기 와서 있나. 어머니가 찾으시던데. 이 애는 밥 먹었으면 먹은 그릇이나 치우구 나가지, 어딜 요렇게 장지뱀 사리듯 했는가구.
현교사   그런게 아니야. 마침 좋은 자리에 왔구면. 최군은 어떤가, 누이동생을 파혼을 시키구 도망을 보낸다면 어떻게 허겠다는 계획(計劃)이나 서있는가.
창 현   너 그런 거 쌔부렁 거릴려구 저녁술 던지구 퉁겨나완. 그렇게 설명해두 넌 모르는. 그깟 자석 네가 한번 보길 했나, 생각을 들어보길 했나. 게다가 젊은 아이가 동학군. "지기금지원위대항 대천주조화정 영세불망만사지"2). 그게 사람 놈의 자식이야. 우선 첫째는 믿는 사람이 아닐 뿐 아니라 천도교꾼인 것, 둘째는 당자(當者)간 의사를 존중치 않고 어른들끼리 그것도 친히 보고 작정한 것이 아니고 가운데 나선 중매쟁이의 체면을 가지구 이루어진 그런 혼사(婚事)인 것. 셋째는 자식놈 된 품이 덜 된 것. 나는 절대 반대야. 선생님. 아버지두 그렇습니다. 누님 때는 다행(多幸)히 고영구 선생 같은 이를 어찌다 바루 걸렸으니 시방 혼자서 독수공방 허시더래두 어엿하고 부끄리울 것 없고 또 누이 자신두 참 만족해 계시지만. 내 경우에두 의사를 전연 무시했거든요.
현교사   (제지하며) 그러니 말야, 여러 말 할 것 없이 지금 매(妹)씨두 누가 좋다는 건 아니니 말야, 도망을 간다면 구체적으로 어떻게 한다는 계획이 있느냐 말이야, 내가 묻는 건.
창 현   그게 문제인 게 아닙니다. 우선 결심(決心)과 각오가 문제인 겁니다. 방법(方法) 때문에 해야 할 것 같다가 안허든가 못하는 수도 있습니까.
진 순   아이 참, 오라버닌 그 결심도 어떡헌다는 계획이 서야만 더 굳어지지 않아요.
창 현   그만 둬라. 네가 아무래두 동학꾼이 될려구 그러는 게다. "시호

---
2) 천도교 주문의 일종.

　　　　　시호 이내 시호, 부재래지시호로다. 만세일지 장부로서 오만년지
　　　　　시호로다. 천덕(天德)일세 천덕일세."3)
현교사　(제지하며) 쉬, 그 쓸데없는 말. 그럼 진순이, 내가 아까 말헌 것
　　　　　대루 한번 춘부장(椿府丈)을 만나서 자세한 말씀을 드려 보지,
　　　　　그러구 나서 착실하게 계획을 세워 보지, 또 당자(當者)인 박관
　　　　　영 군에게 이야기 해보는 것두 한 방법이고.

　　　　　◇ 진순 인사하고 퇴장. 정문으로 머리르 싸매인 김두일, 이기수, 장동휘
　　　　　등장. 어두워서 컴컴하다.

김,이,장　선생님 저녁 잡수셨습니까.
현교사　오, 어서들 오라구. 기다리던 참 일세.

　　　　　◇ 현교사 앞서서 방 안으로 들어가 불을 켜고 네 청년들 서로서로 지꺼
　　　　　린다.

현교사　들어들 오게, 이제 곧 여덟시일세.

　　　　　◇ 일동 방 안에 돌아 앉는다.

현교사　두일군, 머리 상처(傷處)는 좀 어떤가.
두　일　그저 그러합니다. 쑤시는 건 좀 낫구요.
현교사　그만하길 다행이지 모두 내가 따라가지 못한 탓이네. (시계를 쳐
　　　　　다보고) 그럼 시작하지. (책상에서 찬송가를 가져다 들고) 8장
　　　　　"만 입이 내게 있으면." 그럼 다 가치 부릅시다.
일　동　"만 입이 내게 있으면 그 입 다 가지고 내 구주 주신 은총을 늘
　　　　　찬송하겠네,
　　　　　내 은혜로신 하느님 날 도와 주시고 그 귀한 영광 널리 펴 다
　　　　　알게 합소서.
　　　　　내 주의 크신 이름이 날 위로하시고 이 귀에 음악 같으니 참 희
　　　　　락되도다.
　　　　　내 죄의 권세 깨뜨려 그 결박 푸시고 이 추한 맘을 피로써 곧

---

3) 천도교 주문의 일종.

정케 하셨네."

현교사 그럼 다 함께 기도 드립시다. 하나님 아버지시어. 아버지께서 사랑하시고 보호해 주시는 덕택으로 사랑하시는 이 불행한 땅의 청년들이 베푸러 주신 하룬날의 귀중한 정신의 양식을 골고루 받을 수 있사옵고 또 다시 육신의 양식까지 먹을 수 있었사옵고 지금 그 중의 가장 성장한 네 청년 학도와 한 자리에 모여앉아 하느님께 영광을 돌리게 되었사오니 하나님 은혜 감사하옵니다. 아버지시여! 이제 미련하옵고 미천한 저희들이 한 자리에 앉아서 토의코자 하옵난 바는 어제 저녁 읍내에서 열렸던 청년 토론회에 참여하였던 우리 동일학원 대표 네 사람이 사도(邪徒)에게 입은 폭행으로 말미암아 생겨난 불상사를 구명(究明)하고 그 대책을 세우고자 하옵는 바, 이는 하나님의 영광을 우리 삼천리 강토 안에 널리 빛나게 하올려는 위 미련한 죄인들의 생각에서 우러나온 정성이오나, 날이 갈수록 하느님의 뜻을 그릇되게 하는 사도의 무리는 늘어가고, 달이 거듭될수록 하느님의 빛을 흐리게 하는 책모(策謀)는 끊일 날이 없고 해가 거듭할수록 하느님의 영광을 빛나게 하려는 우리들의 힘은 좀먹어 들어가는 곤궁한 상태 가운데서, 만약 이 모임이 하느님의 성신과 지도로써 인도되고 주장되지 아니한다면 우리 부족한 지혜와 몽매로운 생각으로 능히 이 일을 감당하지 못할 것이오며 도러여 하느님께 욕을 돌리게 되올른지도 모르오니, 하느님 아버지시어 끝가지 우리를 돌아보아 주셔서 성신이 스스로 가치 계시고 지도하셔서 우리의 정신과 정성을 그릇되지 않게 인도해 주시옵기 바라옵나이다.

또 끝으로 비옵고자 하옵는 바는 위대한 선배되시는 고영구 선생 우리의 옆을 떠나 해외에서 국사에 분망(奔忙)하신 지 이미 세 해, 고영구 선생이 가는 곳마다 하느님께서 가치 계셔서 언제나 그의 몸을 포악(暴惡)한 왜헌(倭憲)의 손에서 보호해 주시옵고, 고 선생이 하는 일이 하느님의 뜻 가운데 있삽게 하시옵고 하루 바삐 선생의 위대한 사업이 성취되어, 이천 삼백만 다 함께 하느님의 영광을 누리고 찬양하옵도록 지도하시고 인도해 주시옵기 간절히 바라옵나이다. 빌 공로 없는 죄인이오나 우리를 대신하여 십자가를 지신 우리 주 예수 그리스도 이름을 바뜰어(받들어) 비옵나이다.

일 동 아멘.
현교사 지금 생각해 보면 큰 볼일이라고도 할 수 없는 일 때문에 내가 제군(諸君)과 가치 읍내로 들어가지 못한데 불상사의 원인이 있다고도 보아지므로 우선 그것을 제군에게 사죄합니다. 더구나 김두일군은 머리에 적지 않은 상처까지를 내게 되어 나로서 퍽 미안되게 생각합니다. 토론회의 경과에 대해선 아까 교실에서 잠간 들었지만 천도교 청년들과 감정상 충돌이 생기게 된 직접 도화선이 된 연설의 내용은 어떤 것인가. 당사자인 두일군, 요점만 말해 보시오. 우리에게 잘못이 있다면 솔직하게 그것을 인정하고 책임지는 것이 남자다운 떳떳한 일이니까.
두 일 (붕대 동인 머리로 자리에서 일어서며) 천도교 청년 대표 박관영이 '여심(汝心)과 오심(吾心)'이란 제목 하에 천도교의 인내천(人乃天) 사상을 청중에게 광포하고 있는 것은 우리들로서 밸4) 틀리는 일이었으나, 기위 사상과 주장이 다른 각 단체 종교 대표들의 합동 강연회(講演會)이고 보니 우리가 거기에 나선 이상 그 갓(갓) 일은 미리 각오한 바이요, 또 선생님 말슴에도 각기 주장을 감정적으로 흐르지 않게 또 서로서로 남의 도의(道義)나 주지(主旨)를 노골적으로 공격치 않기로 서로 언약도 되었다 하기로 극력(極力) 참아 왔습니다마는, 연설이 절반 이상 지내가자 자기 종교의 설명이기보다는 서학(西學), 서학 하면서 기실(其實)은 우리 예수교를 공격하는 언사가 노골적으로 들어나게 되었습니다. 더구나 천도교의 동학은 조선 사람의 심중에서 조선사람의 환경 가운데서 스스로 생겨나고 우러나온 조선사람의 생각이요 이상이요 종교임에 반하여, 저 서학은 사대적(事大的)인 양인(洋人) 숭배(崇拜)와 양인 추수(追隨)로서 극단으로 말하면 조선을 정신상으로 서양에 팔아 넘기려는 부박(浮薄)한 생각의 소치(所致)라 지적하고, 도대체 유대국이 우리 조선과 무슨 상관이며 유댓나라 목수의 아들이 우리 조선사람과 무슨 관계가 있느냐고 고취(鼓吹)했습니다.

◇ 이때를 전후하여 교문 있는 데로부터 깨꼬 모자(月出帽)를 쓴 수염이 꺼멓게 드리운 검정 두루막 입은 사나이가 조심성 있게 들어와서 운동장

---
4) 배알, 창자라는 뜻이나 속마음이라는 뜻도 있음.

을 건너 방 옆에 와서 선다. 서서 안에서 이야기하는 것에 가만히 귀를 기울이고 있다. 물론 밖은 이미 어두운 밤이었다. 변장한 고영구인 것이나 아무도 그것을 알 턱이 없다.

두　　일　그래서 장내가 들끓듯 소란한 가운데서 끝으로 제가 등장하게 되었는데, 솔직히 말씀드리면 저는 미리 초(草)하여 갖고 간 연설 내용을 잊어버릴 정도로 흥분했고 청중들 중의 우리 교인들도 저에게서 무엇을 요구하고 있는지 저는 이내 이해할 수 있었던 것입니다. 그래서 지금 생각해 보면 탈선이라고 하실른지 모르나, 동학의 천도교를 그 유래로부터 공격하여 최제우 이래 최시형에 이르는 엉터리 억지 교의를 폭로(曝露)하고 서학을 모방하여 철리(哲理)도 모두 날조요 협잡인 것을 지적하는 한편, 무지한 대중에게 미신과 낭설(浪說)과 정감록으로 사기(詐欺)하며 이용구 송병준 일파의 일진회(一進會), 진보회(進步會) 등이 그 매국적인 행동에 있어 얼마나 큰 죄를 범하였는가를 공격하여, 천도교란 이용구의 우인(友人)인 손병희 일파가 일진회를 계승하여 그 정신을 도통(道統)한 것이라 통격(痛擊)치 않을 수 없었던 것입니다. 이것이 말하자면 연설회가 끝난 뒤에 일어난 구타 폭행 사건의 도화선이 되었다는 것을 솔직히 고백합니다. (흥분을 죽이고 앉는다)

현교사　처음 손찌검을 먼저 한 것은 누구였었나. 최창현군 자네였나.

창　　현　아닙니다. 천도교 청년한테서 저는 먼저 얻어 맞았습니다.

현교사　누가 맞았던 간에 맨 처음 손을 댄 건 우리 편인가 저 편인가. 장군.

동　　휘　(일어선다) 선생님 물으시는 말씀은 순서가 바뀌었습니다. 밖에 나와서 누가 먼저 트집을 걸고 저로 하여금 손을 걸지 않을 수 없게 했는가가 우선 문제되어야 할 줄 믿습니다.

현교사　그럼 첫 손을 건 건 자넬세 그려.

동　　휘　누가 저로 하여금 첫 손을 걸게 했는가가 문제입니다.

현교사　(제지하여) 알았으니 앉으시오.

　　◇ 이때에 밖에 섰던 고영구 기침해서 인기척을 알리고 문 앞으로 나온다. 방 안의 일동 잠시 놀래고 당황해 한다.

동 휘 (앉았다가 벌떡 일어나며) 누구야. 남의 회의를 밖에서 엿듣는 자가 누구냐.
현교사 (또다시 제지하며) 여보게 장군, 앉게. 밖에 선 이가 누굽니까.
고영구 나외다. 동무들 오래간만이오.
일 동 (서로 바라보며 의아해한다)
창 현 (벌떡 일어나며 나직히) 형님 아니슈. 영구 형님 아니슈. 목소리가 형님인데.
고영구 (손을 내민다 최창현을 잡으며) 창현인가. 컸네 그려.

◇ 일동, 우수수 일어나서 반기며 도는데, 현교사 가운데로 나서서 밖으로 걸어 나가며 영구선생의 손을 잡는다.

현교사 고 선생님. 이게 웬일이십니까. (잠시 격동 속에 침묵)
현교사 자, 들어오시지오. 아무도 없습니다. 이기수군, 교문밖에 나가서 망을 보게. 먼데서 발자취 소리만 나도 알려야 되네.
고영구 무어 괜찮겠지. 어디로 급히 가던 과차(過次)에 차마 그대로 과문(過門)할 수 없어서 먼 발로 학교 그림자라도 보고 가려고 들렸던 것인데, 마침 회의를 씩씩하게 열고 있는 것 같아서 사실은 밖에서 좀 엿들었던 겁니다. 현형, 얼마나 애쓰시오.

◇ 고영구 신발을 풀고 들어와서 모자를 벗고 코 밑에 달았던 턱섶부리 수염을 뗀다. 그걸 보고 일동 빙그레 웃는다. 이기수 나간다. 고영구 권하는 데로 아랫목에 앉는다.

현교사 우리야 무슨 애쓰는 게 있겠오만은 얼마나 고초를 겪으셨습니까. 우린 다행히 고선생이 남기고 가신 뜻을 바뜰고(받들고) 고선생의 정신을 더럽히지 않을 영으로 열심히 일하고 있습니다.
고영구 나야 해외에서 훨훨 쏘다니니 고통을 알겠소마는, 국내에서 갖은 압박(壓迫)과 착취(搾取) 밑에서 끊임없이 사업을 펴나가는 여러 동지 청년 학도들의 애쓰시는 노력이야말로 감사와 감격 없이는 대할 수 없는 일이라고 생각합니다. 우리 동일학원의 교세는 어떠합니까. 여적 혼자서 가르치십니까.
현교사 학급이 셋, 부족하지만 나 혼자서 맡아 합니다. 하급반은 상급반에서 번가라(번갈아) 도움을 갑니다. 학생은 합해서 백 오십명,

정도(程度)는 한 학급이 다른 학교 2년치를 속성으로 가르침으로 보통학교 1학년으로부터 중학 2년 정도까지의 실력을 가질 수 있게 되어 있습니다.

고영구   고생되겠습니다. 그럼 아까 하시던 회의를 계속하시지오.
현교사   회의는 회의고, 고 선생 진지를 드려야 할 텐데, 최군.
고영구   아닙니다. 다릿목에서 먹고 해가 저므는 것을 기다려 마을로 들어선 겁니다. 그리고 내가 여기 온 것은 아무데도 알리지 마십시오. 비록 내 처가일지라도.
창 현   그래두 (일어서랴 하는 것을)
고영구   아니, 그만 두게. 나는 오래 지체 할 수 없이 밤중으로 이곳을 떠나야 할 테니.
동 휘   선생님. 보초도 세웠고 또 저이 힘이 아무리 미약하드라도 선생님을 헌병의 손에야 넘기겠습니까.
고영구   아, 글쎄, 생각은 고마우이마는 무서워 그런다기보다 앞길이 바뻐 그러네. 다릿목에 들려서 저녁국수를 눌러 먹고 있는데 그 애가 누구더라, 저 고을 나까니시(중서(中西) 상점에서 사무보던.
창 현   문경훈이요.
고영구   아 참, 그 애가 문가렸다. 문뚱뎅이 허구설랑 놀리던 사람이야.
동 휘   그 자식이 어쨌습니까. 그놈이 헌병대 끄나풀입니다.
고영구   끄나풀? 건 확실한가.
현교사   확증은 모르지만 대체로 그렇게 물망이 돌고 있습니다.
고영구   흠. (잠시 생각한다) 그래서 자세히 살폈군 그래.
동 휘   무어라구 했습니까.
고영구   내가 변장했었구 시침을 따구 있었으니 무슨 이야기야 서로 있을 리 없지만, 그것이 영업(營業)이라면 눈치쯤은 챘을른지도 모르지.

◇ 장동휘, 최창현과 서로 마주본다.

고영구   그러나 덤빌 건 없어. 그 자가 읍내에나 주재소(駐在所)에 가서 알려 가지고 이곳까지 헌병대나 경찰대가 나오려면 시간이 있으니 그 시간이 되기 전에 떠나 버리면 될 게 아닌가.
장동휘   창현 군, 학생을 소집해서 자위대를 조직하고 보초와 전투대를 조직케 하세. 현 선생님, 사 년만에 고향에 돌아오신 고 선생님을 우리들 눈깔이 시퍼래 앉아서 하룻밤 편히 쉬시게 하지도 못한다면, 우린 모두 죽은 놈이다 다름없습니다. 천도교 청년당 응징에 대한 것은 내일로 미루어도 될 줄 압니다. 선생님, 허락(許諾)해 주십시오. 우리들은 청년이올시다. 동일학원의 정신을 물려가진 조선의 청년이올시다.

고영구 장군, 격하지 말게. 용기나 정신은 필요한 때 발휘하는 것이지 공연히 쓸데없는 일에 낭비(浪費)할 필요는 없는 것이네. 그것보담 좀 알고 싶은 일이 있습니다. 현형, 우리 군내의 천도교 교세가 대략 어떠합니까.

현교사 부끄러운 말씀입니다만, 우리 예수교는 선생님 떠나실 때나 대차(大差) 없습니다마는, 하느님의 시련이신지 하느님께서 저희의 능력과 활동을 허락지 않으셨슴인지 천도교는 시골 무식한 농민들 간에 날로 번성하고 광포되어서, 우리 동네 외에는 동학 교도를 내지 않은 고장이 없을 만큼 되었습니다. 상세(詳細)한 숫자는 몰라도 우리 교에 비하면 퍽 많은 신도를 가졌다고 생각합니다.

고영구 잘 알았습니다. 그럼 시간도 없고 해서 내가 간단히 여러분께 꼭 부탁(付託)하고 떠날 일이 있습니다. 사실은 해외에서 들은 소식(消息)이지만, 태황제(太皇帝) 폐하(陛下) 인산(因山)을 기회로 해서 양력(陽曆)으로 오는 삼월 초하룻날을 기하여 독립운동이 전국적으로 벌어지게 된다 합니다. 나는 그 소식을 듣자 지금 주야를 가리지 않고 국경(國境)을 넘어와서 서울을 향하여 가는 길입니다. 세계대전(世界大戰)이 끝나자 아라사에는 오랜 동안의 전제적(專制的) 로마노프5)가 도괴(倒壞)되고 암흑사회가 번복되어 레-닌의 지도하에 적색혁명이 성취되었고, 한편 미국 대통령 윌손의 주창으로 민족자결이 제시되어 약소민족의 해방이 국제간에 커다란 중심문제가 되어 있습니다. 이 기회에 우리 이천삼백만 힘을 단합하여 일제히 운동을 개시(開始)하면 우리의 독립은 틀림없이 완성될 것을 믿습니다. 요는 우리가 단합해서 힘과 열과 모든 결심을 뭉쳐서 한 덩어리가 되어 밖으로 독립과 자주의 역량과 능력을 표시하여 세계에 우리의 희망을 명백히 하고, 안

---

5) 1917년 러시아 혁명으로 니콜라이 2세가 퇴위할 때까지의 러시아 왕조.

으로 죽음을 각오하고 왜적의 세력을 일소(一掃)하는 거족적(擧族的)인 운동을 작렬(炸裂)히 전개하는 데 있다고 생각합니다. 구경(究竟) 안이라 밖이라고 갈라서 생각해 본다고 하드라도 우리 스스로가 피를 흘려 통일된 투쟁력을 발휘하고 우리 이천 삼백만이 죽음을 각오하고 독립을 소원한다는 실증(實證)이 있어야 왜적도 물러 갈 것이요. 또 세계 강국도 우리의 희망을 인정함에 이르리라고 믿는 바입니다. 이천 삼백만 마지막 한 사람까지 왜적에 예속(隷屬)되어 식민지적(植民地的) 억압과 착취에 눌려 사느니 차라리 죽음을 바란다는 철석(鐵石)같은 결의를 실증으로 표시하지 아니한다면, 국제연합(國際聯合)국에 우리의 뜻을 표명하여 보았자 그들이 일본과 이롭지 않은 간과(干戈)6)를 들고 우리를 위하여 피를 흘려 희생을 스스로 초래(招來)할 리 만무(萬無)한 겁니다. 우리 자력으로 싸울 것, 우리 이천 삼백만의 힘을 한데 뭉쳐서 우리 근성(槿城) 삼천리 강토로부터 왜적을 철저(徹底)히 소탕(掃蕩)해 버릴 것, 여기에 모든 과제가 달려 있다고 생각합니다. (잠시 말을 끊었다가) 그런데 아까 내가 밖에서 잠깐 엿듣자니 자세(仔細)히는 몰라도 천도교와 어떤 불상사가 생긴 것 같은데, 시일이 3월 1일로 추도(追到)해 있는 만큼 모든 감정이나 교의와 주지의 차이를 넘어서, 현선생 스스로 솔선하여 급속히 통합을 실행하여 이날 우리 민족의 커다란 거사에 남김없이 힘을 모으도록 하여야 될 줄 압니다. 실은 나도 오늘은 단순한 기독교도인 것만은 아닙니다. 내일이라도 곧 손을 나누아 힘이 미치는 데까지 비밀리에 통일사업을 결사적으로 전개하여, 평양이나 혹은 어떤 단체로부터 지령이 있는대로 전국적인 역사적 거사에 적극적으로 참여할 태세를 갖추는 것이 필요하다고 생각합니다.

동　휘　(기립하고) 선생님 말씀은 자세히 알았습니다. 전력을 다하고 청년의 명예와 피를 걸어 서슴지 않고 맹서(猛暑)합니다. 그러나 그 방법으로서 천도교도와 화합하고 타협(妥協)하는 것은 절대로 반대입니다.

두　일　요는 강력한 힘을 발휘하는 게 문제인 줄 압니다. 뜻이 맞고 신념과 신앙이 같은 동지적 결합이어야 비로소 힘을 발휘할 수 있

---

6) 방패와 창, 무기.

　　　　　으리라고 생각합니다.
창　현　그리고 그들과 화합하면 비밀이 보장되지 못할 염려(念慮)가 없지 않습니다.
고영구　제군들의 의향도 지당한 줄 압니다. 비밀이 탄로(綻露)될 우려(憂慮)가 있는 놈, 문 가 놈 같은 끄나풀, 보조원, 경관, 친일파와 협력하는 건 아닙니다. 조선을 사랑하는 이, 왜적의 기반(羈絆)[7]을 벗어나는 데서만 민족의 융성(隆盛)이 있으리라고 확신하는 분을 천도교도라고 해서 크리스찬이 아니라고 해서 배격(排擊)하는 것이 옳지 않다는 것입니다. 조선 독립을 위하여 싸우겠다는 생각과 마음이 일치한 사람으로서 독립운동을 가치(같이)할 수 없는 어떤 이유가 있을 수 있는 것입니까. 우선 민족의 이익이 앞서고 교파나 개인의 이해(利害)는 그에 종속(從屬)되어야 합니다. '단합하면 이기고 흩어지면 진다.' 이것은 나의 변함없는 신조(信條)이외다.
동　휘　선생님 말씀에 거역(拒逆)하는 것 같아서 죄송스럽습니다. 그러나 선생님의 남겨 놓으신 교훈으로, 미워할 줄 알아야 사랑할 줄 아는 사람이라는 것도 우리는 잊지 않고 있습니다.
현교사　(제지하고) 고선생, 잘 알았습니다. 모든 것은 미약하오나 제가 전 책임을 지겠습니다. 고선생 교훈은 동족끼리 미워하고 사랑하고 하라는 뜻이 아니라 왜놈을 미워할 줄 아는 자라야 진정으로 우리 동포를 사랑하는 사람이라는 뜻인 겁니다. 고선생, (손을 잡는다) 걱정을 끼쳐서 부끄럽습니다. 이 현자성이가 통합과 거사에 대해선 부족하나마 전 책임을 지겠습니다.
고영구　고맙습니다. 그럼 나는 이제 떠나겠습니다. (일어선다)
창　현　형님, 하룻밤만이라도.
고영구　그럴 필요가 없네. 나라를 위하는 일에 우리 개인의 사정을 종속시켜야 한다. 그럼 여러분, 나는 믿습니다. 동일학원의 정신이 훌륭히 발휘되어 태극기 밑에서 여러분을 대할 수 있도록. (서로 악수한다)

　　　　◇ 고영구 변장하고 앞서서 밖으로 나온다.

---
[7] 자유를 구속하고 억압하는 굴레.

고영구   따라 나오지 마십시오. 되려 불편합니다.

　　　◇ 머뭇거리다가 모두 방안에 남는데 최창현만 따라 나온다. 무대 중턱에
　　　　선다.

창　현   형님, 잠간만 들렀다가 가십시오.
고영구   그럴 수 없다. 시간이 바쁘다.
창　현   아직 그렇게 시간이 추두(追頭)하진 않았습니다. 사돈어머니께서
　　　　매일같이 주소(晝宵)8)를 가리지 않고 형님의 돌아오시는 것을 기
　　　　다리고 있습니다.
고영구   어머니가
창　현   그리고,
고영구   ……
창　현   아직 아버지를 보지도 못한 채 종잘종잘 사설을 깨방아 찢듯 하
　　　　는 병호를 한번만 들여다보고 가십시오. 원(願)입니다. 사내아이
　　　　로 아주 튼튼하고 형님 못지않게 잘 생겼습니다. 한번 들여다보
　　　　고 가시면 누님도 얼마나 기꺼워하시겠어요.
고영구   병호!
창　현   여보게, 기수군. (그렇게 부를 때에)

－ 암

제2장 같은 날 밤 - 고영구의 집

　　　◇ 무대　시골 지주네 낡은 고옥(古屋). 가운데 부엌이 끼인 기역자 방.
　　　오른편 측면이 영구 어머니가 쓰는 방이요 정면으로 보이는 것이 영구 안
　　　해가 쓰는 방인 듯, 왼쪽으로 무대 후방에 걸쳐서 뜰, 뜰을 건너 칠성이
　　　영감이 들어 있는 막간과 대문으로 통하는 통로. 뜰 한 옆에 단(壇)이 있
　　　고 그 뒤에 백지장을 허리에 장식한 볏집 낟가리 두세 개. 방 앞과 뒤로
　　　물레, 도투마리 등 자연경제시대의 기구, 농구(農具) 등

---

8) 밤낮.

◇ 영구의 안해 성순 정화수 한 그릇을 정성들여 떠서 들고 단 옆에 서 있는 영구의 어머니 나씨한테로 들고 온다. 모두 수건을 머리에 썼다.

나 씨　(정화수 그릇을 받으며) 병호 놈은 자냐.
성 순　예.

◇ 어머니 정화수를 바다(받아) 조심성 있게 단 위에 놓고 그 앞에 쪼그리고 앉는다. 영구의 안해 좀 떨어져서 손을 읍하고 서 있다.

나 씨　(두 손을 비비며 기도를 시작한다)
칠 성　돌려서 자상한 말슴 사려봤더니, 일전 평양 동척에 나가봤는데 몰으면 몰라두 이번엔 안 될거라구 걱정허디다.
나 씨　들려 보긴 본 걸 갖다가 그러는 건가.
칠 성　무어, 대동문 안 물산(物産) 객주(客主) 집에 들렸다가 바로 그 옆이길래 일부러 찾아가서, 제 말론 무슨 소린지 데리구 나와서 국수집이 들려 쟁반해서 술잔 대접두 했지만서두 기어 도리질이더라구 그러긴 그럽디다만.
나 씨　수구하셨네. 병호 에미야, 이 영감 저녁상 드려야지.
칠 성　저녁 그만두겠소와요. 시방 재두 풍헌한테서 먹었는걸요. (일어서며) 김진사가 나쁩니다. 제가 일어서면서 참다 못해 한마디 했습니다. '영구 서방님이 죽은 줄 아슈, 아시소, 못습넨다. 내 눈으루 본대루 고주사 앉아 계실 때 친분으루 생각해서 이런 법이 없습니다. 사람이 한 평생 사는 동안엔 잘 될 때두 있구 못 될 때두 있습넨다. 순경(順境)에 있을때 역경(逆境)에 처해 있는 친지나 친분을 몰라 보면 내종에래두 좋은 일이 없습넨다.'
나 씨　……
칠 성　그랬더니 댓새로 놋재떨이를 뚜들며, '자네가 내게 악담인가, 고현 사람 같으니, 썩 썩 물러나가게, 에이 무엄스런 고현 사람!' 그래서 쫓겨나오며 끝으루 한바탕 또 했습네다. '쫓겨나는 며느리 무서운 것 없겠다요. 옳소, 두고 보시소, 의리도 쥐뿔두 모르고 돈만 직히구 앉았다가 잘 되는 것 못보았소. 내가 악담을 하오, 못 헐게 무에요, 김진사면 김진사지.'
안재두　(대문 있는 편으로 등장) 주사네 아주머니, 진지 잡수셨습니까.
나 씨　풍헌, 어서 오시라구. 우리 칠성이 영감과 한잔 하셨다구.

안재두 화가 치밀어서 한 잔 했습네다.
나 씨 화푸리루 자셨는지 술이 자시구 싶어서 화가 치밀었는지.
안재두 온 아주머니두.
칠 성 그런게 아니라 저 풍헌 놈이 어찌 덜난 놈인지 선영을 모신 염전(鹽田)의 산 삼천평과 제위전(祭位田) 삼일경(耕) 하눌처럼 바뜰던 걸 곱게 올려 버렸답니다.
나 씨 아니, 그게 또 웬 소린가.
안재두 입이 써서 옴기기두 싫습네다.
나 씨 하하, 풍헌이 등기를 안 했서구먼. 그래 국유(國有)가 되었던가.
칠 성 바루 마쳤습네다. 저 사람이 동네선 제일 잘 낫노라구 풍철댑니다만, 지적(地籍)두 모르구 지낸가 봅니다.
나 씨 모르는 사람이 잘못이겠나. 모르면 알도록 이까려 주구 처리허는 법이지.
안재두 아주머니 말씀이 지당하오이다. 그래 오늘 종일 읍에 가서 군으로 면으로 헌병대로 쏘댕기니 무슨 소용입니까. 등기소(登記所)를 짓부실려다 마침 칠성이 영감을 맛내서 술 한잔으로 분을 풀었습지오.
나 씨 분이 풀리던가, 술잔이나 헌다구.
안재두 그런데 아주머닌 어떻게 행 하니 께들구(께뚫고) 계신가요.
나 씨 내니 알 까닭이 있나, 당하고 났으니 배웠지, 인저 한알 까면 두 알 뱉을 만큼 유식해두졌네마는, 난 술두 먹을 줄 몰라서 화푸리두 못했었네. (마당귀를 한 바퀴 돌면서 하늘을 처다보며) 날이 찬데 이러구 섰지를 말구 방으로 들어가시라니께.
안재두 아닙니다. 이제 칠성이 영감허구 한 잔 더 나가서 할렵니다.
나 씨 인저 그만들 허시지. 술이 무슨 죄라구.
칠 성 저놈이 남 부끄럽다구 인제 원산으로 떠난답니다.
나 씨 원산, 원산엔 어디 왜(倭) 사람들이 없다든가.
안재두 그런게 아닙니다. 첫째 동네가 부끄럽구요, 둘째 인전 파먹을 농토두 없읍네다. 다리 뒤로 새로 신작로(新作路)가 난답니다. 무슨 재수론지 그 신작로가 수수 심겄던 하루가리 그 놈 한카운델(한가운데) 뚫으구 다라 난답니다.
나 씨 아아니, 어디 말인가, 다리 이편 개울 동쪽으로 가루 붙은 수수 심겄던 거기로 말인가.

안재두　그렇게 말입니다.
나　씨　그럼, 칠성이 영감, 그 옆에 있는 우리 콩 밭은.
칠　성　아아니, 여보게. 그게 사실인가. 누구헌테 들었나.
안재두　묻지두 말게. 틀림 없네, 틀림 없어. 길호일이란 놈이 아까 중서 상점에 앉아서 지껄이데. (잠시 덤덤하다가) 아주머니, 전 우수(雨水), 경칩(驚蟄)이나 지내서 강물만 풀리면 원산 갈람네다. 무슨 재미에 농삽니까. 이 한 몸 내던져서 하루 세 때 밥 굶겠어요. 산 사람의 입에 낙거미줄 안 쓸테지요. 차마 난 여기 남아서 조상 볼 낯두, 동리 사람 볼 낯두 없어서 못 살겠습니다. 사오대 내려 온 제위전(祭位田)과 선산(先山)을 모신 산을 잃어버리고 제가 무슨 면목으로 고향에 산답니까. 팔아서 술이래두 먹었다면 욕지껌은 당해도 인체미 소린 면하지 않아요. 국유림(國有林) 알령스럽구 귀살한 나라래서 산과 전답(田畓)을 나라에 바치겠습니다. (단 앞 돌 우에 덜썩 걸터 앉는다)
나　씨　(다시 마루에 와서 앉으며) 얘. 새아가, 담뱃대 하구 초합(草盒) 좀 내보내라. 자, 담배들이나 태우시라구. 난 풍헌처럼 원산 갈 재주두 없는 화상(和尙)이니. (담배를 담아 입에 문다)
칠　성　(이내 부싯돌로 불을 일으켜 댓통에 뭉쳐준다) 이 세상을 그럼 어떠케야 좋답니까.
나　씨　(담배를 빨며) 별 도리 없을걸. 안 풍헌, 담배 태우시라니.
안재두　싫습니다. (일어나며) 두상 안 나겠는가, 나혼자래두 좀 취해야겠네. 그럼 아주머니 안녕히 계십시오. 취담(醉談)을 늘어놓아 죄송하와요.
나　씨　영감두 생각이 있거든 따라 나가지 그래.
칠　성　(머무거리다가) 그만 둘렵니다. 풍헌. 그럼 낼 또 보세.

◇ 안재두 들어온 길로 퇴장. 칠성이 영감 담배를 한 대 담는다.

나　씨　(담배만 빨고 있다가) 그래 대관절 어떠컬라는 셈인가. 에이 고현 놈들, 그 하나 하나 하는 짓이라니.
성　순　어머니, 다리 옆에 있는 콩밭으로 길이 뚤린답니까.
나　씨　글쎄 그렇단다. 인제 성한 건 하루아리두 안 남을까 보다.
성　순　그걸 어쩌면 좋아요. 이자를 마저 마련하지 못하면 삼등(三登)

　　　　　것이 동척으로 넘어 갈테라니, 읍에 가셨던 바엔 금융조합(金融
　　　　　組合)에래두 들려보실 걸 그랬지요.
나　씨　(머리를 좌우로 흔들며) 조합에니 이제 새루 담보헐 게 있다냐.
칠　성　아이구, 이런 때 서방님이나 계셨으면.
나　씨　병호 애빈 별 수가 있겠나. 오작 했스면 집을 나갔겠나.

　　　◇ 먼데서 아리랑의 구성진 노래소리

　　　문전 옥토는 다 어디 두고
　　　쪽박의 살림이 웬말이냐
　　　아리랑 아리랑 아라리요
　　　아리랑 고개루 넘어간다
　　　부산부두에 배 다(닿)으면
　　　나막신 소리가 웬말이냐

　　　노래소리 점점(漸漸) 희미해진다.

나　씨　생각해야 별 수 없느니 칠성이 영감두 나 가자시게. (일어서서
　　　　　제 방으로 들어간다)
칠　성　(일어서서 대를 덜며) 그럼 편히 쉬세요. 너무 상심 마십시오.
나　씨　(방안에 불을 켜며) 상심해 무슨 소용인가. 처음 겪는 일인가, 집
　　　　　안 바루잡긴 파인걸.

　　　◇ 칠성이 영감 막간 있는 통로로 나가려다가 마주 들어오는 최창현과 만
　　　　난다.

칠　성　어이구, 이게 병호 외삼촌 아니유.
창　현　(마당 가운데로 다시 데리고 들어오며) 쉬이 떠들지 말아. 집안
　　　　에 아무두 없죠.
칠　성　왜요. 아무두 없지 그럼.
창　현　(칠성이 영감을 뜰 가운데 세워놓고 혼자 성큼성큼 걸어가서 나
　　　　씨 방 앞에 선다) 사돈 어머니, 저 좀 보세요.

　　　◇ 창현 마루에 나온 나씨의 귀에 대고 무엇을 쑤군거린다. 나씨 갑자기
　　　　긴장. 어떻게 해야 좋을지 몰을 지경으로 흥분.

◇ 창현 마당으로 나가서 칠성이와 이야기하고, 나씨 허둥지둥하면서 그러나 침착을 잃지 않으려고 애쓰면서 며느리 성순의 방으로 간다.

나 씨 애야, 병호 에미야.
성 순 (방 안에서 일어난다) 예?
나 씨 병호 애비가 왔다누나, 그런데 바빠서 오래 앉았지두 못하구 떠나야 한단다.

◇ 이 동안에 창현은 칠성이 영감을 부뜰고 귀뜸한다. 영감도 놀래고 기뻐하고 하는 것을 창현이가 잘 타일러서 망을 보도록 시킨다. 칠성이 영감 신이 나서 밖으로 나가고 그 뒤로 창현도 퇴장.

나 씨 그러니 어떻거니, 무어 따끈한 국물이래두 멕여 보내야 헐텐데.
성 순 닭을 잡아야지 갑자기 무에 있소와요. (주섬주섬 치마 고름을 고쳐매고 나온다) 제가 불을 지펴 물을 데울테니 어머니 닭을 잡으세요.
나 씨 글쎄 그랬으면 좋겠다만서두 병호 외삼촌 말로는 아무 것두 채리지 말구, 더구나 동리서 눈치 채지 않도록 말소리두 내지 말라는구나, 닭을 잡구 뒤숭숭허게 해서 되겠니. 아이구 온 이럴 줄 알았으면 저녁에 닭이나 잡아 먹었더면 좋을 걸 그랬다.
성 순 그럼 어떻걸까요.
나 씨 어쨌건 불을 지펴라. 허다 못해 겨란을 삶드래두.

◇ 성순 부엌으로 들어가고 나씨 마당으로 내려서는데 창현 영구를 데리고 다시 등장한다.
◇ 나씨 뿌르르 따라가서 아들의 손을 잡는다.

나 씨 영구야, 이게 웬일이냐.
고영구 어머니, 그간 안녕하셨세요. 얼마나 고생허셨습니까. (인사한다)
나 씨 고생이 무슨 고생이겠니 떠돌아 다니는 네가 고생이지. 애 병호 에미야, 애비 왔다.

◇ 성순 부엌에서 나와 행주치마에 손을 문대기며 남편에게 고개를 숙여 인사한다. 영구 아무 말 없이 인사를 받는다.

나 씨 애, 그럼 어서 빨리 아궁지에 불 지펴라. 그리구 넌 어서 방으로 들어가자.
고영구 어머니, 죄송하오나 제가 지금 길이 바빠서 들러 갈 수가 없습니다. 회로(回路)에 천천히 들리겠어요.
창 현 길에서 문가 놈을 만난 것 같다구 집에 들리지 않구 직행허시겠다는 걸, 제가 사돈 어머니나 뵈옵구 또 병호 놈이래두 보구 가시라구 잠간 모시구 온 겁니다.
나 씨 아이구, 온 사년 만에 제 집에 들러서 따뜻한 구들에서 잠은 편히 못 자나마, 그게 온 무슨 소린가.
고영구 어머니, 회로에 들르겠습니다. 자면 어떻구 오래 앉았으면 무엇 합니까. 잠시 얼굴이나 뵈옵구 몸 성히 계신 줄만 알았으면 되지요.
나 씨 아이구, 답답두 헌 세상아. 온 이놈의 세상을 어떻게 살아야 헌다니. 모자간 정지를 나눌 수도 없는 이놈의 세상을. 애, 새아가, 병호 놈 깨라, 제 애비 낯이래두 보라구. 그 놈이 재롱이 나날이 늘구 사설이 여간이 아니다.

◇ 성순 부엌에서 나와서 제 방으로 간다.

고영구 깨우지 마슈. 공연히 자는 앨 동리만 소란스럽게 내가 자는 걸 보구 가지오. 철없이 또 아버지 댕겨 갔다구 떠들어두 안 되구요.

◇ 고영구 문지방에 기대서서 방안에서 자는 아들 병호의 얼굴을 덤덤히 내려다 본다.

고영구 튼튼한가 봅니다.
나 씨 튼튼하구 말구.
창 현 힘이 장사라우. 같은 나이루 병호 놈 당해내는 놈이 동리에 없습니다.

◇ 일동 대견해서 빙그레 웃는다. 고영구 다시 마당에 내려서며

고영구 그럼 어머님, 몸조심 허시구 계십시오, 회로에나 들르겠습니다.

나 씨　그래, 방안에 들어 앉지두 못 허구 떠나야만 되니. 그럼, 애 새아가. 겨란하구 엿 좀 허구, 미수가루허구, 그 육포랑 좀 빨리 들어가서 꾸려라. 영구야 잠간 게 섰거라. 이 마루에 좀 걸터 앉든지.

　　◇ 성순 안으로 들어가서 보통이를 꾸리고 나씨 제 방으로 들어가 궤짝을 열더니 조그만 보에 싼 지폐 뭉치를 들고 나온다.

나 씨　노자가 무에 변변하겠니, 내 곡식 팔아서 묶어 두었던게다. 가는 길에 보태 써라. 그리구 시장해서 가끔 오작허겠니, 이러구 나댕기니 무에던지 자주 자주 먹으면서 댕겨라 돈 너무 애끼지 말구.
고영구　어머니나 두구 용이나 쓰세요, 전 괜찮습니다.
나 씨　내가 무슨 돈이 소용이냐, 늙은 것이 촌에서 어디 돈 쓸데나 있니. 어서 바다 넣어라 (쥐여 주고) 애 아이 에미야, 여적 안 되었니.

　　◇ 성순 대답지 않고 잠시 더 있다가 보재기를 꾸려 들고 나와서 시어머니에게 준다.

나 씨　겨란두 넣었냐, (불군 불군 만져보며) 애, 이게 날거다. 깨지 말구 들고 가다 먹어라. 애, 새아가. 내 저 고개밑까지 병호 외삼촌 허구 따라갔다 오겠다.

　　◇ 일동 대문께로 간다. 성순만 남고 퇴장. 성순 한참 대문 어구에 섰다가 무얼 생각했는지 부엌으로 들어간다. 지폈던 불을 끄고 나오는 모양, 잠시 마루 밑에 섰다가 제 방으로 들어가서 자는 병호 얼굴을 물끄러미 내려다본다. 그때에 망보던 칠성이 영감 등장.

칠　성　아이구, 서방님이 그 수염은 그렇게 수북허니 길렀다오.
성　순　아마 변장허시노라구 그런가 봅디다.
칠　성　오오라, 참 그렇게 그렇지. 내가 잘 아는데 본시 수염이 그렇게 많이 날 분이 아닌데 떠날 때보담 더 장대(壯大)해지신 것 같애. 해외 풍상 4년에 참 무슨 바람이야 못 쏘였겠소. 어쨌던 장하셔 장해. 왜놈이 벌벌 떨게 생기셨어. 척 일거일동(一擧一動) 허는 것이 과연 대통령감이야. 그래, 애기 보시구 가셨소.
성 순 자는 얼굴만 잠시 디밀어 보구 가셨지요.
칠 성 허어 그것 참, 아씨두 그저 꿈만 허겠습니다. 하룻밤이래두 새여 가셔야 할 걸. (마당으로 서성거리며) 헐 수 없어, 고래로 국사(國事)에 분망한 이야 어디 사사(私事)나 사정(私情)이 안중(眼中)에 있어야지. (제 방 있는 데로 나간다)

◇ 칠성 퇴장, 성순 부엌으로 들어가서 잠시 무대는 공허. 먼 곳에서 개 짖는 소리 희미하게 들린다. 그것이 끝날 무렵해서 대문 있는 쪽으로 발자취 소리를 죽여가며 정복(正服)한 헌병조장 강전과 사복(私服)한 길호일, 권총을 들고 조심성 있게 등장. 길은 단 앞을 지나 뒤로 강전은 방 앞으로 온다. 부엌에서 나오는 성순을 보고 총을 겨눈 채 우뚝 선다.

성 순 아이머니 (깜짝 놀랜다)
강 전 떠들지 말고. 영구 어디 갔소까.
성 순 어디 가다니, 그게 무슨 말이요. 집을 나간 지 4년이 되는데, 여적 몰랐었나 참.
강 전 잔말이 말아. 오늘 저녁에 온 거 우리 사람이 다 알아.
성 순 온 별소릴 다아, 있거던 날보구 물을 게 무언구, 제 손으루 찾아 볼 거지.

◇ 강전 우선 어머니가 쓰는 방을 열어 저치고 구두 신발채로 들어간다. 발길로 무엇을 차고 깨드리는 소리. 다시 나와서 부엌으로 들어간다. 이 때에 소란(騷亂)스런 인끼척에 의아스러워 막간에서 다시 들어오던 칠성이 영감 발자취 소리에 길호일이 우선 쫓아가서 권총을 겨누고 부엌에서 나온 강전이도 뿌르르 따라간다.

길호일 영구가 왔지, 어디다 숨겼어.
칠 성 (벌벌 떨며) 나리, 거 무슨 말씀이십니까, 영구 서방님이 오시다니. 온 나리께서 환장을 하셨나.
강 전 이놈이 잔소리 말아. (총자루 끝으로 한 대 때린다) 우리 사람이 다 알고 있다.
칠 성 아이구, 이게 웬일입니까. 나리, 이게 웬일이셔. 집을 나간 지 4년이 되는 걸 나리께서는 여태 모르셨던가요.
길호일 이 자식이 정말 이러기야. (뺨을 한 대 갈기고 이내 쇠고랑을 내

　　　　서 두 손에 채운다) 안 대면 감옥소에 가서 죽을 줄 알아. 어디다 감추었어. 썩썩 내놓지 못할테야. 누구 집이 감추었어. 여 색씨, 이리 좀 와.

　　　　◇ 길호일 뿌르르 따라가서 성순의 팔목을 나꾸어 끌고 가운데로 온다. 성순 팔을 뿌리친다.

성　순　이 더러운 놈 같으니. 네집엔 네 어미두 없구 계집도 없나, 어디다 양반집 가정에 와서 남의 손목을 쥐구, 아무리 배우지 못헌 상놈의 자식이기로니.
강　전　고야쓰! (달려들어 성순의 머리채를 끌고 억지로 손에 고랑을 채운다)
칠　성　이놈, 이 도적놈 같으니, 아씨의 수건을 베끼구 머리채를 끄러, 이 불한당놈.

　　　　◇ 칠성이 발을 구르는 것을 가서 길호일 발길로 차서 넘겨트린다. 이때에 방 안에서 병호의 우름소리. 나씨 등장.

나　씨　(발을 땅 굴르고) 이 무슨 행패질이야. 아무리 나라를 뺏기구 아들을 빼앗겼기로니 남의 점잖은 양반 집에 뛰어들어 이게 무슨 불한당놈의 행패질이어. 썩 썩 물러가! (며느리의 꼴을 보고 달려가서 길의 뺨을 갈기고, 그 김에 강전의 가슴을 윽박지른다) 이놈들, 네 이놈. 내 자식 쫓아 버리구, 내 토지 빼앗아 가구, 이제 또 남의 젊은이에게 행패질이냐.
강　전　꼬라. 영구를 내놔, 안 내노면 다 잡아다 죽여.
나　씨　이놈, 죽일 테면 죽여 봐라.
강　전　아이쓰모 사바테.
길호일　(나씨에게 달려든다) 왜 이래 늙은 것이 고야니 순순히 자백하는 게 아니구. (손을 쭈르르 끌고 나오는데 나씨가 홱 뿌리쳐서 놓아버린다)
나　씨　너 이놈, 길가야. 네놈이 날 묶어. 이 고현놈. 이놈 내 아들을 잡아. 너이같은 놈들한테 잽힐 내 아들인 줄 아냐. 고영구가 그렇게 만만헌 줄 아냐. 잡아 봐라! 상해(上海)서 해삼위(海蔘威)꺼정 이틀에 걷는 내 아들이라. 해삼위서 예꺼정 한나절이믄 오구간다. 축지법허는 내 아들을 잡아. 잡을 테면 잡아라.
강　전　에히 우루사미 시바레. 나니오 구즈 구즈 수루까.

◇ 길호일 달려들고 강전이도 부뜰고 덥빌 때 칠성이 영감 발을 구르고 성순 일어나서 머리로 강전의 옆구리를 받고, 나씨는 '이놈들, 내 아들을 잡아. 잡을 테면 잡아 봐라.' 하고 고함치며 뭉겨돌 때 방안의 아이 우름 소리.

- 막.

제2막

기미년 3월 1일에서 5일 간

제1장 방선문 앞마당, 아침 11시 경

◇ 무대　읍내에 들어오는 입구에 있는 넓은 마당. 우시장 같은 마당. 방선문이 보이고 낡은 비각(碑閣)과 선정비(善政碑), 향약전(鄕約田)을 표식(標識)한 비석(碑石) 등. '동해물과 백두산'의 애국가가 들여오다가 막이 열리기 직전 막 뒤에서 군중의 다음과 같은 독립가의 합창으로 변한다.

독립가
1. 억압의 철쇄 끊고 새날은 동터 온다
   오늘은 3월 1일 삼천리 금수강산
   내놓고 물러가라 조선독립 만만세
2. 2천만 우리 동포 국권을 다시 찾자
   오늘은 3월 1일 세계에 선언한다
   우리는 자유민족 조선독립 만만세
3. 태양도 빛나도다 태극기 휘날린다
   오늘은 3월 1일 우리는 독립국가
   부르자 소리 높여 조선독립 만만세

막이 열려도 무대엔 아무 것도 없고 노래소리만 점점 가까워 온다. 한참 만에 왼편에 태극기가 나타나고 현자성 교사 인솔의 일단(一團)이 등장한다. 영구의 어머니 나씨, 박관영과 약혼중인 최진순 등이 모인다. 그밖에 영구의 처남 최창현과 영구의 안해 최성순을 제(除)한 제1막 등장인물 중 동민(洞民) 전부가 군중 속에 끼여 있다. 즉, 칠성이 영감, 안재두와 동일 학원 학생인 이기수, 김두일, 장동휘 등이 농민과 학생 속에 들어있다. 동민과 학생은 모두 새 옷을 입고 갓과 모자도 단정히 갖추고 손에 대소의 태극기, 팔에는 베로 만든 상장(喪章), 부인네는 당기와 머리의 수건이 상복인 베수건이다.
태극기를 앞세운 선두가 무대 중앙에 이르렀을 때 현교사의 호령으로 정지.

현교사   여러분 행렬을 정돈(整頓)하고 시간을 기다립시다. 김두일군.
두 일   (행렬에서 나온다) 접니까.
현교사   독립가를 지휘하게. 여러분 다른 행렬이 모일 때까지 노래를 부릅시다.
두 일   (향약전 표식 비석에 올라서서) 자, 독립가를 부릅시다, 시작
일 동   ('억압의 철쇄 끊고'를 합창한다)

◇ 현교사는 일변 학도를 지휘하여 부근에서 책상 하나와 궤짝을 가져다가 간단한 연단을 만든다. 이때에 오른편으로부터 천도교 구장(區長)으로 안경 쓰고 자개수염 기른 최관술과 박관영을 선두로 일단 역시 태극기를 들고 상장으로 장신(裝身)하고 등장한다. 두루마기가 색복(色服)이요 동정이 검정인 것 등이 다소 다르나 농민, 부녀로써 군중이 되어있긴 마찬가지다. 박관영 선두에서 호령하여 행렬을 세운다. 이때에 현자성 교사가 이들을 맞아 최관술, 박관영과 차례로 악수한다. 인사말이 있으나 합창 때문에 잘 들리지 않는다.

박관영   (자기 행렬을 향하여) 우리도 따라서 가치 독립가를 부르겠습니다. (손짓하고) 자, 따라서 시작.

◇ 현자성 교사, 최관술을 불러온다. 박관영을 찾아서 두 약혼한 남녀를 소개하고 인사시킨다. 정경(情景)이 버려질 듯하나 이내 김두일이가 선창하는 만세에 휩쓸려 가치 손을 들어 만세를 부른다.

두 일   대한 독립 만세.

일 동 만세.
두 일 조선 민족 통일 만세.
일 동 만세.

　◇ 조성일 목사가 인솔한 기독교도의 일단이 오른편으로 군민 대표 임동근 일단과 전후하여 등장하나, 만세성에 휩쓸려 함께 만세를 고창(高唱)해 버린다. 일동 독립가를 합창.
　◇ 합창중에 서로 인사하고 수뇌부는 행렬을 정비하여 무대는 사람으로 꽉 차고, 무대 밖에까지 넘쳐 흘러 사람의 바다를 이루어 놓았다.

현교사　(노래가 끝나는 것을 기다려) 여러분, 이제부터 우리 빼앗긴 국토와 국권을 다시 찾는 독립선언식을 거행하겠습니다. 천도교에 계신 최관술 선생께서 인사와 개식의 말씀이 계시겠습니다.

최관술　(박수 속에 등단) 동포 여러분! 을사년 국치조약 이래 열 다섯 해, 경술년의 소위 조일병합이 있어 십년 동안 우리 동포가 국권을 약탈(掠奪) 당하고 어떠한 상태로 생명을 부지하여 오늘에 이르렀는지, 그것은 이 사람이 여러 말로 설명할 것이 없이 우리들이 다 함께 보고 듣고 몸소 겪어 온 일이올습니다. 왜헌(倭憲)이 그 잔학하고 혹독스러운 창검으로써 우리 동포의 생명을 얼마나 많이 빼앗었고, 행정(行政)에 있어, 또는 사법(司法)에 있어 우리를 억압하고 우리의 토지를 강탈하기 위해서 어떠한 정책과 술법을 써왔는지 여러분은 자세히 알고 있으리라고 생각합니다. 참을 수 없는 압제 밑에서 우리 동포들은 하나 하나 굶주려 넘어졌고, 농토를 가진 이는 토지를 빼앗겼고, 벼슬을 가졌던 이는 벼슬자리를 빼앗기었고, 혓바닥을 가진 이는 입을 잃었고, 귀 멀지 않은 이는 귀를 찢기고, 날이 갈수록 입을 것과 먹을 것과 살 곳을 잃어버린 동포의 떼가 그리운 고토(故土)를 떠나 유랑의 길을 떠났던 것입니다.
　동포여러분! 우리는 반만년의 빛나는 역사를 가졌고 무궁화로 아로새겨진 세계에 관절(冠絶)한 정신을 가졌고 춘하추동 계절 따라 아름다운 화려강산을 가진 불함민족(不咸民族)이올습니다. 이 이상 더 사기와 굴욕과 압제를 겪으며 버러지 같은 생활을 계속(繼續)할 수는 없습니다.
　여러분! 오늘 이 날이야말로 우리가 참다 참다 참을 수 없는 치

욕을 우리의 역사와 국토 우에서 깨끗이 씻어 버리고 우리의 국권을 회복하는 독립의 날이올습니다. 무고(無辜)히 넘어진 동포의 혼령을 다시 불러 들이고 흘러간 동포를 다시 맞어 들이고 강탈당하였던 땅과 산과 모든 권세를 다시 찾아, 우리의 나라를 훌륭하게 세워 갈려는 첫날이올습네다. 한놈의 왜놈도 한 마리의 헌병도 한짝의 쪽발도 한 개의 나막신짝도 깨끗이 몰아내고 소탕(掃蕩)하여, 우리 삼천리 금수강산을 이천만 백의(白衣)의 아름다운 보금자리로 만들려는 날이올세다.

이때에 있어서 우리 민족이 이 커다란 목표를 위해 한 덩어리가 되었다는 것은 무엇보담도 자랑스럽고 반가운 일이 아닐 수 없습네다. 천도교와 기독교와 군내 유지(有志)가 한 몸이 되었고, 농민과 학도와 청년과 부인네가 한 정신이 되었습네다. 우리 민족의 힘은 완전히 한 덩어리가 되었습네다. 우리의 용기는 백배로 커지고 우리의 싸움 목표는 단 한 개로 되었습네다. 저 놈을 쳐라! 저 깃발을 찢어 버려라! 왜놈과 왜헌의 앞잽이와 왜노(倭奴)의 일장기를! 다시 찾읍시다. 국토와 국권을! 그리고 우리의 하늘에 영원히 빛나는 태극기를 휘날립시다. 그러기 위헤 우리는 한 마음 한 뜻 한 몸이 되어, 왜노의 아성으로 쳐들어 갑세다. 이것으로써 저의 인사말씀을 마춥니다. (강단(降壇))

일 동 대한독립 만세. (박수)
현교사 다음은 기독교의 조성일 목사께서 독립선언문을 명독(明讀)하시겠습니다.
조목사 (박수 환호성리에 등단)

<독립선언문>

우리 군민 일동은, 자유와 독립을 갈망하여 십개성상(十個星霜), 오늘 기미 삼3 1일을 기하야 우리의 국토와 국권이 왜노(倭奴)의 폭악스러운 패반(覇絆)에서 떠나서 완전히 독립하는 것임을 이천만 동포와 전민족의 이름을 비러 엄숙히 전세계에 선언한다. 오늘로부터 국토와 국권과 국력과 국민의 일체가 완전히 우리 이천만 동포의 손에 귀속하고 을사조약과 경술 병합조약에 의하여 책정된 일체의 굴욕적인 조약 조규(條規)와 약탈행위의 기만(欺瞞)을 위해서 생긴 제종(諸種)의 법률 법규가 그 효력을 상실하는 것임을 선포한다. (박수)

강제로 약탈되어 왜노의 국유, 혹은 단체와 개인의 공유, 사유가 된 동산(動産)과 부동산(不動産)은 물론, 토지 조사와 동양척식회사와 금융조합 등으로 인하여 교묘하게 탈취당한 동산과 부동산이 또한 오늘로써 그의 정당한 소유자에게 귀속하는 것임을 선포한다. (박수)
광복과 해방 운동으로 억울하게 구금(拘禁)되어 있는 사상범, 정치범의 완전한 무죄와 석방(釋放)을 선포한다. (박수)
오늘로부터 왜헌의 지배하에 있는 관청, 학교, 기타 기관 전부에서 고하를 불관(不關)코 왜노의 전면 축출(逐出)을 선포한다. (박수)
가급적 속한 기일내로 왜헌 왜인은 최후의 일인까지 우리 강토(疆土)밖으로 물러나갈 것임을 선포한다. (박수)
이제 우리는 완전히 자유로운 독립국가로서 밖으로 세계 진보에 협력하여 국제 친선에 협심하고, 안으로 국세(國勢)를 정돈하고 반만년 전통 우에 외래문화의 정수를 전취하여 산업과 교육의 융흥(隆興)을 도하여, 써 민족에게 안락과 행복을 기약하는 평화스러운 낙토(樂土)의 건립에 전력을 기울일 것을 선포한다. (박수)
우리는 이것을 위하여 우리에게 요구되는 일체의 실천 활동을 과감히 전개하여, 감히 일사(一死)를 불사할 것임을 맹서(盟誓)코 선명(宣明)한다.
기미 3월 1일 성천군민 일동.

현교사   다음은 각 청년대표, 읍민, 동민 대표들의 연설 말씀이 있겠는데, 우선 읍내 임동근 선생의 말씀이 계시겠습니다.

임동근   (박수성리에 등단) 오늘, 잃어버렸던 우리의 나라를 다시 찾아오는 날 우리의 생각하는 바 요구하는 바는 모두 앞서 말씀하신 개식사와 또 우리 독립선언문에서 명백히 되었다고 생각하므로, 저는 이 위대한 사업이 성취되기 위하여 요망(要望)되는 두가지 점에 대해서 특히 말씀을 여쭈려고 합니다. 이 국권 회복과 자유독립국가의 건립이라는 커다란 사업을 성공리에 완성하기 위하여 나는 청년의 한 사람으로서 감히 단합과 희생정신의 두가지를 여러분께 요구하려고 합니다. 여러분, 우리는 모든 사사로운 주의 주장의 차이를 버리고 이 일의 완성을 위해서 전 민족의 역량과 정신을 한데 단합시킬 결심이 되어 있습니까. 천도교는 기독교와, 밭 임자는 밭 붙이는 사람과, 청년은 장상(長上)과, 여자는 남자와 모든 사사로운 이해를 초월하여, 끝까지 합심합력하여 왜적을 물리치는데 전력을 모두어 싸울 각오가 되어 있습니까. 물론 이 자리에 모인 이상 충분한 결의를 가지고 왔을 줄 압니다만은, 우리의 맹서를 새롭게 하기 위해서 다시 또 한번 결의를 굳게 합시다. 찬성하시는 분은 주먹을 들고 만세를 부릅시다.
일 동 만세
임동근 다음으로 우리는 무장한 독사(毒蛇)의 아성을 쳐부수기 위하여 희생정신이 요구되는 것을 잊어서는 아니 되겠습니다. 여러분, 우리는 한국의 독립을 위하여 피를 흘릴 각오를 가집시다. 피 없이, 희생 없이, 우리의 성공은 오지 않습니다. 찬동하시는 분은 팔을 들어 만세를 부릅시다. 우리는 목숨을 바쳐 독립을 위하여 싸울 각오를 가졌다!
일 동 만세

◇ 또 다시 대한독립만세 성리에 강단.

현교사 다음은 동일학원 두일 군.
두 일 (등단) 우리 동일학원은 우리의 위대한 선도자 고영구 선생의 빛나는 정신이 남겨놓은 전통에 의하여 지도되어 내려왔습니다. 여러분도 아시는 바 고선생은 오늘을 기다리기 수년 전 벌써 왜적과 대항하여 광복 운동에 분망하시다가 몸을 피하여 국외로 망명하셨습니다. 고선생은 그러나 국외에 나가셨기 때문에 한날 한시라도 국내 동포의 자유와 독립을 잊고 계신 건 아닙니다. 국외에서 갖은 고초를 겪으며 동지를 규합하여 독립운동을 계획할 뿐 아니라, 국내의 운동을 지도하고 서로 국외 국내의 연합을 위하여 분투하고 계시는 겁니다. 벌써 우리 위대한 고선생은 달 전에 이곳을 거쳐 서울로 올라가셨습니다. 그때 고선생을 잡으려고 고선생네 가족을 모두 가두고 못살게 굴었스나, 뺑대고 부인했기 때문에 닷새만에 나왔습니다. 지금 고선생은 중앙의 운동에 힘차게 참여하고 계실 것을 굳게 믿는 바입니다. 우리의 앞에는 고영구 선생이 계십시다. 여러분, 우리 청년들의 피는 공연히 우리 가슴 속에서 뛰고 있는 것이 아니며, 우리의 혈관 속을 뜨겁게 흐르고 있는 것이 아닙니다. 이 피는, 이 뛰는 심장과 맥박(脈搏)은 민족을 위하여 우리 조선의 독립을 위하여 뛰고 있는 것입니다. 그러면 오늘 우리 조선의 독립을 위해서 이 피를 뿌림이 또한 이 나라 청년의 최고의 명예요, 최대의 권리가 아닙니까. 왜 헌이어! 네가 만약 피에 굶주린 호랑(虎狼)일진대 나는 너에게 주리라! 독립을 위하여 뿌리는 이 새빨간 선혈(鮮血)을!

◇ 박수, 독립만세 절규 속에 강단(降壇). 이때에 영구의 어머니 나씨 군중을 헤치고 현교사 앞으로 나온다.

나 씨 나두 한마디 하겠소. (등단) 나는 고영구의 어미외다. 내 자식 칭찬을 했다고 장해서 미친년처럼 쫓아 나온 것이 아니외다. 실상 내 영구 놈이 어디 내 놓아서 그렇게 꿀릴 자식은 아니오. 또 어미로서 부끄러울 것은 없는 놈이외다마는, 그렇다고 무어 그다지 훌륭하다든가 위대하다든가 허는 장사(壯士)는 아니올세다. 영구 놈이 그닥지 잘나지도 못하면서 외람되히 국사에 분망하는 것을 볼 때에 어미 된 년의 상정(常情)으로 측은스럽고 또 위태위태하고 마음이 놓이지 않는 것도 사실이지만, 요즘서야 그놈이 그렇게 침식(寢息)을 잊고 동분서주하는 까닭을 깨닫는 듯하외다. 왜 그런고 하니 여러분이 다 아시다시피 고주사라면 이 군내에서 밭날가리나 실히 가지고 있던 손곱이에 드는 집안이었는데, 일년가리 옥토가 몇년 안짝에 고시라니 내 손아귀에서 벗어져 나가고 말았소이다. 이 늙은 과수가 세간사릴 잘못한 탓도 있겠소와요, 그러나 무어 누구 가난한 사람 쌀 한되 푸지게 퍼주지 못하고 어찌어찌하다 나니 이 지경이 되고 말았소와요. 그 땅이 다 어디로 갔는가. 국유, 동척, 금융조합, 중서상점. 이 지경을 겪으면서 독립운동 아니헐 개놈이 어디 있겠습니까. 나는 인저 땅 한때기 성한 걸 못 가지구 있는 기구한 팔자를 등에 지구 댕기는 늙은 과부가 되고 말었습니다. 내 땅을 어디가 찾습니까. 죽은 영감이 술 한 잔 푸지게 못 자시고 모아 놓았던 재산이외다. 이제 저승에 가서 무슨 낯짝으로 죽은 영감을 대합니까. 독립밖에 없습니다. 독립하는 밖에 이 땅을 찾을 길이 없습네다. 그래서 이 늙은 것도 못난 자식의 본을 따서 이렇게 여러분을 따라 나선 겁니다.

◇ 강단과 동시에 만세성, 박수 진동.

두 일 (앞에 나서며) 여러분 고영구 선생과 선생의 자당(慈堂)님을 위하여 만세를 부릅시다. 만세.
일 동 만세.

현교사 다음은 순서에 따라 천도교의 박관영 씨.
박관영 (등단) 우리가 독립하기 위해서 이렇게 단합하여 일어난 것은 비단 우리 고을만에 국한된 운동이 아니올시다. 이 같은 시각에 서울은 물론 평양, 원산 전 조선 방방곡곡에서 이천만의 전부가 오늘 외적을 물리치기 위해서 결연(缺然)히 일어났다는 것을 잊어서는 아니됩니다. 뿐만 아니라 우리의 운동은 전 세계의 강국이 한결같이 주목하고, 또 세계 각국은 우리의 독립을 성원(聲援)하고 있는 것입니다. 아라사에는 가난한 민중들이 전제정권을 물리치고 적색혁명을 완성하였고, 세계대전 이후 전승국가 간에는 약소민족을 해방시켜 세계의 큰 모순을 해결하여야 된다는 정의에 기조를 둔 민족자결론이 국제적 여론으로 되어 있습니다. 우리 조선은 세계의 주목을 끌고 있습니다. 우리만 힘을 합하고 우리만 희생을 각오한다면, 이천만 동포는 물론 정의를 사랑하는 왼 세계의 강국이 우리의 독립을 위하여 절대로 협력하여 줄 것을 굳게 믿는 바입니다. 우리 군민만이 아니요 우리는 이천만 동포의 한 부분이요, 왼 세계의 한 부분이올시다. 우리 운동은 이들에 의아여 힘차게 굳세게 성원을 받고 있는 것입니다. 그러면 동포 여러분! 힘을 합하여 왜적을 몰아냅시다.

◇ 박수 성리에 강단하는데 미쳐 내려오기 전에 안재두가 군중 속에서 뛰어나온다.

안재두 (단에 올라서지도 않고) 저는 오대째 내려오는 제위전(祭位田)과 선조의 선소를 모신 선산을 국유로 떼우고 또 밭 하루가리를 신작로에 바치고 부끄러워 원산으로 도망을 갈라는 놈이올습네다. 처음 나는 나 혼자 헌병대든 군청이든 등기소든 짓부수고 말려다가 힘이 종시 나지 않아서 이를 갈면서 그걸 못한 부끄러운 놈이외다. 오늘은 여러분, 내게 생각이 있습니다. 이 주먹으로 내 땅과 선영을 찾아 놓든가, 그렇지 않으면 목을 매서래두 죽고 말겠습니다. 그러니 원산은 안 가게 됐습니다. 에히 고현 놈들, 내가 헌병 한 놈은 담당할테요. 염려 마슈.

◇ 그때에 무대 오른편 뒤에서 누가 웨친다.

소　리　문가 놈을 잡아라.

　　◇ 그 소리와 함께 '문경훈이 빠져서 도망을 친다.' 일동 소란.

소　리　문 똥뎅이를 잡아 죽이자.
소　리　헌병대 탐정(探偵)을 죽여 버려라.
소　리　친일파를 때려 죽여라.

　　◇ 뒤숭숭하여 소란.

조목사　조용합세다. 조용들 합시다.
현교사　이제 시간도 촉박함으로 우리의 선언문을 가지고 관청으로 가기로 하겠습니다. 우선 헌병대로 갑시다. 이것을 점령한 뒤엔 군청이나 다른 기관은 자연히 우리 손에 올 것입니다. 그러면 여러분 줄을 짓고 행렬을 정돈하여 태극기를 선두로 읍내 큰 거리를 행진하여 웃 동리에 있는 헌병대로 향합시다. 다함께 만세를 부릅시다.
조목사　(등단) 대한독립만세
일　동　만세
조목사　그러면 행렬을 짓고 현자성 선생의 지휘를 쫓아 헌병대로 향합시다.

　　◇ 일동 독립가를 고창하며 행렬을 정돈. '헌병대를 부수자. 왜놈을 쫓아내자. 길 보조원을 죽여라. 문가 놈을 잡아라!' 등 떠들썩. 노래소리 높은 가운데

- 암(暗)

제2장 헌병대 앞마당. 같은 날 정오 넘어.

　　◇ 무대 - 옛날 향청(鄕廳)을 약간 개조한 헌병대. 대문에 '평양헌병대 성천 분견소(分遣所)'의 간판이 걸려 있다. 원경으로 동명관, 기타 민가. 넓

은 마당. 먼데서 독립가의 합창소리 들려오는 가운데 무대 밝아진다. 처음은 공허, 무대 뒤에서 요란스러운 전령, 장화 소리.

소　리　모시 모시 세이센, 나리까와 데스가, 하이 하이, 쇼조오 (소장) 도노, 히라죠오노 혼마이 데마시다.

소　리　모시 모시. 군슈 노 데끼가꾸나루 수지와 마다 학끼리세누모 소노 수-수-센니 오요비. 오노 오노 하다오 모찌 우다오 우다이 도꾸리쓰반자이오 고오쇼오 시쯔쯔 젠신쥬 우. 야꾸 잇꼬쮸우다이 노 오오엔다이 규-하오 노조무, 모시모시, 모시 모시.

　　　◇ 군중 속에서 탈출한 밀정, 문경훈 이때에 무대 왼편에서 등장하여 황겁히 대문으로 들어가 오른쪽으로 없어진다.

문의 소리　호일상, 큰일 낫어. 모인 군중은 약 삼천명이나 되구요.
길의 소리　그렇게 많어, 잘못 아냐.
문의 소리　아니 상당히 많어, 그보다 더 될는지 몰라요, 시방 식이 필하고 헌병대루 몰려드는 판인데.
길의 소리　무슨 쟁기를 갖었어.
문의 소리　아무 것두 갖인 건 없구, 맨손 맨주먹이죠.
길의 소리　그럼 수고했네. 저편으루 가서 어서 총을 찾아 메구 존비해. 쇼쬬오도노니 호호고꾸 슈-고-세루 후데이노도 야꾸 산젱, 시끼 오오와리 싱고오 쮸우, 쿄오끼와 못데 이나이 소오데 아리마스.
소　리　가다나 낭까 아루이와 삐수도루낭까 못데이닷데 문가(文哥)니 와까루몽까.
길의 소리　하, 소오데 아리마스.
소　리　나니오 잇데 오루까. 시끼샤와다테다.
길의 소리　핫. 여보게 문가, 누가 몰구 오던가.
문의 소리　누가 몰구 오는 건 미처 못 봤는데, 조목사, 최구장, 동일학원 현교사죠. 누가 또 있겠서요.
길의 소리　현교사데 아루또 이이마스.
소　리　요오씨. 젱인 하이찌니 쯔게, 시라세노 아루마데와 핫뽀오 수루나.

　　　◇ 전령(傳令)소리 요란히 들려온다, 점점 가까워지는 군중의 독립가와

만세성.

소　리　모시 모시 하이 하잇, 소오데 아리마스. 후꾸쇼오. 오도까시데 기까자루 바아이와 샤사쯔스베시. 잇꼬쭈우따이 다다이마 슈바쯔. 하, 하잇.

◇ 구두 소리, 총자루 칼자루 소리 소란스러운데, 독립가는 고창되고 태극기를 든 선두가 등장한다. 현교사 호령으로 선두가 멎는다.

박관영　이제 우리 대표가 들어가서 독립선언문을 내놓고 통고(通告)를 하는 동안 다시 독립가를 부릅시다. 시작.
일　동　독립가 합창

◇ 그때에 조목사, 최구장, 현교사의 세 사람이 문서를 들고 앞으로 나서서 현교사 선두로 대문으로 들어가 안으로 사라진다. 군중의 선두 전진하여 문 앞까지 이른다. 독립가가 한번 끝난다.

일　동　만세
박관영　여러분, 우리 대표 선생님들이 시간이 지내도록 나오지 않으면.
동　휘　우린 쳐들어가서 구해내 와야 한다.
군중의 소리　옳소.
일　동　옳소.
나　씨　아아니, 그럼 내버리구 물러갈테란 말인가.
군중의 소리　옳다, 할머니 말씀이.
두　일　쉬, 조용들 하십시오. 선생님들이 나오십니다.

◇ 현교사, 조목사, 최구장 대문에서 나온다.

현교사　독립선언문을 주고 통고를 한 뒤 무기, 탄약을 내놓고 물러가라고 요구했습니다.
일　동　옳소, 잘했소. (박수소리)
현교사　그랬더니 하는 말이 상부의 지시를 기대려 적당히 할 터이니 우선 해산해 달라고 합니다.
군중의 소리　안 된다. 해산할려구 모인 게 아니다.

조목사　가만히, 조용히들 이야기를 들으십쇼, 떠들어두 듣구 떠들어야지.
현교사　그래서 이편에서는 해산할 수는 없다. 회답을 들을 때까지, 아니 우리 요구대로 너이들이 헌병대를 내놓고 물러갈 때까지 우린 해산할 수 없다. 절대로 해산할 수 없다고 주장했습니다. 뿐만 아니라 이미 우리는 독립이 된 것이니, 인제 너이 명령에 순종할 필요는 없다, 인제부터 너이가 우리 명령에 복종해야 한다.
군중의 소리　옳소. (박수)
현교사　그러나 그는 부하를 시켜서 무력으로 우리 세 사람을 체포하려 하였기 때문에, 우린 일이 되기 전에 부뜰려 버리는 것은 잘못같애서 나가서 여러분과 상론(相論)한다고 말하고 물러나왔습니다.
동　휘　인제 놈들의 심뽀는 뻔합니다. 우리 힘이 강한 것을 알고 시간을 기다려 우리를 흘으러 놓는 한편, 응원대(應援隊)를 불러 드리려고 하는 겁니다. 그러니까 그놈들의 농락(弄絡)에 빠질 것이 아니라 이대로 처들어 갑시다.
군중의 소리　옳소. 처들어 갑시다.
조목사　그렇게 과격하게만 떠들 것이 아니라, 냉정히 사리를 살펴서 일을 처리해야 허는 것이지.
박관영　그럼 어떻게 허자는 말씀입니까. 그들의 희망대로 여기서 해산을 하자는 말씀입니까.
조목사　내가 어디 그렇게 말하는 거요, 시방이 중요한 때니까 잘 냉정히 연구해서 허자는 말씀이지.
박관영　이제 연구할 사이도 없고 필요도 없습니다.
최관술　박군, 관영 군.
박관영　(못들은 척하고) 여러분 우리는 이미 독립을 위해 목숨을 내걸었습니다. 이상 더 상의할 것도 연구할 것도 없습니다. 해산할 목적으로 모인 것이 아니라 독립하고자 모인 것입니다.
일　동　옳소 (박수)
현교사　그럼 여러분, 여러분의 뜻에 따라가겠습니다. 이제 다시 대표를 보내 담판을 한다는 것은 우리 힘을 쪼개서 범의 굴로 보내는 것이나 한가지니까, 대표고 무어고 할 것 없이 일제히 몰려서 들어갑시다. 대한독립만세.
일　동　만세
동　휘　그러면 처들어가자.

두 일   모든 것을 내놓고 물러가기까지 전진이다, 돌진이다.
일 동   다시 독립가 시작.

◇ 태극기를 휘날리며 대문으로 행렬의 선두가 움직인다. 갑자기 총성, 군중이 흩어졌다가 다시 모인다.

일 동   독립가 시작.

◇ 행렬 자꾸만 앞으로 앞으로 이동한다. 그때에 또다시 총성, 행렬이 왈칵 전진하여 선두는 무대 밖으로 나간다. 선두에 소란이 일어났다.

소 리   달려들어라.
소 리   총을 뺏어라.

◇ 또 총성, 연사(連射) 총성. '앗' 소리 치고 학도 하나가 만세를 부르며 꼬꾸라진다. 행렬이 흩어지고 무대 밖으로 나갔던 선두가 일부분 뒷걸음질 친다. '와아' 함성, 물러서는 이, 앞서 나가는 이, 전열(戰列) 혼잡해진다.

박관영 (문을 나와 군중 앞에 올라서며) 겁내면 안 된다. 놈들은 총과 탄약을 가졌으나 우리는 큰 힘을 가졌다. 흩어지지 말고 일시에 합력해서 돌격하면 무기를 점령할 수 있다. 자, 용감하게 나가자. 누구냐, 몸을 피해 다라나는 자는 누구냐, 피를 흘리지 않고 독립은 올 수 없다, 국권을 회복할 수는 없다.

일 동   옳소. 옳소.

◇ 행렬 다시 정돈되어 나간다.

박관영   그러면, 자 돌진.

◇ 이때에 다시 총성. 팔을 들어 지휘하던 박관영 총알을 맞고 스러져 넘어간다. 전열 다시 동요(動搖).

두 일   여러분, 천도교의 박관영 군이 왜놈의 총알에 쓰러졌습니다. 우리는 박군의 피에 욕을 보여선 안됩니다, 총을 쏜 놈은 누구냐,

　　　　　총자루를 빼앗아라.
동　휘　그놈의 목에 칼을 꽂아라. 자, 나가자.

　　　◇ '와아', 물려서 일부의 탈락자가 남에도 불구하고 행렬은 전진한다. 계속해서 일어나는 총성, 아우성 소리, 맞부디쳐서 충돌. 쓰러지는 이 점점 늘어간다. 대문 밖까지 헌병과 보조원들이 나오리만큼 서로 착잡(錯雜)해 있다. 무대 우에 사람이 다소 드물어진다.

나　씨　(무장한 길호일의 총을 부뜰고) 네 이놈, 넌 조선 놈이 아니냐. 무슨 짓을 해서 하루 세 때 입에 풀칠 못해, 왜놈 앞에서 동족에게 총질이냐, 이놈. 이 죽일 놈, 총대를 썩 썩 노아라.
길호일　이 늙은이가 왜 이 지경이야. 이 비켜.
나　씨　이 개만두 못한 자식, 이 말버릇 보게, 무엇이 어째.
길호일　이, 비키지 못 허구 이러기야, 늙은 것이. (핵 총대를 뿌리치는 김에 삐처서 나씨 꼬구라진다)

　　　◇ 나씨 다시 일어나려다 유탄(流彈)에 맞아 '악' 소리치며 넘어지는 것을, 길이 총창(銃槍)으로 찔러 버린다. 헌병 5,6명이 쭈르르 나타나서 시체 옆에 진을 치고 총질한다. 군중이 퇴거하니까 따라서 왼편으로 퇴장.

현교사　(무대 오른편에서 피에 젖어 다리를 절며 등장, 대문을 나와 왼편으로 뛰어가며) 흩어지지 말고 교회당으로 모여라, 교회당으로 모이자. 모두 교회당으루 모이자. (소리를 지르며 퇴장, 뒤따르는 두일, 동휘, 기수 등 총성에 섞여 멀어져 가며. 여전히 교회당으로 모이라고 외치는 소리)

　　　◇ 행렬 선두에 섰던 조목사, 최구장, 안재두, 기타 일부 군중들 무대를 횡단하여 뛰어 간다. 칠성이 영감 왼편에서 반대로 등장, 시체를 찾아 나씨에게로 간다.

칠　성　마님, 마님, 아 아주머니, 아주머니.

　　　◇ 시체를 흔드나 소리 없다.

칠　성　아, 영구 서방님을 무슨 낯으루 뵈이랍니까.

◇ 총성에 몸을 숨겼다가 다시 일으켜서 시체를 안고 빨리 왼편으로 퇴장. 그때에 대문 있는 편에서 진순이 나타나서 박관영의 시체 가까이로 온다.

진　순　(꿇어앉아 기도 드린다) 박 선생.

　　　◇ 박관영의 피투성이가 된 몸이 약간 움직인다.

진　순　박 선생, 접니다. 진순이애요. 저를 몰으겠어요.

　　　◇ 박관영 약간 손짓 해보이다가 다시 맥없이 들었던 손을 놓는다. 진순 관영의 손을 부뜬다.

진　순　박 선생, 저애요. 진순이에요. 정신을 채리세요, 앗…

　　　◇ 절명(絶命)하는 관영을 부둥켜 안았을 때, 헌병이 뛰어들어 진순을 체포하려든다. 진순 저항한다.

진　순　이놈아, 이 왜놈아, 개 놈.
헌　병　이 게집애, 나니 유우까 이리와 고로스조.
진　순　죽여라, 죽여. 죽일 테면 죽여.

　　　◇ 비그러매어 끌려 가며 그대로 소리친다.

진　순　(끌려서 퇴장하며) 박 선생, 안녕히 가십시오. 저를 용서해 주십시오. (울음소리)

　　　◇ 이때에 무장헌병 4,5인 다시 대문에서 무대를 가로 질러서 퇴장. 다시 들리는 독립만세, 독립가. 그러나 갑자기 노래소리 약해지고 잠시 고요할 때에 여자의 울음소리.

- 암(暗).

제3장 교회당 앞마당. 해질 무렵에서 어두어질 때까지

◇ 무대 거리에서 떠러져 있는 교회당 앞마당과 논도랑, 혹은 밭최뚝. 무대 오른편에 치우쳐서 교회당의 유리창이 보일락 말락. 그밖에 적당한 점경(點景). 무대가 밝아지기 전부터 '동해물과 백두산'의 애국가 합창 들려온다. 마지막 구절로 들어갈 때에 무대 밝아진다. 교회당을 먼 발로 포위하고 헌병 경찰의 일대(一隊)가 지휘관이 나타나기를 기대리는 태세를 취하고 있다. 합창 소리 끝난 뒤 당내에서 토의가 시작된다.

조목사의 소리 여러분, 동포 여러분! 우리는 독립을 위하여 싸우고 있습니다. 우리가 갈망하고 요구하는 바는 국권을 다시 찾는 것과 우리 민족의 자유 독립에 있습니다. 우리가 얼마나 그것을 안타까이 희망하고 있는지, 또 그러한 희망이 얼마나 우주의 주재자(主宰者)이신 하느님의 뜻에 합치하는 것인지, 뿐만 아니라 독립을 얻기 위해서 우리 조선 민족이 죽음조차 각오하고 있다는 위대한 결심에 대해서, 우리는 지금 충분히 그 뜻을 표시했다고 생각합니다. 우리는 많은 피를 흘리고 목숨을 바쳐서 그것을 우주의 주재자이신 하나님께 호소하였고. 우리의 결심을 세계와 일본 관헌에게 시위(示威)하여 우리 민족의 자결이 없이 세계의 진보는 하나님의 뜻을 아름답고 거룩하게 나타내지 못하리라는 것을 밝히었습니다. 이것을 위하여 이 이상의 피를 흘리는 것은 하나님의 뜻에 거역하는 것이라고 생각합니다. 지금 우리는 다시 대표를 선정하야 외교적인 절충(折衝)을 거쳐 우리 목적의 관철(貫徹)을 위하야 노력할 시기에 이르렀다고 생각합니다. 무용(無用)한 희생과 저항으로 동포의 귀한 생명을 잃어버림은 이미 우리를 대신하여 귀중한 목숨을 바치신 여러분 동포의 뜻에 어그러지는 일이라고 생각합니다. 그러면 여기에 모여서 끝까지 조선 민족의 독립을 위하여 싸우려는 동포 여러분, 나는 기독교도를 대표한 사람의 자격으로서 제안합니다. 이 이상 희생을 내지 말고 우리의 요구를 관철하기 위하여 관헌(官憲) 당국과 교섭(交涉)할 대표를 선정하자고 여러분께 제안합니다.

최구장의 소리 천도교를 대표해서 본인도 그것에 찬성합니다. 그것이 아마 우리 교도의 뜻을 옳게 대표하는 길인가 합니다.

소 리 아니다.
소 리 옳소.

◇ 박수와 반대가 뒤섞어서 소란하기 짝이 없다.

소 리 현교사의 의견을 듣자.
소 리 옳소. 현 선생의 지휘를 기다리자.
현교사의 소리 동포 여러분. 우리의 독립을 위해서 우리들이 무엇을 각오하고 결심하였는지, 그것을 우리가 이 자리에서 다시금 되푸리할 필요가 있을런가요. 그것을 우리는 오늘 아침에 결정하고 맹서했습니다. 그것을 맹서한 뒤 하룻밤도 새지 않은 지금, 우리의 입술에 침도 마르기 전에 우리는 그 맹서를 헌신짝처럼 내버려야 합니까. 십년만에 처음 우러러보는 태극기 밑에서 우리는 그 맹서를 하였습니다. 태극기를 지키기 위하야, 맹서를 실행하기 위해서, 이미 수많은 동포가 성스러운 피를 흘리셨습니다. 천도교의 박관영 선생이 우리들의 선두에서 선혈을 뿜어 우리의 나갈 바를 밝히셨습니다. 고영구 선생의 자당께서 부인되신 몸으로 그 늙으신 연치(年齒)로 용감히 개놈과 싸우다가, 역시 태극기 밑에서 우리들의 선구(先驅)가 되셨습니다. 우리들이 오늘 아침 맹서하고 기약한 바는 조선의 독립이요, 왜놈의 구축(驅逐)이요, 국권의 회복이요, 강토의 탈환이었고, 그것을 위하여 우리들의 목숨을 건다는 결심에 있었습니다. 이 기약 밑에 많은 동포가 우리의 앞을 서셨습니다. 불행히 우리들의 사업은 아직 완성되지 못하였습니다. 그러나 이제 우리가 죽엄을 두려워하고 피를 꺼려 우리가 맹서하였던 바를 잊어버리고 적의 창검(槍劍)과 포탄 앞에 굴복한다면, 피를 흘린 동포 여러분의 혼령을 무슨 낯으로 대한다는 말입니까.

소 리 옳소
소 리 우리는 현 선생의 의견에 절대 찬성이다.

◇ 박수 소리 진동하고 발로 마루를 굴르는 소리 들린다.

현교사의 소리 조용히 제 말씀을 끝까지 들어 주십시오. 그러나 물론 저는 여러분께 제 주장을 강제로 요청하는 것은 아닙니다. 목숨은 귀한 것이올시다. 생명은 보배로운 것이올시다. 그리고 그 목숨과 생명은 결국은 하나님에게 귀속되는 것이지만, 우선 각기 각자의 자유에 속한 것이올시다. 이 왜적에게 포위되어 맨주먹만 가진 우리들로서 독립을 성취시킬 방책에 대해 뜻이 합치되지 못하는 것은 커다란 슬픔이요 또 유감사(遺憾事)이오나, 그러나 어느 한 사람의 주장으로 인해서 남의 목숨을 헛되이 한다든가, 또 어떤 한 사람이 의견의 여하를 막론하고 그 생명과 목숨의 주관자(主管者)가 된다는 것은, 우리 죄 많은 인간에게는 허락되지 않은 일이올시다. 그러므로 나는 이렇게 여러 동포에게 간곡(懇曲)하게 원합니다. 동포 여러분! 제 주장에 합치하는 분만 여기에 남으십시오. 죽음 없이 희생 없이 피 없이 독립이 이루어질 수 없다는 것을 확신하시는 분만이, 그리고 이렇게 목숨을 걸고 왜적과 끝까지 싸우는 것만이 하나님의 지상명령이라는 것을 신앙을 가지고 사상을 가지고 주의 주장을 가지고 확실히 믿는 분만 이곳에 남으십시오. 나는 그분네들의 생명과 행동에 대해서만 책임을 지고 의무를 느끼겠습니다. 그러므로 제 생각과 뜻을 달리하는 분은 우리와 별개의 행동을 취해서도 어쩔 수 없는 일인가 합니다.

◇ 무대 우에서는 헌병들이 이 교회당을 어떻게 할까 하는 상론이 간부들 간에 오락가락한다. 혹자는 쳐들어가서 그대로 사살해 버리자거니, 내부에 온건파(穩健派)가 생겼으니 잠시 그 동향을 보○○니 그래서 토론의 상황(狀況)을 살피고 있을 때, 헌병 분견소의 책임자인 田中 중위가 길호일, 岡田 조장 등을 거느리고 나타난다.

전　중　미나 하이찌니 쯔께

◇ 헌병 경관 흩어져서 간격을 지어 섰고, 그 중 한 자(者)만 남는다.

헌병A　다다이마 도론쭈(討論中) 데 아리마스.
전　중　모요오와 도오까.
헌병A　다이효오노 우찌 헌교사 다께가 감밧데이마스.
전　중　군슈우와 도오까.

헌병A 소레니 히끼쓰라레 소오데 아리마스.
전 중 요오시 우데.

　　◇ 교회당을 향하여 일제히 발사한다.

전 중 우찌까다 야메.

　　◇ 총질을 중지하고 잠시 태도를 관망한다.

두일의 소리 나는 동일학원의 학도로서가 아니라, 독립 조선의 명예를 지닌 이 불행한 나라의 청년의 한 사람으로서 여러분께 말씀 드리고 싶습니다. 우리들은 본시 붉은 주먹과 피 뛰는 심장 밖에는 아무것도 준비함이 없이 이 어려운 독립사업에 착수하였습니다. 그러나 이 사업이 순조로히 될 줄도 만세 몇 마디로 될 일인 줄로 어리석게 생각하고 덤벼든 것은 절대로 아니었습니다.
소 리 옳소.
두일의 소리 그렇기 때문에 우리는 독립선언문 마지막에 생명을 버려도 돌보지 않겠노라고 맹서했던 것이 아닙니까. 지금 우리들은 왜헌의 포위 속에 있습니다. 우리들은 노리는 기총(機銃)을 장비(裝備)한 뭇 이리 떼의 포위 속에 가처(갇혀) 있습니다. 이 건물은 총탄의 사격의 표적이 되어 있습니다. 그런데 우리는 맨 주먹뿐입니다. 처음부터 준비하였던 심장만을 가지고 있습니다. 이제 우리의 생명을 구하는 길을 취하여 우리 운동의 방향을 돌린다면, 결과는 어찌 됩니까 죽음과 항복(降服)을 바꾸는 결과가 생길 뿐입니다. 생명과 독립을 바꾸는 결과가 생길 뿐입니다. 그러면 여러분, 우리가 바라고 맹서했던 바는 생명의 구원인가, 그렇지 않으면 생명을 버리고 독립을 얻자는 길이었든가.
소 리 독립이었다.
두일의 소리 나는 천도교의 박관영 군과는 서로 맞잡고 싸웠던 교지(敎旨)상의 원수였습니다. 그러나 나는 박군의 피를 갑(값)싸게 사고 싶진 않습니다. 박군의 죽엄을 헛되이 하고 싶진 않습니다.
동휘의 소리 그뿐만이 아니다. 고영구 선생의 자당이 피를 뿜고 넘어지셨다. 청년의 명예란 무엇이냐, 청년의 피는 무엇에 쓰자는 것이

　　　　냐, 우리에게 인솔되었던 수많은 동포가 왜헌의 총과 칼에 독립
　　　　의 희생이 되어 있는 지금, 정의와 진리와 조국을 위하여 흘리지
　　　　못하고 왜놈 앞에 굴복하여 그대로 살아 있을 수 있는 어떤 청년
　　　　의 피가 있을 수 있다는 말이냐.
소　리　옳소, 옳소.
소　리　일시에 힘을 모아 놈들과 대항해서 싸우자. 무질서하게 뿔뿔이
　　　　흐터지지 말고 셋이 합심합력해서 꼭 한 놈을 넘어뜨리도록 질서
　　　　있게 싸우자.
일　동　독립가를 고창

　　　◇ 田中을 중심으로 다시 모인다. 그때에 교회당에서 나온 조목사, 최구
　　　장, 임동근 기타 약 십여 명이 등장한다. 헌병들 총을 겨누나 田中이가
　　　제지한다.

전　중　아이쓰라오 시바테.

　　　◇ 헌병들 뛰어나가 항복하는 그들을 결박(結縛)하여 데리고 나간다, 퇴
　　　장. 독립가는 더욱 높아간다.

길호일　쇼쬬오도노 노꼿다모노 도모와 시카다노나이 강꼬나 후데이노
　　　　모노데 아리마스.
전　중　소레데
길호일　야꾸노가 요이또 오모이마스
전　중　요오시 젱인나 메이즈 세끼유오가께 교오까이도오오 야께 데데
　　　　구루 야쓰오 가닷빠시까라 우찌고로세. 현교사와 데끼루다께 이
　　　　끼따마마 시바레, 시라베니 고마루 지까즈꾸또 아부나이까라 데
　　　　데구루야쓰오 시라미 쓰부시니 우찌꼬로세.

　　　◇ 길호일 외 2인 퇴장. 석유 초롱을 들고 다시 등장. 이때에 당내는 독
　　　립가가 애국가로 변한다. 교회당에 석유를 붓고 불을 지른다. 헌병 총을
　　　겨누고 대기한다. 화염이 건물을 들러 삼킨다. 아비규환.

현교사의 소리　여러분 놈들이 우리 교회당에 불을 질렀다. 타서 죽기
　　　　전에 일제히 교회당을 나와 놈돌과 결투하자.

◇ '와아' 소리, 아우성 소리, 연기와 화염 속에 뛰어 나오다간 총 소리와 함께 쓸어진다.

현교사의 소리　한 사람 한 사람 나가지 말고 한꺼번에 나가자. 태극기를 앞세우고 나가자.

◇ '와아' 소리와 함께 일단이 쏟아져 나온다, 현교사 피에 젖은 다리를 끌며 태극기를 들은 동휘와 함께 선두에 섰다, 총탄에 넘어지는 이가 대부분이나 그래도 뒤로부터 몰려나오는 군중이 많아서 헌병대와 교착(交錯)이 되어 싸운다. 동휘, 두일 등 쓰러지는 것이 보인다. 그래도 혈투는 계속되고 화염은 더 뻘겋게 무대를 비친다. 넘어지는 이마다 독립만세를 부른다.

- 암.

제4장 헌병대 취조실, 3월 5일 낮

◇ 무대　낡은 조선식 가옥을 고쳐서 칸새를 막고 유리를 낀 취조실인데, 뒤로 옆으로 통문(通門)이 있서 취조하는 방이 여럿이란 것을 알 수 있다. 방은 태형(笞刑)에 쓰는 곤장, 고문(拷問) 문초(問招)에 사용하는 정판(釘板) 등 각종 도구가 지저분할 뿐, 걸상과 책상 하나가 노여 있고는 아무 것도 없다. 불이 켜지기 전부터 태형을 집행(執行)하는 소리 들린다. 그러나 불이 켜져보니 결국 그것이 뒷방에서 치는 소린 것이 알려진다. 정면 무대는 공허.

소　리　아이구 죽겠습니다.
소　리　이놈아, 죽긴 무에 죽어, 아직두 멀었다. 백 개를 맞어야 할 텐데 인제 겨우 칠십 개다.

◇ 계속해서 치는 소리. '아이구' 소리, '이놈아' 소리.

소　리　요맛 것두 못 참구 독립이 되나.
소　리　아이구, 죽겠습니다.

소　리　나리는 이놈아, 죽게 되니 나리야.

　　◇ 한참을 치더니 끌고 나온다. 칠성이 영감과 길호일이다. 길호일 등장.

길호일　빨리 나와, 괴침은 이놈아 무에 부끄러워 엉덩판을 가리구 야단이냐. 궁둥판이 좀 터져 봐야지, 어때 맛이 좋지.
칠　성　(괴침을 치켜 들고 겨우 나온다) 아이구.
길호일　아이군 이놈아, 백개루 놔주는 거야, 그렇지 안으면 넌 사형이다.
칠　성　제가 무어 압니까. 부인 마님이 나서니 따라갔다 뿐이지요. 주인 마인 시체니 간수해다 모신겁지요.
길호일　듣기 싫어. 어쩔테야, 좀 더 들어가 있다가 평양 감옥으로 가서 사형받구 그럴테야.
칠　성　아, 온 별말씀을 다 허십니다.
길호일　그래, 영구가 오면 알릴테지.
칠　성　……
길호일　왜 대답이 없어.
칠　성　인제 난 고주사네 막간사리 그만 둘렵니다.
길호일　건 왜.
칠　성　돌아가신 고주사 볼 낯(낯)두 없구요.
길호일　또
칠　성　또는 무에요. 그저 무안해서 그렇지오.
길호일　(한 대 뺨을 갈기며) 영구 오면 알리기 싫어 그러지. 망할 놈의 두상 같으니, 들어가 있어. 유치장에서 썩어 버려.

　　◇ 발길로 차고 덜미를 짚어서 오른편 통문으로 앞세우고 나간다. 조곰 뒤에 진순을 앞세우고 강전 조장이 그 문으로 들어온다.

강　전　앉어. 소꼬 스와레.

　　◇ 진순 덤덤히 걸상에 앉는다. 강전 앞뒤로 왔다 갔다 한다. 고문 도구를 이것저것 만져 보며 슬슬 눈치를 살피나, 진순 눈을 내려 뜬 체 암쫙도 안한다. 그때 길호일이 다시 들어온다.

강 전   비잔다네.
길호일   흥. (하고 코방귀를 뀐 뒤) 아니 예수가 이방사람과 혼인하면 천당에 못 간다구 했는데 진순인 어째 천도교군 허구 혼사를 지낼려구 했었나, 허긴 하느님이 영특해서 죄를 면(免)게 하노라구, 식 이루기 전에 신랑을 불러서 지옥으로 보냈지만.
강 전   나니까.
길호일   이아 고래가 대스네, 신다 박관영 이노 온나데스요.
강 전   이이나즈께다로.
길호일   난데스까.
강 전   미이나즈께요, 정한 사람이.
길호일   하 하 소오데 아리마스.
강 전   소레가 도오시다.
길호일   관영이가 신다데스요.
강 전   소레와 와까데루요. 소레가 도오시닷데 유운다.
길호일   고레와 기리스도쿄 신다 오도꼬와 덴도오꼬, 소레가 몬다이데스요.
강 전   나아루호도 여보 색시, 천도교도 재미가 좋은 것이야. (와서 진순의 불편을 듣는다)
길호일   하 하 소레와 오나지데 쇼오네.
강 전   소레데와 하지메 요오까.

◇ 조사를 시작할 준비를 한다. 강전이 못판과 곤장(棍杖)을 옆에다 갖다 놓는다.

길호일   바른 대루 말해야 해, 괘니 어저께처럼 그러다가 또 경치지 말구, 그래 매 맞구 그리구 들어가 있으니 무슨 재미야. 너이 오래비는 내가 찾어 가서 물으니 처음 토론할 때엔 참여했구 활동도 했었다고 자백하는데, 너는 종시 모른다니 웬말이냐.
진 순   창현 오빠가 열병으루 누은 뒤에 상론이 있었구 그 상론이 있은 뒤에 각처로 교섭을 떠났으니까, 창현 오빠는 처음부터 사건의 내용에 대해선 아무것도 몰났을 겁니다. 또 열병이란 것은 한번 들렸다가 죽지 않고 나어서 기동을 하게 되드라도 적어도 그동안 달포는 남아 걸린다는 게 보통이니까, 3월 1일에 거사하는데 아모 활동도 못할 오라반이에게 그런걸 알릴 사람은 없었을 거에요.
길호일   그래두 창현인 나 보구 자기두 관계했노라구 허든데.
진 순   그럼 좋도록 헐 것이지, 날 보구 묻긴 웨 물어.
길호일   무엇이 어째.
강 전   이놈이 자식이가 다메다, 또 좀 맞아야지 다메다.
길호일   바른 대루 말해.
진 순   (발떡 일어선다) 때릴 테면 때리구, 죽일 테면 죽여, 개자식들 같으니, 사람 대접을 해서 공순히 대답해 주니께, 어디서 내가 저이를 참말루 사람 푼수에 치는 줄 아는가.
길호일   무에 어째.
강 전   나니.

◇ 일어나서 양 쪽에서 진순을 갈라 쥐고

강 전   하다까니시데 모다구판니 고로가스까.
길호일   요 앙큼한 계집애 같으니, 벌거 벗구 이 모다귀 판에 좀 굴어 볼테야. 아직 못판 맛은 몰으지.

◇ 그때에 문이 열리고 전중 중위가 들어선다.

전 중   하이테.

◇ 조목사 들어온다, 그 뒤에서 헌병 B 통역하러 따라 들어온다.

전 중   (걸상에 앉으며) 현교사오 쓰레데 고이 (턱아리로 조목사에게 앉으라고 가리킨다)
헌병B   하잇.

◇ 헌병 B 나가는데 전령이 요란히 운다. '하이, 하이' 하며 전화 받는 소리 한참 잠잠하다가, 구두 소리 나고 헌병 C 나타나서 보고한다.

헌병C   혼따이까라노 뎅와 쓰오다쓰. 반지이소오도로 젠지 젠세. 가꾸찌니 망엔노 수우세이니 아리, 헤이죠오 수이겐 겐장 스이안 소노

　　　　　다 가구찌니 악까. 공고 잇소오노 게이까이오 요오스.
전　중　요오씨.

　　　◇ 헌병 C 퇴장, 조서를 꺼내서 이것저것 살피고 있다. 그때 헌병 B 현자
　　　성 교사를 겨우 부축해서 치켜들 듯하고 등장. 현교사의 몸은 자상과 고
　　　문으로 차마 눈으로 볼 수 없을 정도로 유혈이 낭자(浪藉). 조목사 현교
　　　사의 최최한 얼굴과 표정에 놀래서 자리에서 일어난다.

조목사　현 선생.
현교사　안녕하십니까.
전　중　말이 마라.

　　　◇ 현교사, 몸이 솔고 궁둥이가 아파서 겨우 앉는다.

전　중　하나시노 요오뗑오 기까세.
헌병B　다른게 아니라 조목사는 기독교 동원에 대해선 교회의 책임 있는 지위(地位)에는 있으나, 직접 자기는 모른다고 하는데.
현교사　그렇던가요. 내가 정신이 없어 잊었던가 봅니다. 그때에 아마 전부를 내가 만들어 놓고, 맨마지막에 목사님껜 상의만 했는가 봅니다.
헌병B　그리구 천도교 최관술이를 만난 것도 현교사가 다 꾸며놓고 맨마지막에 자꾸 가치　가재서 죽은 박관영이까지 네 사람이 형식적으로 대면한데 불과하고, 모든 건 현교사가 했다는데.
현교사　그것도 그런가 봅니다. 어쨌든 전 책임은 내가 집니다, 다른 분은 내 꼬임에 빠졌다면 실례이지만, 모든 것이 내 선도에서 나온 것같습니다. 내가 그동안 정신이 혼질(混迭)해서 두서 없는 대답을 한가 봅니다만, 모두 조 목사님이나 최 교구장의 말씀이 옳을 겁니다.
헌병B　스베데 소노도오리 지분노 젠세끼닌데 아루또노 꼬도데스.
전　중　시라베노 우에니 베쓰니 구이 찌가이와 나이네.
헌병B　현노 도리께시데 소오 나루와 께데스.
전　중　혼또오까나.

　　　◇ 헌병 B 일어나서 조목사를 데리고 퇴장. 이때 취조실에서 진순의 발악

소리 들린다.

진순의 소리 이 개만두 못한 놈아.
현교사 (혼신의 힘을 다해 벌떡 일어선다) 야, 이 잔학(殘虐)한 야만(野蠻)들아.
전 중 다마테 (하고 현에게 욕을 주고 뒷 방문을 열고) 스꼬시 시즈까니세 아도데 요오씨.

◇ 전중 제 자리에 와서 앉아 얼마 지내서 뒷문 열리고 진순과 강전, 길호일이 나온다. 진순 옷이 찢어지고 몰골이 말이 아니다. 현교사를 보고 깜짝 놀라 인사한다.

현교사 진순이 수고합니다. 육신의 괴로움은 영혼의 즐거움을 얻기 위해서는 피할 수 없는 일입니다. 신념을 잃지 마십시오. 독립을 위해 우리는 초석(礎石)이 되는 겁니다. 이놈, 길가놈아. 네 같은 동족으로서 피도 눈물도 없는 놈, 너는 조선이 독립되는 날 극형에 죽일 것이다.
길호일 나니오 잇데 오루까요.

◇ 길호일 달겨 들어 현교사를 거더찬다.

현교사 (넘어지며) 이 즘생만도 못한 놈, 하늘이 무섭질 않아두 분수가 있지. 강도 보담두 더 한 놈, 사람의 탈을 쓰고 이리와 같은 쓸개를 갖인 놈. 이놈, 네 이놈.
길호일 망할 자식, 누가 먼저 죽나 보자, 정신 나간 자식 같으니.

◇ 진순을 데리고 길과 강전 나가고 대신에 헌병 B 들어온다.

전 중 니빵고 와까루다로.
현교사 ……
헌병B 일본말 알테니 통역없이 직접 말해요.
현교사 난 그런거 모르오.
전 중 몰라. 무슨 말이, 학교 나온 사람이.
현교사 난 그런거 모르오.

전 중   시요오가 나이. 데와 기꾸 고영구와 만난 것이 언제야 기미 가
          끼도리 나사이.
헌병B   고영구 만난 적이 언젠가 말해요.
현교사   만난 적이 없오.
헌병B   앗다꼬도 아리마셍.
전 중   나이, 빠가오 이에, 난벵 기이 떼모 시라누까.
현교사   모르는 건 백만 번 물어두 모르오.
헌병B   사렁꼬도와 난벤 기이떼모 시라누또.
전 중   기이떼미이 모오 입벤 세이시끼니.
헌병B   고영구가 국외에서 들어와서 당신과 타합(打合)하고, 그 지시에
          의하여 당신이 기독교와 천도교와 일반 민중을 전부 총합시켜 동
          원시킬 목적으로 누차 회합을 거듭하고 각 지방으로 또 일방 평
          양으로 사람을 보내고, 그랬다는게 명확히 되었는데 고영구를 만
          난 적이 없다는 건 웬말이며, 만약 그렇다면 어떻게 이런 일을
          거사할 생각이나 염두를 내게 되었단 말인가? 서루 이야기가 닷
          지 않은 대답을 거듭하고 있으면 심문만 늦어지지 소용 있는가.
현교사   모든 것을 내가 했다는 건 시인하오. 고 선생이 지시한 적은 없
          소. 평양 나갔다가 귓결에 거사가 있을 것 같은 소문을 들었소.
          있음직한 일이요, 또 당연히 있어야 할 일이길래 돌아와서 일에
          착수한 것이요. 우리 사업은 이 군내에 국한된 것이지, 다른 것
          과는 아무 관련이 없었소.
전 중   나니오 잇데루가.
헌병B   마에노 도오리데스.
전 중   소레데와 소노 쓰기오 기이떼 미나사이.
헌병B   계획한 것이 다 동원됐을 리 만무하니까, 그날 오지 못한 지방으
          로 미리 연락한 곳을 말해.
현교사   다른 데는 없소. 그날 연락한 데는 전부 참가했소.
헌병B   그러나 어저께 대곡면(大谷面)서 일어난 일을 취조한 결과, 박관
          영이가 가서 지시한 것이 판명이 되었는데.
현교사   그건 박관영 선생이 한 것이니, 나는 알 까닭이 없소, 박선생한
          테 물어 보시오.
헌병B   죽은 사람한테 어떻게 물어보나. 그럼 이제 장차 어느 촌에서 다
          시 소동(騷動)이 일어나면 그건 현교사 책임이야.

현교사 별소릴 다 하오, 우리나라가 완전히 독립될 때까지 이 운동은 끊임없이 계속적으로 일어날 것인데, 그 책임을 내가 질 필요도 없고 또 그만한 인물도 나는 아니오.
헌병B 이 군내에서 일어나는 일에 대해선.
현교사 그것도 나는 모르오.
헌병B 그럼, 무에나 안단 말야.
현교사 내가 한 일만 내가 안다. 그리고 조선이 독립할 것과 독립이 될 때까지 이 운동이 계속될 것이라는 것만 나는 알고 있다.
헌병B 빠가 (일어서며) 다메데스 곤나 후데이노 야로오와. 일어서.

  ◇ 헌병 B 현교사를 일으켜 세우고 옷을 벗긴다. 피가 뚱긴 겉옷이 벗기우고 피에 절은 내의만이 남는다. 다리 발뒤꿈치는 탄상(彈傷)자리에 붕대를 감았다.

전 중 다레까 고오이.

  ◇ 그 소리에 길호일이 등장. 길과 헌병B, 현교사를 마주 쥐고 못판으로 가지고 간다. 그 위에 놓고 한번 굴린다.

헌병B 괜스리 고생하지 말구 순순히 말해 봐.

  ◇ 한번 굴리우고 난 현교사 못에 뚤린 자죽마다 피를 발리여 판장 우에 쓰러져 있다. 일어나려고 해도 잘 되지 않는다.

전 중 마다 이왕까.
헌병B 아직도 말 안 할테야.
길호일 어서 말해, 죽어도 고이 죽을랴건.
전 중 다다세데 아루까세.

  ◇ 길과 헌병 B 겨우 현교사를 일으켜 세운다. 서지 못하고 쓰러지는 것을 다시 부둥켜 세우고, 길이 곤장으로 족치며.

길호일 못판 위를 걸어갈 테야, 그렇지 않으면 순순히 말할 테야.

◇ 자꾸 족치는 바람에 현교사 못판 우에 올라선다. 두어 발자국 걷다가 떨어져 넘어지며

현교사　대한 독립 만세
전　중　고이쓰오 우데

◇ 길호일 강전 번가라 족쳐 대는데, 다시 현교사 일어서며,

현교사　조선민족 독립만세

◇ 이때에 전 감방(유치장)이 호응하여

소　리　'만세'

◇ 만세와 독립가와 '시우마데 우데' 소리와 곤장질 속에

- 막

제3막 기미년 3월 하순경

제1장 고영구의 집. 밤

◇ 무대 제 일막 제 이장과 같으나 방안에 상청(喪廳)(혼백상, 영좌(靈座))을 모신 것이 다르다. 막이 거치면 등잔불 앞에 영구의 아내 성순이가 아이를 안고 앉아 있다, 무릎에 안았던 병호가 깊이 잠든 것을 기다려 자리에 눕히고 일어선다. 상청을 잠시 보살피고 있다. 그때에 막인 칠성이 영감 등장한다. 마루에 앉는다.

칠　성　병호 애기 벌써 자는가.
성　순　어디 벌써 말사냥 가셨었우.

칠　성　재두 안 풍헌이가 나왔어요, 그래 거기 가서 좀 이야기를 듣다
　　　왔지요. 병호 외삼촌 여적 저녁 자시고 안 오셨오와요.
성　순　아아니, 안 풍헌이 나왔세요. 넘어간다드니.
칠　성　나처럼 볼기를 맞구 나왔는데, 영구 서방님 돌아오면 기별해 준
　　　다구 약속허구 나온 모양입니다.
성　순　모두 밀정꾼 될 걸 약속허구 나오니 큰일이지.
칠　성　내보낼만 하기에 내보내지, 그 놈들이 바로 우리가 밀정해 준다
　　　는 걸 믿기나 할 놈들인가요. 저보다 재두 풍헌이 늦게 나온건
　　　방선문 밖에서 풍헌이 주제 넘은 연설을 했거던요. 그 연설 덕분
　　　에 볼기두 나보다 오십 개를 더 맞구 옥신세두 더 톡톡히 진 셈
　　　이죠.
성　순　그래 애기 아버지가 들리면 잡아 바친답디까.
칠　성　온 별 말씀두, (벌떡 일어서며) 그래 나두 고자질 허겠노라구 말
　　　만은 했소와두, 풍헌이나 제나 어디 개질하구 목숨을 부지할 그
　　　런 덜된 놈입니까.
성　순　그래두 약속하면 한 발자국 내디딘거나 다름이 없지 머.
칠　성　온, 그런 섭섭한 말씀 좀 그만 두슈. 만약에 제나 재두가 그런
　　　생각이 조곰이래두 있느면 그걸 나와 갖구 발설허겠소와요.
성　순　글쎄, 그렇기두 허지만.
칠　성　아예 그런 말씀 다시 마십시오, 돌아가신 고주사의 낯을 보나 더
　　　구나 저 마님 혼백상 앞에서 그런 말씀일랑 아예 다시는 옮기지두
　　　마십시오. 인제 이 동리에 남아 살 재미두 아무것두 없어져서 어
　　　디 딴데래두 가서 살 생각이 간절허지만, 마님 대상(大祥)이나 치
　　　르구 떠나야 도리겠기에 이러구 있읍니다 영구 서방님이나 한번
　　　더 뵈옵구 제 지은 죄나 사(謝)하고. 참 아니 헐 말이지만 영구
　　　서방님 나가신 뒤엔 마님을 제가 아주머니처럼 모시구 내려왔는
　　　데 그분이 저 모양으로 참혹하게 돌아가시고 저만 이 꼴루 남게
　　　됐으니, 제가 아침 저녁먹는 것이 목꾸멍을 넘어가지 않소와요.
　　　그래두 목구멍이 포도청이라 이렇게 살아는 옵니다만, 그러니 내
　　　나 재두 풍헌이나 그놈들이 하도 족치며 못살게 굴어대서 그렇게
　　　대답은 했을망정, 어디 그대도록 의리가 무디고 쓸개가 빠진 놈
　　　이겠소와요.
성　순　그래 남아지(나머지) 사람들은 어찌고 있답니까.

칠 성   오늘 내일 넘긴다구 헌다드니, 삼덕면에서 또 만세를 부르고 그래서 그것 때문에 늦는가 보라구 헙디다.
성 순   병호 이모 소식 압니까.
칠 성   잘 계시다구 헙디다. 젊은 처녀의 몸으루 굴아지 않구(굴하지) 바락바락 이를 물고 견뎌 나가는 것이 여간 탄복(歎服)꺼리가 아니라구, 재두 영감 말이 우린 다 죽어 마땅한 놈이야, 현교사나 병호 이모에 대면 개 돼지만두 못헌 놈이야, 그렇게 터진 궁둥이에 육도정기를 바르며 중얼거리구 있습니다.

◇ 이때에 창현이 지팡이를 짚고 쇠약(衰弱)한 몸으로 등장.

칠 성   저녁 진지가 늦었군요.
창 현   시방 재두 풍헌 집에 들렀다 오는 길이외다.
칠 성   나두 지금 막 댕겨 왔는데요.
창 현   글쎄 그랬답니다.

◇ 창현 신을 벗고 마루에 올라 앉는다. 푸 한숨을 짚는다

성 순   찬데 들어오시단.
창 현   찬지 더운지.
칠 성   왜 그래와요. 인제 그러시면 소용 있소와요, 모두가 하늘이 정한 일인걸.
창 현   글쎄 그렇다는군 해두 현선생이 거진거진 돌아가시게 된 형편이라는데, 아무 구해 낼 방책두 못 세우고 이러고 있으니.
칠 성   구해 내길 어떻게 구해 냅니까. 인력으루야.
창 현   그러게 말일세. 차라리 죽어 버리는 게 났지.
칠 성   그렇지요. 그렇게 고생허시구 문초를 겪으시면서 살아나가시자니, 그 곤욕이 좀 심하겠소와요.
창 현   현 선생 말씀이 아니라 내 말일세.
칠 성   온, 병호 외삼촌이야 무슨.
창 현   (나직히) 모두 총칼에 쓰러지구 가쳐서 고생허구 그러는데, 나만 무위무책하야 이러구 있으니.
성 순   병 탓인걸 그러면 뭘하니. 목숨이 아까워서 모피했다면 또 몰라

　　　　두.
칠　성　그렇구 말구요.

　　　◇ 먼데서 개 짖는 소리.

성　순　그러나 저러나 일이 성사도 못되구 이렇게 될 바엔 한 사람이래두 남아야지, 임자꺼정 가쳤더면 두 집 일을 다 어떻게 허겠나. 참 하늘이 도와서 임자가 열병에 걸린 게지.
창　현　온, 창피한 말씀 그만두슈. 누님두 참.
칠　성　글쎄, 하늘이 그렇게 맹근 걸 창피하다면 무엇하와요. 참 딱하시오.

　　　◇ 창현 마루에서 일어나서 방 안으로 들어간다.

칠　성　그럼 편히들 쉬시우. 난 내일 아침에 산소나 한번 돌아보구, 그 길로 나무나 한짐 져와야 하겠소와요.
성　순　그러슈.

　　　◇ 칠성이 퇴장.

성　순　진순이가 헌병대에 가쳐서두 자꾸 악을 쓰구 해대는 모양이 아니냐.
창　현　그런가 봅니다. 그애가 실없이 독합니다.
성　순　글쎄 독하드래두 몸을 돌보면서 그래야지. 아버진 오늘두 읍에 들어갔선.
창　현　챙피해서 그만두시래두 자꾸 댕깁니다. 가야 소용 있어요. 그 개놈들한테 돈이나 쓰는 것이지.
성　순　그래두 안 허는 것보다 나올른지 모르지.
창　현　낫기는 무에 납니까. 그래서 아까 저녁 먹다 또 어머니허구 한바탕 싸웠답니다. 넌 그래 네 동생년이 저 모양으루 고생을 해두 속이 쓰리지두 아프지두 않단 말이냐, 이러시는 구료.
성　순　우리가 이럴 때야 어머니야 오죽 허시겠니.
창　현　그렇다구 읍에 찾아 댕기시면 무슨 일이 되는가요. 창피만 허지. 어째서 젊은 딸 간수를 그렇게 했우 하는 식으로 망신만 당하구

　　　　　　당기시면서, 동연히 비 맞은 도둑개 모양으루 그러신단 말이야.
성　순　이 애 말버릇 좀 고쳐라 비 맞은 도둑개가 무에냐, 온 아무리 철
　　　　　딱산이가 없어두.

　　　◇ 그때에 대문으로 발자취를 죽여 가며 변장한 영구 등장. 그것을 모르
　　　는 남매는 덤덤히 앉아 있다.

성　순　인제 몸두 약한데 아무 생각 말구 건너가 자거라.

　　　◇ 창현 일어서서 건넌 방으로 건너가려고 나온다.

영　구　창현이.

　　　◇ 창현 깜짝 놀라 돌려다 보고 마당으로 맨발채로 뛰어 내리며 손목을
　　　잡는다.

창　현　형님.

　　　◇ 아무 말도 안하고 덤덤히 방안으로 들어온다, 성순이 놀래서 일어서나
　　　그저 고개를 숙여 인사를 건늘 뿐. 방안에 들어서자 영구의 눈은 상청 모
　　　신 대로 간다.

성　순　어머니에요. (그리고서 눈물을 닦는다)
영　구　어머니.
창　현　초하룻날 만세 부르는 데 따라 가셨다가.

　　　◇ 영구 잠시 아뭇 소리 못 하고 서있다. 성순 창현 가치 목메여 운다.
　　　영구 잠시동안 더 멍청하니 섰다가 몸을 고쳐 상청 앞에 꿇어 업딘다.

영　구　어머니

　　　◇ 세 사람 다 함께 목 메여 운다. 영구 한참동안 그리고 업디었다가 눈
　　　물을 씻고 일어선다.

영　구　또 다른 사람은.

창 현   제가 하나 못된 열병에 걸려서 빠지고는, 모두 왜놈의 총칼에 넘어졌거나 가쳤거나 불에 타 죽었습니다.

◇ 영구 침통한 얼굴로 묵상(黙想)을 드린다. 한참동안 그대로 서 있다.

창 현   현 선생님은 다리에 총상을 입고 끝끝내 군중의 앞에 서서 싸우시다가 지금 헌병대에 가쳐 계셔도 조금도 굴함이 없이 갖는 문초와 혹독한 고문과 싸우시며, 오늘 나온 사람의 말을 들으면 생명이 경각에 있으나, 종시 자신이 지으신 독립가를 부르시며 가치 가쳐있는 여러분들을 격려(激勵)하고 계시다 합니다.
영 구   거사는 원만히 되었었나.
창 현   현 선생님이 솔선하여 천도교를 찾으시고 조목사와 최구장을 설복시킨 덕분으로 통일은 원만히 되었습니다. 각 지방으로 손을 나누어 이 날을 기하여 왼 민족의 힘을 모으기에 전력을 다하였습니다. 진순이와 약혼 중에 있던 천도교의 박관영 군의 노력은 위대하였고 맨 처음 선두에 서서 싸우다가 왜적의 총탄에 넘어졌다 합니다.
성 순   진순이도 지금 가쳤어요.
영 구   진순이도
창 현   예, 아마 힘껏 싸우고 있는가 봅니다. 그리고 이 일이 있은 뒤에도 대곡면에서 일어났고 또 수 삼일 전에는 삼덕면에서 일어났다고 합니다. 서울은 어떠합니까.
영 구   서울도 같은 상태에 있다. 이 일을 처음 생각했다는 소위 독립선언문의 서명한 사람들 중에 배신(背信)한 위인들이 있어서, 거사는 점점 그들의 손을 떠나 민중 자신의 손으로 이루어지고 있는 형편이다. 돈냥 있는 집 청년이나 명사라는 이들이 처음은 허영(虛榮)도 있고 공명심도 어울려서 착수는 했으나, 원체 운동의 초점(焦點)을 타력(他力) 의존(依存)이나 또는 청원(請願)운동에 두었기 때문에, 일이 크게 벌어지는데 도리어 공포를 느끼고 그렇게 되면 자기네들의 형이 과중해질까 겁이나 서명했던 것을 취소하라는 놈으로, 자진 자수 형식을 취하여 항복하는 놈으로, 가즌 추태(醜態)를 백출(百出)시켰다. 이러는 가운데서도 민중은 서울은 물론, 각 지방 농촌에 이르기까지 이들의 지도나 배신에 이끌리지 않고 료원(燎原)의 불과 같은 형세로 일어나고 있다. 현 선생의 지도는 가장 모범적이요 만약 중앙에 있는 위인 중에 현 선생 같은 분이 열분만 된다 하여도, 이 일이 이렇게 비조직적으로 원칙 없이 결과 되지는 않았을 것이다. 그러나 그것은 이미 기왕지사(旣往之事)이오, 이제 우리가 할 일은 이 자발적으로 뒤를 이어 일어나는 전국의 운동을 옳은 방향으로 계통 있는 지도로 끌고 가는데 있을 줄로 안다. 이 민중의 운동의 특징은 여기에 참가하여 가장 혁혁하게 뜻을 굽히지 않고 확고한 신념 밑에 싸우고 있는 것이 학생들과 민중이라는데 있다고 생각한다. 더구나 농민은 자기네들의 잃어버린 땅을 다시 찾자는 치열한 욕망이 민족의 독립이라는 구호 밑에 크게 부풀어 오르고 있다. 이 울발(鬱勃)한 요구를 기○하게 포제(捕提)하여 독립에 따라 연결시켜 정당히 이끌고 나가야 할 것이다. 그리고 둘째는 이 운동이 전국적으로 통일되어야 할 것은 물론이되, 해외의 혁명가와 동포들의 운동과도 연결되어야 할 줄도 믿고 있다. 지도자는 초지(初地)를 굽히지 말고 독립의 확고한 신념 밑에 최후까지 싸와 나가는 열과 의지에 불타 있지 않으면, 민중을 이끌고 나갈 수가 없을 것이다. 지금 우리 동리는 상당한 손해(損害)를 입은 것 같으므로, 나머지 힘을 잘 단합하여 확고한 신념을 넣어 이들을 흐터지지 않도록 단속하고 새로운 거사를 위하여 준비함이 있어야 될 줄 안다.

◇ 잠시 말을 끊고 자는 병호를 내려다 본다.

영 구 병호놈은 내가 올 때마다 잠만 자는군 (안해를 향하여) 수고합니다. 그러나 이것이 우리 조선 사람의 운명이 아니요. 어머니가 그놈들의 총에 넘어지셨으니 우리는 그 원수를 갚아야 할 것이외다. 그럼 다시 만날 때까지 아이를 잘 기르고 몸 성히 계십시오.
창 현 형님, 어디로 가시렵니까.
영 구 어디로든지 가야지, 여기서 묵을 수야 있겠나.
창 현 그래두 (성순을 쳐다본다)
영 구 나두 어머니 영좌 앞에서 하룻밤이라도 어머니의 영혼을 위로해 드리고 싶지만.

창 현　어디로 가실려건 저도 데리고 가주세요. 이렇게 연치(年齒)가 많으신 사돈 어머니께서도 태극기를 부뜰고 세상을 떠나셨고, 내 친구 동무, 선생, 동민(洞民)이 모두 죽고 가치고 했는데 저 혼자 눈이 시퍼래서 무슨 체면과 낯짝으로 여기서 살고 있겠습니까. 해외로든가 어디로든가 저를 데리고 가주십시오. 평생 소원이올시다.

영　구　자네 마음은 잘 알겠네마는 사실은 나도 이곳에 남아서 여러 선열들이 앞서 가신 그 길을 쫓아 끝까지 싸우고 싶다만은, 사업이라는 것은 결코 그런 것이 아니다. 자네는 하늘이 이 동리 일을 취습(取拾)하고 다시 장만하기 위해서 남겨 놓으신 거라고 나는 생각한다. 그 높으신 뜻을 거역해서는 아니 된다. 나로 말하면 특별히 이곳에 있으면 안 될 이유는 없을지 모르나 또 작정하였던 다른 일이 있고 이곳서는 단 하루를 숨어서 지내기가 힘들 것이 아닌가. 다행히 군이 이곳에 남아 있으니, 나는 안심하고 이곳을 떠나갈까 하는 것일세. 고향을 버리는 것은 첫째 잘못이었고, 고국을 버리고 해외로 가는 것은 둘째 잘못이었다. 우리의 싸움터와 일터는 고향에 있고 국내에 있다. 이것을 잊어서는 아니 된다.

　　　◇ 이때 개 짖는 소리 자지러지게 들린다. 일동 잠시 귀를 기우린다. 칠성이 영감 등장.

칠　성　병호 삼촌, 저기 길가 놈이랑 헌병이 네놈 뛰어 온다는데 무슨 일일까요.

　　　◇ 영구 침착히 밖으로 나간다.

칠　성　아, 서방님!

　　　◇ 달려들어 영구를 안으나 이내 놓는다.

칠　성　헌병이 옵니다 뒤로 다라나시오. 내가 앞문을 지킬 터이니.

　　　◇ 영구 안해에게 목례하고 뒤로 돌아가 담장을 넘고 나간다. 대문을 차

　　　　는 소리.

소　리　아이쓰 니게따.

　　　◇ 구두발 소리 총소리 소란스러울 때

- 암(暗)

제2장 동네 벌판. 일장과 계속되는 시간

　　　◇ 무대 퍼언하게 열린 벌판이다 자작나무 한 두 그루. 원경으로 민가나 뚝이나 솔밭이나 아무것이나 적당히 그러나 밤이니까 자세하지는 않다. 내뚝 같은 것이 있어도 좋다.

　　　무대 밝아지기 전부터 전장(前場)에서 이내 계속하여 징을 뚜들기며 들려오는 소리
'고영구 선생을 잡으러 헌병대가 왔다'
소리　우리 동포를 학살한 헌병 네놈이 왔다.
소리　길호일이 놈을 잡아 죽이자.
소리　모두 벌판으로 모이자.
소리　고 선생을 잡지 못하도록 나와서 싸우자.
소리　헌병대는 단 네놈 밖에 없다.

　　　◇ 이러한 소리를 부르며 먼 곳에서 또는 가까운 곳에서 동민이 떠들썩하니 모여드는 발자취 소리, 개 짖는 소리, 소연(騷然)스러운 중에 무대 밝아진다. 고영구가 왼편으로부터 등장하여 무대를 가로질러 질주한다 한참만에 길호일외 세 명의 헌병이 이어서 등장, 둘은 고영구의 뒤를 좇아가고 둘은 앉아서 총을 쏜다. 그 중의 하나가 길호일이다.

소　리　벌판으로 나오라
소　리　이 기회에 원수를 갚고 독립을 찾아야 한다.
소　리　대한 독립 만세
소　리　만세

소　리　독립가의 합창

◇ 고영구를 바라보며 총질하는 두 사람은 갑자기 돌아서서 몇 발자국 물러나가 땅 위에 어프러져 군중을 향하여 쏘기 시작한다.

소　리　어두어서 마치지 못한다.
소　리　총불 나는 대로 돌을 던져라.
소　리　낫과 도끼와 괭이를 들고 나와서, 길가 놈을 아주 죽여 버리자.

◇ 두 헌병대원 오른편으로 퇴장. 최창현, 칠성이 영감, 성순, 안재두, 기타 학도, 농민, 남녀로 된 동민 다수 왼편으로 각기 장기들을 들고 몰려 서 등장한다.

칠　성　영구 서방님이 국사루 지내가시던 과차(過次)에 잠시 들렸었다. 서방님이 부뜰리면 독립은 허사다. 우리는 죽어도 서방님은 잡혀선 안된다.
창　현　국외와 국내에서 독립운동을 지도하는 고선생을 못 잡도록 하자.
재　두　날 보구 잡아 바치라던 길가 놈, 내 궁둥이에 피를 터진 저 길가 놈을 이 김에 잡아서 골사백일 까놓자. 자, 내 선두에 설 것이니 달겨 들어라. 여럿이 달려 들면, 총도 소용 없다.

◇ 와아 밀려서 오른편으로 쫓아가는데 총소리. 두서넛 꼬꾸라진다. 안재두 등 오른편으로 퇴장. 계속해서 총소리 연발되는 가운데를 자꾸만 군중이 성난 물결처럼 등장하고 퇴장, 끊임없이 쫓아 간다.

소　리　길가 놈을 잡았다.
소　리　이 두 놈은 부뜰었으나, 고영구 선생을 따라간 다른 두 놈을 뒤쫓아 가자.
소　리　어서 어서 뒤따라 마저 부뜰어라, 죽여 버리자.
재두의 소리　난 길가 놈을 꼭 맡아서 죽여야만 할테니, 여러분은 저놈 두 놈을 쫓아 가시오.

◇ 군중이 왔다 갔다 하는 가운데, 안재두와 또 한 청년 총을 빼앗어 둘

　　　　러메고 다른 군중과 함께 길호일과 헌병 한 놈을 잔뜩 덜미를 짚어서 앞
　　　　세우고 다시 오른편으로부터 등장한다. 앞으로 내닫던 군중 중에서 지내
　　　　가는 길에 길가를 거더차고 가는 이, 혹은 한마디씩 지거리고 가는 이.

군중A　개자식, 이놈아, 하늘 무서운 줄 인제야 알았냐.
군중B　그 놈은 매놓고 무리매질을 해서 당장에 죽여 버리고 맙시다.
군중C　부뜰어 놓은 놈 처단이 문젠가, 어서 이건 안 풍헌이랑 몇 분에
　　　　게 맡겨두고 고 선생 쫓아간 놈을 잡아야 해.

　　　　◇ 그래서 군중은 앞으로 앞으로 내달리고, 안재두 외 십여 명이 남는다.

재　두　이놈을 꽁꽁 묶어라. 요동질 못하게. 이 길가 놈아. 너 내 볼기
　　　　차면서 고영구 선생 오거던 잡아서 바치라구 했겠다.

　　　　◇ 다른 사람들이 달겨들어 두 놈을 꽁꽁 동인다.

재　두　너 이놈. 왜놈이 그러는 건 그놈들이 우리 나랄 빼앗은 놈이이
　　　　혹 그럴 수도 있다 하자, 아아니, 같은 조선 사람이 그래 왜놈
　　　　앞에 서서 동족에게 총칼질을 해.
청　년　이 자식이 영구 선생 자당을 칼로 찔렀다지.

　　　　◇ 묶은 놈을 발길로 한번 걷어 찬다.

길호일　(자빠라져서) 용서해 주십시오. 생명만 살려 주십시오.
청　년　이 개새끼, 네까짓 목숨두 생명이냐.

　　　　◇ 군중의 한 덩어리는 왜헌병을 묶어 놓고 족친다.

군중D　이놈들은 동일학원 마당에서 재판을 하구 문초를 받구 죽여 버립
　　　　시다. 그리루 몰구 삽시다.
재　두　재판은 무슨 재판. 내 눈으루 이놈이 사람을 수십 명이나 죽인 놈
　　　　인데 재판은 이제 무슨 소용이야. 그저 한 사람이 한 대씩 때려서
　　　　원을 풀구 죽여 버려.
군중D　어쨌든 동일학원 마당으루 갑시다.

재   두   그래. 그리루 몰구 가. 그럼 난 저놈을 잡는데 좀 참견해야 할테니, 여러분들이 곡 부뜰고 놓치지 마시오.
군중들   아따, 별 염려(念慮) 다 하시네.

◇ 두 놈을 몰고 왼편으로 퇴장. 그것과 엇갈려서 다시 군중의 한 떼가 새로 등장한다.

재   두   길가 놈은 잡았다. 이제 헌병 두 놈이 고영구 선생을 잡으러 쫓아간다. 우리는 고 선생을 잡지 못하도록 그놈들을 부들어 죽여야 한다.

◇ 그때에 먼 데서

소   리   대한 독립 만세.

◇ 거기에 합해서 무대 우에 있던 군중들도

재   두   대한 독립 만세.
일   동   만세.
재   두   (총을 번쩍 들며) 자, 그럼 내가 선두에 설테니 따라 나서라. 가자.

◇ 재두 선두에서 오른편으로 군중을 이끌고 퇴장. 끊임없이 군중이, 남녀 노유(老幼) 동민이 독립가를 부르며 뒤따르고 하는 가운데

소   리   고 선생이 넘어지셨다.
소   리   고 선생이 총에 맞아 넘어지셨다.
군   중   영구 선생이 헌병 총에 맞으셨다니 저 일을 어떻게 하나.
소   리   저 놈 도망치는 놈을 따라 가라.
창현의 소리   여러분 한 파만 저 도망치는 두 놈을 따라 가십시오, 우리는 고선생을 간호할테니, 헌병 놈을 부뜰어 원수를 갚읍시다.
소   리   가자 저기 산비탈을 돈다. 저 놈을 쫓아가라.

◇ 무대 위에 군중 일부분 행진하여 퇴장하고 뒤따라오는 군중은 뒤엉켜

서 떠들썩한다. '영구 선생을 죽이다니', '영구 선생이 총에 맞았다니', '이
게 대체 사실이란 말인가' 등등 떠든다.
그러는 가운데서 재두 선두에 서고, 그 다음 영구의 몸을 안은 칠성이 영
감과 군중들, 성순 창현 등장.

군　중　영구 선생님이다. 비켜라.
칠　성　서방님, 서방님, 이게 웬일이슈. 이 늙은 놈이 아무데두 못쓸 이
　　　　놈이 살아 있고 서방님이 가시다니, 이게 웬일이슈.
창　현　거기 모셔 놓고 저 태극기를 가져 오시오.

◇ 재두 피묻은 태극기를 가지고 와서 그것을 영구의 몸 위에 덮는다.

재　두　영구 선생, 우리가 못난 놈이라서 헌병 놈의 손에 선생님을 맡
　　　　겨 버리고 이 일을 어떠커나 (엉이 엉이 울어 댄다)
칠　성　저 병호 도련님을 한번 안아두 못 보시구.

◇ 성순 시체 옆에 서서 경건하게 눈물을 닦으며 서 있다.

칠　성　고주사가 가시구 마님이 그놈들의 총칼에 넘어지시구 서방님마
　　　　저 왜놈의 손에 넘어지셨으니, 여러분, 동리 여러분, 우리두 과연
　　　　조선놈이요 우리두 조선 민족이요 이놈들을 눈 앞에 보고 손발
　　　　하나 꼼짝 달싹 못하면서 우리두 과연 조선 사람이오.

◇ 창현 침착히 군중 앞에 나서서 그러나 격렬한 어조로 부르짖는다.

창　현　여러분, 동포 여러분. 많은 우리 동포가 이미 왜놈과 친일분자의
　　　　손에 독립을 부르짖으며 넘어지셨습니다. 현 선생은 총에 맞지
　　　　않은 여러 동포와 함께 옥중에서 그놈들과 싸우시면서 생명이 경
　　　　각에 달려 계시다 합니다. 이제 영구 선생마저 놈들의 손에 잃어
　　　　버렸습니다. 그러나 여러분 우리의 독립은 아직 완수된 것은 아
　　　　닙니다. 잃어버렸던 토지와 국권을 다시 찾은 것은 아닙니다. 우
　　　　리는 돌아가시고 혹은 옥에 가친 여러 동포의 뜻을 받아 이 사업
　　　　을 완성합시다. 각기 쟁기를 들고 나오십시오. 칼 있는 이는 칼
　　　　을, 창을, 도끼, 낫 호미 괭이 무엇이든지 들고 나와서 오늘 안으

	로 헌병대를 부셔 버립시다.
군 중	옳소. 가자, 우리도 조선 사람이다.
칠 성	다른 건 몰라두 마님 원수허구 영구 서방님 원수는 내가 갚을 테유.
창 현	그러면 영구 선생의 시체 앞에서 맹서를 다시 한번 새로이 합시다. 조선 민족이 독립될 때까지 우리는 왜놈과 마지막 한 사람까지 싸우기를 맹서한다. 조선 민족 해방 만세
일 동	만세, 만세.

만세성(萬歲聲)리(裡)에

- 막.

1946년 2월 15일 『민전(民戰)』 결성대회일 완

뇌성(雷聲, 3막 5장)

곳

    동변도(東邊道) 장백현(長白縣) 십구견구(十九遣溝)[1]
    일본토벌군본부(日本討伐軍本部) 앞

때

    1937년 6월 초상(初上)

사람

김일성(金日成)	당시의 항일연군사장(抗日聯軍師長)
최연장(崔連長)	
오연장(吳連長)	
김혜란(金惠蘭)	일본토벌군의 여포로(女捕虜)
고력(苦力)	항일연군 제삼배장(第三排長)
노왕(老王)	항일연군 제삼배 공작원(工作員)
백아영(白阿英)	항일연군 제삼배 위생대원(衛生隊員)
소림(小林)	일본토벌군의 총지휘관(總指揮官) 대좌(大佐)
우(于)	만군(滿軍) 특설부대(特設部隊) 상좌(上佐)[2]
부관(副官)	대위(大尉)
시천(市川)	국경특별경비대장(國境特別警備隊長) 경부(警部)
고목(古木)	국경특별경비대원 순사(巡査)
이종락(李鐘洛)	반역자(叛逆者)
박찬석(朴贊石)	함남도경찰부(咸南道警察部) 경부보(警部補)
노파	김일성의 조모(祖母)
천봉순(千鳳順)	갑산공작위원(甲山工作委員)
제등(齊藤)	본부(本部) 경시(警視)
중촌(中村)	형사(刑事)
박금철(朴金哲)	갑산공작원, 김혜란의 오빠
박금실(朴金實)	그 누이동생
박상수(朴相守)	그들의 아버지

    그외 양쪽 병사, 군중, 경관 다수

---

[1] 본문에 견구라고 표시되어 있으나 도구가 맞음. 지역이라는 의미인 듯.
[2] 본문에 나오는 중요인물인데, 인물표에 누락되었음.

제 1막

항일연군(抗日聯軍)의 습격과 방화로 처참히 파괴된 집에 타다나문(남은) 간판이 걸려있다. '19건구(十九遣溝) 보안대본부(保安隊本部)'. 그리고 주위에는 쇠울타리가 둘려있다. 문만 돌층대, 밑에는 전화통과 지도를 펴놓은 탁자 하나와 걸상.
막이 열리면-
노왕(老王) 차기(茶器)를 들고 서서 작전지도를 유심히 들여다보다가 말소리에 놀래여 뛰쳐 들어간다. 일본토벌군) 소림(小林) 지휘관이 사뭇 좋지 못한 기색으로 부하를 몰아세우며 등장.
뒤로 우(于) 어정어정 딸아(따라) 나온다.
정면엔 그 역시 타다 남은 홰나무 하나, 먼 곳은 그악한 산악의 연봉 *속을 *리하는 모양으로 때때로 망치소리와 나무 헤는(베는?) 소리도 들린다.

소　림　놈들이 멀리 달어났다는 정보가 그리 *어* 마음놓구 ** 지구 있었어. 이게 무슨 망신이야

시　천　(기착(氣着)하고) 하, 죄송합니다, 일시에 정보가 드리다어 *투루 혼선이 되어 *** ** 도리가 없었습니다.

우　　　우리 하나두 대여 주지않어 우리 몰랐소. 어떻게 되는 영문인지……

소　림　무엇이? 뉘 앞에서 무얼 잘했누라구 아직두 변명이야? 그래두 군인이라구 *지** 메구 대니며 이 꼴이 되구서…… 도대체 네놈은 누구기에? (전령(電鈴) 울린다) 움 나야, 나? 소림 지휘관, 무어 촌상부대(村上部隊)? 응, 밀림지대로 빠지는 골채기에 기습이, **을 증강할 것! (걸상에 앉으며 지도 우에 지시하자 부관이 기록)한다)

우　　　(닥어가 배를 내밀며) 우리 만군(滿軍) 특설대장(特設隊長) 우상좌(于上佐) 합니다.

부　관　(돌아보며) 상좌? 그 꼴악지에……

우　　　헷헤 상좌.

소　림　그 훌륭한 상좌? 일본군이래면 제까짓 것은 내 구두두 못 닦는다, 못 닦어! 그 꼴악지에 네놈두 김일성부대를 섬멸하제는 거겠지?

우   　우리 병정 많었소……
소　림　그러태면(그렇다면) 너의들의 사명과 임무가 중대한 줄을 몰라? 놈들은 십여 년을 두구 우리 일본의 등시미뼈를 물어뜯구 있다. 그것 하나 지금까지 뚜들겨 부시지를 못하구 번번히 습격을 받지 않으면 뒤꼬리를 뽑구, 심지어는 가다가다 전멸까지 당하니, 에이……
우　　　우리 만군(滿軍)은 용감히 싸웠습니다. 이번에두 십칠 명 전사자(戰死者) 있습니다.
시　천　사실 저이들도 전력을 다해 싸웠으나 전운이 불길해……
소　림　전운이 불길해? 그놈들이 너이를 무었으루 아는 줄 아냐? 바루 무기수송부대라구 비웃는다는 말까지 있다! 변변히 총 한 자루두 못 메구 강낭자루나 씹으며 대니는 놈들이 용감하면 얼마나 용감할테야. 그간 놈들과 싸워 전사자까지 내구서…… 전사자나 많이 내면 용감한것이 되냐, 이마(임마?)?
우　　　불시(不是) 불시, 깜깜해. 김일성부대가 몰으구 쏘아 우리 죽었습니다.
부　관　입닥쳐!!
시　천　하, 하기는 김일성군이 만군에게는 정치공작을 위주로 하야 웬만해서는 손해를 잊이지(입히지?) 안습니다. 그럼 보고는 이만할지요?
소　림　언제 보고라구 했길래?
시　천　하, 국경특별경비대장(國境特別警備隊長) 시천(市川)경부(警部) 보고! 어제밤 십이시 정각엔 김일성 자신이 인졸(引卒)3) 한 삼백명의 정예대부대가 내습하야……
부　관　(비양쪼로) 무었이 정예대부대야? 이 등신, 이곳 보안대 특경대(特警隊) 교도대(敎導隊) 특설부대(特設部隊)의 총수효가 얼마이기에? 내 조사에만 의해도 자그만치 십배다! 그외에 이십여 도구(道溝)의 국경경비력만 기동적으로 활용한대도……

　　　요란한 기관총소리.

시　천　(머뭇거리며) 하, 그러나 우리는 수에 있어서 엄청나게 많은 것

---

3) 인솔(引率)의 오자인 듯.

같지만 실상은 늘 그놈들에게 포위되여 있는 거나 마찬가집니다. 볼래(본래) 그놈들이 이 지방의 선계(鮮系) 만계(滿系)를 가릴 것 업시 농사군을 여러 면으루 도아(도와)주며 불온사상(不穩思想)을 불어넣어 교묘히 조직하기 때문에, 김일성군이 나타나면 숨겨두 주구 연락두 해주구 짐두 운반해 주구, 하…… 그다뿐입니까 심지어는 총까지 메구 나서는 형편이니……

하 사 (황망히 등장) 보고! 경기(輕機)4) 다섯을 갖인 적 오십(五十)이 우익을 돌파하려고 돌격을 감행하야, 지금 우리 산하부대(山下部隊)는 과감히 접전중(接戰中)입니다

소 림 훗흐흐 하룻강아지 범 무서운 줄 몰으구…… 십중포위(十重包圍)를 제놈들이 뚫으려면 뚫을텐가. 철통처럼 포위진을 축소하며 산상으로 그냥 몰아 올릴 것! 그냥 불이 타올으듯이……

하사 퇴장.

시 천 (추종의 우슴) 하, 이런 좋은 기회는 다시 없을겜니다. 저의 특경대두 이번은 죽기*사 악을 밧처 싸우겠습니다. 벌서 그렇게 단단히 명령했습니다. 처음에 그놈이 노호산(老虎山) 밑에 나타났다는 정보가 들어와 원병으로 두 중대를 직파했드니 뒤루 빠져 십이견구(十二譴溝)를 습격할 모양이라는 정보가 또 드리나어(드러나?) 만군(滿軍)과 교도대(敎導隊)를 일 대(大隊)나 뜯어 보냈었습니다. 그랬드니 이번엔 또 얼투당투않게 김일성이가……

소 림 그만둬! 무에 그리 자랑거리라구 장황하게 느러놓는 게야. (수화기를 들고) 도라도라 암파(岩波) 소좌(少佐)인가! 산기대대(山岐大隊)는 어떻게 되었나? 응, 나야 나! 아직도 안 왔어? 지금 놈들이 우익돌파를 꾀하는 모양이나 견제수단일지도 몰으니…… 무엇이? 적이 뒤를 돌아 습격중이라구. 어느 새에 빠저나갔드란 말이야? 돌격! 돌격! 제-길할 (끊는다)

우 정말 그놈들 귀신이라 우리 속을지 모릅니다. 환풍호우(換風呼雨), 축지법 모두 맘대루 쓰니까요!

부 관 우리사잇!

시 천 (머뭇머뭇) 하긴 참고의 말씀입니다만은 때때루 신출귀몰의 전

---

4) 경기관총.

술을 쓰니까 충분 조심하시는 게 좋을 겁니다. 우리가 언제나 포위 또 포위, 추격 또 추격이라면, 놈들은 언제 교란 또 교란, 돌격 또 돌격입니다 이때 이 동변도(東邊道)의 밤은 총소리에 깊어가고 돌격의 고함소리에 밝아지군 합니다.
소 림   흥, 염녀 말어. 우리는 일성의 전술을 조사연구하고도 남았다. 병법엔 적을 깔보라는 법이 없어! 무기고를 내여 맷기구(맡기고), 세 시간이나 쥐구멍 속에 틀어 백였든 변명을 하려든 게지?
우   아 아닙니다. 일성이가 너무 신출귀몰이라······

전령 울리자 부관이 받어든다.

시 천   그러나 포로도 이만저만하지 않은 년을 하나 잡어놓아······
소 림   맞당히 칭찬해야 올탄 말이지? 총에 마저 쓸어진 년을 주서다 놓구서 그게 포로야? 이년두 또 곱게 치료해 줄행랑을 치게 하렸다.
부 관   (수화기를 든 채) 우익을 돌파하려든 적을 가락나루를 산짜개리 속으로 추격중이라구 촌상부대(村上部隊)로부터의 보고입니다.
소 림   그래, 일초의 여유도 주지말고 밧싹 추격하라 하게. 이번엔 꼭 놓치지말구······
부 관   그리고 산기대대(山岐大隊)도 방금 도착되여 석천소좌(石川少佐)의 지휘에 따라 배치되고 있다 합니다.
소 림   어, 그래. 정말 마침 잘 들어섰군. 그의 금계훈장(金鷄勳章) 솜시(솜씨)를 ** 김일성의 목은 내 이 손에 완전히 휘감어 놓았다!
시 천   참 잘되였음니다. 먼저 번의 실수는 하······ 되놈이란 말에 속아 특설부대에 **시켰*** 우(于)가가 실수를 한 때문입니다.
우   아이야······ 귀순하겠다고 말이 해 우리 이용하려다 우리 이용당했소. 이백명 끌고 달아나 우리 어떻게 해······ 아무래도 사상 가진 비적(匪賊) 야단났소.
소 림   야난났소? 폐하(陛下)에 귀일(歸一)하야 기착(氣着)! (우 기착한다) 일만(日滿)이 공동체되는 사상 외에 또 무슨 훌륭한 사상이 있어. 이마(임마)! 부대장이란 게 아직두 그따위 생각을 가지구 있으니······
부 관   (수군수군 소리로) 군복을 입었으니 군인이지, 저것들 속은 영

큼스레 십리만치 딴 곳에 도사리구 있어서 때때로 병변(兵變)이 일군 하는 게지요
소 림   어쨋던 이번에야말루 놈들의 무리를 송두리채 뽑는 거라, 귀순 아니면 투항!
시 천   일성이가 그저 투항만 한다면야 우리 제국통치의 일대 암종(癌腫)이 해소되는 셈입니다. 그래 어제밤 잡은 년을 김일성의 투항 권고에 써보려고 달래기도 하고 뚜들겨 패기도 합니다만은……
소 림   역시 응하지 않는단 말이지? 제 부하(부하)년을 잃구 보니 구원하려구 무모의 짓을 저즐기루 하렸다.
부 관   머지 않어 우리의 구물 속에 들어올 겜니다.
소 림   그럼 이마 만군은 산기부대장의 지시에 딸으는 거다, 응! (부관에게) 시시각각으로 련락할 것을 잊지 말라게…… 혹시 투항권고를 하게 될지도 몰을테니…… 놈들은 식량 탄약이 거이 떨어저 집검불에라두 매여 달릴 모양이야…… 그럼, 대려다 주구 오게.
우   (울상을 지으며) 우리 병정 많이 도망가 어떻게 했소
소 림   무엇이?
부 관   어서 앞서!
소 림   되도록 저놈들은 뒤에서 잘 독려해야 하네 (음흉스레 웃으며) 알지?
부 관   네 적당히 하겠읍니다!

두리(둘이) 퇴장. 이와 동시에 고목(古木) 이하 순사 세 명이 박금철(朴金喆)을 결박지워 앞세우고 등장).

시 천   종내 잡었나? 성공, 성공! 이놈이 박금철에 틀림없지?
고 목   틀릴 리 있습니까? 삼년 동안 주목해 보아온 놈인데, 바루 저 산 밑 외따른 초가에 숨어있는 것을 덮치였습니다. 낫을 들고 대들어…… 총이 없었드라면……
박금철   흥, 그대신 내게 총이 있었드라면……
고 목   쳐 죽일 놈같으니……
소 림   일성부대인가?
시 천   말하자면 그놈들의 국내공작원인 셈입니다. 이놈의 종적이 수상해 국내에서 이미 말슴드린 박경부보(朴警部補)가 출장에 온 겜

니다. 이것 저것 자료를 종합해보면 이놈이 그 여자포로 김혜란의 오빠인 것이 분명합니다.

소　림　그래?

박금철　(흠칫 놀래며) 혜란이? 나, 나는 몰으오. 누이라고는 보천보(普天堡)에 나어린 누이동생 하나밖에 없는 몸이요.

고　목　무엇? 네 누이는 벌써 자백을 했어 그럼 너 어디라구 무얼하려 여길 왔어? 몇번이나 연락왔냐. 김일성이를 찾어가드랬지.

박금철　내가 찾어가기는 살 길이다. 살 길을 찾어가든 것이야!

고　목　(갈기며) 자식이! 동생을 좀 만나 보구야 갈 모양이냐. (옆채기서 찌저진 종이를 탁자 우에 꺼내 놓며) 이것 보십시오. 이놈이 절반은 집어 먹구, 절반은 찌저 놨습니다. 연락원의 무슨 비밀서류인 모양입니다.

시　천　(소림과 가치 들여다보며) 그럼 자네는 그 혜란이년을 끄러 내오게. 한 동기라는 것만 판명되면 진상은 뚜렷해지네. (고목 퇴장) 아, 이것은 아무래도 보천보의 지도입니다…… 주재소…… 영림서(營林署)…… 옳지, 이놈들이 선내(鮮內)에 조직을 깔아 놓구 습격계획을 했든 것이나 아닐까요?

소　림　이 흉악한 놈들이 계획을 세워두……

　　　김혜란 고목에게 끌려나온다. 박찬석(朴贊石)도 나온다. 돌층대 우에서 오빠를 발견, 둘이 아연 경악.

김혜란　앗……

박찬석　헛허허…… 성공이다. 아무리 지독한 년이래도 핏줄은 못 이기겠는 게지. (소림에게) 제가 오늘 아츰(아침) 저 년을 취조하려온 함남 경찰부(咸南 警察部) 박경부보(朴警部補)입니다

소　림　그래, 성과는 좋은가.

박찬석　성과 말씀입니까. 이제 금방 저년이 이잘 보구 놀래는 광경과 저놈을 잡은 일에서 더한 성과는 없습니다.

시　천　이보게, 무엇보다도 이 증거물이 가장 가는 수획(수확?)일세. 보천보의 습격계획이 있는 모양이야.

　　　둘이 조이를 살펴보며 수근수근.
　　　그 새에 김혜란은 고목에게 끌려와 나무 밑에 펄썩 쓸어진다.

소 림 (닥어가며) 이마, 여장군(女將軍)었대? 여자동지가 붓들렸는데두 한 년석 날아(달아?)나지 않을 젠, 헷헤헤. 신출귀몰이구 무에구 일성이두 어지가니 기급한 모양이지…… 오늘은 이 동변도 밀림 왕자(東邊道密林王者)들의 운명을 총결산하는 날이야, 알어? 조선과 만주놈들이 신장(神將)이나 둔 듯이 사랑하는 김일성의 머리를 이 칼로 배혀 들고 돌아갈 내야! 헷헤헤…… 그러나 대일본제국군인으로서 나는 무인의 정도 각별한 사람이다. 최후로 또 한 번 기회를 준다. 그래, 그냥 개심치 않고 이 총칼 앞에 꼬구러질 테냐?
김혜란 호의가 너무 지나친다. 어서 죽여라!

  노왕(老王) 어정어정 차기(茶器)를 들고 나와 차를 한작식(한잔씩) 딸어준다. 박금철을 보드니 놀래는 눈치.

소 림 무었이라구, 아직두.
박찬석 참 어지가니 지독한 년입니다 (틀니를 뽑아 찻물에 씻는다) 좀 달리 생각해 보는 게 었대(어때)? 너만 그러지 말고 살려달래면 이제 당장이라두 풀어놓을 테야. 지휘관 어른의 말슴을 못 들어?
시 천 아- 아팟소, 아팟소…… 일성이만 대려온다면 일성이 이하 모두 다 높은 사람 만들테니 좋잖어? 아무래두 이번은 일성이 잽히(지)않으면 전멸(전멸) 둘 중의 하나지! 죽이고 살리고 꼭 네게 달렸어. 권고(勸告) 가겠다면 이제 당장 승교(乘轎) 태워 보내줄 테다! 우리 토벌군은 만명이나 있어, 만명…… 땅 하면 알지?
김혜란 죽여라!
고 목 무엇이, 이년! (챗직으로 막 후려갈긴다)

  집 속에서 뚝뚝거리든 고력(苦力) 행색의 사내 톱을 든 채 문깐 구석에 숨어서서 눈을 휘번득인다.

박찬석 (시천에게) 이렇게 진상이 탄로난 이상엔 저는 국내루 저놈을 끌구 가서 보천보의 일을 들추어내는 게 아무래도 상책일 것같습니다.
김혜란 포로가 되었으나 사장동무, 저는 항일연군(抗日聯軍)의 정신을 끝끝내 지키며 사장동무의 교훈을 죽엄으로서 저바리지 않으려 하우…… 동무들은 내가 이렇게 싸우는 것을 어디서든 보아주겠지?

노왕 머리를 끄덕이며 퇴장.

박찬석 그렇게 끝까지 말을 안 들으면 김일성 이하 모두 죽이고 네 아버지 오빠 동생까지 다- 잡어죽인다!
김혜란 없다, 없어. 나는 부모두 동기두 없다.
시 천 (찻물을 얼굴에 끼얹으며) 횟회회, 거즛말이 말아!
박찬석 (일어나며) 이년의 게집에(계집애) 상게두 매가 모잘라서…… 네 본명이 박금녀지?
김혜란 언제나 내 이름은 왜놈의 원수라구 불은다(부른다)!
고 목 이년의 수작질 봐! (다시 챗직질)
박찬석 동원예정표두 암호루 적은 걸 보면, 참 용의주도한 놈들이라니까. 이걸 보면 김일성이가 선내 각지에 그 일파를 깔구서,

박금철 갑재기 달겨들어 서류를 입으로 물어 뜯으려하다가 군경의 폭력에 쓸어진다.

시 천 (순사들에게) 저놈을 어서 보천보루 압송하게. 박경부보두 곧 뒤딸아갈테니……
박금철 (끌려서 퇴장하며) 나는 믿는다, 믿어……그리고 나를 믿어다고……
소 림 으-ㅁ, 저 녀석의 목숨까지 네 한 마디에 달렸다. 일성이와 네 장래를 위해 하는 말이야. 일성이를 대리러 갈테냐, 네 오빠와 아버지 동생까지 죽일 테냐? 우리가 이왕 온정을 베풀 때에 서루 살 길을 구해야지 내중엔 후회할 결을(겨를)도 없다! 이마, 십중포위를 알어? 독안에 든 뒤(쥐)- 일세의 영웅을 죽이지 않으려는 특별한 호의를 몰라?
시 천 오이, 누구야! (권총을 뽑아들고 간다)

 * 긴장 고목도 딸아 나간다.

부   관 (등장하며) 밀정입니다. 중대한 일이 있어 아무캐서라두 뵙겠다구
         하는군요.

         평복의 비대한 이종락(李鍾洛) 등장하여 인사. 그 뒤를 딸어 나온 노파
         쓸어저(쓰러져) 있는 김혜란을 보고 깜작 놀랜다. 박찬석(朴贊石) 이종락
         을 보고 자못 의아스런 눈치.

이종락 (서류를 전달하며) 힛히, 이것은 나남연대장(羅南聯隊長)으로부터,
         그리고 이것은 조선헌병사령관각하(朝鮮憲兵司令官閣下)의 것입
         니다 각하께서 저 보구 친히 말슴이 '그렇다면 김일성이를 잡은
         게나 마찬가지구나' 좋아하시면서……
소 림 (비스듬이 몸을 챗치고 보며) 왜 이렇게 수다스레 구는 거야!
이종락 힛히, 용서하십시오. 그만 무엄스레…… 그리고 각하께서 신신부
         탁의 말슴이 김일성의 존재와 민심에 주는 영향이 대단이 크니만
         치 죽이지 말고 살게 잡아, 우리들의 앞으로 쓰게만 된다면 조선
         통치상 획기적인 성과를 올릴 수 있겠다고……
소 림 나두 아네, 말하지 않아두…… (싱긋이 웃으며) 그래 저게 김일
         성의 할머니란 말야.
이종락 네, 그렀습니다. 절대루 안 오겠누라구 병을 빙자하고 들어누은
         것을 평양서 여기까지 말을 약 멕이듯 하며 끌구 오누래니……
김혜란 (놀래여 얼굴을 들며) 할머니가 김사장 동무의?
노   파 (닥어가며) 젊은 여자레 이게 무슨 일이오……
고   목 잔말 말어?
소   림 저 산을 겹겹이 포위하고 투항을 기대리구 있는 차야! 우리두
         관동군사령부로부터 되도록 귀순시키두룩 하라는 명령을 받엇
         네……
이종락 그렇습니까? 거 좋은 생각입니다. 암, 그래야죠. 그렇구 말구.
시   천 말 함부루 하는 게 아니야!
이종락 힛히히…… 그만 너무 흥분해서…… 네, 죄송함니다.
소   림 좀 바*락시기는 하지만 탄환과 양식도 거이 떨어진 모양이야.
         옛날 선배5)가 제 할머니까지 앞세우구 와서 정식으루 권고하면
         저도 생각이 있겠지. 하여간 수고레 왔네. (부관에게) 포위진을

―――――――――――――――
5) 이종락 자신이 김일성의 옛 선배라고 함.

축소하며 정식명령이 있기 전엔 큰 작전을 삼가라고 어서 전선에
통달하게…… 그렇대면, (시천을 불러 무었인가 지시한다)

부관은 전화통에 매달린다.

이종락 힛히, 저게 일성의 부하인가, 누굴가? (닥어 선다)
박찬석 (고소(苦笑)하며) 여보게, 종락이!
이종락 (눈을 둥기즉 하드니) 이거 찬석형 아닌가, 힛히히 (쓸어안으며)
        자네두 이런데 와있었나?
박찬석 (이종락의 팔을 떼여 놓며) 도(道)경찰부에 있지만 중대한 일이
        터져서……
이종락 아이구, 너무 반가워 눈물이 다 나네 그려. 눈물이……
박찬석 허- 왜 이렇게 야단인가?
이종락 헤- 도경찰부에 있대지. 출세했구만, 출세했어. (일부러 큰소리
        로) 나두 천황폐하의 적자로서 과거의 죄를 싯으려구(씻으려고)
        가출옥하는 참으루…… 힛히히, 일성이를 잡으러 왔다네…… 저
        노파를 대리구(데리고) 오는 게 그중 좋은 수라구 생각해서.
김혜란 (나무에 기대고 일어서며) 종락! 이 배반자 이종락! 감옥사리 몇
        해에 네놈이 이렇게 되었느냐?

노파 물러선다.

이종락 (움칫 들었다가 슬며시 처다보고) 힛히히, 이제야 알었다. (닥어
        서며) 헤-혜란이로구나, 혜란이……
김혜란 (얼골에 침을 뱉으며) 물러가라, 이 왜놈의 개!
박찬석 알어 보겠는가, 저 게집이 보천보의 박가가 아닌지?
이종락 마졌네(맞았네), 마졌어. 분명히 저것의 애비가 옛날부터 벌목군
        이었어!

김혜란 놀래는 기색.

박찬석 (회심의 미소) 올치, 이제는 아주 틀림없군. 그래서 역시 산림궤
        도차(山林軌道車)의 전복이 빈번했든 모양이지……
고 목 빼빼 말으구 키가 크구…… 눈이 우먹다리인 이름이 박상수(朴

相守)……?

이종락　마졌소, 박상수에요. 벌목군으로선 처음 보내는 유학생이라구 뻐기면서 저걸 간도루 유학보내드니……

고　목　그럼, 아까 그 박금철의 동생에 틀림없습니다.

시　천　그럼, 어서 자네는 보천보로 급행하야 박금철이를 취조하야 사건의 전모를 들추어내게. 김일성군과의 연락에서 된 일이 틀림없으니까…… 도경찰부에두 연락하게, 대사건일세.

박찬석　(웃으며) 그 점은 제 솜시(솜씨)에 맺겨 주십시오.

이종락　가나? (딸아가며) 이제 일성이 대려오면, 자연 다 들어날(드러날) 텐데 무얼 걱정하나? 힛히히, 그럼 또 맛나(만나) 천천히 회포를 풀세, 응……

박찬석　만만히 생각하고 들어 붓지는 말게나…… 멋없이……

　　박찬석 들어서기 전에 고력의 그림자 살어진다.(사라진다). 멀리 끄님(끊임) 없는 총성.

이종락　(소림에게) 힛히히, 실례했습니다. 제 말만 말이라구…… 사실 구마령(勾馬嶺)에서 참의부(參議府)와 통의부(統義府) 새에 싸움이 벌어지자, 초산경찰서(楚山警察署)루 달려가 정적(政敵) 참의부의 근거지를 꼬저 바쳐 뿌리를 뽑게 한 공로자가 바루 저 박형입지요 (김혜란에게) 힛히히, 혜란이두 이 기회에 돌아서는 게 좋은 수야. 내 말해 줄가?

김혜란　우리는 규율을 어길 때는 죽는 거다. 네놈들의 패거리와는 달으다!

이종락　(계면적은 듯이) 제가 정신이 나가 잠간 저것들을 딸어다니며 보니까 저 게집두 그리 만만만한 년이 아니었습니다…… 헨둥[6]이 육도구(六道溝)를 드리칠 때의 일입니다. 총에 맞어 쓸어진 최(崔) 무었인가 한 자를 혼자서 십리길이나 떠메구 달어 나와 구해내여 일성이한테 무수히 칭찬을 받었지요. 혜란이, 이번엔 그 최가를 다시 살려 보구 싶잖어? 그런 불같은 동지애는 다- 어디 갔어?

김혜란　할머니, 놈들에게 속아 사장동무를 괴롭힐 일을 하지 마세요,

---

[6] 헨둥하다, 헨둥히, 뚜렷하고 명백하게.

네……

노 파 여보, 아씨. 알었소. 붓들려서라도 한번은 꼭 오야(와야)될 모양이기에 생사나 알어보려구 찾어온 것이 망녕의(이)었소 고레……

전령 요란히 울린다.

부 관 (받어들고) 하, 하, 무엇이요, 산기대대(山岐大隊)? (안색이 달러지며) 아니, 좀 기대리시요!
소 림 (받어들며) 무엇이라구? 적의 매복에 일중대를? 놈들이 또 역습을? 어서 암파부대(岩波部隊)의 응원을 청해, 암파부대의. 응! (끊고나서 몸을 부르르 떨며 부관에게) 암파부대에 산기부대를 엄호하라는 명령을 내리게. 으흐흐, 최후로 투항권고를 해보고, 그래도 듣지 않으면 총공격이다. 실력해결이다!

노왕 다시 차기를 들고 나온다.

이종락 네네…… 그럼, 어서 채 어둡기 전에 가보겠습니다, 할머니. 저 어른께서 우리가 빨리 손을 안 쓰면 일성이를 당장에 쳐부시구 말겠다는구요. 어서 손주를 맞나러(만나러) 올라갑시다.

고력 문깐 모퉁에 다시 나타나 주시.

노 파 십삼년 전에 나간 우리 일성이 아직두 못 잡은 걸 이제 와선 무슨 수레 있댔네?
이종락 (필사적으로) 할머니, 이번엔 틀렸세요. 저 어른의 말슴이 일성이가 저기서 바라뵈는 산꼭대기에 쫓겨 올라갔는데 백배나 되는 일본군대가 뺑 둘러 쌋답니다. 백배나 되는 군대가요. 게다가 일성이는 양식 탄약까지 떨어졌대니 별 도리가 있어요. 저 어른이 이왕 인심을 쓰려구 할 제 어서 손을 써봐요! (소림에게) 잠간만 더 여유를 주십시오. 할머니, (잡아끌어) 만나러 어서 올라가 봅시다!
노 파 못간다. 나를 죽이구 가거라!
소 림 음- 사정을 보아주면 외려 요보[7]들이란…… (군도를 뽑으려 하며) 이 두 년을 그저 모두 한 칼에.

이종락 (질겁하야 소림 앞에 나서며) 지휘관 어른 조곰만 참어 주시오. 제게 맷겨 주십시오.

비행기의 요란한 폭음소리에 소림 등 하늘을 처다 본다.

노 파 (헤란을 등에 지며) 올치, 나를 죽일려구? 그럼, 어서 죽여다우. 이놈, 이런 일을 보게 할려구 나를 여기까지 끌고 왔구나!

노왕 층대 우에 올라서서 등으로 고력의 총을 막는다.

이종락 (노파를 잡어다니며) 아니에요, 할머니 보구 그러는 게 아니에요. 하- 어서 빗겨요.
소 리 (멀리서) 지휘관 어른, 지휘관 어른, 비행기로부터 신호통입니다!
소 림 신호통? (뛰어나간다)

부관, 시천도 딸어 나간다. 노파는 김혜란을 쓸어안고 운다!

이종락 (역시 뛰쳐나가다가 고목에게) 여기 게시겠습니까? 저두 좀 형편을 알어보려…… (퇴장)
고 목 (노왕에게) 멋하러 서있는 게야! 썩 못 들어가! 어서!

고목 돌층대 우에 올라서는 것을 고력이 비수로 잔등을 찔은다(찌른다). 문간 속으로 쓸어지자 노왕 받어 둘이서 감쪽같이 떠매고 들어간다.

노 파 (휘휘 둘러보고 탁자로 닥어가 차기를 들고 달려오며) 여보, 정신을 채리소. 자- 물 마시라구요, 어서-
김혜란 (머리를 흔들며) 안요(아니요), 안요…… 먹어 멋하게요…… 이왕 죽기를 각오한 몸이……
노 파 (안어올리며) 무슨 말을 그렇게 하우. 아무도 없쉐다. 어서 일어나 어듸루든 달아나요.
김혜란 (두 거름 만에 다시 쓸어지며) 운신을 못하겠어요…… 할머니…… 어서 놓으세요……

---

7) 조선 사람을 천하게 부르는 말.

노　　파　여보, 정신체리우. 아 이렇게 다리가 상한 채루…… (수건으로 글어매여주며) 우리 일성이레 왜 안 오우. 못 올 젠 정말루 위험한 게로구려……

김혜란　(눈을 감은 채) 할머니, 아무 염려마시오…… 사장동무는 저 하나보다두 부대 전체 일을 생각하서야죠…… 우리는 언제나 싸워 이긴담니다.

노　　파　여보, 여보. (우름)

김혜란　(미소를 지으며) 사장동무는 평양 만경대(萬景台)의 경치 좋은 자랑을 하며 어렸을 제의 재미난 이야기를 하시다가는, 할머니 말슴을 꼭 꺼내군 했어요…… 전말(정말?) 할머니 팔목 상하신 자리 과히 말째지나8) 않어요?

노　　파　그애가 그런 말까지 다- 합데니께.

김혜란　여덟 살 때인가 밭고랑에서 한사코 업어드린다고 못 살게 굴어 업누래다가 너머저(넘어져) 할머니가 팔목을 다치셨다지요…… 그 뒤부터 차뫼(참외)라 차뫼는 모두 제 손으로 깎어 들이군 해, 이렇게 호박두 잘 깎누래시며…… 에이 이게 차뫼라면 좋겠다구…… 생호박을 깨물어 동무들을 웃기군 하셨어요.

노　　파　그때 일을 잊을 수가 있다니…… (팔목을 만지며) 이 흠자리가 있을 젠 우리 일성이가 분명(분명)히 살어 있구나구…… 여보, 우리 일성이는 어린애두 없는 훗몸이우?

김혜란　동무들이 다 그의 어린애에요, 동생이에요…… 그의(그이)가 우리 아버지에요, 형이에요, 오빠에요……

고　　력　(묵묵히 나와 닥어서며) 혜란동무!

노왕 놀래여 흠칫 물러난다.

김혜란　앗, 배장동무, 임(任)동무!

노왕 돌층대 우에 우두머니 나와 선다.

고　　력　(쓸어안으며) 혜란동무! 줄기차고도 철석같은 의지요! 내 돌아가 사장동무에게 이 일을 낫낫치(낱낱이) 보고하리다, 응……

---

8) 말째다. 거북하고 불편하다.

김혜란 (물러나) 배장동무는 언제 오셨소? 어서 놈들이 오기 전에 피하서요……
고 력 (말없이 톱을 들어 보인다)…… 목수, 목수루 변했소……염려마우, 제가 온 것이 결쿠 늦은 것도 아니오. 용맹이 부족한 것도 아니었소. 보천보의 일이 터진 것을 살어서 돌아가 보고해야 되겠기 때문에…… 동무, 그러나 죽어서는 안 되우. 사장동무가 반듯이 구원하리 처들어 오실 것을 굳게 믿어야 하우!
노 왕 (두벅두벅 닥어서며) 그리구 최연장(崔連長) 동무두 반듯이 옵니다. 꼭 기대리서야 하우!
김혜란 (손을 허적비적시며) 사장동무가? 최동무까지?
고 력 동무, 이를 악물고라도 살어야 하우?
김혜란 그럼 어서 제 염려는 말구 본진으로 돌아가서요…… 동무들이 고전중인 모양이니……
노 왕9) (닥아서며) 아니, 당신들은 중국사람이 아니라……
고 력 사장동무 할머니의 건장한 기품을 들으시면 퍽 감사해 하실겁니다.
노 왕10) 당신들은 누구시길래?
노 왕 뭇지 마십쇼……이곳에 사는 일꾼입죠……여보게 저놈들이 돌아오나 부네.
고 력 동무, 다시 오마 응.(황망히 퇴장)

노왕 주섬주섬 차그릇을 주어 담는다.

소 림 (매우 불쾌한 어조로) 나는 여기 앉어서두 놈들의 행동을 손바닥처럼 끼어 들구 있는데, 비행기까지 타구 돌면서 "적 발견치 못함" 그게 무슨 신호야.
시 천 (딸어 나오며) 그러나 놈들이 혹시 빠저 새였는지두……
소 림 무엇이, 나를 모욕하느냐?……으- 저, 저년들! 저년들이 도망가면 어떡할려구 그냥 내버려 두구 있었어? 하는 일이 모두 이 모양이니까……
시 천 아닙니다. 고목이가 남었었습니다. 고목, 고목? 고목이를 못 보

---

9) 노파의 오식임.
10) 노파의 오식임.

앉어?

노　왕　아까 전화를 받다가 갑자기 큰 소리를 질으며 저리루 달려나가섰서유. 이렇게 전화를 내동댕이치며…… (수화기를 바루 올려 놓는다)

소　림　음, 비겁한 놈이라니. 이놈이 또 겁이 나서 도망을 친 게루구나!

시　천　그럴 리 있습니까. 글세, 무슨 일일가요. (수화기를 잡으려는데 전령)

소　림　**! *주어! (받아들며) 무었이, 음! 음, 진세를 가추어 사방으로 몰아올린다? 적은 그냥 잠잠해? 훗흐흐, 이제야 놈들이 단념하고 운명을 기대리는 모양이렸다! 철옹성으루 훌쳐 매구서 부관이 가기를 기대리게. 이제 곧 보낼 테니. (끊고) 자- 다시 없는 좋은 기회다! 놈들 탄약(탄약)이 아주 끊어진 모양이지! 저항치를 못할 젠! 그럼, 어서 저 노파를 대리구 떠나게! 그리구 부관, 자네는 투항권고의 내 정식사절루 갔다 오게!

부　관　(자못 가슴이 서늘한 모양) 저두…… 제가요?

소　림　군인으로서 일생일대의 명예인 줄만 알어. 천하의 김일성이와 회견하는 거다!

이종락　(노파를 흔들며) 할머니, 큰일났습니다. 일성이가 총을 버리구 꼼작 못 한답니다. 어서, 우리 살리려 갑시다.

노　파　(한참 쳐다보다가 울음소리로) 못 간다. 나는 못 가!

소　림　안 간다는 게야? 그럼 늙은 넌두 체포다! 인질루 당장 집어 넣구 말어!

　　　시천 김혜란을 노왕과 같이 끌고 들어간다. 노파도 뒤를 딿은다(따른다).

이종락　네, 그렇게 하는 게 좋겠습니다…… 힛히, 내 참 땅고집이래니까 늙은 게 **에 치여 강낭밥을 좀 먹어봐야…… 그럼 *재루 부관나리를 모시구 저 혼자 들어가 보겠습니다. 저 노파의 이름으루 편지를 써 가지구 들어가는 방법두 있으니까요…… 저 혼자라두 염려없습니다. 제 삼촌의 동지요 게다가 일성이 저를 길러내다싶이 한 내가 찾아가는데 아무리면…… 더구나 제 할머니까지 와서 간청이래면 목석이 아닌 이상에야…… 힛히히, 목석이라니요. 그게 퍽 인정에 약한 면두 있습니다…… (괴춤을 끌어올리며) 자신이 있습니다, 자신이……부관나리, 염려마십시오.
소　림　그럼 미리 좀 의논할 일두 있으니 잠깐 들어가세. (돌층대로 올라서며) 오이, 특경! (시천의 대답하는 소리) 짐지고 길잽이할 놈을 하나 불러와!
이종락　(딸어가며) 짐이라니요?
소　림　(돌아보며) 적장에게 투항권고를 하는데 무장으로서 인사가 있어야지, 술이라두 서너 말 보낼테야?
이종락　힛히히, 일성이 호사하는군. 천하의 소림지휘관 어른한테 술선사를 다 받구…… 힛히히……(부관과 갖이 퇴장)
고　력　(나오며) 시*(是*) 시* 길 암니다.

긴장한 사이 사방을 한번 휘 돌아보고 탁자 우의 작전지도를 집어가며 삷여(살펴) 본다. 어두워지기 시작.

노　왕　(술상자를 지고 나오며) 무척 무겁네……
고　력　좀 더 무거워야할 걸…… 어서 그 술독을 저 구석에 감추게나?

노왕이 술독을 치우는 새 고력은 재빨리 뒷족(쪽)에서 여러 개 상자를 저다가 넣는다. 노왕도 제 일을 끝내고 돕는다.

고　력　어서 들어가게. 여러 가지루 고맙네. 오늘 밤으루 반듯이 또 맛날 수 있을 게야!
노　왕　(들어가며) 조심히 가게나. 응……
고　력　혜란동무와 할머니를 부탁하네…… (짐을 색기(새끼)로 묶는다)

일동 다시 나온다.

이종락　으- 곱뿌 술에 떠올으는군?
소　림　성공만 하구 보면 자네는 훈팔등(勳八等) 갈 데 없네. 나두 특별히 공적상신(功績上申)을 할 테야.
이종락　힛힛히, 고맙습니다. 절대루 자신)이 있습니다. 제가 가기만 하면야……(거더차며) 이마 고력, 어서 짐지구 앞서!!

고력 짐지고 일어선다.

부　　관　(기착하고) 그럼, 다녀오겠습니다. (떨리는 손으로 팔뚝시계를 벗어주며) 이, 이것 좀 맡어 주십시오. 만일…… 만일의 경우에는 제 고향으루……
소　　림　헛허허, 걱정 말게나. 받어는 두세만은……
시　　천　그치가 잡어간 놈두 잘 대접해 도루 보내는 뱃장인데, 항차 정식사절이야 해칠려구요?
이종락　헛히히, 그렇구 말구요. 결쿠 염려하실 것 없습니다.
부　　관　(빽 소리로) 누가 안 간대.
이종락　(목을 움치렸다가 고력에게) 어서 성큼성큼 앞서 가. 망할 자식 같으니!
소　　림　그러나 두 시간 기한 알지? 여덜 시까지 회답이 없을 젠, 총공격으로 섬멸이 있(있을)뿐이란 것.

　　일동 퇴장.
　　갑재기 요란히 전령(電鈴)이 울리기 시작. 한참동안 무대는 비인 채 노왕 가위를 들고 담장 우에 나타나 전화선을 끊어 전령 소리 뚝 끊친다.

-막-

제2막

1장

　　그날 해질 무렵의 랑암산(狼岩山) 제2산채(山寨)로 잇갈나무 몇 그루외에는 바위투성이의 산상). 저녁햇살이 차츰 슬어저 가며 바람이 일고 구름이 떼몰려 사나운 날세로 변해간다.
　　아랫쪽에서는 소총(小銃) 기총(機銃) 아우성소리가 끌어올라 자못 긴장한 분위기. 뷔인 무대를 병사 몇 황망히 께둘으고 달려 내려간다. 이윽하야 최연장(崔連長) 치명상의 몸둥을 가누지 못하는 듯 빗칠빗칠 올라온다.

최연장   (소리만) 핫하하, 이놈들 잘 쓸어진다. 윤(尹)동무, 막 찔러라!……
        김(金)동무, 잘 나간다! 쏘아라!……만세! 그러치, 박(朴)동무, 옆으
        루 옆으루…… 저것 저리루두 몰려 갑니다. (등장하여 바위 우에
        업데며) 저리루 몰려가요…… 앗, 사장동무가 일어났다. (일어서
        며) 기관총을 휘둘으며 나간다! 사장동무 만세! 앗하하, 저놈들!
        (옆으로 움직이며)…… 박동무, 잘 찔은다. 또 찔러라! 그러치, 잘
        찔은다. 앗! 적)이 뒤루 간다, 뒤루 간다! 저놈, 으- 저놈을! 아이
        구, 내 총! 총! 으으, 내 수루탄이…… (가슴을 부둥켜 쥐였든 손
        으로 수루탄을 뽑으려다가 쓸어진다)
김일성   (소리만) 일제히 추격! 추격!
최연장   (고개만 들고) 아- 사장동무의 추격명령…… (벌덕 일어나며) 으
        흐흐, 사장동무가 달려 나가누나! 제일연(第一連)두 돌격! 돌격!
        (기여나간다) 어서 나두 나가야, 나두 나가야! (다시 쓸어진다)

   뒤로부터 위생대원 백아영(白阿英) 달려온다.

백아영   아, 연장(連長)동무 (쓸어안으며) 최동무! 정신 채려요! (바삐 약
        솜을 꺼내여 가슴의 상처에 처치하며) 동가슴을 이렇게……
최연장   아…… 아영동무, 적을 사장동무까지…… 친히…… 추격하는
        데…… 나만…… 나만이 이렇게……
백아영   최동무, 그게 무슨 소리요? 동무가 아니였드면 혈로(血路)를 뉘
        가 뚤러(뚫어) 우리를 전진시킬 수가 있었겠소……
최연장   아니……아니……사장동무가 양쪽을 드리처 몰아 주섰기 때문
        에……
백아영   네, 알어여. 그건 알어……우리들이 빠저 나오는 새에두 사장동
        무가 이리 몰구 저리 치며 내닷는 노름에 놈들은 혼란을 일으키
        구 말엇어요……어서 정신을 가다듬어요. 마음을 단단히 가져
        요……
최연장   내가, 내가, 왜 죽어? 죽어두…… 사장동무를 뵈이구 죽어야
        지……
백아영   그렇구말구. 우리 동무들이 다- 이제 돌아올테니, 어서 기운을
        내요!
최연장   응, 다- 돌아와? 동무들이? 아영동무……내 몸둥이를 좀 밧싹

　　　　껴들어주- 내가 일어나야……
백아영　응, 동무, 사장동무가 놈들을 씨알머리없이 뚜들기구는 이리루 돌아올게요……(돌(격) 함성) 저- 돌(突)함성(聲)11)이 들리지 않수? 동무들이 호랭이떼처럼 막 몰려나가는가 부-
최연장　아- 정말 저-우렁찬 돌함성……
백아영　놈들은 우리가 빠저 새여서 저의 일부대를 감쪽같이 섬멸하는 줄두 몰으구 대부대가 그냥 저- 제일산채를 포위하구 처올라가며 저의끼리 혼전을 하겠지요. 뒤에는 우리 제이연(第二連)이 매복하야 불을 터친다우……
최연장　사장동무두 와주실까?
백아영　응, 여기가 우리들의 비밀집결지루 되어 있으니까…… 안심하구 기대려요. 오시구 말구……
최연장　(목이 매친 소리로) 혜란 동무두 올가? 아- 혜란 동무?
백아영　(얼골을 돌리며) 오구말구, 혜란 언니두 오구말구요…… 동무가 기운만 낸다면야……사장동무가 왜 이 산줄기를 떠나지 않구서 저렇게 대부대를 뚜들기는 줄 알어요. 막 *드쳐 놈들을 몸서리치게 할 엄청난 계획을 가지셨다우. 우리는 어제 오늘의 싸움에 탄자와 양식이 거이 끊어지지 않았수. 사장동무는 그 탄자를 빼았어 혜란 동무를 구(求)해내려는 것이에요…… 혜란 언니두 오구말구…… 사장동무가 빼앗아 오구말구……
최연장　아- 사장동무
백아영　응, 기운을 내서요!
최연장　아영동무, 그러나 나는, 나는 아무래두 못 견딜가 부- 임배장(任排長) 동무는 아직 안 왔어? 혜란동무 소식이라두……
백아영　염려 말어요. 그 동무두 머지않아 돌아올테니…… 왜 그런 슬픈 소리만 하우……
최연장　정말 나는 아무래두 못 견디게수(견디겠수)……아- 혜란동무…… 언젠가 가진12) 위험 속에서 부상한 나를 구원해준 동무가 왜놈들에게 붓들렸는데. 나는, 나는 이렇게……
백아영　응, 알어…… 알어요…… 동무의 괴로운 심정을……
최연장　간도(間島)에서 노동을 하며 공작(工作)하든 시절의 일이야. 여

---

11) 돌격 함성.
12) 갖은.

학교 뒷산의 돌을 캐다가 팔을 다쳤을 제 약을 가져다가 처치해 준 것두 어린 학생 혜란동무였어…… 그지음 불스런 고학생이었 겠지, 흑인의 노래를 좋아해 언제나 '내 고향으로 날 보내주'를 부르며 일을 하는군. "학생, 내 나라를 찾으려 날 보내주…… 라 는 노래는 없수" 하구 언젠가 물으니까 동무는 아무말두 없이 웃 으며 돌아서겠지…… 그러다 내가 다시 사장동무를 찾어 들어온 지 석달 뒤에 난데없이 혜란동무두 들어 왔구면…… 나를 보드니 "정말 나라를 찾으러왔어요" 하며 웃겠지……

백아영 나두 들었어요. 혜란동무한테 그런 이야기를……
최연장 나는 동무를 혼자 몰래 끝없이 사랑햇수…… 그러나 아직 한번 두 내 마음을 고백한 적이 없었어…… 이제 와서 보면 다- 잘한 일이야. 혜란동무!

한 병사 묵묵히 시체를 메고 올라온다.

최연장 날 보내주…… 내 고향으루…… 아, 이젠 나두 가구 싶어. 내 나 라루 조선땅으루…… 나만이 왜놈을 처물려 조선으루 나가는 동 무들 틈에서 빠지게 되었구려…… (시체 올라오는 것을 보고 놀 래여) 아- 웬일이요! (기어가며) 무슨 일이요?
병사1 박동무입니다. 돌격전에서 수류탄에 그만…… (시체를 안치)
백아영 박동무가?
최연장 박동무두? 박동무, 용서하우. 내가 연장 책임을 다하지 못한 탓 이구려…… (일어나려고 애쓰며) 으- 저놈들을 놈들을…… (다시 쓸어진다)

김일성 이하 여럿이 황망이 달려온다.

김일성 (박을 껴안으며) 동무, 박동무!
최연장 (부축을 받어 일어나며) 아! 사장동무! 제일연장 보고)!
김일성 (일어나며) 최동무!
최연장 제일연장은 혈로를 둘을 중대한 임무를…… 받었음에 불구하 고……
김일성 (닥어가며) 동무! 훌륭히 중대한 임무를 다하였소…… 말하지 않 어도 아오!

백아영 　최동무의 상처는 대단합니다. 가슴에 받은 총상이……
최연장 　저는, 저는 임무를 다하지 못하고…… (쓸어진다)
김일성 　(껴안으며) 최동무, 최동무……
최연장 　사장동무…… 부탁입니다. 제가……제가……죽더래도 꼭 갗이(같이) 있게 해 주십시오. 응, 사장동무…… 붉은 피루 적신 제 내의를 찌저 기를 맨들어…… 동무들이 가시는 곳마다 휘둘으며 다녀 주시우…… 응.
김일성 　동무, 동무두 우리를 버리려 하우? 알었소, 동무! 하구 싶은 말 있는대루 다 하우.
최연장 　그리구…… 혜란동무에게…… 혜란동무에게…… 아니…… 아니……
김일성 　최동무, 안심하시오…… 혜란동무를 뺐어올 힘이 우리에게는 생 겻소! 총, 탄약……그리고 기관포까지라두.
최연장 　승리군요, 승리…… 사장동무, 원통합니다. 왜놈들을 더 오래 살 어서 때려부시지를 못 하구 저 혼자만이 이렇게…… 사장동무, 용서해 주시요!
김일성 　동무, 우리의 마음을 왜 이렇게 아프게 하우, 최동무!
최연장 　사장동무, 칠년이란 짧지 않은 동안 여러 가지루 괴롬 많이 끼 쳤읍니다. 은혜는 죽어도 못 잊겠습니다. 그럼, 부디 건강하셔서 제 목(몫)까지 싸워 주심시오. 나라를 찾어 주심시오. 인민을 건 저 주심시오. 우리에게 반듯이 위대한 승리와 자유가 올 것을 믿 씁니다. (쓸어진다)
김일성 　(다시 껴안고) 조선아 듯느냐(듣느냐)? 보느냐? 알어야 한다! 네 인민이 이성산채(異城山寨)에서 또 하나 왜 죽는지를…… 최동무, 굳게 맹서하오. 결코 동무의 죽엄과 유언을 헛되이 들리지 않으 려 하오.

　　김일성 일어나 일동과 갗이 경례하는 가운데 박의 시체를 가까이 옴겨다 놓는다.

병사3 　사장동무, 저놈들이 우리 있는 곳을 어떻게 알었을가요? 저것, 저것 보시오. 우리쪽을 향해 웬놈들인지 무슨 짐인가 지구서 올 라 오나 봅니다.
보 초 　(소리만) 누구야?

고　력　(소리만) 십구도구(十九道構)에 갔든 임배장(任排長)이오
이종락　(소리만) 우휴- 일성동무, 옛날 갗이 일하든 이종락일세, 일성동무!

　　일동 놀냄(놀램) 속에 등장. 도중에서 바꾸어 진 모양으로 이종락 정잔등13)에서 짐을 내려놓는다.

고　력　(경례하며) 제이련(第二連) 제3배장(第三排長) 이제야 돌아왔습니다. 사장동무, 승리를 경축)합니다. (권총을 되루 찔은다)
이종락　으으, 옛 동지들을 이렇게 다시 맛나게 될 줄이야…… 일성동무! (머뭇거리며)…… 나, 나를 몰으겠나(모르겠나)?
고　력　(따귀를 갈기며) 입 다쳐라(닥쳐라). 이 왜놈의 개! 사장동무! (목이 매친 소리로) 혜란동무는 연약한 여자의 몸으로 악착)14)스런 고문과 취조에도 끝끝내 굽이지 않고 주검으로 항거하고 있습니다.
이종락　나야, 나! 이종락이…… 에헤헤. 반갑네, 일성이. 내가 이렇게 다시 찾아 오게 된 사연을 좀 자세히 들어주게, 응. 나두 혜란동무를 맛났다네……
고　력　말을 삼거!…… '내 동무들이 어듸서든 내가 이렇게 싸우는 것을 똑똑이 보구 있다, 이놈들아.' 이렇게 혜란동무가 웨칠 제 그 시로 뛰여 들어 들구처 부시고 싶었습니다만은……
김일성　동무, 용히 참구 돌아왔소…… (시체를 향하야) 최연장 동무 (고력 새삼스레 놀래여 경례) 왜 주검쪼차 야속스레 한거름 앞섰소. 혜란동무에 관한 우람찬 보고를 임배장 동무가 갖이구(가지구) 왔구려. (백아영의 우름소리 독백처럼) 혜란동무는 우리가 지금까지 구원가지 못한 이유를 알어 주겠지……
고　력　네, 사장동무의 뼈앞은(뼈아픈) 심정을 기회 얻어 전했습니다. 최연장 동무! 혜란동무가 기대리는 줄을 왜 몰으구 떠났소…… (김일성을 향하야) 지엄한 지시도 지시려니와 돌아와 꼭 보고해야만 될 중대한 사실을 알게 되였기 때문에 제 자신을 억제했습니다. 사장동무, 국내 보천보의 습격계획이 놈들에게 탄로되었습

---

13) 잔등의 오식.
14) 齷齪의 오식.

니다.
김일성 탄로? 그게 어떻게?
고 력 아까 박금철 동무가 우리 곳으로 연락오다 체포되였습니다. 갈기갈기 그 동무가 찢기는 했으나 보천보의 지도와 동원예정표의 흔적이 들어나(드러나) 올데갈데없이 증거를 잽히고 만 셈임니다. 급기야 오늘 안으로 보천보에 대검거의 진풍(塵風)이 일 것입니다.
김일성 분명히?
오연장 사장동무, 어서 명령을?
고 력 더구나 박금철 동무는 보천보로 압송되었습니다. 더구나 박금철 동무와 혜란동무가 형매(兄妹)새15)라는 것까지 저 이종락의 입으로 놈들에게 알려진 것입니다.
이종락 엣! 그게 무슨 소리야. 같은 말을 해두 어듸서 여보게…… 일은 다- 틀린 모양이네만은…… 일성이 나를 알어 보겠지?…… 내가 자네 할머니를 모시구 불원천리 찾어 왔다네. (소리를 죽이고) 나, 나야!
고 력 바루 저놈이 사장동무를 귀순시켜 보려구 할머니를 잡어오다싶이 글구(끌구) 왔었습니다.
이종락 힛히히, 잡어오다니…… 거줏말두 푼수가 있지…… 내가 할머니의 간청에 못 이겨 일부러 모시구 왔다네…… 응, 나야 삼촌 되는 형권씨(亨權氏)와 갖이(같이) 일하다가 간도에서 붓들려 갔든 종락이야.
김일성 변절한, 네놈이 정말 환장을 했구나!
이종락 이거 무슨 소리를 그렇게 하나. 어떻게든 자네를 살려 보려구 할머니까지 모시구 온 나를…… 자- 이걸 보아, 응. 자네 할머니가 손수 쓰신 편지야! (필사적으로) 일성이, 일성동무…… 내 정성을 알어 주게, 응.
김일성 (갈기갈기 찢으며) 우리는 내 할머니를 위해 싸우는 것이 아니다. 우리에게는 할머니가, 할아버지가, 아버지 어머니가, 형 누나 동생이 이천삼백만이나 된다, 이놈아!
이종락 (뒤로 물러나며) 으…… 으…… 여보게, 오해일세…… (고력의 눈치를 살피며) 육십 조모가 얼마나 마음앞어(아파) 하시는지……

---

15) 오누이 사이.

내 말을 좀 찬찬히 들구서 판단을 내려주게나, 응.

고 력   아가리 못 닥쳐? 할머니는 저놈들까지 혀를 채리(차리)만치 참으로 훌륭한 태도였습니다. 혜란동무를 쓸어안고 나두 갗이 죽어라고 총부리 앞에 대들었습니다. 놈들은 마침내 할머니까지 인질로 잡어 가두었습니다.
이종락   (당황한 우름소리로) 가둔 게 아니야, 보호한 게지.
병사3   사장동무 저놈을 저더라(더러) 찔으게 해 주십쇼!
사병2   으-ㅁ, 저놈을!

　　　두 병사 나서는 것을 김일성 두 팔로 막는다. 이종락 뒷거름질 친다.

부 관   나는 우리 지휘관의 정식사절이외다…… 김일성 장군에게 말슴을 전하려구.
병사1   무었이, 빌어먹을 놈!
이종락   (목줄이 달아) 응, 저 대위가 일본지휘관의 부관이야…… 내, 내 정성을 왜 그렇게두 몰라주는가? 서대문형무소에서 나와 갗이(같이) 있든 자네 삼춘이 사년만에 옥사하는 걸 보구…… (일어나며) 힛히히, 역시 몰라섰지(몰랐었지)? 감옥투쟁을 하다가 먼츰 세상을 떠낫다네…… 그때에 나는 소위 전향을 하구 나오면서 무모한 반항을 하는 자네를 살리려구 결심했다네. 자네들을 생죽엄시키는 것이 안타까워 말이야……
오연장   이 엉큼한 놈! 쥐가 괭이 생각하듯 하는구나!
이종락   아니, 그렇지 않다면 내가 무었 하러 일부러 여기까지 또 찾어 왔겠나? 일성이, 저…… 저 술상자를 풀세나, 응. 일본지휘관이 대접해 달라구 부탁하여 주길래 내가 지구 왔어. (풀면서) 힛히히, 얼마나 고생스러운가. 술이라두 갗이(같이) 한잔 하면서 천천히 이야기하세, 응. 자- 어서 이리 오게. (뚜껑을 열고) 으-ㅅ! (궁둥방아)
고 력   (닥어가 꺼내며) 이것은 바루 네놈들에게 대접할 물건이다!…… 사장동무, 기회를 얻어 탄자(彈子)를 몇 상자 빼앗어 왔습니다.
오연장   (나서며 악수) 임배장 동무, 용감하오!
부 관   (사뭇 놀래여 뒷거름질)……내, 내가 찾아온 것은 대일본제국 관동총사령관의 고마운 뜻을 받들어 우리 지휘관의 정식군사로……

김일성	군사? 군대사절이란 말이지? 그렇대면 우리도 정식으로 회답을 붙쳐 돌려보낸다. 너이들도 군인이라면 당장 다시 전쟁판에서 맞나기(만나기)로 하자…… 두말없이 돌아가라!! 저놈을 산밑까지 대려다 주시요!
이종락	(일어나며) 일성이 큰일나네. 었쩔라구 그러나? 으- 부관, 나는 어떻게 할테유?
부 관	(병사에게 끌려내려가며) 단 한마디만……
오연장	잔말 말아!
부 관	이 지대를 우리는 십중포위하고 귀순권고를 하는 것이요. 회답 기한은 여덜 시까지!
이종락	(필사적으로) 이제두 늦지 않어!
김일성	(연락원 등장하는 것을 보고 부관)에게) 헛허허, 여들 시까지도 필요없다. 당장 듯고 가거라!
연락원	보고! 우리 제3연(第三連)은 좌우양익(左右兩翼)의 적부대가 산을 끼고 서루 혼란을 일으킨 새를 번개처럼 께둘으며16) 유격전을 일으켜 대타격을 주었습니다. 적의 시체는 누누(累累) 산하(山河)를 이루어 헤아릴 수가 없습니다.
김일성	네놈들에게 대한 대답은 이렇다!…… 곧 작전을 끝내고 사자바위께로 전진하야 대기하시오.

일동 환열의 파동.

연락원	사자바위께로? 알었습니다. (퇴장)
김일성	그리고 여기서 총성이 한방 울리면 저놈을 산밑에서 놓아주시오.

병사2 부관을 끌고 퇴장. 바람이 일며 멀리 우레소리.

이종락	(공포 속에) 에히, 에히, 총성이 한방. 으흐흐, 땅 한방…… 일성이 설마 나를……(억지로 기운을 내여) 힛히히, 일성이 마음을 깔어(갈아) 앉히구 내 진정을 좀 들어주게. 이걸 좀 보아! 거즛말이 아니야…… (서류를 꺼내며) 내가 조선헌병사령관을 찾어 맞

---

16) 꿰뚫으며.

났드니 자네만 귀순의 뜻이 있대면 어떠한 요구든지 들어준대는 거야. 그리구 여러 동무들까지. 다- 야 다, 그렇지 않수? (고력에게) 당신두 들어 알테니 좀 말해 주구레……

고 력 미친 자식 같으니!
이종락 (뻥뻥 돌며) 아니 믿어지지 않거든 이 보증서를 보아!
오연장 (빼았어 찢으며) 이것이 네놈들의 사령관에 대한 대답이다!
이종락 으 음, 그럼 그건 그렇다 하더래두 일성이 여보게, 자네의 늙은 조부모, 삼촌의 가족도 생각해야잖나? 자네 하나 때문에 왜놈들에게……
김일성 가엾은 놈, 네놈이 죽기가 무던치17) 힘든 게루구나? 왜놈이라구?
이종락 그럼, 그렇구말구. 내가 전향을 했기루서 똥질까지 변한 줄 아나. 일성이 자네를 생각해서, 그리구 여러 동무들을 살리기 위해서 가면을 쓴 게지. 음, 그렇구말구. (일동대소) 왜 웃어. 정말이야, 정말…… 그놈들에게 늘 구박을 받는 꼴, 그리구 말 못된 살림형편두 내눈으루 똑똑이 보구 왔다…… 네 할머니할아버지두 눈물을 흘리며 나더러 간절한 부탁이였어. 어서 생각을 돌리게. 할머니는 지금 십구도구에 게서서18) 노독이 심해서…… 못 오셨어……(고력에게) 좀 말해 주구레…… 할머니가 얼마나 불상합디가?
고 력 이놈아, 네 꼴이 더 불상하다…… 배반자19)의 마즈막 지랄하는 꼴악선이(꼬락서니)……
이종락 일성이, 정말 정말루 이럴 시세가 못 되는걸 어떡하나? 동무네만이 아적 옛 꿈을 꾸구 있어…… 싸우기에는 너무두 대상이 크네. 그악한 절벽에 부디치면 머리만 깨젓지 별 수 있는가? 자네두 살길을 구하세, 응. 시세를 내다보는 힘이 있어야 영웅이네. 그리구 영웅은 기회를 놓쳐서는 안 되네!
김일성 자식, 딴에는 많이 외여 가지구 왔구나? 더 늘여 놓을 말은 없겠지? 시세를 내다볼 줄 알아야 하며, 기회를 놓쳐서는 안 된다구?

---

17) 무던히.
18) 계셔.
19) 背反者.

이종락　(반응이 있는 줄 알고) 에히, 엣히히, 그렇구말구. (닥어가며) 일
　　　　성이 생각 잘 했네.
김일성　(손짓하며) 끌어내라, 이 배반자를!
병사 일동　배반자를 죽여라!

　　　노호하여 일동 대들자 이종락 땅에 꿀며 비명.

김일성　당파싸움과 세력다툼으로 밤낮 서로 물고 뜻고(뜯고) 찔으고 야
　　　　단이든 개싸움에서 나온 개! 왜놈에게 제 놈들의 비밀을 다 팔어
　　　　먹고나서 이제 와서는 우리에게까지 그 음흉한 손길을 뻐쳐 보려
　　　　구? 네놈은 어리석은 백성과도 달으다(다르다)! 거즛일망정 입으
　　　　루 독립을 말했고 썩어빠진 어깨일망정 총을 메고서 우리의 신성
　　　　을 더러핀(더럽힌) 때문에 더욱이 우리는 너같은 놈들을 미워하
　　　　는 것이다! 용서 못 하는 것이다!
이종락　(끌려나가며 단말마의 발악으로) 날, 나를 죽이려구? 나를 죽여
　　　　편안할 줄 아느냐? 으흐흐, 일성이 내가 죽으면 네놈들은 전멸하
　　　　고 네 할머니, 그리구 혜란이두 죽는 거다?
병사4　(끌고나가다가) 누구야!
연락원　(황망히 등장) 연락원 보고!
김일성　대답은 이렇다. 네놈도 듯고(듣고) 가거라?
연락원　사장동무, 대승리입니다 우리 제일연은 드디어 제2연과 합류하
　　　　야 일대 돌격전을 일으켰음니다. 제3연이 또한 배후20)를 찔러
　　　　적을 맹21) 돌으듯 분쇄중입니다.
김일성　어서 다시 분산하야 사자바위께로 집결하도록!

　　　(연락원 퇴장)

병사1　사장동무, 어서 진격의 명령을!
병사2　명령을!
이종락　(소리만) 일성이, 일성이, 그럼 나를 용서해주게, 응. 일성이.

---

20) 背後.
21) 맷돌의 방언.

한방의 총성 사방 더욱 어두어지며 멀리 번개친다.

김일성 살어저라(사라져라). 반역자! 동무들, 희생된 동무 앞에 작별을 지읍시다! (일동 딸아 묵넘) 사랑하는 동무들, 우리를 두고 먼저 가는 동무들! 저 개놈을 처단하고나니 동무들을 잃었다는 서름이 더욱 뼈에 사모쳐 아푸구려…… 천개 만개의 왜놈 군대를 없새인 기쁨보다 생사를 갖이(같이) 하고저 떠나온 이 산간에서 이렇게 뜨거운 피를 흘리며 쓸어진 동무들의 얼굴이 흔연한 웃음 속에 잠겼을 사록 더 안타까웁구려…… 그러나 우리는 울지 않소. 동무들의 피로 적신 깃빨이 우리의 선두에 설 것이오. 보다 더 위대한 복수를 위하야 동무들의 시체를 우리는 뛰여 넘어갈 것이오? 동무들이 몽매간(夢寐間)에도 잊지 못하든 조국을 향하야! (얼굴을 들고 돌아오며) 오연장 동무는 부대를 인솔하야 사자바위게로 집결대기하도록!

오연장 사장동무는 어디루.

김일성 임배장 이하 내 뒤를 딸으시오! 첫재(첫째)는 혜란동무를 구원하기 위하야 둘재(둘째)는 박금철 동무의 연락 서류를 놈들로부터 빼앗기 위하야……

오연장 대신 우리를 보내주십시요!

  병사 일동 소연히 자원한다.

김일성 (바위를 넘어가며) 명령이오!

  고력과 백아영 이하 오륙명 뒤를 딸은다.

2장

무대는 제일막과 같이 십구(十九) 도구(道溝)) 본부 앞. 탁자 우에 남포등이 놓여있다. 모진 바람에 지도가 펄럭이며 등불도 껌벅껌벅 우뢰(雨雷) 소리와 함께 번개가 일며 총소리도 때때로 들린다. 전선(戰線)이 아주 긴박한 모양으로 군중이 동원되여 본부 주위에 토루(土壘)를 쌓어올리기에 바쁘다. 흙포대 저날으는 군중을 시천 챗찍을 들고 막 후려갈기며 지휘중이다. 소림은 전화통에 매여달려서 암만 둘러내나 연락이 되지안는 모양.22)

시　천　이 등신같은 놈들, 서서 저쪽으루 지구 가, 저쪽으루. 앙! (한 사내 너머지자) 아자식 봐. (후려갈기며) 아직두 못 일어날테야, 앙!…… 닁큼닁큼 저날으지 못해!

갑재기 왼편쪽에서 군중의 떠지껄거리는 소리.

시　천　(뛰처가며) 저 자식들은 왜 지랄이야! 이마 척척 쌓(아)올려!
소　림　(전화통에서)…… 길림(吉林)사령부(司令部)! 사령부! 에- 제길할! (수화기를 던진다)
시　천　이놈의 자식이 왜 배즐거려, 앙? (닥어서는 소림에게) 역시 통하지 않습니까?
소　림　이놈들이 곤친다구 말만 하면서…… 도대체 련락을 해줘야지! 아니, 저 자식들은 어쨋대는 게야! (달려가다 사내1에 부디친다) 이자식이 누깔이 없냐?
사내1　(짐을 떨어뜨리고 힐끗 처다본다) 흥.
소　림　(따귀를 갈기며) 무었이, 이놈아!
시　천　(머리통을 갈기며) 아, 이자식이 그냥 노려보네! 네가 노리면 어떡할테냐!…… (움쳐들며) 으, 이 자식이 봐…… 어서 썩 못 지구 가, 앙? (짐 진 사내 두셋 멈추(어) 서서 보자) 네놈들은 또 왜 머뭇거리는 게야!
사내1　흥, 실어배 자식들! (다시 짐을 지려고하며) 망할래면 곱게 망하겠지……
시　천　이놈 자식이, 무었이? (막 후려갈기며) 좀 본때를 봐야 알겠니?
사내1　(벌떡 일어나며) 왜 때리느냐? (챗찍을 희잡어 꺽어버리며) 왜 때려!

군중 시천을 떠밀며 몰여든다. 소림 이하 기세에 눌려 권총을 뽑아든다. 군중 동요.

---

22) 본문에서는 이 무대 설명이 2장 표식 앞에 있으나, 2장 표식 다음으로 바로 잡는다.

소　　림　응, 이놈들아. 몇 놈이나 고꾸러지구 싶어 지랄이냐? 나를 몰라, 나를?

하　　사　(황망히 등장) 기관총대(機關銃隊)가 도착하였습니다! 전선은 아주 혼란을 다하고 있습니다.

소　　림　어서 빨리 흙짐 우에 배치하구, 얼신거리는 놈은 모조리 쏘아? 이놈들, 우리 기관총부대가 왔다. 몽땅 뒤애지구23) 싶으냐?

사내 1　우리가 소야 말이야?

사내 2　전쟁은 산에 가서 할 게지!

시　　천　으- 어느 놈이냐. 이제 그땃 수작질한 놈이 어느 놈이냐?

소　　림　(퇴장하며) 기관총은 이쪽에! 이쪽에! 응, 이놈들. 아직두 떠들테야? 어서 빨리 저날으지 못해?

노　　왕　(군중을 떠밀며) 어서 흐터저서 아무 걱정말구 짐이나 날러요!

　　군중 흐터지기 시작.

시　　천　이번은 이쪽이야. 이리루 저날러, 이리루!

소　　림　으- 저놈들까지…… 도대체 총 무서운 줄을 모르는 게지? (권총을 되루 꽂으며) 이마, 어디루 가. 저리야! (군중 다시 짐을 나르기 시작) 제-길할 전선은 혼란을 다하고 있다구…… 이 망할놈들은 보고할 경황두 없는가? 다- 뿔뿔이 도망치구만 게지? 노왕, 무얼 꾸물거리고 있어.

노　　왕　지금 흙담기가 떨러서…… (움지기며) 자- 척척 받어서 이리 가지구 오슈!

시　　천　지휘관 어른이 놀래시는 것두 무리 아닙니다…… 하…… 저놈들이 폭동을 일으키지 안는 것만두 다행)인 편이지요…… 이놈들아 무얼 쑤군거리구 있어! 썩 저 날으지 못해!…… *이 동변도(東邊道)놈들은 여느 곳 놈들과 다릅니다…… 달려가!…… 모두 김일성의 패라구 해두 과언이 아닙니다. 하…… 그놈들이 조직망을 지하에 얼길설기 깔어놓구 조종하기 때문에 (불으는 소리 들려 본부로 뛰여가며) 무슨 일이야! (퇴장)

소　　림　이 벼루디 같은 놈들에게 이리 갈퀴구 저리 뜯기다 못해…… 오우(于)간가?

---

23) 돼지고.

우   (헐떡거리며 등장) 산채(山寨)를 포위하구 우리 처올라갔습니다…… 김일성 우리 뒤에 와 있습니다. 놀래여 돌아서니까 옆에서 쏩니다. 저기서 오라구 그래 가니까, 이쪽에서 죽누라구 야단했소…… 또 갔소, 또 왔소, 우리 어떻게해.

소 림 그래, 모두 퇴각이냐?

우   퇴각했다가 다시 집결해 적의 행방 찾었소…… 돌아오는 부관을 우리 만나……

소 림 만났어? 그래 어떻게 된 모양이드냐?

우   귀순 아니해, 혼자 지금 돌아옵니다. 그놈들 북쪽 산우에 모여있다구래 우리 토벌군 모두 그리 몰려갔소!

소 림 (지도를 보며) 으-ㅁ, 북쪽산?…… 올치, 이 천마봉! 어느 새에 이놈들이……

우   그래두 또 몰라 있소. 축지법 써 이리 귀순권고 올지두……

소 림 무었이, 이놈아!

우   아니 정말 그놈들 귀순권고두 했소 우리 여러번 당했소…… 어서 나두 우리 대장한테 전화해야지…… (수화기를 들어보고) 엣 여기두 끊었소?

소 림 흙을 단단히 넣어! 이게 무슨 흙포대의 본때야!

시 천 (돌층대 우에 나타나) 지휘관어른!

소 림 왜? 무슨일이야?

시 천 역시 이 보안대본부안에도 김일성의 공작이 들어있습니다

소 림 (놀래여) 왜?

시 천 아까 고목순사가 간데없이 행방불명이드니 마루아래에사 시체가 되어나와습니다 단도가 꽂친채……

소 림 으으 그게 어느놈이냐?

시 천 (내려서며 다급히) 짐작이 있습니다 몰은체 해주십시오……(군중께로 가며)……노왕……노왕이 어디갔어?

군중도 의아스런 눈으로 휘둘러본다! 그리고 머리를 젓는다.

우   노왕 좋은사람 틀림없습니다.

시 천 그래서 수고한상을 줄레루다 찾어봐!

부 관 (허청허청 등장) 늦게 돌아와 죄송합니다.

군경   긴장하야 몰어선다.

소 림 맛낫나? 어떻게 되었어?
시 천 (군중에게) 이놈들아 무슨 참견이야. 어서 짐이나 저날러! 저자식들이……(달려간다)
부 관 맛나기는 했으나 언덕이 있어야 비비지 안습니까? 이종락이가 별별연극을 다했습니다 만은 코등으루두 드르주지 안트군요…… 저만은 돌아가라기에 몇마디 붓처보다가 내려오는데 땅소리가 한방울렸습니다 이종락이를 총살하는 모양이었습니다.
소 림 으 종단에? 자식이 장한것처럼 덤비며가드니 우리일만 망치구 말었다. 망할자식같으니! 그래 일성이는 제 햄미와 제 부하를 우리가 붓잡어 둔줄을 알구누?
부 관 일성이는 제 할머니가 쓴 편지라는데두 눈거릅떠 보지도 않고 갈기갈기 찢어버렸습니다. 너두 군인이며 당장 다시 전장판에서 맛나기로 약속하자고 이렇게 호통을 뽑으면서……
소 림 년석이 건방지게…… (닥어가 적은소리로) 그래 일성이가 대체어떻게 생겻드냐?
부 관 아주 끼끗한 대장부였습니다. 키가 후리후리하고 어딘가 부드러워 뵈면서두 추상같은 위엄끼가 있으며 눈에 몹시 광채가 어리고…… 역시 대단히 젊은사내였습니다.

뇌성 번개가 친다.

우   젊은 미장부구말구요……예크 갑재기 하늘이 깜깜해지며 번개치는게 일성이가 또 환풍호우하는거나 아니냐?
부 관 이자식 얼빠진소리 말아.
하 사 (등장) 보고 우리의 각부대는 다시 진용을가추어 천마봉을 새루 포위하기 시작했습니다.
부 관 저두 돌아오는길에 산하부대장에게 전했습니다만은 일각을 다투어 포위해야겠습니다. 곧 사자바위께루 집결하라는 일성의명령이었으니까 옮아서기전에.
소 림 음 그래 군견을 동원해 이번만큼은 정확히 거처를 포착하야 일제히 총공격을 단행해야한다.
하 사 알었습니다 군견이 지금 사방으로부터 앞을 다투어 요란히 지즈

며 올라가고 있습니다. (퇴장)

소　림　오- 일성이가 결전을 요구한다면 더욱 좋다! 내게 속사포가 있다! 만일 그렇다면 부하년을 총살하고 실력전 감행이다 (시천에게) 이마 그 두년을 끌어내와! (시천 퇴장) 그래 일성이는 랑암산에서 맞났나?

부　관　아니올시다. 천마봉에서입니다. 사실 신산귀모라 하겠습니다. 우리포위를 어느새 어떻게 뚫렸는지 아주 자신만만한 태도였습니다. 고력놈이 자꾸 딴곳으루 끌구가기에 랑암산으로 안내하라고 울러대니까 갑재기 권총을 빼들며 우리의 무장을 거두었습니다. (모두 놀낸다) 이종락이와 저에게 짐을 번갈아지우며 총부리를 우리의 등에대고 거침없이 포위진을 뚫어서 돌아세겠지요. 보고할제보니 바루 그 고력놈이 적의 대장이였습니다…… 우리 군대루 따지면 소대장격입니다.

소　림　으흐흐 깜박 속았구나 속았어! 이 우가놈 네놈두 그래 몰랐더란 말이냐? (우 ** 진다) 고목순사까지 찔러 죽인걸 보면 확실히 이 안에 내통하며 협력하는 놈이있다?

부　관　(닥어서며) 틀림없습니다. 고목까지 암살되였다면…… 술상자가 아니라 탄환상자였습니다. 술상자를 꺼낸것이 노왕이니까 분명히 그놈의 작간입니다.

소　림　그놈 하나만이 아니다! 이 십구도구의 저놈들이 모두다 일성이패야! 저놈들을 기관총으루 그저씨알머리없이 살육을 하구 집에 들랑 불을 질러야! 으흐 이넘 이넘들 나오***** 나중에 끌어내라!

하　사　(등장) 또 실패입니다 놈들이 어찌** 이동하고 말었습니다.

소　림　무었이?

부　관　지휘관어른 오히려 잘되였습니다. 빠저서있다면 사자바위께로 갈겁니다 그리루 불시의 습격을 하지요?

노　파　(부관을 보드니) 올치 네년석이 딸아가드니 헛방을 치구돌아왔구나! 내 일성이 ***나는 화푸리를 내게 하자는게지! 일성이 편안만하다면 나는 이젠 열 번 아니라 백번 죽어두 한이 없는 사람이다! 이놈아 비끌어매기는 왜 (쓸어지며) 그냥 죽여라 죽여!

시　천　놈들의 암호인 모양입니다. 히…… 이 부근엔 그런 지명이 없습니다. (혜란을 쥐여박으며) 이년 사자바위가 어디냐? 사자바위!

소　　림　(지도를 움켜들며) 으-ㅁ 사자바위?
김혜란　(겨우 정신이 든 모양) 사자바위? (갑재기 희열의 우슴) 사자바
　　　　위…… 우리 동무들이 사자 바위루……
부　　관　바른대루 대지않었단 당장 총살이다. (발길로 차며) 사자바위가
　　　　어디냐?
김혜란　알어두 델수는 없다…… 오곡백화가 만발하게 피는곳 종달새 높
　　　　이떠 지저귀는곳! 핫하하 그리루 가는곳이야……(몸을 솟구며)
　　　　이놈들아 어서 죽여라!
시　　천　이년 그렇게 죽기가 원이냐?

　　　부관과 시천 들어부터 뚜들기자 노파 그팔에 매여달려 [죽여라! 나를 죽
　　여라!] *** **처럼 *** 술렁거린다.

부　　관　(권총을 뽑아들고 군중을 몰고나가며) 네놈들이 응 본때를 못본
　　　　게로구나! 모주리 뒤여지구시프냐?
노　　파　(나꾸어치는 바람에 꼬구라지며) 이놈 이 개도야지같은 놈제!

　　　갑재기 기관총성이 요란히 울려 경악의 선풍 소림이하 권총을 빼들고 움
　　처든다.

소　　림　…… 웬일이냐? 갑재기 걸핏하는놈은 모주리 쏘아라! 으……으……

　　　총수들 기관총을 떠지고 달려오자 일군경 우루루 그들과 갚이 본부안으로
　　도망친다.

기관관수 이리루 적없이 숨어드는것 같었습니다! 분명히 보였습니다. (퇴
　　　　장)

　　　군중 이새에 달려들어 몇은 노파를 끌고달어난다. 몇은 김혜란의 결박을
　　풀어 구원하야 달어나려는 순간 본부 담정 우에 기관총이 걸린다. 뇌성번
　　개.

부　　관　(상반신만 나타나) 어서 저놈들부터 막갈겨라.
부　　관　잔등에 총탄을 받고 쓸어지며 기총수들도 담정 뒤로 떨어진다!

흐터젓든 군중 일제히 몽여선다.

사내1 우리 김장군이 오신게로구나! 으-ㅁ 봐-라 이놈들!
사내2 자- 우리두 처들어가자! 저놈들을!
사내3 그렇다 김장군을 돕자!

군중이 문깐으로 아우성을 치며 몰려나가는데 소림 시천 손을 들고 앞서 나온다. 그뒤에 고력 노왕 백아영이 달렸다. 뒤에 옆으로 나온다. 군중 분연히 떠들며 물러선다.

김일성 (조상처럼 돌층대 우에 나타나) 보초를 세우시요!

병사 일동퇴장.

백아영 (김혜란을 부축해 일으키며) 언니!
김혜란 앗하하 앗하하 이놈들아! 내 동무들이 왔다. 사장동무 고맙습니다. 동무들 고맙소! 아- 내손에 총을 총을 총!
백아영 (권총을 쥐여주며) 자! 총이요! 복수의 총이요
김혜란 (총을 받어쥐고 소림을향하야) 이놈 이왜놈! 내총에 죽어봐라! 아……앗……(기력부족으로 쓸어진다)

소림 비명을 질으며 뒷거름질치다가 달어나는것을 백하영 혜란의 권총을 쥐여들고 쪼아 무대 밖으로 떨어진다

백아영 (쓸어안고) 혜란언니 혜란동무! 제가 대신 그 지도관놈을 쏘았어요! 언니 어서 기운을내우 응!
고 력 (시천의 옆채기를 뒤지며) 이자식 박금철의 서류를 어디 감추었어?
시 천 (떨며) 정말 불에 태였습니다 히……
고 력 지도두?
시 천 아까바루 아까 지도관이 불에…… 정말 거즛말 아닙니다. (노왕을 돌아보며) 엣 노왕! 네가노왕네가……

그를 타다남은 종이를 주서몽아 삷여본다. 닥어오는 김일성을 군중이 둘

러싼다 새루 몰여드는 사람도 있다.

사내1 저놈들이 구름떼처럼 몰려와 우리는 간이 조마조마 했었습니다.
김일성 (웃으며) 고맙소. 우리가 이렇게 이번에 이기게된 것두 여러분 동무들이 도아준 덕이오. 그래 그동안도 얼마나 시달림이 많었소?
사내1 저이들이야 무슨 고생이겠습니까.
김일성 어머니의 장례때 가뵙지두 못했군요. 하루 분주해…… 역시속병이 모채어?
사내3 네 보내주신 약으루 좀 차도두 있었으나 원래 허약했든 몸이라
김일성 (어린애에게) 아지적 왜 우냐?
부 인 이에야 언젠가 산덜구 많이 따다주시든 그 아저씨란다 그 아저씨야……
노 왕 (군중에게) 사장동무의 할머니는?
사내2 저놈들이 도망가는통에 우리 패거리가 금방 모시구 달어났습니다.
사내1 제가 뛰여가 다시 모시구 오겠습니다.
김일성 그만두시오 동무?
사내1 그러나……
사내2 놈들이 할머니까지 총살하려구 했습다 만은 할머니께서는 우리 일성장군 **하시대면 백번 죽어두 한이 없누라구 대드시며……
부 인 어서 할머니를 모서와요……
김일성 헛허허…… 내가 할머니를 뵈려왔겠소 도로혀 뵙지 않는 편이 마음이 거뜬하고 옛생각 없을테니 그만두서요……할머니루서두 역시괴롬을 더실게요…… 미안하나 여러분께 할머니를 부탁하우 내 일아침으루 돌아가시두록…… 그러구 이렇게 한마디 전해주시오. 일성이는 할머니를 가장 존경하구 또 그리워한다구…… 부디 오래 사셔서 때가 나타나 ** 뵈올 날을 기대리어 달라구……

뇌성 번개 김일성 김혜란의 옆에 우뚝허니 선다.

김혜란 아- 최동무가?
백아영 (끼여안은채) 최동무두 언니이야기를 무한히 하셨어…… 육도구에서 다 죽은 몸을 구어준 생명의 은인이 욕을 보구 있는데 구원을 가지두 못하누라구 가슴 앞어 하면서……

김혜란 아니…… 아니…… 그 연장동무가 내 은인이야…… 아무것두 몰으는나를 이렇게 **의 길애서 살게 해준……

백아영 응 최동무두 간도에서의 이야기를 하드니 내 고향으루 날보내주 ** 왜놈** 조선 나가구 싶어 하면서……

김일성 혜란동무!

김혜란 아 사장동무! 용서하새요 저 하나 때문에 이렇게……

김일성 혜란동무 서름을 이야기해 끝이 있겠소? 최동무는 적의 십중포위를 뚫은 결사대의 지휘자로서 호랭이와 같은 용맹으로 중대한 임무를 다하였소. 오로지 그 동무의 죽엄이 우리 부대전체의 안정과 이 승리를 갖어오게 한것이오. 혜란동무 이처럼 최연장의 죽엄은 위대하오. 동무는 죽으면서두 우슴을 띠고 조선독립만세를 불렀소.

고 력 (닥어서며) 역시 박금철 동무의 보고서류를 이놈들이 불에 태워 흔적도 없습니다.

김일성 그 전화통을 *우시오. (시천에게) 네놈은 보천보의 관공서의 위치를 알겠지.

시 천 (놀래며) 저……그저 하 저는……

노 왕 무엇이(주먹다짐하며) 이자식아!

시 천 하 대강은 압니다 김일성 이놈을 길잽이루 앞세우고 갈것이오. 국내로 보천보로! (병사 일동 궁중 아연 긴장) 병사일동 진격이다. 국내로!

김일성 (돌층대 우에 올라서며) 그렇소 동무들 진격이오! 드디어 진격할 때가 온것이오! 또 진격치 않으면 안될 때가 된 것이오.

사내1 우리두 딸어가겠습니다!

사내2 저두 가겠습니다.

사내3 우리에게도 총을 주십시오!

김혜란 아- 정말 가십니까 국내루? 저두 대리고 가주서요!

백하영 혜란언니! 고통을 받고있는 언니의 가족도 우리가 뺐어오리다 동무의 심정두 전하리다 동무는 남어서 치료해서야죠!

김일성 (군중에게) 동무들 고맙소만은 이번의 진격은 가장가는 훈련과 치밀한 조직을 요하기 때문에 동무들의 뜨거운 열정만을 우리가 등에 지구 가겠소! (우뢰진동) 저- 우뢰! 그렇다 우리는 팟쇼일본의 머리 우에 떨어지는 천동이다 뇌성이다! 악을 밧쳐 대드는 왜놈의 구름떼를 우리는 화살처럼 께뚤우며 포효할것이오 자-사자바위로! 국내로!

김혜란 사장동무 저두 가겠습니다!

김일성 그렇게 소원이오 그럼 우리는 동무를 업구라두 가겠소. 조국으로 가는길 더구나 동무의 오빠가 악형을 받고있는 땅이니……

대오 움직이기 시작 군중 딸어 움지긴다. 김혜란은 저가에 실려간다.

사내1 부대 대승하십쇼!
사내2 우리들의 분푸리까지 해주십시오!
군 중 김사장동무만세! 만세!
노 파 (달려나오며) 우리일성이 왔다니 정말이오 일성아!
사내3 싸우러 국내루 떠나섰습니다
노 파 국내루? 오냐 일성아 나두 알었다 잘싸우구 오라

-막-

제 3막

이튿날 신새벽 보천보 뒤의 원산 압록강의 물 흐르는 소리가 거침없이 들리고 어디선가 부엉이 운다. 소나무 몇그루 외에는 붉은 토산 사나운 날씨는 차츰 짙어진다. 방금 일동이 강을 건너와 무대밖에 병사들이 집합한 모양.

오연장 (경례하고) 하나의 낙오자도 없이 전원이 도착하야 집합을 끝냈습니다.
김일성 동무들 용이히 왔소. 아마 꿈에도 그리든 조국이기 때문에 사랑하는 국내동무들을 구원하려는 길이기 때문에 이렇게 질서정연이 강행군을 할수있은가보오.
고 력 (시천에게) 여기서 얼마나 멀어?
시 천 (**한눈치) 하 얼마 안됩니다. 이 산을 끼구 들어보면…… 바루

　　　　*** 하······
고　력　전화선은 어듸 어듸 있는데?
시　천　하 보천보와 대평리로 통하는게 바루 저쪽에······
고　력　또?
시　천　그리구 여긔서 이리 한마정쯤 가면······하······ 혜산진 영림의 전용 전화선이 **다
김일성　(노왕에게) 동무가 책임을 지고가서 영림서 줄을 절단하시요······ 그러구 누구 왜놈말 말하는 동무 있으면 이놈을 저쪽으로 데리구 가 절단하고 전화통을 맡두룩하세요.

　　　　노왕 퇴장.

고　력　통화내용은?
김일성　김일성부대의 토벌이 거이 성공이니 안심하라고 주재소에······ 저 놈의 이름으로 그 하나는 무산의대본부로-최현의 제사부대를 도 우려 김일성군이 진격하니 * 포위진을 햇치고 임전에 대비하는 일방 구원병을 보내라고······이것은 총지휘관의 이름으로! 동무들 잠간 쉬십시오.
시　천　하 하 저는 여긔서······히······그저 살려줍소사.
고　력　잔말 말구 이리 딸아와! (퇴장)
병사들　몰여서서 이야기 혹은 감발을 고쳐묶는 자 혹은 권총을 검사하 는 자.
병사1　나는 이 압록강을 건는게 꼭 십년만이야······ 건나갈 때는 왜놈들 총질에 달아났었지만 이번은 내가 총을 들고 들어왔거든······핫하 하······
병사2　(감발을 곤처 묶으며) 나는 주재소 습격자원이다!
김일성　(웃으며) 도무는 큰일만 앞두면 언제나 감발을 곤처 묶는구 면······
병사2　흥분한 마음두 이것 채근 채근 곤처 묶누라면 달아안습니다.
김일성　(웃으며) 그땐 마음까지 곤처묶으서요.
병사3　사장동무 저는 영림서 자원입니다. 마약 일분이라두 듯뜻한 구들 맛을 보게해주십시오.
김일성　헛허 구들맛? 그것도 아주 잊어버리구 마는 게 좋을 상 싶소······

그 생각까지 잊어버리게 되어야 빨치산두 제법 하나구실 되는 법이요.

김혜란 (흑인의노래 불으며 흙을 파고 그속에 무엇이가 든는다) 내 고향으로 날 보내주.

김일성 (닥어가) 혜란동무 무얼하우?

김혜란 최동무에게 들이려든 담배지갑입니다. 조국땅에 이거나마 묻어주구 싶어서…… 동무는 제가 짬짬이 틈을 타서 이 담배지갑에 수를 놓는것을 보구 아주 좋아했었습니다.

김일성 하기는 최동무의 피로 적신 헌겊으루 된 저 깃빨이 동무의 넋이 되어 펄럭이는 모양이오! 다리의 상처는 좀어떻소?

김혜란 너무 염려를 끼쳐서 죄송합니다! (팔다리를 놀리며) 보세요…… 이렇게 저는 원기왕성합니다. 이젠 들것을 탈 필요가 조곰두 없음니다 저두 막 쳐부수려 들어가게 해주심시요!

김일성 헛허허…… 최연장 대신?

백하영 아이 언니두 그 몸으루 어떻게 공작 분배를 받겠다구……

김혜란 동무 염려말어 난 막 날기까지 할 것 같은데 머……

　　두사내 황망히 등당.

연락원 척후병 보고! 역시 혜란동무의 전 가족이 붓들렸을 뿐아니라 그 외에도 여러 동무들이 속속 체포되여 악형을 받고 있는 중입니다. 연락하려 강을 건느려구 나오는 이 천봉순 동무를 맞나 갖이 왔습니다.

김혜란 아-아버지까지?

천봉순 (닥어서며) 사장동무 이렇게 살아서 다시 뵈옵게될 줄은 몰랐습니다.

김일성 (손을 잡으며) 얼마나 고생이 많었소? 몇 명이나 체포된 모양이오?

천봉순 협력예정 인중의 주요한 분자가 벌서 열일곱명 그냥 체포는 계속중입니다.

김일성 박달 동무는?

천봉순 체포되었습니다.

김일성 용호동무두?

천봉순　단천으로 연락갔습니다.
김일성　윤치삼 동무는?
천봉순　불이농장으로 들어갔습니다.
김일성　거기까지 불이 밋치지는 않었소?
천봉순　그 동무들의 일은 저와 박금철 동무만이 알구 있으니까 들어날리 만무합니다.
김일성　대체 어떻게 되여 이렇게 불집이 터젓소?
천봉순　십구도구로부터 전화를 받구 김일성군 십중포위로 전멸이라구 놈들이 떠드는 바람에 마음이 바뻐 지령을 어긴 때문입니다. 산림궤도차의 파괴공작을 서둘렀었지오. 더구나 황급히 그 사정을 알리려고 떠났든 박금철 동무가 붓들려오게되여……
김일성　지령은 언제나 죽엄으로 지켜얀다는 것을 몰으오. 경거망동이 언제나 실패의 근본이오?
천봉순　사장동무 잘못되었습니다. 우리들의 신념이 부족했든 탓으루…… 놈들은 십구도구 보안대로부터 전화가 끊어저 초조한 가운데 지금두 밤을 도아가며 악을 밧처 취조중입니다. 이것이 지도입니다. 어디든 명령만 하시면 길잽이를 하겠습니다. 사장동무 감사합니다. 눈물이 납니다. 김혜란동무는?
김혜란　아―아저씨!
천봉순　아니 어떻게?
김혜란　사장동무께서 친히 구해주섰습니다. 아버지 오빠는?
천봉순　** 줄게야.
김일성　(전지불로 들여다보며) 왜놈의 호수(戶數)는 동무들 와서보시요!

　　　　간부 일동 닥어와 지도를 삶인다.

천봉순　왜놈이 천육호 조선인 이백팔십호 중국인 이호 옳습니다.
노　왕　(등장) 보고 영림서 전화선을 두가닥 전부 다― 절단했습니다.
김일성　고맙소…… (다시 천봉순에게) 그럼 관공서는 주재소, 면소, 우편소에……
천봉순　삼림보호소, 농사시험소 이것이 전부입니다.
김일성　악질 공리 공사와 친일파, 반동분자의 주택은 여기 기록한데로 틀림없소?

천봉순   틀림없습니다. 더구나 유례없는 큰 사건의 단서를 잡었다구 본
        부경무국으로부터 비행기루 제등(齊藤)이란 경시가 오구, 도로부
        터는 박경부보라는 조선놈까지 왔습니다.
노 왕   바루 박찬석이란 놈입니다.
천봉순   옳습니다 십구도구에 가서 박금철 동무를 잡어온 놈입니다.
김일성   박찬석…… 어렷을적부터 듯기만 해도 이를 갈게하든 구마령의
        개 박찬석! **** *금줄을 칠 그놈을 오늘 여기에 와서 맛나게
        되는군……
고 력   (시천을 앞세우고 등장) 모략공작이 끝났습니다. 이놈이 뛰려구
        일어나는 걸 겨우 잡어 가지구……
천봉순   이게 누구야 이자식! (발길로 차 쓸어뜨리며) 네가 이런* 우리
        손에 잡혔구나! (내려밟는다)
김일성   동무들 **서요 (일동 차리렷) 이런만큼은 더욱이 조직적으로 ***.
        그러나 대담히 행동해야 하오! 우리는 지금 조국의 흙을 밟고 있
        는 것이오. 총대를 메고 나무에 의지하야 플깃 잠이 들어도 꿈결
        에 뵈이든 조국! 이야기만 들어도 분노의 우뢰가 가슴속에 술렁
        이치는 왜놈에게 짓밟피는 이 조국! 우리의 사랑하는 인민이 (목
        이 매친 소리로) 이** 굶주린 배를 부둥켜안고 괴로히 숨 쉬는
        이 조국! 더구나 영웅이 싸우는 국내 동지들이 **에게 붓들려 폭
        평을 받고 있는 이 조국땅 이 보천보! 오늘밤의 습격에는 이가치
        위대한 임무가 있는 것이오. 하나는 놈들의 복마전 관공서를 들
        구치부셔 불을 질으고 우리 국내 동무들을 **하야 끌고 나오는
        일방, 무기 탄약 기타의 일체를 탈취할 임무! 또 하나는 이 불의
        의 습격으로 무산군내에서 고전중인 최현부대의 일군 포위진을
        찢어갈라 **할 임무! 끝으로는 두말한 필요도 없이 우리 민족항
        쟁의 힘을 좀먹는 친일파 반동분자까지 이 기회에 소탕하고 대선
        전공작을 감행하야, 허덕이는 인민 앞에 광명과 정의의 햇불을
        높이 치켜들어 우리의 나갈 길을 밝혀줄 임무! 동무들, 알었소?
        놈들의 머리 우에 뇌성을 올려 **을 터쳐야 하오! (팔둑시계를
        보고) 세시 사십오분 명령이오! 행동개시는 주재소에서의 총성을
        신호로! 위치에 옮으시오!
        1. 농사시험소를 주로 하야 습격할 임무는 진공대장 임배장, 인도
        는 척후 김동무!(일부 무대를 횡단 퇴장)

2. 면소(面所)와 우편소를 파괴 방화할 임무는 진공대장 윤배장, 인도는 백척후 동무!(일부 퇴장하는 발거름소리)
　3. 친일주구배(親日走狗輩)와 반동분자를 소탕하고 적산(敵産)을 탈취할 임무는 오연장, 인도는 천봉순동무!(일동 무대를 횡단 퇴장)
　4. 경찰관주재소를 습격하야 동무들을 구해낼 임무는 김혜란 동무. (일동 정렬) 저 특경대장(特警大將)놈을 앞세우시오 나두 갗이 가겠소!

2장

　일장과 거이 같은 시각의 보천보 경찰관주재소와 그 앞마당 오른편에 쇠울타리와 토루(土壘)로 견고히 방위된 주재소라고 하기에는 너무두 우람찬 집이다. 넓직한 시무실로 유리를 통하야 앞마당에서 들여다볼 수 있게끔 딴 취조실과 유치장으로 통하는 문이 뒤로 옆으로 달려있다.
　실내에는 정자와 의자 외에 각가지 악형도구가 놓여있고 담에는 무기가 일례로 걸려있다. 제등경시는 술병을 놓은 정자에 기대여 건들먹거리고 정복의 박규석은 무엇인가 기록하며 혼자 때때로 야릇한 미소를 짓는다. 박금실은 의자 뒷둥 뒤로 팔을 묶인 채 머리를 고숙이고 바루 그 옆에 정신을 잃고 쓸어진 것은 박금철.
　집뒤로 비스듬이 망루가 서있고 그 우에 한 사내 망을 보며 뚜벅거린다.

소　리　아이구 사람살류 아이구……
소　리　이놈아 순순히 대답은 안하면서 제-길할 엄살은…… 아직두 멀었어? (치는소리와 비명) 늙은게 죽어두 아들 딸과 갗이 죽어야지.
소　리　아구구 정말 몰릅니다. 정말…… 간도에 공부나간 길루 없어저 생사를 몰으는 지가 칠년채나 되니…… 우리 그애 이름은 혜란이가 아니에유.
소　리　본명이 박금녀인줄 다 안다! 네아들놈 금철이와 왕래가 있엇는데 그래두 몰라? (치는 소리) 금철이가 책임자지?
소　리　아이구 아이구…… 그럴 리가 있소……

박찬석	(제승을 일으키며) 경시어른 곤하신 모양입니다. 방으로 들어가 주무시지요.

제 승	으.으……(일어나며) 하기야 자네가 어련히 잘하려구……으.으.으** 술이 취했는데……그럼 일체를 자네 솜시에 맺기니…… 밤을새워서라두 밝기전으루 진상을 알아내야하네.

박찬석	경시어른이 이렇게 일부러 오셔서 말씀이니 헷헤헤…… 무상의 영광입니다…… (챗직으로 정자 우에 펼처놓은 도표를 가리키며) 글세 이렇게 거미줄 늘여놓듯이 선내에 깔린 김일성의 조직편을 들추어내기 전엔 결코 저두 경관복을 벗지않을 작정입니다. 뿌리를 뽑기전에야 될말입니까?

제 승	훗흐 그 좋은 생각일세 자네같은 민완가를 푸대접하다니? 우리경무국에선 자네 솜시에 늘 감탄하구있네!

박찬석	헷헤 고맙습니다……그렇게 보아주시니…… 헹 여기를 좀 보십쇼…… 혜산으루 들어온 정치공작원 조명식의 줄기…… 삼수 농산지대로 손을 뻐친 모양인 정치위원 박인진이와 이례영의 이 두놈…… 이걸 아직 하나두 들추어내지는 못했지만 이것두 시간문제입니다.

제 승	으- (들여다보며) 박인진이! 그놈의 줄기는 하긴 벌서 천도교 중앙종리원에까지 끌어왔어…… 그렇나 어림두 없지…… 두목 최린이가 김일성이와는 기본사상이 달으다구 딱 거절하구서 이리 굴러 들어왔거든……

박찬석	네 그렇습니까? 그놈들의 조직이 벌서…… 앞으루 이 박찬석의 할 일이 어지가니 많군요 보십쇼 김일성의 정치공작파견원인 김재영 이하인 등의 말이 함흥 원산 홍원 신흥 이렇게 안간 곳이 거이 없이 다-달린 모양인데 이 박찬석이가 가만있어 되겠습니까.

제 승	그러기에 본부에서두 이 보천보 사건의 귀추를 매우들 중대시하는거야……

박찬석	(껴돌며) 이를 말씀입니까 아 경시어른 취하셨습니다 들어가시지요. 선내에 깔아논 놈들의 조직망을 이번 기회에 감자너쿨 캐듯이 들추어 내일 제 보십쇼…… 염려마시구 어서 들어가십시다…… 으-이 중촌군 경시어른을 침실루 안내하게.

중촌형사 들어와 부축해나간다.

제   승 (들어가며) 요시요시…… 그래 들어가 쉬겟네만은…… 십구도구
        서 연락오면 곧 알려야하네……
소   리 그래두 몰으는 처지가 아니라 인심을 쓰려니까 이 늙은게 고마
        운줄을 몰으구…… 그래 혜란이 그년을 죽여두 좋단말이냐?
소   리 (우름) 어허허.
소   리 늙은게 울기는…… ** 좀 사다듬이24)를 해야 알겠니? (**와 당
        시는 소리와 비명 박금실은 얼굴을 경련적으로 떤다)
소   리 아들딸을 다-한솥에 삶어죽여야 알겠어?
박찬석 (챗직으로 박금실의 머리를 질으며) 이마 어때 감상이? 죽누라구
        야단치는 아버지의 우름소리가 들리지않어? 사람의 탈을 썼으면
        애비 생각두 좀 해야지 공연히 발악을 하다가 자빠진 오빠를 못
        봐? 그래 네 애비까지 잡어묵구야 댈테냐? 네언니 혜란의 말에
        의하면 저 녀석이 일성이를 맞나러온 것이 금년에 들어서라두 사
        오차루 기억한다는데 최근에 날자가 언제냐 말야?
박금실 (눈을 내리뜬 채) 저는 새벽부터 공장에 나갔다가 어두어서야 돌
        아가기 때문에 정말 아무것두 몰라요.
박찬석 그냥 엇나가면 오늘밤 안으루 생죽임을 한다. 최근에 또 집을 뷘
        날이 언제냐?
박금실 오빠는 간간 영림서에서 숙식을 하니까 밤에 돌아오지안는 날두
        없지야 않지요……
박찬석 무엇이 이 앙큼한 년!
박금실 그렇게 못밀겠는걸 그럼 뭇기는 왜 물어요!
박찬석 (닥어가 얼굴을 처들어올리며) 헷헤헤……이만치 얼굴이 뻔뻔해
        가지구서……이** 알어? 너같이 얌전한 애를 때리기가 불상해 하
        는 말이루다……
박금실 (몸을 빗틀며) 놓아요 왜이래!
박찬석 쯔쯔즈 요롷게 앙탈이라구야…… 내 풀어줄까 너 공장에 대니기
        힘들지? 함흥 데려가 양상25)시켜주련? 아버지 오빠두 다 풀어놔
        주구 언니 혜란이두 대려오두룩하구…… 흐흐 내가 그리몹슨사람

―――――――――――――――
24) 몽둥이로 다듬이질하듯이 사정없이 막 두드리는 것을 뜻하는 북한말.
25) 양광과 같은 뜻으로 분수에 넘치는 호강을 뜻하는 북한말.

	이 아니루다…… (얼사안으려 들며) 아저씨말을 잘 들어야해……
박금실	(입으로 팔을 깨물며) 개자식 왜 지랄이야!
박찬석	이년보게! 정말 벌겨벗겨 부젓갈루 지질제 볼려니 응 이 젓가슴 패기를?
박금실	(와닥닥 밀치며) 어서 죽일려면 죽이구 맘대루해!
박금철	(정신이 들어 얼굴을 처들고) 이놈이 왜 죄없는 애보구 못살게 구는거냐……

중촌 들어서자 박찬석 계면쩍게 물러선다.

중　촌	(달려가 구두발로 차며) 무엇이 이놈이 상게두 목숨이 부텄누라구……
박찬석	네가 일성이한테 산림궤도차의 운행을 방해하라는 지령을 받았지?
박금철	백번 물어야 몰으는건 몰은다!
박찬석	몰은다? 저런 놈을 모주리 죽이구말어! (의자에 앉어 술검을 든다)
박금실	앗 오빠! 오빠! 정신채려요.
박금철	때가온다 때가와? 금실아! 김장군을 믿으며 우리는 죽자!
중　촌	그럼 죽어봐라 이자식! (박금철의 머리칼을 움켜쥐고 처 들어본 뒤에 내던지며) 자식! 또 뻐드러젓다!
박찬석	그래 이호실두 성적이 좋지않은 모양인가?
중　촌	(닥어가) 대체루 이렇게된 모양 같습니다. (무엇인가 수군수군 보고)

이번엔 딴 방으로부터 비명과 고함소리 들려온다.

소　리	아이구 나-리 용서해줍수사! 저는 아무것두 몰라유……
소　리	헷헤헤 아파? 아직두 약과야! 약과! 고맛해가지구는 죽잖어…… 목이 타 올으지?
소　리	* 물 좀 주시유 나-리
소　리	물? 인심쓸가 그대신 한통을 다-먹어야할걸?

물을 멕여 요동하는 소리 둘이 귀를 기우리며 웃는다.

중 촌 하긴 저 심가년석이 제일 맘에 듭니다.
소 리 어때 싫건 먹었지? 으스스하니 치울테니 이번엔 좀 따뜻하니 **해줄가? 자-이렇게 대기만하면 와시시 타올으는 부젓갈루……
소 리 (기급한) 나-리 나-리 말하겠습니다 참어주서유.
소 리 그래 뉘소리를 듯구 차스길을 끊었어 박달이? 박금철이? 천봉순이?
소 리 네-네 저……
박금철 (벌떡 일어나 고함소리루) 유택이 죽어두 대면 안된다!
중 촌 이 자식이 (거더차며) 죽은줄 알었드니 아직두 지랄이야!

박금철 다시 쓸어진다. 옆방에서는 비명소리만.

박찬석 에이 저 죽일놈을 대려오게! (전령이 울린다) 올치 전화다. (달려가 받으며) 아 모시모시 하이……하……하…… 시천수장어른입니까? 전화가 불통되여 얼마나 걱정중인지……하……하……뇌성 때문에? 글세 번개가 너두두 우루딱딱 거리드니!…… 하 무엇이요?

순사 한명이 늘은 박상수를 치켜들듯하고 들어온다. 전화내용에 놀랜 박금철 지긋이 머리를 든다. 박상수 판장 우에 굴어 떨어진다.

박금실 아 아버지!
박찬석 원기왕성히 전멸중……하……하……알겠습니다. 본부의 제승경시가 비행기를 타구오셔서 직접 지휘중입니다…… 곳 알리겠습니다……하……하이 (끊고나서) 성공! 성공! 여봐 금철이 들엇지?
박상수 (얼굴을 들고) 아니 네가 금철이냐?……

닥어가는 것을 순사가 딸악어 쓸어트린다.

박찬석 경시어른께 알리게! ***의 일은 대성과를 올리고 있으니 아주 염려마시라구…… (순사 퇴장 닥어오며) 이 얼빠진 늙은놈아 아직두 정신을 못차려? 십구도구서 * 딸년이 벌서 다- 순순히 말햇어 녀석이 끝끝내 끼구 그런다구 무슨 소용있는 줄 아냐? * 고생

을 하는 아들딸을 살려야지 않을가? (컵에 술을 딸아놓고 잇틀을 뽑아 넣는다)
박상수   우리야 무슨 영문인지를 압니까?
박찬석   아직두? 차길은 왜 끊었어 굴러 떨어진 차대구리를 네놈두 도끼루 짓부셨지?
박상수   아니올습니다. 공장안에서 나무나 혜는 이 늙은것이……
중 촌   헷헤 이자식이…… 그럼 네 아들놈이 일성이한테 보고서류를 가지구 가다가 잡힌줄두 몰은단 말이냐?
박상수   금철아 그게 정말이냐?
박찬석   이 늙은게 흉측스레…… (잇틀을 뒤루 꽂으며) 이재라두 바른대루 대는게 **** 후회안으려면…… 너 이종락이를 알지?
박상수   (놀래며) 에 아니 몰습니다
박찬석   놀래기는 왜 놀래? 독립군이라구 겁이 나? 네놈에게 안부를 전해달래더라 아마?
박상수   저, 저는 몰습니다.
박찬석   김일성군으루 대니다가 붓들린줄 알구 기겁이냐? 이년놈들 똑똑이 들어라. 혜란이랑 그 종락이 때문에 몇을 간이라두 연명되었다…… (거닐기 시작) 종락이가 네놈과 친분이 있다구 그래 시천대장이 특별히 인심을 쓴거야…… 평양서 일성의 할머니를 ***려구 온 때문이다. 무엇하러 일성의 할머니를 대리구 왔는지 궁금하지?
제 승   (순사와 갗이 들어와) 일성이를 아직 붓을지는 못했다던가?
박찬석   네 아직은…… 그렇나 대채 들림없을겁니다. 아마 불가불 귀순으루 되겠지요. **을 보구 좀 설교를 하는 중입니다.
제 승   (웃으며) 예의 솜시를 내보는건가?…… 어쨋던 밝기 전으루……
박찬석   틀님없습니다. 어서 가 주무시지요.

  제승퇴장.

순 사   (박금실의 머리채를 째껴보며) 이 계집애가 얼골값을 하는군…… (박상수를 거더차며) 이마, 똑똑이 들어라!
박찬석   네놈들두 그만치 마젓으며 이젠 종락이를 좀 배워보지? 종락이는 감옥에서 새사람이 되여 나와, 일성을 귀순시키려구 그 할머

니를 데리구 나온거다…… 독안에든 쥐처럼 십중포위속에 바들바
들 떨구있는 일성이한테루 할머니를 대리구 권고하러 갔어!
박금철　(얼굴을 들며) 거줏말이다! 거줏말이다!
박찬석　(앉으며) 흥 거줏말? 거줏말두 좋지! 엇쨌던 일성이는 귀순아니
　　　　면 투항이야. 네놈을 아까 전화받는 소리 들었지? 천하처럼 믿는
　　　　일성이가 귀순만 하구보면 네놈들이 아무리 대낀댔자 일시에 다
　　　　-들어날테니 매쯤에 죽는 놈만 불상치 않을가…… 금철이 이젠
　　　　순순히 대애보지…… 일성이와 갖이 살아나려거든 잘못된 일을
　　　　순순히 곤쳐 밧치구 용서를 비는 길이 좋을걸(중촌에게 눈짓)
중　촌　네놈에겐 딴 일은 듯지두 않을테다. 이용호는 어디를 갓느냐?
박금철　나는 몰은다!
중　촌　(저구리를 부- 쯔저벗기며) 그럼 비행기를 타봐야 알겠니?

　　　　순사와 갖이 잡어일으킨다.

박찬석　헷헤헤 감옥은 고사하구 당장 죽지 죽어! 어디 어디에 조직을
　　　　깔어 놓았는지 대기 전엔……
박금철　(일어나며) 조직? 이천삼백만에 깔렸다 왜?
박찬석　헷헤헤 참 네놈이……
박금철　시원 시원하지? 더 듯구 싶으냐? 김장군이라면 네놈들은 울상을
　　　　하지만 우리는 그이름만 들어두 철없는 애까지 벙글거린다……
　　　　왜? 네놈들을 때려부시기 때문이다!(순사와 중촌에게 목을 빗틀
　　　　우면서도) 왜? 우리 백성을 가장 사랑하기 때문이다! 왜? 우리의
　　　　힘이기 때문이다 우리의 태양이기 때문이다! 네놈들에겐 뇌성이지
　　　　만! 네놈들에겐 벽력이지만……
박찬석　그 일성이가 잽혀온다면 더 두말할게 없겠지?
박금철　(쓸어젓다가 다시 일어나며) 흥 그래 네놈들손에 우리 김장군이
　　　　잽힐줄아냐? 이천치들아!
박상수　금철아 네가 밋쳤느냐?
박금실　(울며) 오빠! 오빠!
박금철　아버지 똑똑이 들으시오. 내 시체를 드디고서서 이렇게 웨쳐야
　　　　합니다. 내 아들이 살아있구나! 내 아들이 죽지 않엇다구! 금실이
　　　　너무 명심해 들어라. 이천삼백만이 죽지않느한 우리 김장군은 죽

지않는다! 김장군이 살아있는 한 우리 이천삼백만도 살아있다.

중촌은 박금철의 목을 발로 눌으고 순사는 천장에서 줄을 끌어내려 뒤결박으로 끌어맨다 박금실 얼굴을 돌리고 운다.

박상수 (달려들며) 여보 나-리 나를 죽여주! (밀어잿겨 쓸어지며) 금철아! 금철아!
소 리 아구구 대요 대- 어서댈테니 살려주!
소 리 그럼 어서 대- 또 뱃대기를 지지기전에!
소 리 아흐흐 아흐흐 대요 박……박금철이가…… ** (불젓갈을 든채 문을 열며) 심의학가 박금철의 지휘를 받어 파괴했누라고 자백했습니다. (퇴장)
박찬석 자-들어났다!
박금철 그렇다 모두가 내 책임이다! 나를 죽이면 그만이다! (달어매며 올나가며) 조선독립만세! 만세!

온감방 취조실이 호응하야 만세소리 박금실도 딸아불은다. 박상수 달려가 아들에 매여달려 갖이 쓸어진다. 순사가 억지로 떼여놓고 옆으로 거더찬다.

박상수 (쓸어지며) 나-리 살려주슈 살려주슈……

이때 망루 우의 보초 난데없이 칼을 받어 꼬구러지고 그와 동시에 앞마당에 검은 그림자 몇 나타나 주재소를 향하야 기관총 두대를 포치한다.

박찬석 흐흥 조선독립만세! 그래 가지구 독립이 될 줄 아냐? 이번은 내 말을 좀 똑똑히 들어라. 독립만세의 선배는 (저를 가리키며) 여긔있다 여긔있어! 구마령의 박찬석 통의부의 박대장, 오늘의 박경부보를 몰라? 네놈들이 악을 밧치면 밧칠수록 우리두 악을 밧치는거다! 왜? 네놈들의 좋은 세상이 오면 우리가 죽기 때문이다.
박금철 네놈이 알기는 아는구나. 그렇구말구 우리에 좋은 세상이 오구 말구! 우리들의 눈물은 압록강을 메워 흘으고있다! 우리의 분노는 백두산을 일우워 높이솟았다. 이놈아! 네 놈의 운명두 일본제

국주의와 갗이 우리의 피로 세운 승리의 탑 아래 무릎을 꿇을 때
           가 머지않앗고 내 피도 그 탑을 위해 바치려는거다!
박찬석   자식 말 잘한다. 그러기에 우리는 네놈들과 더구나 김일성이네
           와는 불공대천의 원수란 말이루다. 왜? 네놈꼴이 커지면 결단이
           나기 때문이다! (술을 드리키고 나서 틀니를 뽑아 들며) 이걸 봤
           냐 이걸? 그리고 이 험상스런 뒷통수를? 내가 독립운동을 할때
           일본군의 총칼에 쓸친 흠시터다. 그러나 내가 구마령싸움에 돌아
           셋다고 몽둥이루 내이름을 몽땅 바꿔버린건 조선놈이야 조선놈!
           조선놈은 내 원수다! (틀니를 뒤루 꽂으며) 흐흥 그러나 내가 그
           분푸리를 네놈들에게까지 하려는 것은 아니야! 비행기를 타구 또
           다시 학춤을 추기 전에 마음을 돌리는게 어때? 응 이마! 네놈들
           은 나와도 사정이 달러 이왕 붓들려 하나하나 탄로나는 바에는
           먼즘 돌아붓는 놈이 잘난놈이다!
박금철   이 개새끼야!
순 사   (족치며) 일어나라 이자식!

           박금철 일어나려다 다시 쓸어지는것을 줄을 잡어다녀 올라가기 시작. 이
           때 정문이 열리드니 창백한 얼굴의 시천을 선두로 권총을 뽑아드는 김혜란
           과 병사 셋을 앞세우고 김일성 나타난다. 모두 손을 든다.

박찬석   (뒤로 물러나며) 아니 대장어른이 대장어른이……

           시천 재빨리 담에 걸린 총을 잡으려하자 한 병사가 쏘아죽이고 무기를 주
           ****이 총소리와 갗이 멀리 사방에서 일제히 총성 불길로 인다. 두병사는
           박금철과 박혜란의 결박을 풀어놓는다.

박금철   아- 사장동무! (감격의 우름으로 그 앞에 쓸어지며) 이게 웬일입
           니까?
김혜란   (달려가며) 아 아버지……
박상수   (쓸어안으며) 아니 네가 네가……
박금실   (달려가며) 언니 (우름)
김일성   구마령의 개 박찬석! 네가 반가워하겠기에 김일성이 자신이 보
           려왔다!
박찬석   (그냥 뒷거름질 치며) 아……아……나를…… (뒷문을 열고 달어

　　　　나려하자 그리로 병사 또하나 나타나며 밀친다) 에……엣……
병사1　유치장 열쇠를 내라!

　　　　중촌으로부터 쇠를 받어들고 앞문으로 나간다. 그러자 뒤와 옆문으로 취조받든 사내들 *** 꼴로 나오며 조선독립만세와 김사장동무 만세를 들은다.

박금실　아 사장어른 김장군 어른입니까?
박상수　이게 꿈이냐 생시냐? 장군어른 고맙습니다!
박금실　사장어른 저두 이번엔 대리구가주서요! 옷이라두 밥이라두 짓게 해주서요! 나무라도 해올테에요! 사장어른을 위해서라면…… 그러구 제가 크거든 저두 총을 *게 해주서요…… 언니…… 그럼 내 뛰처나가 우리 거리거리 떠들구오께 우리 사장어른 오섯다구 우리언니두 왔다구…… (퇴장)

　　　　유치인들이 만세를 불으며 열달려나와 김일성에게 치하한다. 혹은 감격한 남어지 우름을 터치는 자도 있다.

김일성　사랑하는 동무들 얼마나 아픔이 많엇소? 그러나 동무들은 이 악독한 왜놈들 그리구 그 개떼두리와 용감히 죽엄으로서 피를 물고 싸워이겼소! 우리도 동무들을 보려고 죽은 동무들의 시체를 밟고 넘어온 것이오! 반갑소 고맙소 동무들!
박금철　사장동무 우리는 마즈막 숨길을 몰아넘기는 순간까지도 사장동무를 사모하며 굳게 믿었습니다 만은 이렇게 우리를 구원해주시러구 오실줄은 꿈에도 생각못했습니다.
박상수　장군 어른 제가 이 혜란의 애비외다!
김사장　(끌어 일으키며) 아부님 일어나시오 용감한 아들딸을 가지신 것을 재량으로 아서야합니다.
박상수　(우름) 그러나 저는 저는 미련해……
박금철　가슴속에서만 태양처럼 울으러보든 장군을 죽엄 일보 앞에서 마지한 이동무들의 사무치는 감격을 알어주십시오.
김일성　꿈에도 그리든 조국땅에서 우리도 동무들과 이렇게 한자리에 굳게뭉쳤소. 우리는 비록 나라를 잃은죄로 국내외에 갈려 싸우구있으나 오직 나라와 인민을 위하기 때문에 언제나 이렇게 한몸둥이라는것을 잊어서는 안되오! 사랑하는 동무들 우리의 승리는 반다시 우리의 국내외의 힘이 합치여 이렇게 불길을 잃으킬 때에 비로서 찾을수 있다는것을 명심해야하오! 자-동무들 나갑시다!

박금철   앗하하 저불 불! 놈들의 궁전을 태우는 불길! 우리들의 나갈 길을 밝혀주는 저 햇불

사방에 더욱 더욱 불길이 일며 이곳으로도 연기가 피여들기 시작. 유치인들 서루 부축하며 나간다. 이와 동시에 망루로부터 선전문이 눈포라치듯 산포된다. 제등 이하 일경들 병사의 총뿌리에 손을 들고 몰려나온다.

김일성   (일동을 내디로 나가며 일경들에게) 최후로 네놈들에게 두가지의 길을 남겨준다! 불을 쓰고 죽는 길과 총앞에 꼭구러지는 길! (나서서 기관총대에 손짓)

실내에 불이 꺼지며 일경들이 허둥지둥 거리다가 두 대의 기관총이 퍼붓는 총탄세례기에 모두 쓸어진다. 사방은 화광중천.

박금실   (망루우에 나타나) 여보소 보천보의 여러분! 이 거리의 조선사람들 다-일어나시요! 일어나시요! 우리의 김장군이 오셨소! 김일성 장군이! 자-우리두 꿈을 깨치고 일어납시다! 쇠사슬을 벗어메치고 나갑시다! 김장군을 딸어! 지금까지 억매여 울든 우리들이 뛰쳐나왔소! 나갑시다! 김장군을 딸아 나라를 찾으려!

    총성과 연기에 휩쌔인속에 군중들 환호성을 질으며 몰려든다.

    영예로운 용사야 동이트나니
    영예로운 용사야 활을 메워라
    북을 울려라 전열에서라
    견워라 관혁은 팟쇼등줄기
    나가자 삼천리 독립만만세
    세우자 삼천리 인민의나라
    우리의김장군 기빨드셨네
    우리의김장군 기빨드셨네

-(막)-

더벙이와 배뱅이(5막)

때
　한 오십년 전 가을
곳
　배나무골
사람
　배좌수(60)　　별호 악좌수
　마누라(59)
　배뱅이(18)　　그의 딸
　더벙이(24)　　그의 집 머슴
　정첨지(40)　　코가 크고 흉하여 별명 코첨지
　매파(68)　　　꼬부랑허리
　세월네(20)
　네월네(18)
　홍초시(50전후)　배좌수네 하인
　김서방(50전후)　배좌수네 하인
　오생원(50전후)　배좌수네 하인
　곱실이　　　　배좌수네 종
　타박네　　　　배좌수네 종
　노승
　곽풍헌
　무당패
　보리간나우
　그외 촌민 여럿

제 1막

배좌수네 대문 밖 마당가 담장 밑에 장기 두는 중늙은이 세 명. 홍초시는 새끼 꼬고 김서방은 신 삼으며 장기. 오생원은 호밋자루 고치며 훈수. 정첨지는 대문 옆 툇마루에 이 사냥.

홍초시   원 참 어처구니가 없어서⋯⋯ 자네가 그런 수를 다 안다면 내가 당초에 그렇게 쓰구 있겠군.
김서방   (정색하고) 아니 그럼, 또 물러달란 말이야?
오생원   글쎄, 여보게. 아무려면 그걸 가지고 이기겠단 말인가?
홍초시   (버럭 성을 내며) 이 오가 녀석, 왜 곁방구질1)이야!
정첨지   허, 그러다 또 쌈하겠다⋯⋯ 내기 장기는 밤낮 두면서 술 한번 사는 적 못 보겠으니⋯ 에라 또 한 놈 잡았다. (마루 위에 이를 두 마리 맞붙어놓고) 중아 중아 쌈해라. 상자2)야 상자야 말려라.
김서방   자- 그럼 다시 써봐. (물러주며) 이번 또 물러 달랬단 그저⋯⋯
홍초시   (눈을 흘기며) 허- 거참 무서운데. 아이구, 무서워라!
정첨지   옳지. 맞붙잡구 대갈노름들을 해라⋯⋯ 어디 화잇술3)이라두 생기나 보게. 상자야 상자야 말리지 말아라!
홍초시   (조심조심 다시 쓰며) 멍후니4) 멍세루. 이러- 하면 형, 아무 염녀두 없는 걸 가지구. (오생원을 돌아보며)⋯⋯ 그렇지?
김서방   어서 손을 떼자!
홍초시   가만⋯⋯ 가만 있자! 가만 있으라는 데두⋯⋯

더벙이 노래 소리 들린다.

정첨지   저놈의 더벙이 녀석 이제야 밥 생각이 났는지 어슬렁어슬렁 돌아오는가 부군⋯⋯
깜돌이   (상투 틀었다. 마당귀로 나오며) 애들아, 더벙이 와. 애, 더벙이!

---

1) 훈수.
2) 상좌.
3) 화해술.
4) 장훈 멍훈, 장군 멍군의 평안도 방언.

여아1   더벙이가? (나오며) 오- 정말! 알루리 깔루리 더벙머리 총각!
여아2   우리 놀려줄까?
깜돌이   응. 송구 상투도 못 올린 자식…… (여아를 돌아보며) 난 상투 있어, 얘……
여아3   얘, 온다. 온다, 와. 얘!

　　　캐들거리며 모두 노적뎀이 뒤에 숨는다.

오생원   (툇마루가로 오며) 멋 모르구 오다 저놈의 깍다귀들한테 혼나게 되었다. 더벙이 년석 좀 혼나 봐라……

　　　(더벙이 노래소리)
　　　네 호밀랑 내가 베러줄게니
　　　널랑 품에다 날 재워나주렴
　　　가기는 매일 밤 가지만서두
　　　뒷담이 높아서 돗(못) 넘을네

　　　(애들의 놀리는 소리)

더 벙   들통! 총각 들통! 문이, 문이! 소문이!

정첨지   참…… 한 울안에 꽃같은 아씨를 두구두 십년 동안에 별수 한번 못 꾸미면서 수작은 제법이야…… 노래 수작 들으면 동네처녀 혼자서 다- 후려낼 것같지……
오생원   여보게, 깜돌의 새색시 물 길어 오네.

　　　모두 바라본다.

정첨지   허- 그거 참 볼 만한데. 글쎄, 고런 꼭대기에 피두 안 말은 녀석이 다 색시라구 얻어 가지구서…… 개 팔아 두냥반이래두5) 양반이 좋기는 좋구나-. 빌어먹을 거……
깜돌이의 색시 (물동이 이고 등장. 어린 남편을 주먹질하며) 고것 봐라. 애이구 고것 봐라! 긴내 어린애야?

―――――――――――
5) 개 판 돈 두냥반으로 산 양반.

깜돌이 (돌아보며) 왜 자꾸 주먹질하니?
깜돌이의색시 어서 냉큼 들어가기나 해?
여아 일동 (돌아서서) 색시맥시 닭이다리 꼬닥지 화실이 덕실이 덜구룽
    봐-라
깜돌이 너희 우리 색시 놀려 줄테냐?
여아 일동 새서방 꽁지 망꽁지 들러멧다 똥꽁지
깜돌이 (주먹을 둘러메며) 머야, 죽어 볼래!
깜돌이의 색시 아이구, 망칙해. 어서 냉큼 못 들어가! (총총걸음)

  정첨지 이하 모두 웃는다.

더벙이 (호미자루 메고 노래하며 등장) 헤헤헤, 참 꼴 보기 좋네! 어디
    나두 한 몫 들어볼가. (여아들과 같이 뒤따라가며) 노랑대가리
    물렛줄상루 샛문턱에 나서서 누른갱이 달라구 흘적 흘적.
오생원 원 저놈이 정신이 있나 없나? 저게 무슨 꼴이야!
깜돌이 (제법 도사리고 쇠된[6] 목소리로) 어른 앞에서 무슨 짓이야? 우리
    아버지 대려 올제 볼래?
더벙이 (싱글벙글 웃으며) 깜돌이 서방님 아버지는 무섭지 않어두……
    새색시님이 무서우니 좀 대려와요!

  깜돌이의 색시 달아난다. 배뱅이 담장 넘어로 내다본다.

정첨지 허- 저런 놈, 정말 곤장 맞을 소리만 하네…… 여보게, 더벙이.
    어서 이리 오게!
여아 일동과 깜돌이 (더벙이의 뒤를 다르며) 더벙아 더벙아 장가 가거
    라. 바지 없어 못 가겠네. 쭈쭈쭈쭈 쭈쭈쭈쭈. 형의 바지 입고가
    지. 말린 게 없어 못가겠네. 쭈쭈쭈쭈 쭈쭈쭈쭈.
더벙이 (돌아서며) 머야 이 간나이 새끼들!

  일동 우르르 도망친다. 깜돌이 넘어져 운다.

더벙이 아야! 아야! 아야!

---

[6] '새되다'의 잘못. 목소리가 높고 날카롭다.

더벙이 (다가 가서) 아야! 아야! 아야 국 먹구 아이 몇이나 났니. 너 하나바께 못 났다. (한 다리를 처 들어 깜돌의 위로 휙 둘러 넘기고 냉큼 집어 일으키며) 어서 갈!
배뱅이 (담 너머로) 정신이 있어, 없어!
더벙이 (놀래어) 헤헤헤…… 아씨 보았어?
배뱅이 머슴이 남의 색시 새서방을 놀리다가 큰 코 다칠 줄 몰라!
더벙이 내가 왜 머슴이야, 아씨랑……
배뱅이 아이! 그럼 총각이 그래서 좋을가 머……
더벙이 테- 내가 그래 곤땅 총각이야? 제가 잘 알면서……

　　　　모두 웃는다.

배뱅이 (질색) 더벙이 키다리 바보! (주먹질하고 없어진다)
더벙이 (다가가며) 아씨, 아씨! (마루로 오며) 날거리7)가 사나우려니까……
정첨지 아니, 배뱅아씨 말마따나 정신이 있나 없나.
더벙이 그놈의 자식, 장가 갔으면 갔지!
정첨지 그래, 자네는 이 복닥더위에 지금까지 두더쥐처럼 그냥 땅만 파구 있었드란말인가?
더벙이 그럼 어떡해? 심었으면 갈 해야지……
정첨지 허- 저놈의 입씸 보게…… 다-제 생각하구 하는 말인 줄은 모르구……
더벙이 그러기 나두 조갈을 하다가 부애가 떠오르기에, 점심 먹으려 들어 오구 말았지.
오생원 저런 바보 봐! 그럼 부애가 떠오르지 않았으면, 점심두 안 먹을 뻔 했네 그려.
더벙이 점심두 그리 먹구 싶지 않어요……
정첨지 하기는 그럴 걸세…… 그러기에 내 말대루 일 안 나가구, 다문 며칠이라두 숭을 부려 보라는 말이야! 비가 오건 눈이 오건 간에 머리를 싸매구……
더벙이 초가을에 눈 오겠군. 비 오는 날 누가 일 나간대나……
오생원 한대는 소리가 원 어디서……

―――――――――――――――

7) 날씨의 북한말.

정첨지   어쨌던 내중에 머리를 숙이구 빌붙을 건 악좌수거든.
더벙이   글세
정첨지   글세가 아니라, 뻔한 일 아닌가. 그때는 일어나 정색을 하구 앉아서 아씨를 줄테요, 안 줄테요. 준다면 언제 잔치를 채릴테요? 이렇게 다짐을 받거든
더벙이   히- 돼지 잡구 소 잡구 잔치할 제, 술 한잔 얻어먹나 볼려구?
오생원   아니, 그래 자네에겐 나쁘나?
정첨지   자네덕분에 내가 한 잔 얻어먹어 죄루 가겠나 자네 좋으니 좋아, 나 좋으니 좋아……
더벙이   그래두 안 들으면?
오생원   그래두 안 듣거든, 그간 영감 상투를 뽑아 주구 말어!
정첨지   그러태면 모두 파이하자구 틀구 앉아서, 일년 열두 달, 삼백 여든 날……
홍초시   (건너다보며) 삼백 예쉰 날이라네, 이사람아……
김서방   장후니는 받지 않구, 무슨 이야기 간참8)이야? 어서 장후니나 받자!
정첨지   고까지 수무날쯤 무슨 상관이야? 그래, 삼백 예쉰 날이면 예쉰 날…… 밭 갈구, 씨 뿌리리구, 김 매구, 훗치질 하구, 소 멕이구, 짐 나르구, 논에 물 붓구, 모 꽂구…… 그리구 또 없나?
더벙이   신 삼구, 새끼 꼬구……
정첨지   옳지, 신 삼구, 새끼 꼬구, 마당질하구……
더벙이   몰래 닭 잡어 먹구.
정첨지   허- 이놈이 날 놀리려드네. 어쨌든 십년 동안 뼈가 녹아나게 일해 준 삯전을 죄- 회계해 내라구 대들란 말이야.
더벙이   누구 아씨를 안 준다나? 아직 크질 않어 그런대지……
정첨지   크질 않었어? 아니 간대루9) 크겠나. 동가슴10)이 짝 벅으려지구 엉덩이가 항아리만 한데?
오생원   열여덟이면 다- 컸지. 씨암탉이나 다름없다네, 다름없어……
정첨지   흥. 송구두 어리다구. 망할 놈의 뒤상 갈미골 매파가 뻔질 드나

---

8) 참견의 북한말.
9) 간대로, 함부로, 되는 대로.
10) 앙가슴(두 젖 사이의 가운데)의 북한말.

들길 왜 드나드는 줄 아나? 속은 십리만치 딴 곳에 있는 게 분명하지 않어?
김서방 (엉거주춤 일어나며) 자- 이제두, 이제두?
홍초시 멍후니 멍세루. 그래 어쨌단 말이야?
김서방 옳지, 그런 수두 있긴 있구만.
더벙이 제-길할거, 경두 못 일구, 굿두 못 하구…… (눕는다)
오생원 그러다 정 상사병에 걸려 죽구 말겠네.
더벙이 누가 죽어?
정첨지 자네두 죽구, 아씨두 죽구, 다 죽지……
더벙이 (벌떡 일어나며) 왜?
정첨지 왜두 죽나, 세월네 시집 가자 그날 밤으루 김도령 목매죽는 걸 못 봤나? 이런 소리 아나? 나이 많은 처녀라고 물 길러도 안 보내고, 빨래질도 안 보내니, 만날 길이 없었더라. (노래)

   섯달이라 금은달
   앞마을의 늙은 처녀
   널 뛰다 죽었다오
   뒷마을의 늙은 총각
   그네 뛰다 죽었다오

더벙이 그게 무슨 말이야!
정첨지 상사병에 걸려 서루 얼굴이라두 볼려구 지랄하다 죽었단 말이지…… 좀 좋은가, 한 뜰 안에서 늘 마주보며, 그걸 죽여? 처녀라니 죽으려면 맥 없다네.
더벙이 거 정말이야?
정첨지 암.
더벙이 거 야단났네.
보리간나우 (회회 저으며 등장) 아니, 이렇게 한가히 장구만 두구 앉어 될까?
정첨지 아니, 벌써 우리가 일 하구 안 하구를 따지게 되었어?
보리간나우 무엇이 어째? 아 코첨지 년석.
더벙이 길주명천 배장수는 종내 갔나요?
보리간나우 (팔을 걷으며) 애 이년석들이 정말 쌈을 거는구나.

더벙이 아니에요. (대문으로 밀어 넣으며) 새벽마다 길주명천 배장수야, 닭 운다구 가지말아. 그런다구 하니 물어 본 말이에요…… (엉덩이를 툭 치며) 어서 들어가기나 해요. 악좌수가 기다리니
보리간나우 마님은?
더벙이 도끼 베리러 나갔어요. 도끼 들구 들어오기 전에 어서 들어가요. (대문 닫는다)

　　모두 웃음.

김서방 그런 것 하나는 참, 저놈이 엉큼스레 잘 하거든……
오생원 그래, 어디 좀 들어보세…… 도대체 아씨는 무어라는가? 배뱅아씨두 그리 자네가 싫지 않은 모양이데나? 언젠가 저- 찔렁밭 귓대기 뽕 밭에서……
더벙이 (벙글거리며) 헤, 내가 저녁 어슬녘까지 김을 매구 있는데, 아씨가 살금살금 나오더니 좀 쉬기나 하지, 키다리 바보! 고건 두말 안짝에 키다리 바보야. 그래 호미자루를 던지구 뽕밭으루 들어갔지.
오생원 옳지, 그래서……
더벙이 그러니까 그때두 또 놀려만 주는 거야…… 갈미골 할미가 드나들어 고을 박참봉에 둘째 아들하구 말이 났느니, 어디 최진사네 맏아들하구 말이 있느니 하며 자꾸 부아만 도꾸다가, 또 키다리 바보야…… 더벙이야…… 어서 이거나 먹어 하면서 옆구리에서 보름달같은 절편을 한 개 꺼내어 주겠지……
정첨지 옳지, 그래 둘러메쳤나?
더벙이 그래, 분한 김에 한 입에 틀어 밖었지!
정첨지 (입을 쩍 벌리고)……으……으
오생원 저런 미친 놈!
더벙이 하니까 내가 먹는 꼴이 무에 그리 우수운지 뽕나무에 올라가서 혼자 캐들캐들 야단이더니, 이번엔 또 오두11)를 따내리며 하나 하나 입으로 받아먹으라기에 입을 벌리구 쩍쩍 받아먹으니까, 죽을 것처럼 좋아 날치는 거야…… 그래 좋아하는가 했더니, 무에 또 갑재기 슬퍼졌는지 손으루 얼굴을 싸매구서 콜작콜작 운단 말

---

11) 오디.

야…… 무슨 영문인지 암만해두 모르겠어.
정첨지   허- 그거 참 정말 죽으려는 모양이로군.
더벙이   (겁에 질려) 정말?
홍초시   (돌아 보며) 캐들캐들 웃는 법일지, 울며불며 하는 품이 다- 심상치 않을세……
김서방   아따 이야기 간찬 말구, 어서 장후니나 받어!
정첨지   아무래두 꼭 죽었는데, 죽었서!
더벙이   어이구, 야단났네!
정첨지   이사람아, 자네가 그만치 엉뚱해 가지구서 그맛한 일을 처결 못하구 우리에게 그래 소감투를 씌우겠단 말인가. 저놈의 할미 또 오네. 저 고개턱을 보게나!
오생원   저렇게 분주히 왔다갔다 하는 게 다 좋질 않어!
정첨지   저게 다- 아씨 죽이는 수거든……
더벙이   어이구……
정첨지   (일어서며) 더벙이, 수가 있네!
더벙이   (달려붙으며) 응, 무슨 수!
정첨지   내 말을 꼭 듣겠나?
더벙이   그래, 무슨 수야?
오생원   잘 위로나 할 생각하지, 공연히 또……
정첨지   아니, 참 신통한 수일세. 자네가 영락없이 아씨한테 장가를 들게 할 테니.
더벙이   정말이야?
정첨지   암, 여부있나! 그 대신 일이 바루 된다면 내게 저 새천이 조앞 돌려주겠나. 무남독녀에 장가를 들면 이 전재산이 몽땅 자네 해 될 것 아닌가. 그래, 돌려주겠나?
더벙이   내 다- 래두 줄 터야…… 그 조앞이 볼래 이집 것이기, 머 돈값에 빼앗겼지.
오생원   정말 일이 될 모양인가? 그럼, 여부게 더벙이. 내 무녕밭두 돌려주게, 응.
더벙이   염려 말어. 글쎄, 무슨 수야?
홍초시   (일어나며) 나두 한다리 듭세. 내 텃논두 돌려주게나.
김서방   아니, 지게 되니까 일어나기야?
홍초시   아- 누구 안 둔댔나? 논밭이 왔다갔다 하는 모양이니 그러지……

(뒤로 앉으며) 그래, 장후니라?
김서방   여보게, 더벙이. 논밭만 되는가? 그럼 내 해두 모른 체해서는 안 되네 종살이하는……
더벙이   타박네? 글쎄 염려 말어! 그래, 무슨 수야?
정첨지   그럼 이제 당장 들어가 악좌수의 상투를 잡어채든지, 사채기12)를 덥석 그러쥐든지 하게.
더벙이   테- 큰일나려구?
홍초시   헛헛허, 기껏 좋은 수라는 게 그런 수야?
정첨지   저 천치 보게. 간다 보아라 하구, 이놈의 집을 나오기 위해 하는 일인데…… 그럼 자네는 텃논 그만 두게나.
홍초시   아니야, 아니. 허- 그 참 좋은 수인데.
더벙이   헤, 그랬단 정말 아씨두 영 못 보게.
정첨지   글세, 염려 말어…… 그게 불과 며칠동안이거든. 아씨를 지구 와서 제발 대리구 살어 줍수사구 손이 발이 되게 빌두룩, 내 만들어 놓을 테니……
더벙이   정말?
정첨지   암, 된다마다……
더벙이   내가 악좌수 영감 죽이면 상가술 얻어먹을까 해서, 그러는 게 아니야?
정첨지   상가술은 왜? 잔치술 먹지. 아, 그렇게 못 믿어우면 그만두게나.
더벙이   (덤비며) 아니, 아니야. 하라는 대루 할테야. (옆문으로 퇴장)
매 파   (꼬부랑걸음으로 등장) 아리랑고개인지 무슨 고개인지, 그놈의 고개 넘기가……
정첨지   (내려서며) 어서 오십쇼. 수구레 오십니다.
매 파   휴- 기가 차서. 그래, 좌수어른 게시나?
정첨지   마님은 나가셨서요.
매 파   마침 잘 되었군. 그럼 들어 가볼까.
정첨지   치성드려 얻은 무남독녀라, 아마 백년 가야 중신 들기 힘들 걸요……
매 파   이게 다 무슨소리야? 웃동네 세월네와 아랫골 네월네는 무남독녀가 아니라, 십남매 막둥이들이냐?
정첨지   그런 게 아니라요.

---

12) 샅, 두 다리 사이.

매 파 아니긴 머이 아니야. 칠십년 동안 중매노릇을 하누라니까, 내주에
         는 별소릴 다 들겠다. 그 아씨들두 내 손으로 내가 중신드려 아들
         딸 낳구 잘만 살드구나.
정첨지 그래두 이집 마님은 다를 걸요…… 몹시 신귀를 뜨셔서……
매 파 무엇이라구?
정첨지 제가 좋은 수를 알려드릴게요
매 파 네깐 놈이 무슨 수, 보리암수?
정첨지 그럼, 그만 두어요 일년 열두 달 헛물만 켜러 다녀보서요.
오생원 그러지말구, 어서 좋은 수를 대달라시우.
매 파 그래, 무슨 수냐? 하기는 내 그렇게 힘든 혼사라군 처음이루
         다…… 그래두 좌수어른은 좀 헌뜻하셔서, 이번 가을 안으루 방
         불한13) 곳에 꼭 살리실 작정인데, 마님이……
정첨지 내 말이 맞었지요.
매 파 그래그래. 자네는 어디 마님이 구미 돋칠 만한 자리가 있어 뵈이
         나? 한 자리 알려주게 (웃으며) 그대신 나는 자네들 팔자 페울
         일이나 하나 알려줌세.
오생원 머인데요.
매 파 아니, 자네가 먼저 말하게.
정첨지 여기서 멧기슭을 뒤를 돌아 한 오마정쯤 스쳐 들어가면 절길이
         되지요?
매 파 그랴, 밤나무골채기 말이냐?
정첨지 거기서 올라가누라면……
매 파 망할 년석 태월사 절이지…… 무슨 좋은 혼처냐 한 자리 잡어주
         련다구…… 그랴, 고작 잡어 준다는 게 돌중 놈이냐? 내 무덤자
         리냐?
정첨지 그렇게 둘러 잡지마세요…… 바루 그 태월사가 배뱅아씨를 백일
         치성 들여 얻은 절인들 아세요
매 파 누구를 두구 놀리는가 보지……
정첨지 그 절까지 올라가지를 말구, 왼쪽 즈름길루 빠지면 선바위가 있
         습니다.
매 파 그래.
정첨지 그 밑에 무슨 집이 있는지요?

---

13) 거의 비슷하다

매 파   썩어질 놈, 미륵당이 있지, 무에 있을고?
정첨지 제 말이 바루 그 미륵당이에요
매 파   엑기 놈!
정첨지 아니, 글쎄, 들어보세요. 그 미륵님이 아주 혼사에 령하거든요.
매 파   (반색하며) 무엇이 혼사에 령하다구?
정첨지 암, 혼사를 맺어놓는데, 송곳이 아니면 가락고치14)랍니다
매 파   그럼 내가 물 떠놓구 치성을 드려야 할 모양이냐?
정첨지 그 미륵님이 얼마나 입이 높구 식성이 좋으시다구요. 술, 고기, 떡을 진득 늘려놓구서, 아마 적어두 백일 치성은 들여야할 걸요. 그러니까 치성은 돈 많은 마님더러 하시래구서, 할머니야 미륵님 지시해 주는 혼처에 중신이나 드셔야죠.
매 파   옳지, 그말두 빗한 말이루다 마는, 미륵님이 무슨 재주루 혼처를 대줄 수가 있을고?
정첨지 그 미륵님은 치성만 좋으면, 일 수 말씀을 절절 하는데요

오생원이가 웃음을 참는다.

매 파   아니, 말씀을 하셔?
정첨지 암, 하시말구요. 아, 춘향어머니 월매두 그 미륵님께 치성 드린 덕으로 이도령같은 사위를 맞지 않었서요…… 제가 그런다는 말은 하지 말구, 마님한테 전해보서요.
매 파   (웃으며) 춘향이네두 그랬다구? (대문으로 향하며) 그것 참 신기한 말이루다.
오생원 아, 우리들 팔자 고칠 일은 안 내어 주렵니까.
매 파   호- 꼼박 잊었군 (낮은 말로) 글세, 여부시 자네들 이뿌장한 딸애 하나 없겠다?
오생원 왜요? 어디 팔아먹을 좋은 자리 있어요?
매 파   (사방을 둘러보고) 아- 좋은 자리 말해서…… 바루 이댁 좌수영 감이 늙마에 잔심부름할 애 하나 얻을 생각이시라네.
오생원 밭말지기 다- 뺏기구, 내중엔 딸까지 내바치게요?
정첨지 마님두 아시나요?

---

14) (속담) 가락꼬치 아니면 송곳, 날카로워서 잘 꿰뚫는다는 뜻으로, 판단이 아주 정확함을 이르는 말.

매 파   쉬- 알 리가 있나. 좌수영감이야 그래서 아씨를 시집보내시자는 게야…… 핑계가 좀 좋은가? 늙마에 딸 하나 있는 것을 시집 보내구나니 쓸쓸하기두 하거니와, 아들 볼 생각이 간절하다구…… 누구 들어와 싯멀건 아들만 하나 낳아 보지. 그집안이야 떡함지에 들어 눕는 셈이지…… 또 못 낳으면 어때? 그 영감이 간대루 살겠나? 과 즉 일이년에 가리운 일이거든…… 그럼 생각들 해보게. (옆문으로 퇴장)
정첨지   (따라 가며) 할머니, 무엇보다두 미륵이가 술 고기를 제일 좋아하는 줄 잊지 말어요. (문틈으로 들여다본다) 여보게들, 저것 보게!

　　모두 몰려간다.

제2막

　　배좌수네 안마당. 더벙이 밥상을 들고 울안으로부터 나와 앞채 담모퉁이를 돌아서다 우뚝 멈추선다. 마루에는 젊은 색시들이 앉아 이야기. 뜰에는 화단.

세월네   호호호…… 다 제가 타구 난 팔자나름…… 그러니 무슨 별 도리가 있어? 우리 아버지 뉘 아버지 할 것 없이, 좋거나 싫거나 부모님 정해 주는 대루 장가들구, 우리 어머니 뉘 어머니 할 것 없이, 또 정해주는 대루 생면부지 모르는 사람한테 시집을 가지 않었어? 우리만이 어떻게 저 좋은 서방을 고를 수 있단 말야? 제 팔자 좋으면 무던한 서방을 만나구, 사나우면 못된 놈을 만나구 그러는 게지.
배뱅이   세월네 언니는 어쩌문 그렇게도 무정할꼬. 언니 시집간 그날밤으루 목을 맨 김도령 생각을 해서라두……
세월네   가마에 내-실리며 시집이라구 가래니까 갔지…… 낸들 어떠카

	니? 처음에 들을 젠 나두 매 언짢더라만…… 글쎄 그이두 죽기까지야 할 게 머냐!
더벙이	(독백) 고거 ○두루 지질 놈의 계집애!
네월네	(편잔쪼로) 시집을 가면 그렇게두 마음이 변하던?…… 한때는 죽자살자 야단이더니.
세월네	다- 철 없을 때 한번씩은 있는 일이야……
네월네	그래, 언니두 철없어 그랬던 일루 여기우……
세월네	너두 시집 가서 한 열흘만 지내보렴…… 꿈결처럼 다- 잊어버리구 마는 게야……
네월네	언니는 남의 속을 알지두 못 하구.
배뱅이	참 세상이 언제까지나 이 모양대루 나갈래는지!
네월네	(목이 메진 소리로) 난 요즘 매일 밤……
세월네	호호호…… 예장받은 일깜 다듬질하기에 매 바쁘단 말이지?
배뱅이	언니는 이야기를 해두 어디서……
세월네	글쎄, 그래야 안이나 더 달구, 사람이나 더 마르지 쓸데가 있니? 그런 것 같으면 예전에 그이를 붙잡구 놓지를 않을 게지……
네월네	글쎄 말야 내가 어리석었어…… 요즘 밤마다 그이가 꿈에 나타나서는…… (운다)
더벙이	(독백) 나두 그만 절라두 군사루 나가 매일 밤 아씨 꿈에 뵈군 할까 부다!
배뱅이	울지말어, 응……
세월네	처녀적엔 다- 한번씩 울어봐야 하는가 봐…… 배뱅이 너두 울게 될 날이 차츰 가가와 오는 모양이로구나.
배뱅이	흥……
세월네	갈미골 할머니가 매일처럼 드나드니……
배뱅이	(뽀롱뽀롱) 드나들면 대수야!
세월네	호오…… 드나들면 잔채하구 시집가지!
배뱅이	나는 일평생 시집 안 갈테야!
더벙이	(눈이 동글해져) 무어?
세월네	왜 더벙총각을 못 떨어져서……
배뱅이	언니!
세월네	호호호…… 맞었지?
더벙이	헤-

배뱅이   그까짓 더벙이 같은 거!
세월네   그럼, 배뱅이 혼자 곱게 시집 갈까보구나. 총각들하구 손목 한번 쥐어 보일 없어.
배뱅이   난 머리 깎구 중 될 테야.
세월네   더벙총각하구 못 살면 말이지?
배뱅이   별말을 다 하네. 내게 무슨 상관이 있어서!

    더벙이 밥상을 털썩 떨어뜨린다. 그릇 깨지는 소리와 같이 어린애 놀래어 운다.

배뱅이   누구야! (얼굴을 내어 밀고) 저런!
더벙이   헤- 돌부리에 걸려서……
배뱅이   (황망히 제 입을 손으로 막으며, 말하지 말라는 시늉) 어서 들어가!
더벙이   (제 손으로 입을 막고) 응. (주서 담아가지고 퇴장)
세월네   오- 우리 귀애야…… 울지 말아. 집으루 가자, 응……(내려오며) 아니, 마니 저 할련 꽃 곱기루 해라.
배뱅이   왜들 가려니?
세월네   요- 앙탈이 있게 해야지.
네월네   (꽃을 꺾어주며) 우리 귀애 꽃 줄까…… 우지 말어…… 응
배뱅이   또 와요!
세월네   어서 들어가. 갈미골 할머니나 잘 위하라구.
배뱅이   에이, 참 시집갔다 오더니 능청 맞겼다니까!
서분네15) 아재 거 더벙총각이지.
배뱅이   아니야……
서분네   (잔등을 치며) 내가 다 들었어.
네월네   …… 내일 또 오께.

    옆문으로 퇴장. 배뱅이 울 안으로 돌려다가 아까 그 담 모퉁이에서 더벙이와 마주친다.

배뱅이   (뽀루퉁해서) 밥상이나 둘러메치면 누가 장하대?

---
15) 세월네의 오기.

더벙이 　넘어졌지, 머.
배뱅이 　그럼, 또 달래 먹지, 근내 점심 안 먹구 살 테야.
더벙이 　먹구 싶지 않은 거 어떻게 먹어……
배뱅이 　안 먹으면 누가 무섭대…… 그게 그저 고런 장집개줄만 알어? 풋고추에 고기 썰어 넣은 줄두 모르구…… 키만 크면 대수야, 조금두 짐작이 없데니까.
더벙이 　아씨는 몰라.
배뱅이 　키다리 바보 같은 게……
더벙이 　나는 오늘루 결단을 낼 테야.
배뱅이 　무슨 결단. 흥, 그리 잘내군 하는……
더벙이 　방치루 디굴통을 까지 않으리?
배뱅이 　아이마니, 우리 아버지를?
더벙이 　그럼, 머 아씨는 싫여?
배뱅이 　누가 아버지 디굴통을…… 아니, 머리 까는 거 좋아할까. 바보 같은 거, 말루 해요 입은 두구 보래는거야!
더벙이 　말은 해 멀 하게!
배뱅이 　그러지 말여. 응, 큰일 나요!
더벙이 　그리구 난 뛰구 말 테야.
배뱅이 　아이, 오늘 갑자기 환장을 했어?
더벙이 　(덥썩 손목을 그러잡으며) 그럼 나하구 같이 뛸 테야?
배뱅이 　아이마니, 어디루?
더벙이 　서울루!
배뱅이 　서울? 하루 한번 맘대루 문 밖에두 못 나가던 사람이 어떻게 천리 길을……
더벙이 　염려말어. 서울 가면 내 삯짐을 져서라두 벌 테야…… 아무두 나 수모하는 사람 우리 방해하는 사람 없는데 가서.
배뱅이 　도망을 친다면 하루에 난 오십리두 못 걸을 테니, 이틀두 못 가서 붙잽힐려구.
더벙이 　왜 못 가? 왜 붙들려? 아씨 같은 건 둘 아니라 셋이라두 업구 뛰려면 뛰어…… 냉큼 둘러업으제 볼래?
배뱅이 　내가 그래 어린애루 뵈어?
더벙이 　어린애 아니구?
배뱅이 　저까지, 그러니깐 아버지두 그러시지. 내가 그래 곤장 어린애야?

김사량・더벙이와 배뱅이　147

더벙이　아니, 아니다! 컸는데 머. 그리구 난 수물넷이나 되었으리……
　　　　　어서 우리 서울 가서 재미나게 살림차려. 응……
배뱅이　아이, 놓아. 망칙해라! 누가 같이 산다구 그랬어?
더벙이　(멋적게) 그럼 머…… 그럼 아씨 우리 절루 갈까?
배뱅이　누가 절루 간대?
더벙이　구럼, 아까 머리 깎구 중 된다구 그러지 않었어?
배뱅이　저것봐, 엿들었네. (다가들며) 누가 엿들으래?
더벙이　그럼, 아씨 언제 죽을 테야?
배뱅이　아니, 미쳤어! 누가 죽는대?
더벙이　안 죽어? 그럼 코첨지가 거짓말 했나? 상사병이라는 게 아씨 죽
　　　　　인다구 그러던데……
배뱅이　흥, 염치 좋네. 내가 저 때문에 죽겠군!
더벙이　(웃으며) 테- 거짓말. 널 뛰다가 죽을제 봐…… 난 건네 뛰다 죽
　　　　　는다.
배뱅이　아니, 오늘 정말 미쳤네. 아이머니, 아버지 나오신다. (황망히 퇴
　　　　　장)

　　　더벙이 그 자리에 웅크리고 앉는다. 배좌수 화단가로 나온다. 매파는 삽
　　　살개처럼 달리고 보리간나우도 뛰다라 나온다.

매　파　글쎄, 터럭만치나 나무랠데가 있는 자리유? 지체루 보나 가문으
　　　　　로 보나 규모가 쪽째인 가정이요, 또 고을 안에서 둘치가래면 빰
　　　　　치려구 덤빌 처지라우. 자그만치 십만석군이라우, 십만석군……
　　　　　그래, 좌수어른 생각엔 박참봉네가!
배좌수　으흠, 좋은 혼반이다마다…… 바루 박참봉의 당숙이 우리 고을사
　　　　　리루 내려오셨을 때 나두 벗하며 지낸 사이지만, 인물이 감때사
　　　　　납고16) 슬슬 말아들이는 솜씨가……
매　파　그저 좌수어른은 모르시는 일두 없어…… 그 대감이 지금 쩡쩡
　　　　　울리는 황해감사라우! 남자라니 좀 감때가 사나워야 입신양명하
　　　　　는 게 아니유. 신랑이 바루 그 대감을 닮었다우. 인물일지 구변
　　　　　일지……
더벙이　(독백) 저런 마귀같은 햄미!

---

16) 사람이 억세고 사납다.

배좌수 그럼, 십상 좋군……
보리간나우 영감님 그렇게 좋은 자리라면 어서 혼사 맺구 말아요!
배좌수 그래야 자네에게두 좋을 상싶지?
보리간나우 흥, 저 혼자만 좋아서요?
매 파 힛히히, 그렇다마다…… 나이 찼었으면 어서 시집을 보내야지…… 딸이란 아무래두 제 어머니편을 든다우.
배좌수 아, 그 박참봉 외오촌 이별감이 지금 동래부사를 지내지만, 좀 욕심이 지내친다 하여 아마 욕별감이라는 별호가 달렸지!
매 파 (웃으며) 악좌수와 욕별감…… 정 그렇다우. 그이가 오죽한 분이면 별감사리 2년에 오만석이 늘었겠수?…… 바루 신랑의 마음보가 그이를 닮았다우.
배좌수 그렇대면 정말 금상첨화인데……
보리간나우 호호…… 그 욕별감이 제 배꼽에 달린 사마귀가 복사마귀라구, 늘 쓰담으며 좋아하더니.
배좌수 무엇이?…… 그걸 자네가 어떻게 알어?
보리간나우 (낭패하여) 그저, 그저, 들은 말이에요.
배좌수 나두 하다 못해 고을사리라두 한번 해볼 걸…… 이렇게 낙향해서 아무 것두 모르는 무느즈랭이 촌놈들 하구만 상종을 하누래니……
매 파 말씀 마수…… 암만 그래두 촌놈들이 제일 어수룩합네다. 좌수어른의 수단이 좀 좋으셔서요…… 바루 또 신랑의 수단 좋기가 좌수어른 뜸떼먹을 만하다우!
배좌수 허허, 정말루 나무랠 데가 없는데…… 아 그 박참봉 자신의 위인이 또 오죽하다구…… 너무 좀 과하게 하다 시굴 어느 놈인가한테 낫으로 얻어맞아, 아마 팔이 하나 없지?
매 파 일을 말씀이유…… 신랑의 위인이 바루 그 아버지를 판에 찍어내인 듯하다우…… 그러기 벌써부터 부자집 돈 많은 과부를 눈 주어부구 다니다가 그 아들놈한테 칼에 찔려 눈이 하나 없지유. (갑재기 후회) 아이구, 내가 이게 무슨 정신이야……

더벙이 못 알아듣고 눈만 끔벅끔벅

보리간나우 저런!

배좌수 (감탄하여) 허, 그 참. 회한한 소리로군…… 스물 전에 벌써부터 그렇대면 더할 나위 없는데…… (보리간나우더러) 여부게, 자네는 어서 돌아가게나. 늙은이 들어오기 전에……
보리간나우 (뒷문을 향해 나가며) 밤에 오시지요! (퇴장하며) 약을 데려 놓을 게요.
배좌수 응, 응, 어서 가라구…… 그래, 내 마음은 아주 작정되었네!
매 파 아이구, 참 좌수어른이 달러! 더할나위 없다뿐이유! 이제 몇배 덧부자에 우 덧부자가 될 제 보시유!
배좌수 으흠, 그럼 늙은이 돌아오면 좀 잘 껴들어보게…… (살틀히 다가 들며) 그래, 어디 또 방불한 자리가……
매 파 (놀래며) 아니, 작정하셨다면서유?
배좌수 아니, 그애 일말구……
매 파 옳지, 좌수어른의? 아, 있다 뿐이겠수. 안골 김서방에 막내딸만 해두 방년 십오세에 물 찬 제비처럼 이쁘장한 품이 어른이 보시기만 한다면 그저 한 입에……
배좌수 그건 너무 나이 어리군.
매 파 아니. 되두룩 어린 게 좋으시다더니……
배좌수 어디 돈 많은 과부두 무방은 한데……
매 파 돈 많은 과부라.
배좌수 박참봉 아들이 좋아한대는 그 과부는 볏천이나 하는가?
매 파 (어리둥절) 볏천……
배좌수 아니, 그 애꾸눈이 좋아한대는 과부말야
더벙이 (갑자기 얼어서며) 옳지, 알았다. 아씨!! 아씨 신랑이 애꾸눈이래!
배좌수 (놀래며) 저런 죽일 눔! 아니, 저런 년석이…… 점심을 처먹었으면 어서 나가 밭일을 볼 게지. 으으, 이눔아!
매 파 글쎄, 저 망할 년석이!
배좌수 (호령) 어서 썩 못 나가!
배뱅이 (더벙의 뒤에 나타나) 어서 나가, 어서.……
더벙이 (힐끗 돌아보고) 나가? 응 그럼 내 나갈 테야. (나서래는 소리로 안 모양. 쑥 나서며) 내가 못 나갈 줄 알어!
배좌수 (담뱃대로 치려 하며) 이 박살할 눔, 무엇이! 응, 이눔! 으으, 글쎄, 이눔의 저기 있는 걸 모르구, 어서 썩 못 나가겠냐?
더벙이 (화단을 비츨비츨 돌며) 나가래면 못 나가서, 그 대신 어떻게 해

            줄 테요……
배좌수   (어쩔줄 모르며 매파에게) 어서 들어가우. 어서 들어가라는데.
매 파   (물러서며) 네, 들어갑쥬. 네…… 저눔, 그저 저눔 때문에.
더벙이   무엇이, 이눔의 헴미. 허리를 꺾어놀 제 볼래!
배좌수   이 무지막지한 눔, 상전 앞에서 함부루 수작질이야? (담뱃대를
         뚜들기며) 어서 썩 못 나가! 으으, 저눔이 저기 있은 걸 모르구.
더벙이   난 공연히 헛일만 했게?
배좌수   지눔 수작질 봐. 이눔아, 누가 네게 서분케 한다더냐?
더벙이   그럼 언제?
배좌수   글쎄, 아직두 저 어린 것을……
더벙이   그럼 왜 저눔의 헴미가 들산히 다녀요?
매 파   이저석, 그건 딴 일이야……
더벙이   누가 못 들은 줄 알어? 이전 속지 않어요!
배좌수   으으. 저눔이 엿들은 걸 모르구…… 글쎄, 이눔이 아직 어린 것
         을……
더벙이   머이 어려요! 모두 씨암탉 같다는데……
배뱅이   (발을 굴르며) 무엇이 어째! 어느 박살할 눔이 남의 대갓집 규수
         를 그리 혐구하더냐? 응, 이눔아! (담 모퉁이에서 팔을 둘러메며)
         에이구, 저 등신!
더벙이   (배뱅이를 보고 저도 팔을 둘러메고) 이걸, 이걸, 그저!
배좌수   (뒷걸음질) 저눔 봐. 날 칠려누나! 야, 게 누구 없느냐!
더벙이   이눔의 악좌수 죽어볼째!

         화단을 끼고 뺑뺑 돈다. 배뱅이는 발을 동동.

배좌수   (획 돌아서자 반대로 뺑뺑) 무엇이라구, 이눔! 응, 이눔……

         마누라 대문으로 들어선다. 매파 반겨 맞는다.

마누라   아니, 이게 무슨 지랄이요!?
매 파   아- 글쎄, 저- 흉악한 머슴눔이 일 수 대드 구려……
마누라   아니, 늙은이는 어디서 그런 혼사 자리만……
더벙이   (그냥 뺑뺑 돌며) 하나는 애꾸눈에, 하나는 절름발이에, 하나는

　　　　　언챙이……
마누라　간잘쟁이두 있다면서……
매　파　저 죽일눔 봐…… 아니, 맑은 낮에 불벼락 맞겠수…… 마님이 그 망할 눔의 코첨지와 저 머슴눔의 악담을 들어오신 게로구려?
마누라　아니, 영감님 미쳤소?
배좌수　(멈추서서 시글벌덕거리며) 글쎄, 저 년석의 수작을 들어봐?
더벙이　십년동안 일한 품삯을 회계해 주어요. 오늘루 나갈게.
마누라　저 년석 정신이 나갔나? 애 이년석아. 정승집 개두 삼년만 있으면 육갑을 한다17)는데, 네 년석은……
더벙이　그러기 이전 정신이 벗적 들었단 말이에요.
마누라　그만침 크길 뉘 집에서 컸으며, 입구 먹구 자기는 어디서 했길래?
더벙이　(눈이 뒤짚여) 아니, 이전 그렇게 말하기야?
배좌수　아니, 이눔아. 그럼 네 얼굴이 고와 하루 세끼 밥 지어 먹이구, 철 찾어 옷해 입힌 줄 알았더냐?
더벙이　(바윗돌을 둘러메며) 무엇이?
배좌수　(뒷걸음질) 저눔 봐라. 이애야! (뒤로 퇴장)
매　파　아이구, 저눔 눈깔이 뒤집혔어!
마누라　(선웃음치며) 이애야, 말하자면 그렇단 말이루구나…… 누가 그 어린 것을 딴 곳에 살리길 한대니, 너 왜 그리 극성이냐?
더벙이　(웅크리고 앉으며) 왜 나히 적어서요?! 열여듭에 세월네 아씨는 시집가서 싯멀건 아들까지 낳아왔는데요
매　파　(살살 다가서며, 적은 소리로) 마님, 그래 박참봉네는 아무래두 맘에 안 계시우?
마누라　다 찌글찌글하우18). 어디 못 살려서 병신놈에게……
매　파　(소매를 끌며) 아- 그런데 마님 절골 미륵님이 혼사에 썩 영하시데유……
배뱅이　(가슴을 치며 독백) 저 등신, 울기는 왜 울어. 나가잖구
마누라　(귀가 밧삭 티이는 모양) 혼사에?……
매　파　글쎄, 치성을 잘하면 미륵님이 좋은 혼처를 친히 말씀해 주신다

---

17) (속담) 정승네 집의 개까지도 삼 년의 세월이면 육십갑자를 다 꼽게 된다는 뜻으로, 유리한 환경에서 이것저것 많이 얻어들어 일정한 지식을 쌓게 된 경우를 이르는 말
18) 조마심이 나거나 걱정스럽거나 못마땅하여 마음을 졸이다. '

　　　　는구려.
마누라　아니, 말씀을 하셔?
매　파　그러기 말이지요.
마누라　그렇대면 내일이라두 가보야겠군!
매　파　그럼, 제가 모시구 가지요.
마누라　글쎄, 우리 배뱅이가 어떻게 태어난 애라구 백일치성 드려 부처님한테 점지받은 딸인데, 그렇게 막 주어치기루 혼사를 맺다니…… 야 곱실아, 곱실아!
곱실이　(뛰어나오며) 네- 마님 찾으셨세유?
마누라　어서 녹두 담거라. 그리구 찹쌀두 씻처라! 야 깨두 보야야 한다!
곱실이　네! (들어간다)
마누라　그래, 마님이 현시 받은 혼처를 제게 일러만 주신다면야 서울 아니라 제주도라두 제가 찾어갑지요. 아 글세, 춘향의 어머님 월매두 천리길을 걸어와 그 미륵님께 치성을 잘 드린 덕분으루 이도령 같은 사위를 맞었답니다.
마누라　춘향이네두. 야 타박네야! 타박네야!
타박네　(뛰어나오며) 네!
마누라　내일루 제일 큰 돼지를 잡으라구 일러라. 꼭고두 댓마리 튀애구!
타박네　네! (들어간다)
더벙이　(주먹으로 가슴을 치며) 그럼, 난 어떡할테야!
배좌수　(대문으로 뛰어들며) 자- 어서 저눔을 잡어 묶어라, 이눔아!

　　○새를 둘러매고 달려든다. 그 뒤로 밧줄, 부삽, 작시미19), 호미 등을 들고, 정첨지와 장기 패거리 달려들어 온다.

더벙이　(벌덕 일어나 ○새를 받아 던지며) 헤헤…… 알었다. 이제는 나를 잡어 묶기까지 해! 이놈의 악좌수, 죽어봐라! (타고 업누른다)

　　일동 대소란.

마누라　사람 살류!
배좌수　아이구, 나 죽는다. 이눔들아, 뭘 하니?

---

19) 작대기의 북한말

배뱅이 (뛰처나와 엎드리며) 더벙아, 더벙아.
정첨지 (밧줄을 들이대며) 어서 뛰게, 그만 하구.

    장기 패거리 달려들자 둘러메친다.

더벙이 이제는 다 -깨어진 사발이다. 이눔들, 모두 나서라. 하나두 무섭잔타! 이눔의 악좌수 디굴통을. (주먹으로 뚜들긴다)
배좌수 아이구, 나 죽는다. 이눔의 힘이 항우루구나!
더벙이 항우라두 못 줄 테냐?
배좌수 못 준다. 어이구, 이눔들아. 뭘 하냐?
정첨지 틀렸대니까, 틀렸어. 어서 뛰게나!
더벙이 무엇이, 이눔의 코첨지, 네눔두 죽어봐라. (멧다 꽂는다)
정첨지 나보군 왜 이러나? 이 사람, 아이구 이눔의 힘이 관운장이루구나!
더벙이 그래, 관운장두 못 줄 테야? 이눔들, 그렇대면 나는 나간다! 잡으려면 잡아봐라! (뒤로 달아난다)
배뱅이 (따라가며) 더벙아, 어디 가?

    모두 뒷곁으로 달려간다.

마누라 아이구, 이게 무슨 망신이요! 이런 변이 또 어디 있겠소. (목을 놓고 운다) 아들 없다구 머슴놈까지 수모를 하누나! 아이구!

    담모퉁이에서 정첨지와 곱실이.

곱실이 당신이 또 충동한 게지…… 아씨가 죽는 걸 볼려구
정첨지 헤- 염려 말어. 우리 일두 곧 풀릴제 봐. 요거 왜 울어. 너무 좋아 우나? 나만 믿어, 나만……
곱실이 녹두랑 떡쌀 담그라기에 더벙이와 아씨 잔치 채리는 줄만 알었더니……
정첨지 우리들의 잔치 떡이야……
곱실이 실없는 소리만…… (퇴장)

    모두 쟁기를 든 채 도루 나와 서루 맞부디치며, 혹은 마루 아래를, 혹은

독안을, 혹은 하늘을 살피는데, 정첨지는 꺽두기20)짝을 들고 나가 이리저리 흘터 본다.

김서방 (타박네와 독 안을 들여다보며) 그 놈이 여길 숨지 않았나? 타박네야, 어서 너두 배가 이만치 커야 한다, 응.
타박네 누구 듣겠다! 흥, 먹여 살굴 것두 없으면서! (부엌으로 퇴장)
정첨지 이놈의 더벙이 나오너라. 그저 나왔다만 봐라. 다리뼈를 문질러 놓구 말 테니……
배좌수 이놈아, 아무려면 꺽뚜기에 들어갔겠니! 저놈들이 다 한패야. 어이구, 디굴통이야. 어이구, 등시미뼈야!
정첨지 아니에요. 이놈이 곧잘 술법을 쓰는데요. 새가 되어 하눌루 날기두 하구, 고양이가 되여 마루 속으루 기여들기두 하지유…… (꺽두기를 흔들며) 이놈아, 이놈이 분명히 꺽두기를 밟더니 그시루 없어졌는데. (드러다보며) 이놈이 어딜 갔어! 옳지, 알았다. 이놈이 거미가 되었네. (떨어뜨려 짓밟으며) 이놈, 죽어 봐라! 이 죽일 놈!
마누라 (땅을 치며) 아이구, 저 하인 놈들까지 우리를 수모합데다레! 아이구, 원통해라.
정첨지 마님, 아니에요. 마님, 그 놈이 술법을 쓰지 않으면, 어떻게 하루에 닷새갈이 김을 매구, 소두 없이 사흘갈이 밭을 혼자 갈겠어요. 첨 그런 일꾼이 어디 있겠다구요?
마누라 (좌수를 일으키며) 어서 일어나서요. 저년석의 수작질…… 애 이코첨지 녀석아, 외루 우리는 잘 되었다! 그놈만 없어지면 우리 집 근심걱정은 하나두 없다, 없어!
배좌수 이늠들아, 머뭇거리지 말구 어서 곽풍헌을 찾어가. 막놈들을 풀어 잡어 대령해라. 어이구, 골사박이야. 나 죽겠다구! 내 주머니 어디 갔니. 어이구, 내 머리, 팔다리 있긴 다 있어두. 어이구, 나 죽겠구나.

정첨지 이하 모두 대문으로 퇴장.

마누라 아- 영감님이 죽으면 우리는 어떻하누? 정신을 채려요! 아- 우

---

20) 나막신.

리 배뱅이두 다 살렸구나! 이런 소문이 나구야……
매 파   (달려가며) 마님, 그건 염려마소…… 중매 다 할려구 이런 소문 내겠소!
마누라   (울며) 아이구, 이제 다- 아들이 없는 수모로구나. 아이구- 만둥이 너 왜 죽었니, 만둥아!
배좌수   그러기 이제라두 아들을 낳어야.
매 파   좌수어른, 그건 염려맙소. 안골 김서방네 열다섯살 난 애가 맘에 없으면 어디 돈 많은 과부라두……
마누라   (벌떡 일어나며) 무엇이, 이놈의 헬미야- (엎드려지며) 아이구, 원통해라. 이제 와서는 아들 없다는 핑게루 날 수모로구나! 이놈의 헬미 미륵당에 데리구 가나 봐라!
매 파   마님! 마님!
보리간나우   (등장) 아니, 영감님. 이게 무슨 일이요. 내가 없는 새에!
마누라   무엇이, 이 여우같은 보리간나우넌!
보리간나우   애개개, 왔댔구나!

제3막

절골 밤나무 숲새의 미륵 앞에 술방구리와 제기가 수북하다. 저녁 무렵 더벙이 혼자 앉아 돌미륵과의 이야기.

더벙이   (기지개를 펴며) 휴- 오늘두 늘어지게 한참 잘 자고 일어났네…… 며칠채나 가을비 한 방울 맞지 않구 짚검불 속에서 뜻스하니 지나게 되는 것두 모두 네 덕택이루다. 더구나 어제까지 이틀채나 저녁마다 떡, 고기에 술까지 질탕히 먹구 보니 싫지 않은 걸, 미륵이. (손으로 쓰다듬으며) 그런데 약조한 날이 오늘 아니야? 배뱅아씨가 정말 오긴 올까. (정첨지 미륵당 뒤로 슬금슬금 등장하여 뒤에 붙어 서서 엿듣는다) 그래두 집에 있을 젠 뼈가 녹아나게 일을 한대두 하루 한번 아씨의 얼굴만 보면 천근만

근 괴로운 몸이 얼음사탕 녹아 떨어지듯 하더랬다…… 너두 닷새씩 나와 같이 있어보니 알겠지만, 총각 나이 수물네살이 적기나 하니?

정첨지　아무렴.
더벙이　(놀래어) 아이구, 네가 정말 말하더랬구나…… 그럼 오늘 진짜루 아씨가 오긴 올텐가?
정첨지　암.
더벙이　이 애! 네가 정말 말하는구나.
정첨지　장가까지 들리라……
더벙이　(쓰러 안으며) 아니, 무어. 오늘밤으루 장가까지?
정첨지　암!
더벙이　(물러나며) 이애, 미륵아. 그럼 오늘 밤은 꼭 네가 중신 들어야 된다. 네 입으루 우리 그 마님 잘 삶어다우, 응…… 네가 중신 좀 잘하는 솜씨가? 그놈의 코첨지야 엎어치나 제쳐치나, 제가 술고기 얻어먹을 생각에 지어낸 계구지……
정첨지　액기 놈!
더벙이　(펄쩍 뛰며) 애, 미륵아. 너 성났어?
정첨지　그 정첨지 어른이 네게는 큰 은인이니라
더벙이　그럼, 머 그렇구말구.
정첨지　네 뜻대루 배뱅아씨에게 장가를 틀게 할 터이니…… 그러면 내 분부를 알고 (더벙이 꿇어 엎드린다) 악좌수가 투전돈 엣냥 빌려 준 값으루 빼앗은 새천이 조밭과
　　　　집을 정첨지 어른에게 되루 주어 신세를 갚을 테냐?
더벙이　(일어나 앉으며) 그건 걱정말어. 벌써부터 내가 준다구 말했어! 홍초시, 김서방, 오생원네 산판, 무녕밭 논뱀이두 다- 되루 줄 테야.
정첨지　흠, 갸륵한 뜻이로다…… 남한테 빼앗은 논밭은 다- 돌려주되, 집들두 한 채씩 끼여 주구 또 종들두 당장에 속냥해얀 말이지……
더벙이　헤- 정첨지랑 김서방 좋아하겠다.
정첨지　약조만 하구 시행치를 않았단, 너는 잡어 지옥 불구덩에 쓸어 넣고 아씨는 배암 소굴에……
더벙이　하라는 대로 다- 할 테야!
정첨지　그럼, 좀 있다 악좌수두 올 터이니.

더벙이　악좌수가 왜?
정첨지　온다면 오느리라! 그놈이 오면 오늘밤 첫닭이 울기 전으루 문서를 돌려주어 준수히시행해야 말이지, 그러지 않었단 온 식구가 피를 토하구 꼬꾸러지리라구, 호령을 지르거라!
더벙이　아니, 이번은 네가 그래 주어!
정첨지　내 등 뒤에 숨어서 말하면 되느리라……

　　어둠이 내려덮인다.

더벙이　……
정첨지　네가 말하는 것이 내가 말하는 것이야!
더벙이　내가 말하는 것이 네가 말하는 것이야?
정첨지　네 정상이 하두 가긍해 춘향어머니 월매한테 말한지 꼭 백년 만에 오늘 다시 입을 열었다마는, 이제부터는 네가 말하는 것이 내가 말하는 것이야!
더벙이　그럼, 꼭 아씨에게 장가들게 되지?
정첨지　염려말어. 네놈이 총각 나이 수물네살에 무던치 뻐근한 모양이루구나!
더벙이　히- 정말 죽겠어!
정첨지　그러면 아씨가 올 때 되었으니, 어서 나가 몸둥이를 깨끗이 씻구 들어오너라…… 네놈의 발쿠지 내음새가 고약하나니라.
더벙이　정말 네가 신통히두 잘 아누나. 구린내 나는 몸둥이를 씻구서 첫날밤을 맞어야지. 그럼, 내 얼른 갔다오마. (뛰쳐나와 퇴장)
정첨지　(당내로 기어 들어와 미륵의 머리를 쓰다듬으며) 참, 네놈이 이야기 잘 했다…… 네 덕분에 어디 나두 내일부터 제 밭갈가리와 집을 되루 찾아 곱실이까지 얻어 대리구 잘 살게 되나보자…… (담배를 피어물고 누으며) 소뿔은 단김에 뽑으랬다니……
더벙이　(얼굴을 손으로 닦으며 다가온다) 정첨지 어른, 벌써 왔어?
정첨지　아니 갑재기 왜 정첨지 어른이야?
더벙이　(벙글거리며) 그럼 머……
정첨지　아니 무슨 영문이야. 무얼 본 중놈처럼 혼자 벌룩거리기만 해!
더벙이　글세 말야. 아까 저 미륵이가 오늘밤으루 장가를 들 테니 목욕을 하라구 그러겠지……

정첨지　허- 저런!
더벙이　그러면서 이제부터 네가 하는 말이 내가 하는 말이……
정첨지　(손질하며) 무어? 내가 하는 말이 네가 하느 말이?
더벙이　아니 가만 있어…… 내가 하는 말이 저 미륵이가 하는 말이래
정첨지　흠, 그럼 자네에게 미륵의 신이 접했다는 말일세 그려.
더벙이　응, 그러치. 이젠 내가 미륵이야! 내가 하는 말이 네가 하는 말이…… 아니, 네가 하는 말이 내가 하는 말이…… 에이, 모르겠다. 그런데 정말 배뱅아씨가 따라오긴 올까?
정첨지　오다 마다! 오늘은 마즈막 치성이라 아주 작정지어 줄 게라구, 소를 잡는다 돼지를 잡는다 야단 법석이라네…… 하긴 배뱅아씨는 자네가 나온 날부터 이불을 쓰구 들어누어 모두 미신을 꾸며 가지구 저를 어듸 생소한 몹쓸놈한테 대이 마끼런다구, 울며불며 야단이었다네…… 그래, 아까 마루에 비질을 하는 척하구 슬적 다가가서, '아씨, 그리 걱정 마시오. 설마 그렇게두 영하신 미륵님이 아씨의 심정을 몰라 볼라구요. 속는 줄 알구 따라가 보세요. 제 생각 같애서는 아무래두 오늘밤으루 미륵이를 만나게 될 것같아요……' 하니까 펄쩍 놀래어 일어나겠지.
더벙이　그래?

　　　　　바람 소리 들린다.

정첨지　그러니까 분명히 온단 말이지……
더벙이　히히. 참 우리 코첨지, 아니 정첨지 고마워…… 그래, 내 오늘 장가만 들게 되면 오늘밤으루 밭날가리에 집이랑, 곱실이까지 다-함께 내어줄 테야!
정첨지　아니, 자네가? 무슨 재주루?
더벙이　이제 그 악좌수가 오거든.
정첨지　(놀래는 척) 어떻게 그걸 다 알아?
더벙이　맞았지? 그럼 내가 미륵인데 그것두 모를까.
정첨지　아, 자네가 정말 미륵이가 된 모양일세나…… 그래 그런지, 신수가 더 훤해 보이는데…… 미륵이가 약조는 어기지 않겠지?
더벙이　내가 언제 어겼어?
정첨지　적어두 닷새 동안은 치성 드려야 된다구 그러라는데…… 놈 백

날이라두 치성 드린다는 사람 보구 자네가 펄쩍 뛰며, '에이 닷
             새두 너무 길다. 사흘만에는 꼭 아씨를 대리구 오얀다'구 그 말
             만 자꾸 내세우지 않았나…… 먹을 것 못 먹는 우리들이 다문 닷
             새라두 허리띠 풀어 놓구서 좀 맛나는 음식에 술루 배를 불리렸
             드니……
더벙이   오늘은 내가 본때있게 할 터인데, 무어라구 말해야 될까?
정첨지   무어.
더벙이   아씨는 나중에 두구 가랄가?
정첨지   그렇게 해서야 되겠나?
더벙이   그럼, 도루 보낼 테야?
정첨지   그때는 척 이리커든…… (귀에다 수군수군) 알겠나?
더벙이   (덩글거리며) 참 멋진데…… 그리구선?
정첨지   그리구는……
더벙이   옳지…… 옳지…… 악좌수가 우리에게 호령질하던 본때루만 허
             면 된다? 아니 벌써 오는가 부네. 저기 불빛이 뵈네.
정첨지   정말 오네. 그럼, 나는 나가 숨어 있을 테니, 조심조심 잘하게
             나…… 너무 말이 많으면 실수하는 법이야……
더벙이   (미륵 뒤로 기어들며) 아이구, 가슴이 두군거리네……

             정첨지 퇴장. 초롱불을 앞세우고 장기패 세 명에 제찬을 지우고서 일행
             등장. 마누라, 배좌수는 머리의 상처에 헌건을 둘렀다.

더벙이   (미륵을 쓰다듬으며) 야- 온다. 정말 아씨두 오는가 봐. 오늘밤
             으루 알지? (아주 숨는다)
매 파   보세요. 아, 이런두 다 홀랑 잡수셨는데요. 우리 미륵님이 참 식
             성두 좋으시지
마누라   (제물을 담으며) 역시 말씀하시는 미륵님이시라.
배좌수   허 그참, 미친것들 때문에 생사람 다 미치겠네. 내가 정신이 삐
             지 이런 데를 다 따라 왔지…… 태월사 돌중놈들이 내려와 궁한
             김이라 반반히 처먹군 하는 게지……
마누라   (펄쩍 뛰며) 아니 입으루 복을 빈다니…… 그래 태월사 스님이
             그럴 분이요? 천부당 만부당 한 말씀……
배좌수   그까짓 돌중놈…… 아들두 하나 못 보게 해주는 눔.

매   파   허- 그 점은 염녀마시라는대두……
마누라   여기 와서까지 첩중매 이야기야?
매   파   아, 그런 게 아니라.
배좌수   돌중놈이 안 먹었으면 개승냉이떼라두 와서 처먹은 게지. 좀 좋아, 술 고기 떡에……
홍초시   승냉이가 술까지 말끔히 잔에 부어 먹을 줄 알겠어요?
매   파   어서 들어가 치성이나 드립세다. (들어선다)
오생원   저번 달 미륵님이 정말루 절절 말씀하시던데요.
마누라   암 그리다마다. 어서 들어가요. (같이 들어가며) 야, 배뱅아. 너두 들어오렴.

모두 미륵 앞에 꿀허 업디지만, 배좌수만은 앉은 채 휘휘 둘러본다.
바람 소리, 부엉이 소리.

매   파   좌수님, 어서 업디서유.
더벙이   모두 꿀허 엎뎄느냐.
배좌수   (펄적 엎디며) 에구, 정말이네.
마누라   그저 대자대비하신 미륵님, 우둔한 백성이 와 모르고 그르치는 잘못 모두 다 자비심으로 덮어 눌러 주시옵소서…… 오늘 미륵님의 분부대로 딸년 배뱅이도 대리고 와서 한자리에 꿀허 엎뎄습니다.
매   파   (살살 손으로 빌며) 그저 영하신 미륵님, 오늘밤으루 어디가 좋은 혼처라구 현시만 해주시면, 이 늙은 것이 허리가 땅에 늘어붙을지언정 천리 길이라두 내일 새벽으루 떠나겠습니다
더벙이   내가 오늘밤은 마음이 좀 바쁘니 대강 말하리라……
마누라   그저 미륵님 처분대루……
배좌수   어째 듣던 말소리 같은데…… (목을 처든다)
더벙이   으 으, 백년 만에 입을 열어 며칠째 이야기를 하누라리…… 미륵은 분명히 미륵이지만, 어쩐지 내 말소리가 사람소리와 같아지는 것같다.
더벙이   게 악좌수두 꿀허 엎뎄느냐?
배좌수   (엎디며) 네, 소인두 왔습네다.
더벙이   네 하는 행실과 심보가 하두 고약해 악좌수라고 벌써부터 우리

치부책 첫꼭지에 올려놓고, 오늘 내일루 네놈을 묶어다 호랭이 닭잡듯 하여 부글부글 끓는 남비솟에 집어 던렸드니, 오늘밤 그래두 네가 내 앞에 와서 꿀허 엎던 것을 보니 좀 가긍해……

배좌수 (벌벌 떨며) 미륵님, 그저 살려주십수사…… 무엄스레 제가 몰라 뵈여……

마누라 내 머래요, 어제부터 오재니까……

더벙이 으흠, 악좌수. 네놈이 네 죄를 아느냐. 내가 치부책을 들구 앉았으니 네 아는 대루 일일이 다 고져 바치렸다!

배좌수 네, 미륵님. 오늘은 그저 다 덮어눌러 주시구, 우리 배뱅의 일이나……

더벙이 엣기놈! 바른대루 고져 바치지 않았단, 네 온식구를 오늘밤으루 쇠망돌에 덜덜 갈아 가루를 맨들 테야…… 아니, 배뱅아씨만은……

배좌수 네…… 이실직고합지요.

마누라 어느 분 앞이라구…… 어서 다 말씀해요.

더벙이 오늘 밤은 내 마음이 좀 바뻐…… 대강대강 말해라. 뒷골채기 샘논은 어찌해 생긴거야?

배좌수 네, 그건 차선달이 칠년 전 흉년이 졌을 때, 보리 서말 꾼 것이 이자가 붙어서……

정첨지 등장하여 뒷속에서 엿듣는다.

더벙이 칠년 동안이나 그만침 몸의 것을 빼앗어 리를 보았으니, 되루 내어주고 딸년 타박네의 종사리도 속냥21)해 주렸다!

김서방 헤헤, 고마우서라. 타박네가 속냥된다네

배좌수 무엇이, 이놈아!

마누라 어서 그런다구 그래요.

배좌수 네, 분부대루 합지요.

더벙이 앞산머리 새천의 조밭은? 네가 코첨지에게 투전돈 옛냥 꾸어준 값으루 빼앗었지?

마누라 아이구, 참 영하셔라…… 죄-다 끼어들구 계시네.

배좌수 네, 틀림없습니다. 그러나 그놈만은……

---

21) 贖良, 몸값을 받고 노비의 신분을 풀어 주어서 양민이 되게 하던 일.

더벙이　그놈이라니, 그래 봬두 내게는 끔직한 사람이야.
배좌수　네…… 그 정첨지 어른은 술만 처먹구.
더벙이　호래비루서 늙마에 가산가지 빼앗겼으니 부애가 나 그러치…… 그래, 조밭은 도루 내줄 테냐. 집두 한간 작만해 주며, 곱실이 종 사리두 속냥해주렸다! 내가 보매 년놈의 눈이 맞었느니라.
마누라　그저그저 어떻게 아시는지. 그래, 그 년석은…… 아니, 그 어른은 마당 쓴다는 핑계루 찍하면 그년을 만나러 들어옵지요.
더벙이　썩 그리 할 테냐?
배좌수　네-
더벙이　원시골 출판은 약값으루 백가한테 빼앗은 게지?
배좌수　네, 백가의 에편네가 산후열루 앓어 누었을 때
더벙이　치부책이 흐려 이 일만은 좀 똑똑치 않다마는, 고을 들어갔던 길에 네눔의 투끼똥을 주어 가지구 와서
배좌수　아니올습니다. 좋은 보허탕22)이었습니다, 미륵님. 이왕 치부책 ○○○에 그것 하나만이라두……
더벙이　안될 말! 글세 얼마 주구 사왔는지?
배좌수　네, 수생국에서 너돈오푼 주고
더벙이　그걸 선심 쓰듯이 내어주어 대려 먹게 한 뒤에 효험이 없이 사람은 죽었는데, 인삼 녹용이 들었다고 하면서 약값을 얼마 청구했는지?
배좌수　죽을 죄루 잘못했습니다. 일흔냥이라구……
더벙이　이 고이한 눔, 그래 산판을 도루 내줄 테냐?
배좌수　그렇게 다- 되루 주었단……
더벙이　무엇이?
배좌수　네! 네, 내어줍지유……
오생원　(김, 홍과 같이 기웃거리며) 미륵님, 이왕이면 저의들 것두……
배좌수　(뒷발질을 하며) 이놈들 입 다뎌!
더벙이　뉘 앞에서 함부루 큰소리야! 오냐…… 비오는 날이면 마당가에서 늘 장기쌈질하는 늙으니들이루구나…… 밭 갈어주다 병든 소 죽인 죄루…… 보리고개에 쌀 퍼가다 붙들려…… 혹은 양반 때린 아들의 아비인 탓에 이럭저럭 빼앗긴 논밭을, 내 다 찾어 주리라……
마누라　미륵님, 그럼 우리들은?

---

22) 해산한 뒤에 허약해진 몸을 보하는 탕약.

배좌수　난 아주 깍데기가 되네.
배뱅이　더벙이 일두 있어요!
배좌수　아, 요 방정맞은 년아!
마누라　요년아!
더벙이　아무래두 배뱅아씨가, 헤헤 제일이야. 그러나 더벙장수의 일은 염려할 것 없는니라……
배좌수　네, 고맙습니다!
더벙이　그러나 내 앞에서 약조한 대루 산판과 논밭을 도루 다 돌릴 일과 집 없는 하인에게 일일이 집 마련해주고, 종 속냥할 일을 오늘밤 첫닭이 울기 전으루……
배좌수　오늘밤으루요? 그건 너무……
더벙이　첫닭이 울기 전으루 문서를 도루 내주어 준수히 시행하얀 말이지. 하나라두 어기었다는 채 날이 밝기 전에 네눔은 칼에 맞은 자라처럼 뻐드러져 피를 토하구 죽으리라…… 알었느냐?
배좌수　(부들부들 떨며) 알다 뿐입니까. 일을 말씀입니까.
마누라　그 대신 어서 이도령같은 사위라두 한 맞도록……
배좌수　다- 틀렸어. 이렇게 되구 보면 항소처럼 농사나 부즈런히 할……
배뱅이　우리 아버지 말씀이 올습니다. 더벙이같은……
배좌수　이년아, 애비 치는 놈을……
매　파　그저 미륵님, 이도령이건 항소건 간에 택해만 주시면……
더벙이　네가 갈미골 중매 핼미냐?
매　파　네-
더벙이　아째 요지음 악좌수의 첩감을 고르누라 야단이냐?
마누라　어이구, 고마우서라. 어서 불벼락을 내려 줍수사.
더벙이　만약에 그런 생각을 다시 내었다가는 네년의 꼬부랑허리를 활둥처럼 꺼꾸루 꼬부려 대굴대굴 굴두룩 달갤 귀신을 붙이리라!
매　파　제-발 살려줍수사. 지금두 숨이 차서 걷기가 어려우니…… 다시는 아예……
마누라　어서 훌륭한 사위나 하나 택해 줍수사, 미륵님.
더벙이　아, 나두 어쩐지 가슴이 울렁거리구…… 배두 출출하다. 그럼 어서들 물러가거라…… 집으루 돌아가누라면, 수리개 돌다리를 거는 게 되었다?
배좌수　네- 돌다리 건느지요……

더벙이　에이, 그건 너무 멀다. (차차 말이 빨라진다) 이 뒤루 돌아가면 샘물터 앞에 선바위가 있으렷다?

마누라　네, 압지요.

더벙이　그 밑에 가서 쳐다보고 바위 우에 옷은 남루하고 머리는 더벙머리지만 장래 이도령보다두 더 훌륭히 될 장수 한분이 있을 테니, 그 아래 엎드려 세 번, 에이, 그건 너무 많다…… 한번만 절하구 내 딸을 제-발 맡어줍수사 하면, 그 장수가 고개를 한번만 그덕그덕 할 테니, 그때는 아씨를 남겨두고 바삐 돌아가거라. 알었느냐?

배좌수　황감하올습니다.

마누라　이렇게 쉽사리 귀한 사람을 맞을 줄이야……

매　파　미륵님, 제가 먼저 가서 중신을 들지 않어두 될가요?

더벙이　네가 가면 될 일두 안 된다…… 그리구 돌아갈 제 만약에 일백 보…… 에이, 그건 너무 가깝다…… 일천보를 채 가기 전에 돌아다보는 일이 있었단…… 아씨는 당장으루 지부왕23)에게 붙들려 가구, 너희들은 며칠 안에 지옥 배암 소굴에 빠지리라. 알었느냐? 음…… 그리구 공연히 부질없는 생각에 며칠 뒤라두 이 근방에 와서 기웃거리거나, 함부루 사람을 보낼 것 같으면, 그 즉시로 발이 땅에 늘어붙어 모두 바위가 되리라. 알았느냐? 그런데 이봐라, 내가 백년 만에 이렇게 맛 나는 음식을 먹어보니, 버릇이 사나워져 아마 앞으루 한 닷새쯤은 더 먹구 떨어져야 할가 부다.

마누라　미륵님, 그 염려는 마십수사. 닷새가 아니라, 일년 열두 달이래두……

더벙이　허- 그렇게까지 할 것은 없어…… 볼래 내가 식량이 좀 큰데다, 멀리서 귀한 손님두 오군 하니…… 저녁마다 닭 한 놈에, 떡과, 전육이나 한 광주리씩 정첨지에 들려 보내거라……

정첨지　(당 뒤에서) 술두.

더벙이　술? 이게 누귀 소리야?

배좌수　저는 아니올습니다.

더벙이　그러치. 술두 한방구리씩은 잊지 말구……

---

23) 地府王, 염라대왕을 달리 이르는 말.

배좌수 이를 말씀입니까.
더벙이 에헴, 오늘이 며칠이드라.
배좌수 팔월 이십구일이옵니다
더벙이 그러면 내일부터 닷새 동안이니, 삼십사일까지
배뱅이 아이구, 망칙해. 삼십사일두 있나요?
더벙이 으으, 그러탯나. 아이구, 재채기가 나오련다. 그럼 어서 아씨를 대리구 선바위쪽으루 가거라. 앞질루 천천히 가야만 된다!
마누라 (일어나며) 그저 미륵님 은혜 감지덕지올습니다.
배좌수 다- 분부대로 할 테니 목숨만 살려줍수사. (초롱 들고 일어선다)
더벙이 초롱두 가지구 가느냐? 그건 내가 오늘밤 쓸 데가 있으니, 두고 가거라!

　　　　일동 앞길로 줄렁줄렁 퇴장. 더벙이 슬금히 나와 뒷길로 거풀거풀 퇴장. 정첨지 앞으루 나와 소리없이 마주 웃는다.

마누라의 소리 천천히 가라구 했서요
배좌수의 소리 선바위가 어디든가?
정첨지 더벙이 년석이 무던치 마음이 바쁜 모양이지. 돌다리는 너무 멀다구 선바위루 고칠 젠…… 어서 우리는 잔체술이나 한 사발씩 들이키세.

　　　　술독을 꺼내어 사발에 부어 돌린다.

김서방 아니 그놈이 참 엉큼스레 말을 잘 하는데.
홍초시 그년석이 정말 미륵이가 된 거나 아닐까?
정첨지 본시 엉큼한 놈이 내 말에 속아 제 말이 바로 미륵의 말이라구, 굳게 믿구서 들어 붙으니까 아주 뱃심 있게 말이 잘 되는 모양이야……
홍초시 아무랫건 자네 덕분에 한 밑천 도루 찾어가지구 다시 살게되나 부네.
오생원 그러나 저놈의 악좌수가 도루 주긴 줄가?
홍초시 안 주구 견디나. 겁이 시퍼렇게 났는데……
김서방 아씨두 꼼박 속은 모양이지……
정첨지 대체루 속은 모양이야…… 그래도 행여나 더벙이라면 하구 바라는 마음이야 없지두 않지…… 더벙이가 아니면, 정말 죽구 말걸.
홍초시   어- 벌써 오는가 볼세……

    분주히 술독을 집어놓고, 정첨지 또 숨어버린다.

마누라의 소리   서른 아홉…… 망흔, 망흔 하나……
김서방   일천보 넘어야 된댔으니…… 저렇게들 고지식하다구야……
배좌수   에쉰 하나…… 에쉰 둘…… 에쉰 셋……

    한줄로 서서 등장.

마누라   (미륵당 앞을 지나며) 일흔 셋, 일흔 넷, 일흔 다섯…… (갑자기 멈추서서 앞을 향한 채) 아이구마니, 우리 배뱅이 언제 첫나들이 오는지! 미륵님보구 물어나 볼 걸.
배좌수   (앞을 향한 채) 여부시 바삐 돌아가라는 분부였다네. 어서 가세. 여든 여섯, 여 든일곱, 여든 여듧……
오생원   마님, 어서 가세요. 돌아보시지 말구.
홍초시   미륵님이 어련하시려구요. 다 좋두룩 해주실 텐데.
마누라   글세, 그러시겠지…… 일흔 일곱, 일흔 여듧……
매 파   (꼬부랑걸음으로 앞서가며) 천 아니라, 만 발자구라두 다시는 돌아보지 않는다…… 글세, 귀신인지 독개비인지두 모르고, 귀한 딸을 내맽기는 법이 어디 있담! (퇴장)
배좌수   앙흔 셋, 앙흔 넷…… (멈추 서서) 여부게들, 이리 좀 오게. 나는 돌아 못 보는 사람이야!
홍초시   (다가가며) 네- 무슨 말씀인데요?
배좌수   자네들두 빨리 가세나…… 첫닭이 울기 전에 자네들과 볼 일이 있네.
홍초시   우리들두 곧 가지요.
배좌수   제발 날 죽이지 않으려면 어서 가세나…… 아이구, 앙흔 다섯. 앙흔 여섯. 천만 부탁이네…… 앙흔 일곱…… (퇴장)
홍초시   흐흐. 글세, 염려 말아요.

    그냥 봇수를 세는 소리 모두 웃는다.

오생원　벌써 오네.
김서방　빠르기두 하다. 아니, 저런 업구 오는가 부지.
홍초시　우리는 시침을 딱 따야 하네.
더벙이의 소리　나야, 나- 어서 정신채려!
정첨지　(등장) 아니, 이게 무슨 지랄이야?
더벙이　(배뱅이를 업고 등장) 아씨. 나야, 나…… 정신채려. 선바위 꼭대기에서 옆으루 내래 뛰니까 질겁을 해서……
정첨지　(술 떠가지고 나오며) 어서 술 한목음 먹여보세…… (먹이며) 아씨, 다- 바루 돼서요…… (숨 돌리는 소리) 정신차려요…… 김서방은 어서 신방을 꾸리게나. 홍초시 자네는 어서 잔채상을 내다 버리게. 오생원은 어서 초롱을 가지구 오게!
더벙이　에헤, 에헤, 이제야 정신 들었어. 나야, 나. (초롱을 받아들며) 좀 볼래. 나 더벙이야!
배뱅이　(놀래며) 아이마나!
홍초시　자- 우리는 어서 잔채상이나 받읍세!
더벙이　난 줄 몰랐지?
배뱅이　(물러앉으며) 여길 어떻게?
더벙이　(벙글거리며) 미륵이가 꿈에 뵈이니, 선바위네 올라가 있으라겠지……
배뱅이　난 죽은 줄 알었어.
더벙이　테- 난 아씨가 죽은 줄 알았대애!
정첨지　나두 어서 가서 곱실이를 만나야겠군.
김서방　난 어서 가서 타박네를 만나야겠다.
오생원　그럼, 난 무녕밭을 찾어애……
홍초시　그럼, 나두 가야겠군. 텃논이 기다리는데…… 어서들 신방으루 들게나! (일동 퇴장)
더벙이　(쫓아가다가) 누구 무서워 할가 바. 우리는 무섭지 않어……

제4막

며칠 뒤의 미륵당 낮. 새들의 노래. 개굴가에 앉아 배뱅이가 더벙이의 머리를 빗겨주고 있다

더벙이 (머리채를 그러쥐며)…… 아야, 앞어. 아야!
배뱅이 에이구, 또 지랄이야. 머이 그리 앞어서……
더벙이 아구구, 전 그렇게 뜯는 거 안 아플 테야. 아야… 아야.
배뱅이 정 누구 듣겠다. 글세, 오늘루 다섯 번채나 빗는 머리가 왜 이리 덥실그레한지 아무래두 더벙이야-
더벙이 또 더벙이? 어제밤에 오늘부터는 깍듯이 넵을 한다고 그러지 않었어- 아구구……
배뱅이 호호호…… 아직두 더벙인 걸, 머……
더벙이 그럼, 어서 상투 틀어…… 아구구, 아야, 좀 아프지 않게 틀어.
배뱅이 (틀어 앉으며) 응, 좀 가만 있어요. 에이구, 또 침 바르네…… 물루 곱게 빗겨주는데……
더벙이 응, 아씨…… 틀구나면 넵 하지?
배뱅이 내가 긴내 아씨야. 아씨바께 모르는가 봐!
더벙이 응, 정말. 마님.
배뱅이 에이구, 그래 내가 제게 마님이야.
더벙이 응, 정말…… (돌아보며) 당신.
배뱅이 호호호, 남 듣겠네. (상투를 치며) 더벙이 겉은 거!
더벙이 헤- 인제야 다 돼서! 그럼 나 일어날 테야. (일어나려 한다)
배뱅이 아니, 좀 가만있어! (수건을 꺼낸다)
더벙이 (돌아보며) 송구두 요거 넵 안할 테야! (볼을 손으로 꼭 찌른다)
배뱅이 아이, 돌아보지 말어! (수건으로 더벙이의 눈을 가리우고 물러나며, 노래쪼로)
　　　　날 잡으면 넵 해주지
　　　　날 잡으면 넵 해주지
더벙이 난 정말 배고파 죽겠네! 그놈의 코첨지 왜 아니 오는겨…… 두끼를 굶으니까 다리가 다 후들후들 떨려서……
배뱅이 참 먹보야…… 그렇게 배가 고플가…… 안 일어나면 저 넵도 못

　　　　반지!
더벙이　헤헤. (일어나 손을 쩍쩍 벌리며) 걸 못 잡어서…… 아씨는, 아니 당신!
배뱅이　호호호…
　　　　날 잡으면 넵 해주지
　　　　이짝저짝 볼게 있나
　　　　한짝에는 산이 있고
　　　　한짝에는 물이 있지
　　　　산도 좋고 물도 좋아
　　　　어느 짝이 더 좋은고
　　　　쌀을 내어 밥을 질게
　　　　내 있는 짝 좋을테다 (앞으로 날며) 흐르르!
더벙이　어이쿠…… 헤헤, 그럼 난 못 놀려줘서.
　　　　을뽕남게 앉은 색시
　　　　인물 좋고 실한 색시
　　　　을뽕줄뽕 내따줄게
　　　　명주수의 하시거든
　　　　더벙머리 더벙장수
　　　　이내 몸에 마쳐주게
배뱅이　(바싹바싹 다가가며) 나무신 딸각… 신짝이 찌르루… 짚동이 풀석, 고양이 야옹! (옆을 스친다)
더벙이　(덮치며) 헤헤, 놓쳤네! 어서 성화멕이지 말구, 이리 와!

　　노승 그림자처럼 배뱅이의 뒤로 등장.

배뱅이　날 잡으면 넵 해주지
　　　　똥 누다가 감투잃구
　　　　또랑 건너 뛰엄뛰다
　　　　망태상투 마자 잃구
　　　　부애 김에 술집가니
　　　　술값 내다 찰삭찰삭
　　　　(앞에 가서 손벽치고 뛴다)
더벙이　그렇게 놀려만 주기야 잽혔단! 그저 꼭 끼어안구서 (허청거리다

가) 노승을 붙잡고 껴안는다) 헤- 잡었다. 얼럴럴 상사두 두리둥 둥 내 사랑!
배뱅이 아이구, 망칙해. 아니야, 중 영감이야! (더벙이를 붙든다)
더벙이 (수건을 벗으며) 아니야? 헤헤, 정말 중 영감이네…… 남 노는 데 왜 왔어?
노 승 (허리를 굽히며) 소승은 태월사 주지로 배나무골에 탁발차로 내려갔다가 돌아오는 길이옵니다…… (목탁을 꺼내어 뚜들기며 천수경) 정구업진언 수리수리… 마하수리 수수리 사바하 천수천한……
더벙이 태월사 중이면 그럼 백일 치성드려……
배뱅이 (잡아 뜯으며) 가만있어!
노 승 (찔금 놀래는 눈치) 소승이 바루 세월네 네월네 아씨와 배뱅이 아씨가 생탄합수사구 기도드린 중이옵니다. (눈을 섬석거리며) 으흠, 천수천한 관자재보신 광대원만 무애내비심 대다라니 나모라 다라다라……
배뱅이 배나무골엔 그래 무엇 하려 갔다 와요?
노 승 (허리를 굽히며) 네- 소승을 보고 하시는 말씀이오니까? 관세음보살 관세음보살…… 대자대비하신 관세음보살께서 배좌수댁에 상스럽지 못한 소리가 들리니 내려가 보아라 하시와……
더벙이 그럼, 악좌수네 집에?
배뱅이 흥 남의 아버지보구 악좌수가 뭐야?
노 승 (알아채리고 싱긋 웃더니) 으흠, 나모라 다라다라 야야나마 알○발오기제 사바리야……
배뱅이 아니, 상스럽지 못한 일이라니요?
노 승 (허리를 굽히며) 소승을 보고 하시는 말씀이오니까…… 관세음보살 관세음보살……
더벙이 제-길, 무슨 관세음보살이 그리 많어……
배뱅이 어서 말해요.
노 승 나무아미타불 나무아미타불…… (다가서며) 그러지 마시구 배뱅 아씨께서 저와 같이 돌아가시는 게 좋을가 하옵니다
배뱅이 아이구, 깜짝이야. 날더러 배뱅아씨래!
더벙이 나는 돌미륵이구, 이 사람은 지장보살이야!
노 승 (놀래는 체) 관세음보살 관세음보살…… 어떻게 오늘 이렇게 미

　　　　륵님과 보살 두분께서 사이 좋이……
더벙이　몇 백 년 만에 다시 만나, 좀 놀아 보는 거야.
노　승　(허리를 굽히며) 십구생래 위선녀 탈의입지 호지장 명간위주 도생원 지옥문전 ○ 볼수…… 대발원이신 지장보살님! 부모님께서 무상애통이시니, 미륵님께 몸 공양은 그만하시고 돌아가심이 좋을가 하옵니다. 지장보살 지장보살.

　　　　정첨지 광주리 메고 등장.

배뱅이　이 중 영감쟁이 미쳤나? 누귀를 화냥년으루 아는 게지. 마님과 무얼 또 숭얼거리더니 무슨 기수를 채구서……
노　승　(광주리에서 슬적슬적 전육점을 집어 소매 속에 넣고 나서, 목탁을 두들기며) 수리 수리 마하수리 수수리 사바하 천수천안 관자재보살 광대원만……
정첨지　이 돌중 영감, 어서 못 가겠니?
노　승　(허리를 굽히며) 적선합수사
더벙이　우리가 무슨 돈 있다구 적선하래?
노　승　목이 칼칼하니 곡차라두 한 잔……
정첨지　저런 곤장 맞을 눔 봐. 그래, 중이 술을 처먹을 테야?
노　승　문수보살 문수보살 (옹백이로 술을 따르며) 본래 불도에는 음주식육이 무방반야라 하였습니다. (들이킨다) 으- 참? 좋다- 어디 고깃점 하나……
정첨지　(옹백이를 받아 둘러메며) 에이, 더럽다! 냉큼 못 갈 테야! 어디루? 어디루 가는 거야?
노　승　소승은 탁발이라 무소부지올습니다.

　　　　더벙이 떡 먹기 시작.

정첨지　어서 썩 산으루 못 갈 테야- (노승 향을 고친다) 또다시 배나무골로 왔다간 봐라. (노승 달아난다) 산으루 올라가긴 가는군. 무에구 큰일났네.
배뱅이　왜 무슨 큰일이 생겼어요?
정첨지　저 눔의 중 영감이 아씨를 몰라봅디까?

배뱅이   기수를 채있나24) 봐…… 수작질하는 푼수가……
더벙이   (떡을 주며) 어서 먹어…… 어제 저녁에 왜 안 왔어?…… 어디서 또 술 먹누리구 우리 일은 잊어버렸지?
정첨지   헤- 참, 어제 저녁두 광주리를 메구 떠나기야 떠났지…… 아, 안 되려니까 붉은거리를 지내오다가 그만 국수집마루에서 장기를 두구 앉아 있는 홍초시에게 붙들렸네 그래. 찰거머리처럼 매어 달리며 놓알주어야지. 술 한잔 걸구서 내기장기를 두어야만 놓아 준대네…… 바루 그 홍초시가 여기서 돌아간 날 밤으루 논문서를 찾아가지구 나가, 집을 붉은거리에 작만했다네……
더벙이   국수장사 시작했나?
정첨지   아니지…… 전갈이 농사를 짓는데 제 해가 된 뒤부터는, 이놈의 영감 어디서 그리 기운이 나는지 진새벽부터 벌에 나가 야단이라네…… 어제따라 집에 돌아와 선들바람 소풍 겸 장기를 두다가, 나를 보니 반갑다고 매어 달리는데, 어디 인정이 그렇든가. 좋아 말했지. 수야 형편없이 약하렸다…… 그래 이제는 얼른 한판 기우고 가는 수바께 없다 하고 들어 붙었드니, 이놈의 영감 늘 하는 본때루 오두가두 못할 장후니에, 누가 보나 첫 눈에 진 것이 분명한데…… 그래두 인제 생각해선 명훈을 한답시며 찻떡처럼 늘어 붙은 채 일어나얀 말이지…… 그새에 밤이 오구……
더벙이   우리들이 꼴딱 굶는 생각은 않아구……
정첨지   하기는 밤에 오면 미륵님이 의려 귀찮어 할가 해서…… 헤헤…… 그리누라니 첫 닭이 울구, 개가 짖구, 소바리가 왈랑거리는 새벽일세…… 그래, 하두 기가 맥혀 생각다 못해 광주리와 술독을 죄- 털어주구 집으루 도루 가서 다시 담어 가지구 오는 길일세…… 아 그 수수범벅은 우리 마누라가 만든 게라네.
배뱅이   아이구, 참 고마워라…… 그래 곱실이는 좋아하나요?
정첨지   좋아하구 말구요…… 종사리루만 늙는 줄 알았다가, 밭날가리에 집까지 있는 어엿한 서방을 만났는데, 안 기뻐요…… 헤헤, 아씨 보다는 좀 못 할는지 모르지마는……
배뱅이   아이 망칙해…… 코첨지의 홍코! 주먹코!
정첨지   아, 좋으면 그저 좋다하지, 왜 남의 콧타령까지 해요… 이래배두 이 코가 단단히 복코요 계구코라우.

---

24) 기수채다, 일이 되어 가는 형편을 알아채다.

더벙이　음식 나르기는 오늘까지지? 내일부터는 정말 야단났는데……
배뱅이　먹을데만 걱정이야…… (다가앉으며) 아니, 그래 큰일났다니, 무슨 일이세요?
정첨지　정말 큰일 났어…… 배나무골에선 두 늙은이가 탈기해 들어누어, 경을 읽는다 굿을 한다 야단이라네
배뱅이　아니 왜?
정첨지　모두 생병이지요, 생병…… 아, 글세. 그 몹쓸구 욕심 사나운 좌수 영감이 미륵님의 호령이라 끔적은 못했으나, 재산을 몽땅 털었으니 마음 속이 오죽하겠소 아이구, 디굴통이야, 등시미뼈야, 하는 신음 소리에…… 아따 어끄제부터는 마님까지……
배뱅이　저런 어머니까지?
정첨지　마님은 또 어떤구 하니 나는 재산과 논밭은 한두 아깝지 않다마는, 배뱅이 네가 없어지다니……
배뱅이　아니, 내가 죽은 줄 아시나?
더벙이　우리 도루 들어갈가?
정첨지　(술을 마시며) 큰일날 소리 말게……모든 게 다-자네루부터 생긴 앙화라구 해서, 자네가 잡히기만 하면 육모방맹이에 학춤을 치어 사다듬이를 할 판이야! 잡혔단 죽네, 죽어…… 아무리 불학 무식한 사위놈이기루서 첫날밤이 지나면 장인 장모 보러 오는 법인데, 그림자 하나 얼신 안 한다고 개가 죽문이 달투룩 마님이 드나들더니, 사흘채 되는 날엔 첫 나들이 옴직한 딸까지 안 오니 웬일이냐구 안타까워하던 끝에, 종내는 대판으루 부부싸움이 일어났다네
배뱅이　아니, 그럼 내가 가볼 테야.
더벙이　그럼 난?
정첨지　글세, 좌수 영감이 구백 에쉰 다섯 보 만에 뒤를 돌아보았다는 게 싸움의 시초지. 천 보를 채 못가서 돌아보았다가는 아씨는 지부왕에 잽히가고 우리는 머지않어 배암 소굴에 떨어진다는 지엄한 분부였으니, 이제는 다 망했구나 돌아보길 왜 돌아본단　　말이요 아이구, 우리 배뱅이 못 오는 걸 보니 필경 죽은 게루구나…… 그대신 영감님은 아무련들 천 보를 거진 다 가서 무심결에 한번 돌아보았기루서, 그렇게 내릴 놈의 벌이 어디 있어. 애전에 네년이 이런 일을 시작 안 했드면 논밭 재물두 다- 빼앗기지 않구, 배

뱅이두 부자집에 시집갈 게 아니냐. 아이구, 암탉이 울어 내가 종내 망했구나…… 이렇게 되어 하루 종일 싸움이 벼락치듯 하드니, 내중에는 영감님이 정신이 뒤집혔는지, 벌떡 일어나, 이게 다 저눔의 돌미륵 때문이야. 그눔의 디굴통을 까버려야 하며 뛰쳐나오다가, 기둥을 받고 그 잘에 쓰러져 응신을 못 한다네.

배뱅이   아이, 저걸 어떡한다!
더벙이   나 욕하다야 싸지.
배뱅이   제가 미륵이야, 그래서?
정첨지   그래, 그 달음으루 마님은 안시골 먼 곱새영감한데 가서 점을 쳤지요.
배뱅이   응.
정첨지   그랬드니 망할 눔의 거 자네만 죽을 괘가 났더란 말일세.
더벙이   왜?
정첨지   왜두 있나?…… 모두 자네 댐누에 생긴 앙화25)라는 걸세. 허, 앙화두 또 이만저만 하다 는다…… 그날 자네는 악좌수를 때리구 동방으루 달아나다가 늪에 빠져 물귀신이 되었다는 게야.
더벙이   내가…… 물귀신이?……
정첨지   암…… 한데 이 총각 죽은 몽달귀라는 게 본래 또 고약하대는구먼…… 원수의 구백 에쉰 다섯 보 때문에 미륵의 말대루 신랑감은 비상천하구…… 아씨는 그만 쓰러졌지……(싱글거리며) 이걸 보구, 자네 죽은 귀신이 엉금엉금 기어나와 아씨를 닁큼 걸머지구서 늪 속으루 들어갔다네…… 하기야 것두 비슷한 말 아닌가?
더벙이   아니야, 난 정말 선바위 우에 있었어!
정첨지   어쨌건 그눔이 날 치구서 제가 건내 백일가, 물에 빠져 죽은 것은 고수하다마는 우리 딸까지 저승으루 끌구 가? 어서 그눔을 열 조박에 내여 물구덩이에 쓸어 넣어 줍수사…… 그러나 내 딸이 손각씨26)가 되면 어떡하니? 아이구 데이구…… 이렇게 되니 오늘까지 연 사흘경이라네…… 처녀 죽은 귀신 손각씨라는 게 또 시집두 못 가본 원심이 사무쳐 심보가 참 고약하대는 게야……
배뱅이   속아서 경만 읽지 말라구 그래요…… 내가 살아있다구……

---

25) 殃禍, 지은 죄의 앙갚음으로 받는 재앙.
26) 각시손의 잘못으로, 손말명, 혼기가 찬 처녀가 죽어서 된 귀신.

정첨지   고지 듣나요 ○거야말루 소 귀에 경 읽기지…… 아씨가 꼭 죽은 줄만 알구 있는데…… 저 봉사골 영하다는 청너구리 무당년에게 물으러 가니까, 아씨가 틀림없이 죽었으니 어서 살푸리 굿을 해얀다구, 그래서 그제부터는 무당년이란 무당년이 다- 쓸어 모여 앞마당에선 또 굿판이 벌어졌지요…… 오늘 가지구 온 그 음식이 죄-다 아씨 위하는 굿 잔체 상이랍니다. 하긴 여기서 바루 받기는 받었소마는……
더벙이   저 야단났는데…… 그래, 나두 죽었대나?
정첨지   죽었다면 좋겠는데 아, 청너구리 무당년은 아씨만이 죽었대는거야…… 그래, 그 육시를 할 눔이 아직두 살어있어? 그눔을 어서 썩 잡어 대령하라구 하여, 풍헌소 막눔들이 구름떼처럼 흩어졌다네.
더벙이   난 이전 죽어두 안 떨어질 테야.
정첨지   참 패가망신한다는 게 이런 걸 두구 하는 말인가 바. 밤에는 경이여 낮에는 굿이니…… 굿두 일년 삼백 예쉰 날 매일이라두 내처 할 모양이니, 사람은 견대나며 돈은 또 당할눔의 재주가 있나? 으- 참……
배뱅이   아니, 일년씩이야. 머……
정첨지   글세, 어제부터는 우리 배뱅의 말소리라두 한번 들어보구 죽겠누라구, 그래 무당년들이 번짜루 갈라들며 혼신맞이라네…… 이렇게 여기에 지장보살처럼 앉어 있는 아씨 이름이 무당년의 공수 속에 오루나리게 되었으니……
더벙이   (매어 달리며) 코첨지가, 아니 정첨지 어른. 무슨 좋은 수 없어?
정첨지   (싱글거리며) 없지두 않겠지만…… 하여튼 큰일났네. 오늘안으루 무슨 결단을 내야지.
더벙이   오늘 안으루?
정첨지   암. 아까 왔던 그 중 영감이 큰 흉수야. 그눔이 한 몫 보려지 가만 있겠나?
배뱅이   글세, 그럴 것같애요
정첨지   암, 그러쿠말구요…… 그눔이 아침녁에 배나무골에 동냥질하러 내려왔다가 굿 하는 줄 알구 찾어와서 마님의 ○단하소를 들구서는, '그럼, 소승은 절루 물러가 아씨의 성불을 축원드릴가 하옵니다……' 이런 수작으로 돈을 많이 타내어 가지구 올라오던 길이

	라네…… 그러지 안어두 무슨 기수를 채구서 우진 이리 왔던 모양인데. 아씨와 자네를 제 눈으루 똑똑히 보기까지 했으니
더벙이	그 중눔이 집으루 내려가 대주지 않을가…… 그럼 큰일났네-
정첨지	글세, 나두 하는 이 그 걱정일세!
배뱅이	아이구, 어떡해요…… 이제라두 막 사람이 쓸어 오면……
정첨지	(술을 마시고) 그리 염려마시오. (제 코를 만지며) 이 게구코가 아직두 이렇게 싱싱한데, 무슨 좋은 수가 없을나구요
배뱅이	싱글거리지만 말구 어서 좋은 수가 있으면 없을나구요
정첨지	대어 드리면 제 말 들어줄 텐데요?
배뱅이	무슨 말? 논뱀이 남은 걸 마자 달래두 줄 테야.
정첨지	누구 욕첨지루 아는가 부네. 덕분에 도루 찾은 밭만 해두 우리 양분의 힘에 부칠 지경인데……
더벙이	그럼 술?
정첨지	나두 이전 제 살림을 하는데 술만 먹겠나…… 우리 마누라한테 이렇게 공술이라야만 한달에 꼭 서른 번 먹는다구 약조했다네.
더벙이	그럼, 무어?
정첨지	오늘 저녁으루 그렛 굿마당을 잔쳇마당으루 만들어 놓을 테니……
배뱅이	아이 참, 무슨 재주루?
더벙이	정말?
정첨지	글세 만든다면 만든다니까…… 하긴 게구는 내가 내지만, 일은 자네 솜씨에 달렸네……
더벙이	집에서 나올 때처럼 또 때려눕혀?
정첨지	아니, 아니.
더벙이	그럼 미륵의 뒤에 숨어서……
정첨지	쉬!
배뱅이	어서 다 펴놓구 이야기해요. 아무리면 누가 모르는 줄 알어.
더벙이	헤-
정첨지	아씨, 그럼?
배뱅이	어리숭숭한 우리 부모나 속으면 속으셨지. 그럼 내거 송구두 짐작 못 할가?
정첨지	(머리를 벅벅 글그며) 헤헤, 그럼 이번은 정말 야단났는데. 넓으나 넓은 뜰 안에 애 어른 남녀 할 것 없이 배뱅아씨의 말소리 들

어 보겠다구, 구데기 날치듯 하는데 까닥 실수했다가는……
더벙이　어이구 그래, 거길 간단 말야?
정첨지　그럼, 범 구멍에 가야 범을 잡지
배뱅이　참, 코첨지두 ○사게 구네.
정첨지　그럼, 꼭 들어주시오. 헤헤, 다른 게 아니라요. 우리들두 아씨네 처럼 아직 잔체를 못 했는데요. 오늘 게구가 들어마저 잔체를 하게 되면, 헤. 우리 부부 한 쌍두 엇붙어 잔체를 했으면 하는 데요.
배뱅이　호호호. 참 좋아. 그래, 그래.
더벙이　대체 어떡하는 거야?
정첨지　자네가 이번은 귀신이 돼야 하네
더벙이　귀신? 내가?
정첨지　암!
더벙이　총각 죽은 귀신? 나는 이전 총각이 아니야. 이 상투 좀 봐!
정첨지　총각 죽은 몽달귀가 아니라, 아씨가 죽은 손각시가 돼야 하네
배뱅이　무슨 재주루?
정첨지　말하자면, 아씨 죽은 귀신이 접한 무당이 되얀단 말일세
더벙이　무당을, 내가?
정첨지　미륵이 다 되는 더벙장수가 무당이 못 될려구? 무당으루 들어서자 부터는 자네가 말하는 것이 아씨가 말하는 것이야. 그러니 여보게, 두 늙은이가 어서 죽기 전에 배뱅아씨의 말소리라두 들어 보겠다는 게 원이니까, 아씨의 이왕 일을 바늘귀에 끼어들 듯 내려 엮어, 정말 아씨의 혼신이 온 게라구 처음부터 펄적 놀래게 만들어야 하네. 아씨 일을 어지가니 탐지해 가지구들 온 모양이지만, 벌써 재주도 노랑무당두 공수 몇 마디 안짝에, 평안도 메추리 무당패는 염불 한마디에 몰려나가구, 강원도 까치무당두 날개를 퍼기 전에 쫓겨난 판이니, 자넬랑 껑충 뛰어들며 오늘 날이야 황해도 봉산땅 사무당이 듭시박누라 하면서, 두마디 안짝에 아버지 어머니 배뱅이 왔소- 이렇게 불러 세워 간담이 녹아나게 하거든…… 첫 마디에 속아 넘기만 하면, 그 댐엔 거미줄 풀리듯 술술 풀리네. 시작이 절반이라니……
배뱅이　더 다른 좋은 수는 없어?
정첨지　이바께는 더벙이가 잽혀 죽는 수바께 없지요. 글세, 염려말어요.

먼저 번 그 엉뚱스런 입심 보셨지요

더벙이   야단났네. 굿 하는 건 몇 번 보긴 보았어두…… 까짓거 지턴구27) 나 할까.

정첨지   허허 지턴구를 다 아나? 그 본때루 시작하면 마침이세, 마침이야.

배뱅이   흥, 거기까지 가기는 어떻게 가구?

더벙이   정말! 가다가 들어서기두 전에 올각지28)에 께울려구?

정첨지   아, 괘니 황해도 봉산땅 박사무당이래나? 탈무당패라 탈을 쓰구 가기루 하지…… 그러면 누가 누군지를 알어야지.

더벙이   허- 정말!

배뱅이   그럼 나두 가나?

정첨지   암, 가야죠. 신부 없이야 잔체 하나…… 그런데, 아씨!

더벙이   이전 아씨 아니야. 내 상투를 보라는 데두.

정첨지   헤헤, 정말…… 마님 혼수에 쓰려구 작만해둔 게…… 퍼그마 많지요.

배뱅이   건 왜 곱실이 칠부홍상 시켜보려구?

정첨지   아니, 글세 말이에요.

배뱅이   하기야 여태까지 어머니의 낙이라는 게 내 혼수차비루 귀물이라 귀물을 사들이는 일이었지…… 달을 일러 월공단, 해를 일러 일공단, 을나사, 진나사, 백갑사, 청갑사, 모본단, 모초, 넝초, 법단이며……

더벙이   다…… 내게는 하나두 소용 없는 거네

배뱅이   가죽같이 굵은 북포에 입기 좋은 소캐무녕 아흔아홉 조박에……

정첨지   더벙장수 똑똑이 들어두게나…… 그래, 그게 다- 어디 들었는데요?

배뱅이   큰방 아룻목 화류장농 속에 채국채국 들어있구, 둘째도리 의장에는……

정첨지   패물등속은 작만 안 했나요.

더벙이   왜 없어. 내가 다 알어…… 시집갈 제 차구 간다구 언젠가 사온 것 말이지. 손꾸부랑이 같은 놈두 있구, 솔잎 같은 놈두 있구, 새장고롱같은 놈두 있구, 소귀같은 놈두 있구…… 개발구락 같은

---

27) 지청구, 짓궂게 조르며 못살게 타박하는 말.
28) 올가미의 잘못.

놈두 있구……
배뱅이　홍, 알긴 잘 아네. 그건 호톱이야?
더벙이　호톱?
배뱅이　범의 발톱!
더벙이　글세, 어전지 머리가 옷싹해…… 범을 찌를라는지 날창은 머야?
배뱅이　호호, 그게 날창이래. 큰머리에 꽂는 큰비녀지, 머……
정첨지　그래, 그건 다- 어디 들었어요?
배뱅이　웃골방 자개함농 속에……
정첨지　옳치, 더벙장수 똑똑이 들어두게나…… (휘휘 둘러보며) 누가 듣지 않을가?
배뱅이　어서 그럼 저리루 들어가요. (일어난다)
정첨지　(미륵당으로 엉금엉금 기어가며) 하긴 낮말은 새가 듣는다구, 어서 들어가 게구를 꾸미세.

　　　　　노승 슬금슬금 미륵당 뒤로 돌아간다.

노　승　(뒤에 숨어서) 에헴, 나는 이 밤나무골 산신령이려라. (모두 놀랜다) 사면팔방에 호랭이떼를 풀어 놓았으니, 오늘 저녁까지 꼼작 말구 있지 않았다는 그저 뼉다구 추념을 당할 줄 알어라…… 그전에 내가 볼일이 좀 있다. (황망히 퇴장.)
더벙이　(정첨지에게) 어서 좀 나가 봐! 산신령이 제일 무섭다는데……
　　　　　으흐흐……
정첨지　자네가 좀 나가보게. 설마 미륵님이야 몰라보려구?

제5막

　　　　　그날 저녁 무대는 제2막과 같다. 뜰 한가운데 차일을 치고 굿상위에 쌀, 떡, 고기, 실과 등이 쌓이고 점점히 련화꽃이 꽂혀 있다. 주위에는 구경군이 들산한데 배좌수는 다친 머리에 수건을 두른 채 기둥에 기대로 토방 위에 앉았으며, 마누라는 그 아래에 펄적 주저앉아 한숨질 멍석자리에는

　　　　　무당이 봇짐을 싸들고 황망히 달아날 차비.

세월네　(어린애를 안고) 정말 이러다는 일년 열두 달 간대두, 배뱅이 말소리 한번 못 들을가 부네.
네월네　글세 말이지, 어디 가락꼬치처럼 들어 맞치는 무당이 있어야지……
촌　부　하긴 무스기 무당이 영하긴 영한 걸.
함경도무당　(부채를 들고 서너 바퀴 획 돌구나니까 술마리들의 제금소리 뚝 끊긴다) 간대잉, 간대잉, 무스기 나는 간대잉. 무남독녀 꽃을 피는 열여듭에 무스기 나는 간대잉. 나 죽거든 아-배는 뒷채 메고, 오-매는 앞채 메고, 무스기 술병 들고……
배좌수　허 저런, 우라질 무스기년 보아. 이년아, 우리 배뱅이 앓아 누었는 줄 아느냐? 벌써 귀신 모르게 죽었어, 이년아!
함경도무당　무스기 벌써 죽었다? 올치, 그럼 사신굿을 해야지…… 왔당. 왔당. 무스기 배뱅의 혼신 왔당이-
마누라　(발악) 무스기 무스기가 머야? 우리 딸의 말소리라두 한번 들어보재는 게야!
배좌수　그러기 누가 하자는 굿을 하면서 이 지랄이야! 이제는 무당년이 콩으루 메주를 쑨대두 고지 안 듣는다. 어서 저년을 집어치어라.

　　　　　무당 질겁하여 물러난다. 이때 바깥에서 갑자기 왈랑절랑 말방울소리와 같이 아-호아 아-호아 하며 장가행차 들어오는 권마성29)에 안마당 부굴부굴.

마누라　(벌덕 일어나며) 아니, 이게 무슨 소리야?
배좌수　(일어나며) 이런 괴변이 있나? 어서 누구 나가 봐라!
촌남1　정말 이도령이나 오지 않나?
촌남2　분명히 장가행차 드는 소리야!

　　　　　대문으로 모두 쏠려 나려는데

오생원　(뛰어 들어오며) 황해도 봉산 탈무당 일행이 들어옵네다!

---

29) 말이나 가마가 지나갈 때 위세를 더하기 위하여 그 앞에서 하졸들이 목청을 길게 빼어 부르는 소리.

배좌수 (호령) 무엇이? 호아- 호아-가 머냐? 여기가 그런 소리 할 데냐.
오생원 그러기에 저두 딸을 잃고 서름 속에 굿을 하는데 이게 무슨 지랄이냐구 하니까, 아, 봉산 탈무당 패거리는 본시 그런 법이라구 하며, 젊은이 늙은이 남녀 ○패거리가 탈을 쓴 채 말을 타구서 막 대들겠쥬. 천하에 사내무당이 다 어디 있느냐구 하니까, 그러기에 박사무당이라구 주척거리며, 바루 저것들입니다.

일행 너풀너풀 들어와 앞마당 소연.

배좌수 이 벼락맞을 년놈들아, 이게 무슨 지랄이냐?
마누라 아, 저런 놈들!

더벙이 멍석바닥으로 뛰어들어 장삼을 걸치자, 그외는 제각기 꽹가리와 북채를 들고 무악을 친다.

더벙이 (덩더쿵 한바탕 춤을 추고나서) 어이구, 아버지, 어머니. 오늘이야 배뱅이가 왔소이다. 이 불효 여식이 보구싶다구, 꽹가리 치며 나루질30)이 더지어 이제야 배뱅이가 왔소이다, 아버지, 어머니-
배좌수 흥, 저 무당놈의 능청마진 수작질 봐!
더벙이 (부채로 가리키며) 수만리 길을 배뱅이가 찾어왔는데, 반가히는 못 맞이하나 아버지는 왜 무엇 먹은 소경처럼 우들거리기만 하십니까?
배좌수 (흠칫 놀래며) 저눔이 난 줄을 어떻게 아니?
마누라 가만 좀 계세요.
더벙이 (부채로 가리키며) 금지옥엽으로 귀애하시던 아버지, 어머니를 눈앞에 두고 내가 왜 모르겠소. 굿소리를 들으니 바삐 만나보구 싶은 생각에, 천상에서 제일 영하다는 황해도 봉산땅 박사무당에 몸을 빌어 배뱅이가 왔소이다.
배좌수 이눔아, 양반 대갓집 딸이 암만 죽었기루서 사내 무당 년석한테 붙어올 테냐. 불학무식한 년석이라니⋯⋯ 내 딸엔 그런 법이 없어!

---

30) 나룻배를 부리는 일.

더벙이 서산에 지는 해는 지구 싶어지며, 떨어지는 꽃은 지구 싶어 떨어지나요. 아이구, 아버지. 못 참구 구백 에쉰 다섯 보에 돌아보길 왜 돌아본단 말이요. 아이구, 원수로구나. 원수로구나. 아버지의 구백 에쉰 다섯 보채사……
마누라 그러기 내가 머래? 모두 영감 탓이야!
배좌수 저눔이 박사무당이라 무던히 탐지는 해가지구 왔는대……
더벙이 태월사 부처님께 백일치성 드려 삼천갑자 받어 세상에 태어나온 이 배뱅이가 아니었소? 무럭무럭 크는 양은 이슬아침 물의 같다고 좋아하신 아버지가 아니었소?
배좌수 (앉으며) 하기야……
더벙이 방실방실 웃는 양은 동해사창 꽃이라고 기뻐하신 어머니가 아니었소?
마누라 (울며) 네 년이 고렇게 똑똑하드니, 죽두세나 떠 똑똑하구나.
정첨지 헤헤, 박사무당이 역시 다르지?
더벙이 (정첨지에게) 여보게, 박사무당이구 무에구 큰일났네. 그담앤 머라구 하나?
정첨지 올치, 숨이 차다구? 그럼 한거리는 내가 하세. (춤을 추고 난 뒤에 창) 그러구터 자라나 나가 놀제, 한 잎 주구 들어와 놀제, 한 잎 준 돈이…… 돈이…… (배뱅이를 잡아 일으키자)
배뱅이 아흔 아홉 냥 일급 돈 칠분오리 ○지에 달달 말아 아랫간 웃긋장 농밑에 넣어둔 돈,

모두 흠칫 놀랜다.

마누라 네가 평생 돈을 아껴 팔아 먹지두 않구 모아 두드니, 그 생각이 다 나는 게로구나……
정첨지 십세 전에 글을 배워 십세 후에 일을 알어, 꽃봉이 진 열여듭에 밤나무골 영특하신 미륵님께 기도드려 황소처럼 힘꼴 셀 새실랑을 마지할 걸. 지부왕이 무삼 일인고. 웃음소리 낭자할 걸 굿마당이 웬말인고.
배좌수 허- 그 참!
더벙이 아이구, 아버지! 머슴총각 더벙장수의 주먹다짐에 대가리 바서지고, 미륵님 호령통에 홍띠 사고[31] 겨우겨우 사람 된 악좌수야.

　　　　　(배뱅이 그의 발을 꼬집는다) 아구구, 왜 그래.
배좌수　필경 이게 무슨 화도32)루다. 저눔이 누구야? 미륵이두 그 육실할 더벙이 년석을 더벙 장수라드니……
마누라　영감, 그게 무슨 소리요! (손을 부비며) 이애야, 배뱅아. 나쁘게 생각말구 어서 그저 하구 싶은 말 다 해라……
촌부2　배뱅아씨의 말이 오죽 옳아서……
더벙이　(소리를 높여) 이 악좌수야, 아니, 아버지. 큰일날 소리 마소. 원수의 구백 에쉰 다섯 보채 아버지가 뒤돌아보자, 갑재기 캄캄한 구름이 사방에 일며 천동지동 우뢰소리 뒤덮드니, 바위 우에 총각 랑군은 간 곳이 없고, 일직사자 월직사자 발을 구르며 내담는데, 한 손에는 검이요, 한 손에는 포승이라, 발길질로 몰아내어.
마누라　(울며) 아이구, 배뱅아……
정첨지　지부왕으로 끌려 나갈 제 난데없이 그 총각 랑군이 천마를 타고 내다려와 번득이는 칼을 들어 두 사자의 목을 베고, '아씨, 일어나우. 나요.' 하며 일으키는데. 아버지, 어머니, 그게 누군줄 아오. 우리집 머슴 총각 더벙장수에요.
마누라　이애야, 그럼 아직 지옥에는 가지 않었니?
촌남2　역시 더벙이가 장수깜은 깜이었어.
더벙이　암, 그렇구말구.
네월네　죽잖구 같이 살았으면 좀 좋아.
배좌수　(시글벌덕거리며) 그눔이 우리 배뱅이를 손탁에 넣다니? 그래. 이애야, 네가 애비 치는 그눔과 살 생각이냐?
더벙이　(춤을 추고 나서) 제가 이렇게 와서 뵈이는 것도 뉘 덕이며, 아버지의 모가지가 아직 달려 있는 것도 뉘 덕인 줄 알구, 함부루 더벙장수 욕하십네까.
배좌수　그래, 언짢으냐? 망할놈의 계지배! 하긴 그놈이 저두 못 살구 뒤어졌대니, 그나마 좀 속이 시원하다.
더벙이　송구두 이 악좌수, 무서운 줄 모르느냐? (소리 높여) 분부를 어겨 천보 전에 돌아 본 좌루만두 삐드러질 텐데, 무엄스레 더벙장수까지 잡으련다구. 미륵님이 성이 꼭두까지 나서 네 놈을… 아니, 아버지를 당장 잡어다가 옴두꺼비를 만들어, 칼루 선뜩 목을

---

31) 피똥 싸고.
32) 화도(火途), 죄를 지은 중생이 죽은 뒤에 태어나는 지옥의 세계.

베고 유황불로 지지구 복구어… (배뱅이가 잡어뜯는다) 아구 구……
배좌수   이 애야, 그게 무슨 소리냐?
더벙이   소금 직어 뺏작 간장 직어 울걱하라고 문서를 꾸며 미륵님이 지부왕에 보내는 것을, 더벙장수가 천마를 타고 달려가 빼앗어 옆채가에 넣어둔 탓에, 아직은 목숨이 붙어 있는 줄을 모르구……
배좌수   (벌벌 떨며) 여부시 더벙장수, 내가 잘못되었내. 그 은혜를 무엇으루 갚어야 옳을지. 어서 그 문서를 불살려 주게나…… 곽풍헌, 바삐 나가 막놈들을 걷우어 들이게.

    곽풍헌 퇴장.

마누라   처음 약조한 대루 더벙이한테나 내어 맡길 걸……
더벙이   이제야 생각나니?
배좌수   글세, 이렇게 될 줄이야… 허나 필경 이게 무슨 화도야. 세상에 이럴 놈의 범이……
정첨지   바싹 들어볼 게 왜 있잖나?
더벙이   아이구, 어머니. 살아 생전에 남같이 시집은 못 갔으나, 죽어서나마 내 신혼 재장일랑 찾어 보구싶구려. 어머니, 달을 일러 월공단, 해를 일러 일공단, 을나사, 진나사, 백갑사, 청갑사…… 아 룻목 화루장농에 채국채국 든 것을 하나두 불래지 말구……
마누라   (울며) 오냐, 좀 있다 돌아갈 제 다- 내실어줄라. 네 물건 네 찾어 가겠다는데 하나나 애낄 게 있니?
김서방   (탈을 슨 채) 그럼, 어서 내오소!
더벙이   호랭이 발톱이며, 번득번득하는 래아미꾸녕이며, 범의 날창같은 큰머리비녀며, 칠보 단장할 모-든 패물…… 홍상청상 치마에, 연갑사 진나사 비단저구리, 하나도 빼지 말구, 웃골방 자개 한 농속에서 써내다 주구려.
마누라   오냐, 다-내 주구말구…… (방으로 퇴장)
배좌수   저년이 아무래두 오긴 온 모양이지. 저렇게 께어 들구 있을려구 이 대들뽀라두 뽑아 가렴. 그러나 이년아, 청상홍상에 곱게 칠보 단장하구 그 더벙이놈과 잔체하려는 건 아니지?
더벙이   눈물 씻어 다홍치마 다 젓는다는 시집사리는 하기 싫어도, 나이

           차라 싱송생송 총각님이 그리워, (배뱅이가 꼬집어) 아야…… 노
           래에도 있는 말이…… 돈이나 없으면 남비솟 팔고, 남비솟 팔기
           가 정 싫걸랑 이웃집 김도령 달머슴 두오…… 랬다니. 아야……
           저는 오빠도 없는 무남득녀로 단지 저는 우리 부모 호랑이처럼
           사나워, 행랑사랑에 십 년 전부터 천정배필을 두고도…… 아
           야……(춤)
마누라   (봇다리를 들고 나오며) 이 애야, 누구 그런 줄이야 알았니?
더벙이   모르긴 왜 몰라? 이 늙슬 구렁이년 같으니…… 서루 좋아 히히
           덕거린다구, 우리 욕만 하드니
세월네   애걔!
배좌수   저눔의 계지배가 죽드니, 환장을 한 게지?
마누라   글세, 너이들이 살아 있다면야, 좀 좋으니. 거저 죽은 게 원통하
           구나.
배좌수   죽길 잘했지. 상전을 치는 그런 놈에게 딸을 주어?
촌 부   저 영감 봐!
촌부2   좀 좋은 총각이었다구.
노 파   그래두 그 년석이 좀 더피리33)였었지.
정첨지   (가루 맡아서) 무엇이라구, 요놈의 술장사 할미아. 더벙장수가 돈
           없어 술 안 팔아주었다구 그런 험구하다는 호물때기 아가리에, 영
           우뼈34)를 가루 뭍구 더벙장수의 싯퍼런 칼에 두둥갱이 날 줄 알
           어라!
노 파   (꿀허 엎며 손을 부비며) 그저 살려줍소사.. 이 늙은 것이 노망
           을 해서…… 아이구, 오줌이 다 살살 나온다.
더벙이   여봐라, 알었느냐. 아는 놈이건 한마디라두 더벙장수 슝만 보았
           다는 고추 먹으면 고스러지구, 달네 먹으면 닥으러지구, 앵도 먹
           으면 앵도라지구, 뻐꿈 먹으면 뻐드러질 줄 알어라!
배좌수   이 애야, 나두 그렇게 되겠니? 다- 네 생각해서 한 말이니, 내게
           는 특별히 인심쓰거라, 응?
더벙이   저는, 저는 김이 문문 김가도 싫어요. 물에 빠진 오참봉도 싫어
           요. 박조가리 박가도, 허수아비 허가도 모두 싫고, 미륵님이 정해
           준 더벙장수가 제일 좋아요…… 아이구, 물이야-

---

33) 더퍼리(더펄이), 성미가 침착하지 못하고 덜렁대는 사람을 뜻하는 북한말.
34) 영우, 여우의 평안방언.

배뱅이 (물그릇을 입에 대어 주며) 제게만 좋게 이야기야?
더벙이 헤- 정말 (배뱅이를 꾹 지르며) 좀 유식한 말 대신 해보아.
배뱅이 (창) 아버지, 어머니. 하기는 더벙장수도 혼자 몰래 생각이 달렀다우…… 아버지 떠주어 어머니 접은 댕기, 울 안에서 널 뒤다가 울 바께서 잃었을 제, 더벙장수 집어 들고 댕기야 주셨지만, 내한데로 장가들 게 도복소매에 넣다 주마고 놀리드니, 서른 두 냥 빗 값에 밭날가리 아버지에게 다-뺏기고도 나를 못 잊어 머슴사리 들었지요. 그러기에 어제 아침도 하늘에다 베틀 놓고 구름 잡아 잉아 걸고, 청배나무 바디집에 옥배나무 북에다가 뒷다리 돋아 놓고, 꼭두마리 올려누라니 더벙장수 날아와 하시는 말씀, 을공졸공 내 짜줄게 명주주야 하시건든 이 내 몸에 맞쳐주소.
배좌수 허 참, 제놈의 골에 명주주의가 다 머야. 그래, 지어줄 테냐.
더벙이 (다시 나서며 창) 저는, 저는 죽으면 죽었지, 더벙장수는 못 놓아요. 반달같은 딸을 두고 왼달같은 총각머슴 사랑채에 두면서, 왜 사위를 못 삼았소? 이놈의 악좌수야, 원통하구나.
배좌수 이년아, 처녀 적엔 다 그런 법이야. 낸들 좀 그러기루서 넬 하겠니마는, 그녀석 상투만은 제발 올리지 못하게 해야 한다. 상투까지 틀구 나면 소문이 사나워 집안 망신하느니라!
세월네 글세, 배뱅이두 죽으니까 못 할 소리가 없네.
네월네 죽으면 정신이 나가는가 바.
세월네 아마 그런가 부지. 우리두 죽은 뒤에 저런 지랄을 했다는 큰일 나겠구나.
더벙이 듣고 나니 귀에 익고, 돌아보니 세월네 네월네야, 반갑고나, 반갑고나, 내가 죽었다구 아예 괄세 말아…… 오르구 내리는 잔기침소리에 열녀라도 막무가내리, 물 마른 이밥도 목이 멘다고 하던 세월네야, 얌치좋게 딴 서방 얻어 시집가드니……
세월네 배뱅아, 그게 말이라구 하니?
더벙이 돌아와 만나자니 어떻드냐. 네가 시집을 간 그날 밤에 감나무에 대자들이 명주끈으로 목을 매고 죽은 김도령이, 귀신 되어 저승으로 가는 길에 나를 만나 하는 말이, 이 세상에 가거드랑, 네가 낳은 첫아들 뉘 닮았나 보아 달래더라……
세월네 (주저 앉으며) 놈 시집사리 못 하는 걸 볼려구……
곽풍헌 허- 아무리 죽었기루서, 좌수댁 규수가 저렇게 망녕을 부릴 놈의 법이 있나?
더벙이   듣자 하니, 곽풍헌 하는 소리두 점잖구나. 가장 점잖은 체 잘난 체 하며 공연한 사람 잡어다가 두들겨 빼어 돈을 뺏는 곽풍헌······
곽풍헌   이게 무슨 소리가?
더벙이   놀랜 체 말고, 채수염 흩어 치고 물어 보라! 그년이 궁둥이는 금궁둥인지 공단 속곳이 열두채라는 시궁시궁한 일봉 놓이 박과부 궁둥이에 밤이면 홍실무니처럼 늘어 붙었다가, 낮이면 그년 대신 변 받으러 동리방성 끓이드니, 그년이 먼저 가서 지옥 불구덩이 아랫목에 넓즉이 자리 잡어 놓았노라 오래더라!
곽풍헌   (벌벌 기며) 이 애야, 난 그년 아지두 못 한다구······ 그 사정을 대왕님께 말씀 좀 잘해다우. 아이구, 등줄기가 다 우적우적한다.
더벙이   반갑고나, 네월네야. 네게라고 할 말이 없겠느냐.
네월네   (손으로 빌며) 배뱅아, 말하지 않어도 다 알어. 배뱅아, 응.
더벙이   네가 날밤이한지 사흘 만에 장두칼 치고 절라도루 군사그루 자원해 나간 강총각이왜장 치구 공은 세웠으나, 총에 맞어 저승으로 가는 길에······
강총각의 어머니   (통곡) 아이구, 이게 웬일이냐. 네가 총에 맞어 죽다니!
정첨지   어쩌자구 그러는가, 아지구 못 하는 소리를
더벙이   가만 두구봐······ (창) 반가히 나를 만나 하는 말이, 도 없어도 죽자사자 좋으니 갓 몰랑은 깔고 자고 우산일랑 덮고 살자, 혀 바른 소리 날름날름 하던 고년, 고년······
네월네   아이구, 어쩌면 좋아.
더벙이   일년 근근 모은 닷 냥 두 돈으로 끊어다 준 비단저구리, 곤대도 묻기 전에 애장짐 두 바리 받고는 좋아라 날치며 밤을 새워 다듬이질만 하는 고년, 고년. 만나거든 그래두 못 잊겠으니 돌아올 제 너를 업구 오라더라······ (춤)
강총각의 어머니   그 소릴 들으니, 그래두 좀 시원하구나.
네월네   (울며) 배뱅아, 너까지 내 마음을 그렇게두 몰라주니?
네월네 어머니   (질겁하여) 아씨, 모두가 다 제 잘못이니, 나를 대신 잡어 가더래두 우리 저애만은 살려주- 많기나 한 딸이오니까
더벙이   오니야, 네가 정 그렇다면 내 분부를 들을 테냐? 옳치, 그럼 이제 당장 돌아가 애장 짐에 날바지 종이 꽂아 말에 내실리어 황학

동 오아모개네 집에 도루 보내거라.
네월네 어머니 네- 아씨. 딸 죽구야 애장이 다 머겠소. 곧 돌아가 도루 보내구말구요.
더벙이 기특해라, 갸륵해라. 네 생각이…… 그렇대면 또 이제 당장 절라도 광주 군영으루 사람 보내어 강장군을 맞어 들이거라.
강총각의 어머니 아니 무엇이라구요?
네월네 배뱅아, 죽었다면서?
더벙이 아니, 아니, 염려 말아. 강장군이 총에 맞기는 왼손 새끼손가락 끝이라 손톱이 하나 날었을뿐…… 갸륵한 너의 모녀 정성 보아 천도로 고쳐 내려 보내리라.
네월네 어머니 그저 아씨님이 고마우셔라. 이 애야, 어서 가자!
강총각 어머니 아이구, 조아라. 네월네 어머니, 나두 같이 갑시다!

  삼인 황망히 퇴장.

무 당 (담배를 뻐금뻐금 빨며) 삼십년 동안 무당노릇을 해,두 저런 놈의 무당은 처음 보겠네…… 염불 한마디 제대루 못 하면서 날바지까지 한 남의 혼사만……
더벙이 저기 저기, 눈이 먼 체 귀 먹은 체 조는 체 하며 혼자 앉어 중얼시는 청너구리 무당 년아!
무 당 (펄적 놀래어) 아이구, 내 차례야? 아씨! (빌며 나온다) 그저 저 두 아씨의 혼신맞이하러 온 정성을 보아, 널리 용서해 줍소사.
정첨지 (다가서며) 그래 밤새두룩 할 모양인가.
더벙이 내친 김에 하나만 더…… (창) 이년아, 네년 굿에 올 배뱅이드냐? 죽은 서방 돌려논 날부터 네 딸 친구 나 여기 왔다, 문 열어라. 네 어머니 곤남진 나 여기왔다, 문 열어라 소리에, 동지 섯달 봉창문이 다 떨어지도록 두 년이 번짜루 들락날락 난장질이더니…… 옳치, 옳치. 보라간나우년, 네가 뛰누나. 살살 뛰면 어딜 갈테냐? 대문 턱에 꼬꾸러저 코피 쏫구 꼬꾸러지기 전에 게 섯거라. (춤)
보리간나우 (도루 나오며) 아씨, 아씨, 저 매일 물 떠놓고 제 들일 테니……
마누라 아이구, 싸다! 열두 대문 안에 깊이 들어 앉어 아무 것두 모르려니 했더니, 배뱅이 네가 정말 별 일을 다 아는구나……
더벙이			어머니, 무슨 말씀이요. 이것 저것 다- 저승길에서 ○앞은 사람들의 하소 듣고 알지요. 제가 어떻게 아오리까?
무 당			아씨, 제 영감은 머라구 그러던가요?
더벙이			너이 애 딸 두 년이 앉을 날○명석 십년 만에 다 꾸몄으니, 하루바삐 내려오겠누라더라…… 담뱃불로 지질 요 보리간나우야, 네 남편 숫돌이는 황천강에서 사공질하며 복아지 많이 잡어 알루만 국을 끓였다고, 식기 전에 어서 오래더라…… 하두 기가 막혀 네 남편이 저 년의 말질을 보게 한탄하면 친정에 있을 제는 한 말 지고 두 말 이고 동리 이서방 딸이다녔누라, 이건 목만 쓰더니 중내종내 네 년이 네 남편 복아지국을 끓여 먹여 죽였지?
보리간나우			아씨, 그저 용서해 줍수사……
더벙이			죽은 지 이틀두 못 가서 한두 말도 아니요, 열 말 폭은 될 술부대 이서방을 실어놓구 좋아라드니 (배뱅이 꼬집는다)…… 아야…… 요즈막엔 바지 괴춤 밑에 수렁이처럼 들어백인 악좌수의 배꼽을 꾹꾹 지르며 살살개같이 따라다니니, 이 또 웬 일이냐?
마누라			요 앙실방실한35) 년! 배뱅이 그런 말은 정 잘 한다. 독수리 닭채어 가듯 어서 잡어가다우, 저 년을……
배좌수			(바지를 끌어 올리며) 이년아, 양반집 딸은 아는 말이라구 그렇게 다 하는 법이 아니야
마누라			아니긴 머이 아니야?
더벙이			그러길래 아버지, 어머니. 저는, 저는 부귀도 마다하고 공명도 탐내지 않어요…… 구름 잡어 집을 짓고, 해 떠다가 금침 삼고, 달 떠다가 등불 삼고, 무지개 따다 담정 치고, 미륵님께 치성 들여 부모님 정해주신 대로 더벙장수 모시고 춘향 아씨처럼 일편단심 굳은 절개로 천년만년 살고지렵니다……
정첨지			(괭가리 치며) 우리 박사무당 잘 한다……
배좌수			남 모르는데서 몰래 그년석과 좀 살아보려면 보아라만, 제발 그년석이 상투까지 틀개디었단 마즈막이루다, 응.
노 승			태월사 소승, 아뢰옵니다.
더벙이			아이쿠, 저 중놈!

---

35) 어린아이가 소리 없이 귀엽고 환하게 웃다.

꽹가리 소리 일부러 요란히 울린다.

노　승　당장에 굿을 멈추고 아씨를 대리러 가심이 좋을가 하나이다.
배좌수　(놀래며) 무엇이?
마누라　(여기 놀래며) 스님, 그게 무슨 말이요? 지금 배뱅이가 와 있는데……
노　승　(놀래며) 아차, 늦었나? 관세음보살 관세음보살. 무엇이라구 말씀이오니까?
마누라　저 박사무당 하는 말이 배뱅이 하는 말이야.
더벙이　암, 내가 하는 말이 아씨 하는 말이…… 아니, 아씨 하는 말이 내가 하는 말이……
노　승　(허리를 굽히며) 관세음보살 관세음보살. 아씨가 살어 게시니 데리러 가심이 좋을가 하나이다.
마누라　아니, 스님 무엇이요?
배좌수　무엇이라구? 꽹가리 소리 좀 그만두어라!

무악 똑 끊친다. 굿마당 긴장.

정첨지　(더벙이에게) 여보게, 저 중놈 홍띠를 싸게 만들어야지, 큰일나겠네…
노　승　(허리를 굽히며) 소승이 아침에 되짚어 절루 물러가 아미타불께 아씨의 극락발원 지성껏 드렸삽드니, 중생도진발증보시 관세음보살 관세음보살.
마누라　그래, 어서 말하오.
노　승　소승 보구 하시는 말씀이오니까. 관세음보살 관세음보살.
배좌수　아, 보살 노름에…… 젠장
노　승　네, 보살어른의 말씀이 일가망극해함이 측은도 하려니와… 나무아미타불… 무엇보다도 게행청정한 소승이 끊임없는 정성으루 주신 돈 한 잎 떼어 먹지 않고 고냥고냥 채 불공하여, 아씨의 성불축원함이 가상타 하여 아씨를 다시 세상에 내려보내니, 속히 찾어 뵈고 발고여락하라 하시와, 전갈하여 아뢰옵니다.
배좌수　아니, 정말 그런 법두 있드냐?
노　승　(눈을 끔적거리며) 부처님 덕이, 즉 소승 덕이라 아뢰옵니다. 나

　　　　무아미타불 나무아미타불.

　　　　무악 다시 시작.

마누라　아이구, 그저 부처님이 고마우서라! 그래, 어디 있소?
노　승　(허리를 굽히며) 그전에 대시주가 계서야 할가 하나이다. 관세음
　　　　보살.
마누라　어서 내어주- 집을 팔어서라두 시주할 테니. (치마고름 고쳐 묵
　　　　는다)
더벙이　(소리를 높여) 어이구, 어머니- 요넘어 저넘어 태월사 개똥밭 저
　　　　돌중 놈의 음흉스런 수작에 속아, 여기 있는 배뱅이를 두고 어디
　　　　를 가신단 말요? 뒷문으로 마중 나갈 때 앞대문으로 들어설 줄
　　　　모르우?
노　승　이게 어디 악수36) 소리가? 나무아미타불 나무아미타불.
더벙이　어서 어서 오줌독에 빠질 저 중놈을 잡어 묶어 내던져 주소! 눈
　　　　이 더러워질가 못 들어옵니다- 오늘 아침만 해도 저 접시 맞혜
　　　　핥다 중이 어머니 시주해 준 돈으로 암 충년의 속것 사들구 밤나
　　　　무골 미륵당에 기어들어, 부모님네 치성드리는 술 한독 다- 가루
　　　　체어 먹구……
배좌수　무엇이, 저 중놈이?
노　승　(부들부들 떨며) 아이구, 어떻게 아니? 문수보살 문수보살!
더벙이　절루 비틀비틀 올라가며 배암 집어 회 치고, 개고리 잡어 당치
　　　　구서, 위턱이 까북까북 잘두 먹더드니……
노　승　저놈이 아직 부처님을 미몽재 한 놈이다. 술 한잔 떠먹었기루서
배좌수　이봐, 또 한번 수작질해 봐라!
노　승　(허리를 굽히며) 이것을 소위 역행 보살이라 하나이다. 문수보살
　　　　문수보살. (더벙이를 향하여) 네놈이 나를 그리 욕하다는 당장에
　　　　무간아비 지옥에 빠져 무상고초를 받으리라.
배좌수　이 날도적놈아! 그래 열흘 동안이나 네놈이 처먹고 했드란 말이
　　　　냐. (마누라 보고) 이년, 그러기 내 머르드냐?
노　승　(벌벌 떨며) 아니올습니다. 오늘 아침만 아씨가 떠주시기에……
　　　　더벙총각놈이랑……

────────
36) 惡獸, 흉악한 짐승.

배좌수 (벌떡 일어나며) 이놈아, 무엇이라구? 하두새나 수작질이······
더벙이 어서어서 아버지 저 중놈을 잡아 묶어주소.
배좌수 (호령) 저 중놈을 냉큼 잡아 묶어라!
노 승 아이쿠! (막대를 집고 허둥지둥 달어나며) 나무아미타불 나무아
  미타불. 나 살려주- (퇴장)

  어둠이 짙어진다.

더벙이 ○불로 초롱 달 무지개 다리를 은안○마르 배뱅이가 내려갑니
  다······ 부정탈가 두려워 입쌈 사납고 더러운 년놈 다 - 혼을 내
  고, 배뱅이 마음을 뚝 놓구서 내려갑니다. 저기저기 울고 섰는
  세월네야, 아까는 말이 지나쳐 마음도 아프겠다마는 김도령 죽은
  몽달귀신 만나 네 말 잘해 원한 풀고 내려 오는 길이니, 어서어
  서 나와 이 배뱅이 손목 잡어 맞어 주렴······ 반갑고나, 세월네
  야. 이 통에나 네 분결같은 손을 한번 쥐어 보자꾸나. (다가가려
  다) 아구구······
세월네 아이구, 망칙해라.
촌부3   어서 쥐어 보래라구. 배뱅이가 그리는데 무슨 상관있어······
세월네 글세, 하구 많은 무당 중에 하필 왜 사내 무당한테 붙어 온단
  말이야.
정첨지 여보게, 외도까지 하려는가?
더벙이 먼 산에 달래 캐고 우물가에서 물 긷고 멕깜을 제는 죽자 사자
  하더니, 오냐, 오냐, 두구 보자. 네가 날 죽였다구 괄시하노나. 오
  늘 밤 당장으루 내 새끼를 잡어다가······
세월네 (손으로 어린애의 머리를 집허보고) 아이마니, 정말 머리가 따끈
  따끈하네. (손을 내대며) 엣다, 난 몰라!

  더벙이 다가가려 하자

배뱅이 (일어나 떠밀려) 이게 무슨 짓이야- (하는 순간 탈이 벗겨지자,
  어머니 무릎으로 뛰어든다) 어머니!

  모두 일어선다. 꽹가리 더욱 요란.

배좌수　이게 무슨 일이야?
마누라　(쓰러안으며) 배뱅아! 배뱅아!
더벙이　(너훌너훌 춤을 추며) 여봐라, 배뱅아씨가 정말루 왔으니 꿈이 아닌가. 배좌수 영감, 제 뺨을 쳐보거라! (그리하며 '아야') 마님은 제 무릎을 꼬집어 보거라. (그리하여 '아야')
마누라　(뛰처나와 춤을 추며) 오늘 날이야 하늘에서 떨어졌느냐, 땅에서 솟았느냐, 어화 어화 우리 배뱅이 정말 다시 살어왔구나!
정첨지　(같이 춤을 추며) 배뱅아씨만 오겠소. 어서어서 뜰아래는 횃불이요, 뜰 우에는 촛불 켜소!
마누라　(소리높여) 어서 촛불 횃불을 다 켜거라.
더벙이　어서어서 상배한 년 물리치고, 상처한 놈 물리치오, 장수실랑 천마를 몰아 챗질로 요란히 듭십네다!
마누라　아이구, 장수실랑까지 오신댄다!

　　술렁술렁 끓어 통에 달어나는 이, 들어오는 이, 촛불 횃불 늘어선다.

정첨지　어서 아씨 연지도 단장하고 비단으로 치레하여, 머리 위에 계화이 넘노는 듯 어서 어서 호걸장수 맞이하소…… (곱실이한테) 자네도 어서 홍상하게나!
마누라　이 애야, 어서 홍상하구 단장하자. 아마 곧 호걸장수 실랑이 듭시는가 부다!

　　배뱅이 단장 시작. 곱실이 타박네도 홍상. 배좌수 어리둥절. 소경패 북 메고 등장.

○○소경　굿들만 하구 경은 안 읽을여냐?
○○소경　밤은 우리차리랍니다.
배좌수　(호령) 이 소경놈들아, 우리 딸이 도루 와서 잔체를 하는데 무엇이라구?
○○소경　에구, 다 틀렸구나!

　　모두 달어난다.

매　파　여우에 홀린 것 같애. 영문을 모르겠군 그래. 마인 이렇게 잘 살리누라구……
더벙이 어서어서 밝은 횃불 돋아놓고 금실 좋고 일 잘하는 부부 쌍쌍이 세워 놓소!
정첨지 (곱실이와 탈을 벗고 나서며) 우리 한쌍 나옵네다!
배좌수 이게 무슨 일인가? (입을 쩍 벌린다)
김서방 (타박네와 나오며) 금실 좋은 부부 여기도 한쌍 나옵네다!
홍초시 (장기판 들고 섰다가) 아이구, 장기 두는 일보다 울 마누라 데리구 오는 게 상수다! (뛰쳐 나간다)
배좌수 아니, 네 년놈두?
더벙이 아버지, 어머니, 호걸실랑 더벙장수 이제야 듭삼네다. 천리만리 길을 말을 몰아 올려기에, 추자매자 망근에다 옥관자도 못 붙이고 사모관대도 없으나, 호걸장수에는 틀림없소…… (장삼을 벗더니, 좌수 부부 앞에 나가 탈을 벗고 발 아래 절하며) 새 사위 뵈입시다.

　　배좌수 더욱 입을 벌리고 어한이 벙벙.
　　막.

뒷 말

　해방 두 돌을 맞이를 하면서 도리켜보아 이렇게 보잘것없는 창작집 한 권바께 내어놓지 못함을 마음 깊이 부끄러워 할 따름이다. 그러나 여기 취록된 바 모든 작품이 내 딴에는 전처럼 한정한 서재 속에서 제작된 것이 아니라 민주개혁의 위대한 진전에 감동을 이기지 못하는 뜨거운 호흡으로 기계 도는 공장 안에서 혹은 문화공작의 바쁜 틈을 이용하여 혹은 해방전에 이방 산채의 항일진중에서 집필되었다는 점이 한갓 유쾌히 생각되는 바이다.
　소설 「마식령」은 거년 말 건국사상동원운동에 배합되어 함북으로 출장여행 중 북관산사에서, 「차돌의 기차」는 영동법령이 발표되었을 대 그 기쁨을 어떤 철공장 안에서 그리게 되었다.
　희곡 두 편은 여기 취록치 못한 「호접」(삼막)과 같이 모두 화북 태행산의 조선의용군진중에서 방둥이의 심지를 돋우어가며 제작한 작품이다. 「붓돌이의 군복」은 진중 동무들에게 고향의 이야기를 들려주고 싶어서였다. 「더병이와 배뱅이」는 서도의 민담에 취재하여 이것을 전면적으로 뜯어고쳐 새로운 희극꺼리로 만들어 보랴 함이었다.
　제하여 풍상이라 하였다. 별로 의미있는 바 아니고 간난세월에 지치던 이야기들이기 때문에 이렇게 이름지어 본 것이다.

무쇠의 군악(2경)

무대

뒤로는 웅장한 공장 풍경. 용광로가 굴뚝의 행렬 속에 번치고 서 있다.
중앙에 단. 단위에는 주창자(主唱者)가 서 있고 그 쥐위(주위)를 로농자 농민들이 적당히 움직인다.
연출 음악효과를 넣어가며 연극, 무용, 창, 시랑독의 요소들을 배합시키도록 해야 한다. 이 작품은 황해제철소 동무들을 위하여 썼으나 각자 직장에 적합하도록 부분어구를 개정해도 무방하다.

사람

주창자
로동자 1, 2, 3, 4, 5, 6, 7 (적당히 여자)
농민 1, 2, 3, 4, 5, 6, 7 (적당히 여자)
그외 여러 명. 사정에 따라 등장인물을 줄일 수도 있다.

1경

주창자 잔악한 일제의 독수리들이 젖기름 흐르는 대지를 움켜쥐고 이 나라 인민을 짓밟으며 재물을 도적하던 그 옛날.
로농자1 너무도 오래인 악몽이었다.
〃 2 몸서리치는 피눈물의 기억이어.
주창자 누데기를 휘감은 파리한 몸동이.
로 3 잔등을 내려치는 갈쿠리 몸동이.
〃 4 트굼□□(토굴)속 같은 거적집.
〃 5 허덕이는 굶주림.
〃 6 고사리처럼 시드는 어린애들.
〃 7 놈들은 우리를 개 도야지라고 불렀다.
주   얼마나 많은 로동자들이 불가마앞에 턱턱 쓸어지고 헐벗은 몸이 기계에 찍히고 석탄더미에 산 몸을 □쳤던가, 놈들은……
로 1 놈들은 목도채1)를 둘러메고.
합 창 목도채를 둘러메고.
로 2 우리를 일터에서 휘몰아 때렸다.
주   놈들은……
로 3 놈들은 하루에 열두세 시간.
합   하루에 열두세 시간.
로 4 우리들의 피와 기름을 뽑았다.
〃 5 병신된 내 아버지.
〃 6 폐병으로 죽은 내 아들딸.
〃 7 감옥에서 없어진 내 남편.
합   이를 갈며 쓸어진 내 동무들!!
주   그러나 그것은 로동자들만의 비통한 력사가 아니었나니, 잔악한 일제의 독수리들이 이 나라 인민을 짓밟으며 재물을 도적하던 그 옛날.
농민1, 2 (등장) 피와 땀으로 기름지운 농토.
〃 3 (등장) 떨리는 손에 받아든 세금독촉장.

---

1) 두 사람 이상이 짝이 되어 무거운 짐을 나를 때, 짐을 얽어맨 밧줄에 꿴 몽둥이.

〃 4 (〃) 미실어가는 낟알.
〃 5 (〃) 늘어만가는 빗.
〃 6 (〃) 금융조합이 내 오막살이를 빼앗었다.
〃 7 (〃) 지주놈이 내 땅을 빼앗었다.
주   얼마나 많은 농민들이 립도차압2)에 치를 떨고 굶주림 끝이 측뿌리(췩뿌리)를 캐고 강제공출에 몸부림을 쳤던가, 놈들은……
농 1   놈들은 칼자루를 휘번득이며.
합   칼자루를 휘번득이며.
농 2   우리들의 량곡을 강탈하였다.
주   놈들은……
농 3   놈들은 우리들의 젊은이까지.
합   우리들의 젊은이까지.
농 4   죽엄의 전쟁판으로 끌고갔다.
주   이리하여 꽃기우는 무리들이 설한풍 몰아치는 만주벌판으로 송냉이로 굶주려 우는 산속으로, 혹은 남부여대(男負女戴)로 떼거지마냥.
합창(농) 우리들은 춤과리터를 찾아 황주강 四十리 갈밭 감랑길을 밀며 단기며 겨우겨우 또 걸어 설검은 연기 뒤덮은 겸이포로.
합창(로) 일터를 주는 겸이포가 아니라, 의사들이 기다리는 무쇠의 감옥
주   그 이름도 저주로워라, 거령포! 불쌍한 겨레들이어, 또 찾아드는가?
농 5   방공호에라두 있게 해다우.
〃 6   어디를 가던 일자리가 있느냐?
〃 7   간난애가 굶어죽어 가누나!
젖소리 어머니 치워요!
 〃   배곺아요, 밥!
합   살(쌀)이 없다, 살을 내라!! 살이 없다, 살을 내라!!

　　　몽둥이를 든 일인(日人)과 십장 놈들 등장하여 대혼잡.

일 인 요보3)자식이들, 떠들지나 말라!

─────────────
2) 입도차압(立稻差押) 아직 논에서 자라고 있는 벼를 강제로 가져가는 행위.
3) 조선사람을 경멸하여 부르는 말.

십장1   제선과4) 가대기5) 열 명! (아우성치며 몰려든다)
십장2   석탄배 나까지 수무 명! (아우성치며 몰려든다)
십장3   야이야이, 해탄과6) 묵도7)! (아우성치며 몰려든다)
일 인   바카야로8)- 차리차리 서라.
십장1   이 새끼들, 떠들기는 왜 떠들어.(몽둥이로 후려갈려 쓰러지는 사람들. 그리고 거의 모두 십장 놈을 따라 퇴장. 비장하고도 노여운 음악 시작. "온 세계의 로동자야"의 합창이 들려오면 더욱 좋다)
로 1   (쓰러진 채) 나는 새벽 세시부터 일자리를 구하려 나왔었다.
농 1   (쓰러진 채) 여기 풀밭에서 밤을 밝히며 기다렸더니……
로 2   (쓰러진 채) 집에서는 피쌀죽9)도 못 먹거어 멍든 금이나마……
로 2   (쓰러진 채) 딸자식 판 돈으로 밥곡지어 번도10)를 끼고 나왔었죠.
□뒷소리 아저씨가 석탄□에서 떨어졌다.
  〃   놈들이 아즈마니를 물려때렸다.
  〃   고다가 기관차에 □□려들어갔다.
  〃   (아이구, 사람살류)
□   어둠침침한 공장 안밖에서 이 나라 인민들이 학살될 때 시체도 못 찾은 □□ □□ 공동묘지에 내버린 시체들을……
로 3   (등장) 산과 들의 갈가마귀떼도 울었고.
농 3   (〃) 숲을 이루워 하늘에 솟은 굴뚝은.
로 4   (〃) 연기로 삼단같이 머리를 풀었고.
농 4   (〃) 틀가마는 오열(嗚咽)하고 파대는 흐느겼다.
뒷소리   아버지가 수위놈과 싸움이 붙었다!!
  〃   청년이 □□□ □□□ 연설중이□!!
  〃   누나가 악을 쓰며 대들고 있다!!
합 창   놈들을 죽여라!! 죽여라!!
주창자   어둠침침한 공장 안밖에서 이 나라□□들이 들고 일어나 피에

---

4) 제선(製銑) 철광석을 녹여 무쇠를 만드는 일을 하는 부서.
5) 까데기, 임시(臨時)
6) 해탄(骸炭) 석탄을 해탄로에 넣어 코크스로 만드는 일, 그런 일을 하는 부서.
7) 목도, 주1) 참조.
8) 바보 자식.
9) 핍쌀, 겉피를 찧어 겉겨를 벗긴 쌀로 만든 죽.
10) 벤또(弁当) 도시락.

		젖은 가슴을 헤치고 감옥으로 열달려 끌려들어갈 때.
로	5	(등장) 전채(전채) 공장 기계들은 노호11)하였고.
농	5	(〃) 우리들의 단결은 무쇠같이 굳어져.
로	6	(〃) 로동자의 기름을 뼈에 삭히며.
농	6	(〃) 다시없이 놈들을 미워할 줄 알아.
주		잔악한 독수리들을 향하여 피를 물고 이를 갈아온 우리 인민들!! (□□)
로	7	(등장) 돌아오던 무덤같이 무거운 어둠.
농	7	(〃) 한길한길 솟아선 절망의 담벽.
주		놈들의 고국대 알선인부라는 쇠사슬이 몸에 감기울어래.
농	1	더러운 도랑까나 셔풍창잎.
〃	2	무너져 가는 함바집 처마밑에.
〃	3	못내 잠 못 이루는 새벽아침을.
주		귓창이 들려치개 울렸던 고풍.
뒷소리		이놈들 일어나라!!!
〃		일터라 나가라!!
농	4	허둥지둥 밀려나가던 □□ □□
주		아! - 동무들 기억하는가?
		뼈가 부서지게 일할수록.
농	5	이리 □기우고 저리 □□□
〃	6	몽둥이에 휘감긴 쇠사슬만이.
〃	7	나날이 굶어가던 그 옛날을.
합(농)		악귀와도 같은 일본제국주의!!
		지옥과도 같은 겸이포 제철소!!
		증슴과도 같은 청부업자놈들!!
로	1	10년.
〃	2	나는 20년.
〃	3	나는 30년.
주		허구한 긴 세월 애닯은 청춘을 빼앗긴 기술공이라서.
로	4	하로의 품값이 1원 70전.
〃	5	리에게는 량식이 없었다.
〃	6	한 살을 가리울 옷이 없었다.

---

11) 노호(怒號) 성을 내어 소리지름.

주	을 지어 끌려오는 징용군들의 나중에는 죄수들의 림시감옥까지 하나 둘 셋 이렇게 늘어나가 야밤중이면 탈주자를 추적하는 총소리와 호각 소리 요란하여.
합(로)	낮에는 개언덕에 시체가 걸리고.
주	어버이를 부르며 굶어죽은 송장과 안해를 찾으며 얼어죽은 시체들이.
합(로)	거적대기를 쓰고 공동묘지로.
뒷소리	내 아버지를 어떻게 했느냐?
〃	내 아들은 어디 갔느냐?
〃	내 남편!
〃	내 동생!
주	골목마다 번적이던 헌병경찰놈들의 칼자루와 불송이 같은 눈총들
합(로)	귀와도 같은 일본제국주의!!
	옥과도 같은 겸이포 제철소!!
	짐과도 같은 일제 살인자들!!
로 1	그러나 불가마 굴둑 밑에 거적을 쓰고 찬 서리 치는 밤을 지새우면서도.
농 1	주리운 창자를 걷어잡고.
	도랑물로 목을 축이면서도.
로 2	통곡하는 기중기 위에 엎드려져
	동무들 일어나라고 웨치던 그 아침.
농 2	삐라를 뿌리며 석탄데미로 기어오르다.
	지게바리 밑에 꼬꾸라지던 그날밤도.
	소련군 행진곡이 어렴풋이 들려오기 시작.
주	빛나는 10월의 나라 온 세계의 뼈앞은 인민들을 노도와 같이 내달리며 울어헤치는 위대할손 붉은□ 있기에.
합	우리들은 빛을 섬기었고
	이날까지 희망을 그리었다.
로 3	피에 걸은 놈들의 몽둥이찜에 사등뼈12)가 부서지는 아픔 속에도.

---

12) 척추뼈

농	3	마즈막 누데기와 피쌀을 바꾸어 타개죽13)을 끄리는 굶주림 속에도.
로	4	일터에서 허둥거리는 동무들을 그리며. 감옥살창문을 눈물로 적시던 그 아침.
농	4	혁명가를 부르며 대들다 맞아죽은 내 아들을 두 손으로 흙을 파 메우던 그날 밤도. ('김장군의 노래' 어렴푸시 들려오기 시작.) 대낮에도 호랑이 우는 백두산 밀림 서슬푸른 총칼을 빗겨들고 장강 2천리 번개같이 넘나들며 원쑤를 찾아 피 훌려 싸우는 형용할손 김장군 있기에.
합		우리들은 빛을 섬기었고 이날까지 희망을 그리었다.
주		아- 보람이 헛되지 않아 드디어 찾아온 1945년 하늘도 우러르 높은 8월15일.

쏘련군 행진곡 요란히.

로	5	달아나는 왜적을 쓸어엎으며 몰려오는 탕크의 구름떼.
농	5	우렁찬 행진곡을 울리며 하늘에 빗기는 별 별.
합		해방이다, 해방이다!! 세계약소민족의 해방군 쏘련군대 만세!! 만세!!
주		이 나라 인민을 손수 건지려 피로 자래운 해방군을 보내주신 우리 민족의 거륵한 은인이시어.
합		쓰딸린 대원수 만세!! 해방이다!! 해방이다!!

---

13) 수수나 옥수수 등을 껍질째 타서 쑨 죽.

로 6　감옥을 부셔라, 수천만 애국투사를 억매였던
　　　 컴컴한 감옥 문이 열린다.
농 6　왜놈의 신사를 불태워라, 장롱 속에 숨겼던
　　　 우리 국기가 3천리 강토를 뒤덮는다.

　　　 '김장군의 노래' 힘차게.

주　　 피어린 두팔을 드높이 처들고 눈물 어린 웃음을 뿌려서며 사랑하
　　　 는 겨레 의 땅으로 돌아오신 우리 민족의 민족적 영웅이시어.
　　　 김일성 장군 만세!!
　　　 해방이다!! 해방이다!!
로 7　꿈에도 못 잊은 □도자 받들고 민주부강한 인민공화국을 건설하
　　　 자!!
합　　 건설하자!! 건설하자!!
농 7　나라를 팔며 민족을 배반하던 친일파와 반역자를 숙청하자!!
합　　 숙청하자!! 숙청하자!!
주　　 토지는 농민에게!!
합　　 토지는 농민에게!!
주　　 모든 권리는 인민에게!!
합　　 모든 권리는 인민에게!!

2경

주창자　이렇게 잃었던 나라를 도루 찾고
　　　 이렇게 잃었던 권리를 도루 찾아.
합　　 우리는 인민의 억세인 손으로 우리의 억척같은 정권을 세우고.
주　　 김일성 장군의 영명한 령도 밑에 쏘련 군대의 따뜻한 원조 속에
　　　 민주 자유 부강의 빛나는 민주개혁들.
합(로)　로동자들은 인민의 기계를 돌리고.
합(농)　농민들은 제 땅에서 발자리한다.

로	1	하늘 위를 소용도리치는 비행기의 붉은 별들이
		대동강 푸른 물우에 빛인 날부터.
농	1	이 공장도시의 처참한 비극도
		영원히 피에 젖은 막을 닫쳤다.
합		피에 젖은 막을 닫쳤다!!
로	2	나는 내 움집을 걷어차 무너진 계장놈에게
		집을 내놓고 나가라 웨쳤다.
농	2	내 남편을 감옥에서 죽인 형사놈을
		나는 멱살을 글어쥐고 끌고나왔다.
농	3	귀먹었느냐고 파쇠더미에 둘러메치던 과장놈을
		나는 두드려 쫓아내었다.
로	3	까스에 취하여 해탄로 우에 쓸어진 몸을
		몽둥이질 하던 감독놈을 나는 들구치었다.
주		이리하여 거적을 쓰고 울던 우리들은 쏘련병사들의 인도 밑애.
로	4	공포의 감옥섬에서.
농	4	암흑의 함바에서.
로	5	도랑까의 움집에서.
농	5	화장터 토굴 속에서.
합		피아노 소리 풍풍거리던
		왜놈들의 사택지로-
주		무쇠의 감옥 문이 열려질 것이다.
		그렇다 여기가 그대로 감옥이었나니.
합		왜놈들은 배출거리며
		감옥섬 수용소로-
주		수비군 헌병 경찰 수위놈들이 떠실리운 트럭크는.
합		평양주둔사령부로-
주		잔악한 원쑤들을 물리쳐준 쏘련군대의 그 은해(은혜)
		천추에 빛나리라.
합		천추에 빛나리라.
주		지옥 속에서 건저주신 위대한 쓰딸린 대원수의 그 이름
		만대에 드리우리라.
합		만대에 드리우리라.
주		그러나 손에 손에 우리 국기 휘젓으며 해방의 감격 속에 뒤설래

		일 때, 왜놈들은 우리의 공장을 파괴하였다.
로	6	용광로의 불은 꺼지고.
농	6	암연로-루는적어지고.
로	7	가스발생로는 끓지않고.
농	7	불가마들은 식어버리고.
주		죽엄의 페허화한 제철소.
로	1	기계는 돌 줄을 모르고.
농	1	굴둑은 연기를 잊었고.
로	2	기관차는 여기저기 쓰러지고.
농	2	기중기는 움직기지 않았다.
주		그러나 부강한 내 조국 성벽을 쌓고저
		우리는 떠나지 않고 머물었다.
합		우리는 떠나지 않고 머물었다.
로	3	곰같이 웅크린 기계 앞에.
농	3	해탄로 가스를 옆구리에.
로	4	수천마력 전둥기 바퀴 아래.
농	4	용광로 열풍로 꼭대기에.
주		쏘련 기술자들과 담배를 노나가며.
		서투른 말은 몸짓으로 주고 받으며.
로	5	서루 기름투성이 쇳검둥이 되어.
농	5	낮은 밤을 도아 또 밤을 새워.
로	6	고안은 창이14)에 발명을 이어.
농	6	없는 기술, 없는 자재로.
뒷소리		숭풍(송풍)관에 내가 올라가리라!
〃		이리인 기사가 도면을 들고 나온다!
〃		내화연화15)는 내가 쌓으리라.
〃		까레지로푸 기사와 스레리또푸16) 기사가 스파나17)를 잡았다!
주		이렇게 세기의 장엄한 영웅시가 얽어지어.
합		장하다, 그 기세.

---

14) 창의(創意).
15) 높은 열에 잘 견디는 벽돌.
16) 소련인 이름인 듯.
17) 스패너.

　　　　동무야, 보느냐.
주　　스르르탕탕 물방아 젖는 암연기(압연기) 아우성치며 기어나오는
　　　　강철의 불담벽 천상 기중기는 돌아간다, 활개를 치며 그 밑에서
　　　　우리는 쏘련기사들을 얼싸안았다.
합　　장하다, 그 기세
　　　　동무야, 들느냐.
주　　보아라, 다-빈18)은 흥겹게 노래하고
　　　　시뻘건 해탄데미 쏟아져 나오는 함성 소리
　　　　용광로는 웨친다, 밤을 밝이며
　　　　그 위에서 우리는 쏘련기사들과 어깨겻고 만세들렸다.
로 7　아느냐, 여기는 인민 조국의 심장
　　　　군악을 울리는 무쇠의 관악대.
합　　그 이름도 우렁차다, 황해제철소!!
주　　이리하여 우리 조국은 앞으로 다만 앞으로!!
　　　　오로지 장쾌한 전진이 있을 뿐이어늘!!
합　　인제 우리의 태양 드높이 떠.
주　　인민을 키우는 기름진 대지 위에 하늘을 떠바뜨는 공장 굴둑에마
　　　　다 삼천 만이 그밑에 살리라 맹서한 내 나라 영광된 오각별19)
　　　　삼색기 펄럭이어.
합　　조선민주주의 인민공화국만세!!
　　　　조선민주주의 인민공화국만세!!
　　　　(에래지20)-의 반주 속에)
로 1　그러나 메리깽21) 독수리의 탕크들이 인천부두로 기어오른 그날밤
　　　　부터.
농 1　오곡백화 욱어지던 남반부 땅에는
　　　　부엉이 우는 어두운 밤만 계속된다.
합　　어두운 밤만 계속된다.
로 2　인민의 정권은 총칼 밑에 암살되고.
농 2　애국자들은 다시 감옥 속으로.

---

18) 터빈.
19) 북한 국기.
20) 엘레지(Elegy) 슬픔과 비탄을 표현한 노래.
21) 아메리칸.

로 3   로농자들은 공장에서 쫓겨나고.
농 3   농민들은 거듭 땅을 빼앗기고.
주   흉악한 반역자와 테로단들이 조국의 절반 땅을 찢어놓았다.
로 4   거미 줄 쓰른 기계.
농 4   승냥이떼 우는 농토.
로 5   전률할 광주 참안.
농 5   저주로운 하이도 학살[22]
       핏기름 번지르한 미제국주의자들은
       썩어진 밀가루와 조국을 바꾸려는 망국노들은
       가시손을 벌리고 덤벼든다.
로 6   이놈들아, 왜 우리의 공장을
       파괴하느냐? 북조선을 보아라!!
농 6   이놈들아, 왜 우리의 농토를 빼앗느냐? 북조선을 보아라!!
로 7   이놈들아, 왜 우리를 직장에서 내쫓느냐? 북조선을 보아라!!
농 7   우리는 또다시 노예의 서름 원치 않는다. 북조선을 보아라!!
주   아- 칼-빈총을 휘저으며 몰려오는 양키군대와 앞잡이 경관놈들

       미군인과 경관놈들 등장.

미국인   깨아웨이[23]!
경관1   쏜다 쏜다!!
합   (대들며) 통일조국 만세!! 조선독립만세!!
경관2   즉살할테냐?
미국인   총사격!!

       요란한 총소리에 일제히 너머진다.

주   놈들이 이슥한 방안에 모여앉아 이 나라 인민의 살을 구어 피를
       마시며 조국을 흥정하고 있을 때. (두셋식 일어나며)
로 1   동무를 껴안으며 이를 가는 사나히.
농 1   시체를 흔들며 흐들겨 우는 아낙네.

---

[22] 하의도 농민 관련.
[23] Get away!

로 2 어린것을 밭고랑에 묻는 늙은이.
농 2 어버이를 철차(철창)에 보내는 아들딸.
주   북조선 하늘에 휘황히 뜬 태양을 우러르 바라보며
      남조선 동포들은 드디어 삼각산에 봉화를 울리고
      제주도에서 화약고를 터치며.
합   아우성도 높이 일제히 일어났다.

    미국인과 경관들을 추격하며.

주   물러가라, 흉악한 미제국주의!!
      죽어라, 친일파와 민족반역자!!
합   타도하자, 남조선 괴뢰정부!!
      조선민주주의 인민공화국 만세!!

    미국인과 경관놈들 황황히 퇴장.

합(로) 우리는 북조선과 같은 로동법령을 요구한다!!
합(농) 우리는 북조선과 같은 토지개혁을 요구한다!!
합(여) 우리는 북조선과 같은 남녀평등을 요구한다!!
주   위대한 태양은 남조선을 밝히고 우리의 가슴은 뛰놀아
        끓는 심장은 싸우는 겨레의 뼈마른 가슴 속에
        뜨거운 피를 부어주어.
로 3   놈들이 남조선 로동자들의 가슴에 칼을 찌를 때.
농 3   우리는 분노의 불길 속에서 치를 떨며 쇳물을 뽑았다.
로 4   놈들이 남조선 농민들의 문애 못을 박을때.
농 4   우리는 증오에 불타는 몸을 휘두르며 철판을 만들었다.
로 5   놈들이 남조선 부녀자들의 팔다리를 쯪어너를때.
농 5   우리는 복수의 이를 갈며
       이글이글 타는 해탄데미를 쏟았다.
로 6   놈들이 남조선 어린애들의 목을 달아맬 때.
농 6   우리는 원쑤를 처엎을 기세로 불가마를 열어제꼈다.
주   용광로 1,300도 타오르는 불길.
로 7   그것은 바로 조국에 대한 우리들의 불같은 사랑.

주		흠실흠실 쏟아져 나리는 불사래.
농	7	그것은 바로 국내외 반동을 태워버리는 분노의 폭탄.
주		이리하여 비바람 휘몰아치는 새벽이면.
로	1	피의 설풍속을 내닫는 남조선 겨레들에게
		나팔을 불어대는 마음으로.
합		우리는 무쇠의 군악을 치며 생산돌격을 일으켰다.
주		눈보라 노호하는 야밤중이면
		피바다 속을 싸우는 남조선 겨레들에게
		북을 울리는 마음으로.
합		우리는 무쇠의 군악을 치며
		조국 부강의 성벽을 쌓아올렸다.
로	1	아느냐, 여기는 인민 조국의 심장.
농	1	국악을 울리는 무쇠의 관악대.
합		그 이름도 우렁차라, 황해제철소.
로	2	피불이 이는 제주도의 항쟁을.
농	2	순천 농민들의 줄기찬 아우성 소리를.
로	3	려수 인민의 용감한 봉화대를.
농	3	소위 국방군의 병변폭동을.
주		조국창건의 힘찬 함성으로
		생산투쟁의 불길도 높이
		동포들 용감히 싸우라 성원하며 지난해도 인민경재(제)계획을
		넘쳐 했나니.
합		우리는 승리하였다, 승리하였다!!
주		바다를 이루운 승리의 기빨 속에 물결쳐 넘치는 인민들의 찬가
		속에 새로히 받아안은 위대한 2개년 계획!!
합		아- 내 나라 인민조국 앞에
		새해의 결의를 걸어 맹세하노니.
주		또 다시 새로운 승리를 찾아
		오색별의 삼색기 높이 처들고.
합		생산투쟁의 길길이 뛰는 불길 속에 태워버리라, 남조선 괴뢰정부!!

　　이 사이에 국기를 휘두르는 주창자의 주위에 모여들어 용광로와 같은 현상을 이룬다.

주   3천만은 웨친다, 우리는 부강한 새 나라 굳건히 다지리니
     3천리 방방곡곡에 새 국기 휘날리는 날까지.
합   새 국기 휘날리는 날까지.
주   여기 수천 로동지는 웨친다, 불을 뿜는 용광로와 함께 나아가리니 무쇠의 군악 장엄히 울리며.
합   장엄히 울리며.
주   삼천만은 다함없이 나아가리라, 김일성수상 가르치시는 조국통일의 길로.
합   아- 승리의 길 통일의 길로!!

　　장쾌한 음악 속에 막.

봇똘의 군복(1막)*

인물
  서분네   칠성의 애인(19)
  봉의   칠성의 누이동생(17)
  이뿐이   둘의 동무(19)
  칠성   탈주병(23)
  봇똘이   칠성의 아우, 바보(20)
  박첨지   서분네의 아버지(65)
  가네다   갈보장사, 양복쟁이(42)
  노파   칠성의 어머니(62)
  나까무라   순사
  헌병, 그외 여러 사람

장소
  서도 일한촌(一寒村)

시대
  1944년 봄.

무대
  향하야 무대 우편에 뽕나무숲. 그 뒤로부터 길이 정면 우물가로 통한다. 아름드리 나무로 짠 우물. 우물가에 수양 한 그루. 그 뒤로는 밭고랑. 먼 산 우에 밤이면 열 나흘 달. 산 밑 동리에도 등불이 하나 둘. 무대 왼쪽에 울바자가 둘리우고 그 뒤와 앞으로부터 길이 또한 우물가로. 울바자 옆에는 포푸라 두서너 그루. 길에도 풀이 무성하다.

  막이 열리면 먼 산에 저녁 노을이 휘황한데 어디선가 어린애들의 기러기 노래.

  * 이 작품의 원제목은 「뽀덜의 군복」(『적성』 창간호, 1946. 3)이다.

　　　　앞엣놈은 장수
　　　　뒤엣놈은 떠깨비
　　　　간덴놈은 기러마
　　　　지고랑

봉　의 (드레줄을 느리며) 종내 면회를 못하셨대. 그 좋아하든 송편을 먹여 보구 싶다구, 두구두구 애끼시든 서너 됫박 입쌀을 정성껏 빚어가지구 가시드니, 그게 쉬지근해지도록 꼬박이 사흘 동안 문간에서 졸랐다누.
서분네 (앉어 산채를 다듬으며) 오라질 놈들! 그럼 어림두 없었겠네, 내가 보낸 건……
봉　의 콩데기? 그럼 머 그냥 가지구 돌아오셨어. 문깐 파수병이 못 들어오리라구 칼 꽂은 총부리를 내대이며 야단이드래.
서분네 (고개를 쳐들며) 그래, 아직은 병대청에 남어 있드래나?
봉　의 것두 모르지 머. 깜쪽같이 전쟁마당에 실어나르는군 한대니.

　　　　이뿐이, 울바자 뒤로 물동이 이고 등장.

봉　의 인제 나와?
이뿐이 이야기에 또 깨가 쏟아진 모양이지. (동이를 내려 놓는다) 아이마니, 산나물이네. 서분네 너이두 벌서 산나물 캐러 오게 되었늬? 꼬들빼기두 많이 캐 왔다.
서분네 우리는 별수 있늬? 넌 가다가나 별소릴 다 하드라. 우리가 더하지, 공출두 못 채운 처지에…… 정말 나달 알이라군 핏쌀 한 되 없는 형편이야. 그래 오늘두 산에 가서 하루 종일 꼬들빼기니 길짱귀, 돌구지 캐오누라구……
이뿐이 그놈들 죄다 빼앗어갔으니 나달 있대는 게 하기야 거줏말이지…… 요즘 풀들만 뜯어 먹어 그런지, 뚱뚱 부은 얼굴이 수북해…… 어서 햅살이나 나와야. 긴데 봉의야, 어머니 돌아 오셨늬?
봉　의 (고개를 떨어뜨리며) 응. 이뿐이 (서분네 향해) 에이구, 언니두 못난이. 좀 따라가 만나보구 오지, 보고 싶어 안들증[1]만 나서 그러지 말구…… 그런다구 칠성이가 뵈인대?

서분네 앤 참, 말두…… (봉의더러) 그래, 조곰두 소식을 모르구 오신 모양이든?
봉 의 일본 간대는 말두 있구…… 아직 절반은 남어 있대는 말두 있구…… 칠성이네는 북지루 떠났대는 말두 있구…… 그래, 전혀 종을 못 잡으시겠드래.
서분네 (놀래며) 북지? 전쟁에 몰리니까 이놈들이 칠성이마저 글구 나갔나 베.
이뿐이 저런, 떠났대?
봉 의 (돌 우에 앉어) 어머니 눈이 어두워서 바루 못 보셨는지는 몰라두, 병대청 뜰 안에서 병정들이 흙짐을 나르는데, 한 사람이 삽을 흔들어 뵈이드래누…… 그래 오바나 아닌가구 어머니가 쇠울타리 밑으로 달려가며 오빠 이름을 불렀더니, 그 사람두 무어라구 고함을 치며 달려오다가, 그만 높은 놈인지한테 두들겨 맞드래…… 오빨까 그걸 보구 어머니는 그만 사지가 죽어……

　　　일동 침묵.

서분네 (울며) 내가 내일은 아무 일이 있어두 들어가 볼 테야…… 그럼 들어가 보구말구.

　　　우편 뽕나무숲 새로 두런두런 말소리가 들리더니 마을사람 네다섯 지나간다. 그 뒤로 막대든 봇똘이 다리 절며 등장.

마을사람1 어서 놈들이 망해야지.
마을사람2 누가 듣겠쑤. 그런 소리하다 또 때워나 가지 마우.
마을사람1 (외장 성이 나서) 때워가? 다 잡어가라지!
마을사람2 성나는 대루 말 다 하구 사는 세상인가, 참게나.
이뿐이 그래, 만돌이두 뽑혔수?
마을사람2 글세 말이다. 뼈두 굳지 못한 애를 갑종이라구 뽑아, 김서방이 저렇게 탈기해 그런다.
마을사람1 그 망할 놈들, 우리 애는 그래두 약과야. 주재소와 면소 앞에

---

1) 안달증, 속을 태우며 몹시 조급하게 구는 증세.

	굿득 모여든 청년들을 다 잡아내갈 모양이드라. 한 녀석 빠지는 거 어듸 있드라구? 헌병, 순사 수북이 나와 가지구…… 의사놈의 신체검사라는 게… 또……
이뿐이	사내란 사내는 병정, 아니면 징용으루 죄다 잡아내가니, 이래 농사는 누가 짓누?
봇똘이	(우물가로 다가가며) 이래 색씨들은 누구한테 시집가누? 히히
봉 의	(고래를 돌리며) 오빠! 가기나 해요. 무슨 농인 줄 알어?
봇똘이	(새삼스레 놀래여 두리번거리며) 울었나? 늬랑 쌈했어?
봉 의	(역정) 듣기 싫어요. 오빤 점적2)하지두 않어, 절룸바리를 해가지구 그래두 검사받으려구 들석거리며 나갔드랬수? 오빠 팔자가 고작인 줄이나 아우.
서분네	고만두어. 불쌍한 것 보구……
봇똘이	(봉의를 힐끗 보며) 왜 작구 성나서 그래. 또 운다. 우지 말어. 남 병정 못 나가 성나는데 부화만 돋구네. 내 이름 부른다구 그래 나가니깐, 나까무라 병정 못 나가는 놈은 죄인 한 가지. 하드니 발길루 걷어차면서 검사두 안 해 줘…… 망할 자식. 도적놈으루 아나베. 내가 죄인이냐? 누군 저만치 총 못 쐈서…… (막대를 치켜 들고) 탕탕, 탕탕, 히이, 잘 쏘지?
봉 의	오빠! 어서 들어가기나 해요. 병정이 못 되어 그러케 뼈가 쏘우? 평생 처음 효도한 줄이나 알아요.
봇똘이	칠성이 형님이 뭐랬어. 우리들두 총 한자루씩은 가져야겠다구 그러지 않었어?
봉 의	그래, 맏오빠가 일본 병정 되얏다구 그랬어?
봇똘이	그래두 난 병정이 되어 병대청에 가서 형에 만나보구 싶어……
서분네	(혼자 소리처럼) 그러게 두 발이 떨어지질 않어. 우리는 뉘 때문에 전쟁 마당에 나가 죽어야 되느냐구, 이를 부드득부드득 갈며 떠나느니…… 이게 우리나라를 위해 싸우러 나가는 길이래면, 열 번 죽어두 한이 없겠누라구 몸부림을 치며 나가드니…… 한동 기라두 저런 철부지는 병정이 못 되어……
이뿐이	말해서…… (한숨)
봇똘이	(각서리 노래)
	바- 사렸다 사련장

---

2) 부끄러움의 평안 방언.

　　　　　코 풀었다 홍성장
　　　　　왜깍데깍 사기장
　　　　　난 까짓거 피양 들어가 장타령해 돈이나 벌겠다. 돈 벌어 난 홋떡 사가지구 형 면회 갈랜대애!
봉　의　(물동이 이고 들어가며) 있다들 올래? 나 먼저 가…… 오빠, 숭없이 그러지 말구 어서 들어가 저녁이나 먹어요.
봇똘이　(누운 채) 싫어.
봉　의　그러지 말구 어서 들어가요. 오빠, 내가 화낌에 잘못했수. 어머니두 기다리실 텐데.
봇똘이　좀 있다가 들어간대니까…… (콧노래)
　　　　　한다리 찔뚝 봉천장
　　　　　오줌 찔찔 지린내장
　　　　　방귀 뀄다 구린내장
봉　의　오빠! (눈 흘긴다)
봇똘이　(벌떡 일어나 앉으며) 응, 봉의야, 내 피양 들어가 돈 벌어가지구 올 때 뭐 사다주까? (일어선다) 헤…… 거울…… 옳지, 고무신 사다주까? 헤…… 내가 돈 못 벌 줄 아나 베? 볼래, 좀? 왼팔을 이러케 꺼부리치구 턱어리 내밀구서…… (비실비실 각서리 시늉)
　　　　　장때기 끝에 제비장
　　　　　어흥 그렇지 잘한다
　　　　　한푼 주- 우
봉　의　(내여미는 봇똘이 손을 탁 치며, 목이 맺힌 소리로) 오빠! 남 웃을 줄 모르우? 가긴 어딜 간다구 매일 야단이요? 어머니가 정말 죽는 걸 볼래는가 봐.
봇똘이　(펄쩍 뛰며) 안야, 안야! 어디 먹을 쌀이나 있어? 일하든 형에 병정 나가군, 데데 굶으면서두 그러네. 내 피양 가서 돈 많이 벌어 쌀 사가지구 올래는데 왜 그래? 그리구 나 형에 꼭 한번 만나볼래! 홋떡 사가지구 엿, 사과, 다 사가지구 가서……
봉　의　(서글프게) 오빠두 그러케 맏오빠가 그립수?
봇똘이　(고개를 숙이며) 응, 난 형에가 제일 보구 싶어. 형에 만나면 나 이러케 경례 붙이구 꽉 끼여 안을래.
이뿐이　인정은 다 같은 게야.
서분네　그럼…… 칠성이가 얼마나 저 동생을 사랑하였다구.

봉 의 (울바자 앞으로 눈물을 훔치며 퇴장) 언니…… 언니가 잘 타일러 들여 보내주.
봇똘이 (서분네 앞으로 가며) 너 봤지? 히…… 어때 그만하면 피양 가서 두 돈 벌만 하지? 잉…… 내 돌아올 때 너 비단저고리감 끊어다 준다…… 그래야 형에랑 잔체하지.
서분네 응, 그래, 그래. 마음 놓구 어서 들어가.
봇똘이 이뿐이는 또 머 사다 주까? 오라, 이뿐인 책 좋아하지? 그럼 내 책 사가지구 오께.
이뿐이 흥, 책이 먼지나 알면서…… (혀를 내어민다)
봇똘이 데데, 내가 글자 모르는 줄 알어? 가갸거겨두 알어. (다가서며) 내 이여 주까? (물동일 쳐들며) 가갸 가다가 거겨거렁에 고교 고기잡어.
이뿐이 (질색하며) 아이 참, 남 보겠네. 싫여, 싫여요……

서분네 웃는다.

봇똘이 (그냥 거들어 주며) 구규 국 끓여서 나냐 나하고,
이뿐이 (동이를 빼앗어 놓고 물을 뿌려주며) 이놈의 봇똘이 치라우요. 치!
봇똘이 (우로 달어나며) 너녀 너하고 노뇨 노나먹자. (작대 메고 나팔 부는 시늉) 또뗏 또뗏 또뗏 또! 양국 병정 밥 먹었나, 찔게3)가 없어 못 먹었네. (퇴장)

사이.
황혼이 짙어진다. 이뿐이 다시 물을 긷기 시작. 꼴 비어 진 사람 지내간다.

서분네 이뿐이 혼났지? 그러케 수모하디야 싸지 머.
이뿐이 언니는 그래두 제게 머나 된다구, 편을 드네
서분네 호호., 글세 생각해 봐. 모두가 피하려다 못해 끌려만 나가는 병정 틈에두 못 끼이니, 지각 없는 생각에 여북 서운하면…… 더구나 저두 병정이 되어 형 만나러 간다구 매일 벼르구 있었단

---

3) 반찬의 북한말.

	다……
이뿐이	정 아마 그런가 부지…… 하기는 봉의네두 말이 아니야. 아버지 세상 떠나자 오빠는 병정 나가지. 어머니가 몸이나 튼튼하시나…… 남기는 저런 병신만 남었으니……
서분네	가만있기나 하나. 쩍하면 피양으로 장타령 나간다구 서둔대니…… 그래 양식이 떨어져두 봇똘이 듣는 데는 걱정두 못 한대. 돈벌이가 그러케두 수월하다면야 나두 벌서 장타령 길이나 떠났지……
이뿐이	이놈의 세상이 어서 무슨 결단이 나야…… 하긴 머지 않았다구 배근이두 그러드랬겠만……
서분네	정 그이 소식 들었어?
이뿐이	아니.
서분네	네 마음도 오죽하겠느? 면회나 한번 가보렴.
이뿐이	당자의 친족두 못 만나게 하드래는데 나 같은 거야 머…… 검사국으루 넘어가기 전엔…… 아무두……
서분네	벌서 두 달포나 되었는데 아직두 경철서래?
이뿐이	그인 아무런 곡경4)을 당해두 꼭 입을 다물구 말을 내지 않을 사람이야. 그래 연루자를 한 명두 들어낼 수가 없는 모양이래…… 장하시지…… 혼자서 십 년이래두 버티기만 할 걸……
서분네	매사람이 그이처럼 악물구 닥어든대면, 우리두 나라를 다시 찾구야 말지…… 그이가 공부루 봐서 취직한대면 군수자리래두 마댈 사람 아니야.
이뿐이	언니, 언젠가 그이가 말하는데 서양에서는 독일 군대가 쫓겨들 제, 속방나라의 늙은이, 어린애, 여자 할 것 없이 모두가 괭이를 들구 나서서 독일 놈들을 처부섰기 때문에 다시 독립을 했대누. 바루 지금 일본놈들두 쫓겨 들어온대…… 언니, 우리두 때가 왔다구 나서라면, 호미 자루라두 들구 나서야 하우. 틀림없이 그땐 배근의 동지들이 달려와 우리 동리에두 알려줄꺼야.
서분네	(일어서며) 나두 나갈게, 응! 나두 들구 나가! 내 곡괭이라두 메구 나갈게! (우물을 사이에 두고 둘이 응시) 언젠가 아버지두 그러시는데 칠십여년을 살어봐야, 그래두 갑오 전 세상이 그립다구…… 쓰나 다나 제 나라 깃빨을 달구 살든 시절이 그립다구 하

---

4) 曲境, 몹시 힘들고 어려운 처지.

　　　　시면서……
이뿐이 언니, 이번은 옛적과 달러. 정말 살기 좋은 새 조선이 온다우! 배근이가 그이가 그러는데 권세 부리는 양반두 없구, 깔려만 사는 상놈두 없구, 죽두 못 끊혀들이는 가난뱅이두 없구, 질탕스레 난장을 피는 부자두 없는, 그런 조선을 맨든다누……
서분네 그러래면야……일본에 징용으로 때워간 오빠 몫까지 내가 싸울 테야. 병정으로 잡혀간 칠성의 몫까지 내가 싸울 테야.
이뿐이 그들이 왜 멀정스레 팔짱만 찌르구 있다 죽을라구…… 그이들두 싸우지 않으리 언니……

　　멀리서 구슬픈 호드기 소래. 달이 뜬다.

서분네 (놀래며) 아이구마, 저 호드기5) 소래……
이뿐이 (먼 산을 바라보며) 참 달이 뜨네. 대보름이 내일 모레…… 누가 부는지 호드기두 잘은 분다.
서분네 신통이두 곡조가 같다. (머리 흔들며 혼잣소래) 아니, 아니야…… 그럴 리 있다구. 달이 둥글기가 세 번째. 벌서 그이 나간지가 석 달이지…… 나가기 바루 전 이러케 달이 둥근 밤 저 버들개 언덕에 있어서 앉아서 저런 곡조로 호들갑스레 잘두 불어대드니, 내가 두 손을 쥐어들며 운다구 책망하였겠지. 울리기는 누가 울렸지? 이러케 둘이만이 늘 만나는 하는 버들개 언덕에 앉아서 호드기 불기두 이게 영 마즈막일지두 모르겠누라, 제가 외려 슬픈 소리 않지 않았어…… 그래 울려 놓구선 천연스레 호드기만 불어대는 척하면서, 또 전 안 울었기? 달빛에 쳐다보니까 저두 눈물이 뺨에 주북해 가지고서. 아! 저 호드기 소래 (일어선다) 바루 저 버들개 언덕에서 들려오네…… 저 곡조! 아무래두 칠성이가 온 게야.
이뿐이 언니, 실성을 했어? 어디라구 칠성이가 돌아와.
서분네 너는 저 호드기 소래 들리지 않늬?

　　다가가는 것을 이뿐이 붙든다.

―――――――――――――
5) 봄철에 물오른 버드나무 가지의 껍질이나 짤막한 밀짚 토막 따위로 만든 피리.

서분네 아이 참, 뚝 그치네…… 내가 정말 홀렸나? 무엇에……
이뿐이 그러게 걱정스레만 생각하지 말어. 그래야 간 사람이 잘 돌아온대……
서분네 잘 돌아와? 그 놈들이 그대루 곱게 돌려보낼 테야…… 아니, 하기는 칠성이두 그놈들 손아귀에 잡힌 채루 만만히 죽을 사람은 아니야.
이뿐이 그럼 머 배근이랑 다 한쪽인데……

   사이. 호드기 소래.

서분네 (가슴을 쥐어짜며) 이뿐아…… 응?
이뿐이 응?
서분네 난 정 그이 생각이 간절해 죽겠구나. 나는 마음이 약해 그런가 부지…… 더구나 멀리 북지루 떠났대는 소리를 듣구 나니…… 그만 나두 북지루 갈까 봐. 아버지더러 도장 치구 말랠까 봐……
이뿐이 언니 바보! 그 녀석의 소리에 속아 넘어갈 테야?
서분네 북지 가면 사흘거리루 한 번씩 만난대누…… 한 번만 만나본대두……
이뿐이 거 다 청국으루 팔아먹는 그 녀석의 속임수야. 누가 또 칠성이 북지로 가는 거 보기나 했데?
서분네 군병의 옷을 짓구 밥을 데래니…… 설마……
이뿐이 언니 알고 있어? 그 녀석 갈보장사야.
서분네 갈보장사?
이뿐이 내중에 칠성이가 안다면 언니를 얼마나 원망할 테야?
서분네 아! 저 호드기 소래 또 들리네. 자꾸 이리 다가오는 것만 같네.
이뿐이 언니에 아버지 오시는가 봐. 어디서 또 취하신 게야.

   무대 왼쪽으로부터 취성.

서분네 아이구 참. 아버지두……
취 성 암, 그러면 그렇지. 내 사윗감이 어련할려구…… 그놈이 엉큼한 놈이라 웃놈을 잘 삶은 모양이렸다…… 으- 취한다. 그러니 칠성이가 목숨은 건진 셈이라.

소 리 쉬- 군내 비밀을 그리 함부루 말씀허시단…… 어쨋든 영감님 팔자가 무던하시우. 딸을 결혼시키어 신식말루 신혼여행까지 떠나보내는 셈이니, 하여간 내일 모레 따님두 틀림없이 같이 떠나게 해야만 됩니다. 그리 되겠지요?
이뿐이 (서분네의 팔을 붙들며) 언니, 저것 봐! 큰일났네.

　　박첨지와 가네다, 울바자 앞길로부터 등장. 반사적으로 이뿐이와 서분네 우물 뒤로 숨는다.

박첨지 앗따, 여부가 있소, 내가 선듯 도장 치는 것만 보구려. 내가 본시 선듯한 사람이거든…… 그리구 또 서분네 그애가 본래 효녀이외다. 아버지 말은 죄 순종이지요…… 가정교육 있는 집애가…… 암, 다르다 마다…… 으- 참 술이 더 오른다. 헌데 가네다상, 우리 칠성이가 북지 가면 전쟁 안하구 군대 사무 본대는 건 조금두……
가네다 영감님, 그게 무슨 말씀이유. 글세 오늘 대장한테 듣고 왔댈 밖에…… 이제부터는 군대 안에서 살지두 않구 관사에 살게 됩니다. 관사에요…… 오붓이 신접살림 채리 가지구 살게. 영감님은 딸보러 가기나 허슈.
박첨지 헤헤. 내가 그저 몰라 그러구려. 흐흐흐. 신접살림이라……
가네다 어서 들어가 따님보구 행장준비나 채려두시라시유. 영감님 취하셨습니다.
박첨지 그게 될 말이유? 아 이번은 내가 한턱 냅시다. 날 그리 인사두 채릴 줄 몰으는 사람으루 아시우…… 우리 딸년의 월급 일년분 선금 삼천원 돈이 옆채기에 수북한데, 정종 한 되쯤 내 못 사겠소? 야메술이면 야메고…… 으, 가네다상. 어서 갑시다.
가네다 허허 그만두시오…… 영감님. 허허, 정성이 정 그러시다면 그럼 우리 진성관에나 잠간……
박첨지 옳지, 진성관…… 이왕이면 요리집 출입두 해볼 것이지. 암, 그렇지. 신식 손님은 진성관이래야…… (퇴장) 진성관…… 진성관…… 으, 이놈들. 대장 장인 지내간다.

　　이뿐이, 서분네의 손을 이끌고 뛰쳐나온다.

이뿐이 아이머니, 저놈이 종내 협잡을 꾸몄어! 어서 아버지 불러와요. 저
       돈 다 쓰기 전에. 아이구, 어떡해······ (고함소래) 서분네 아버지,
       서분네 아버지!
서분네 (쓰러져 느껴 울며) 팔려가두 좋아, 팔려가두······ 칠성이만 만난
       다면······
이뿐이 (기가 차서) 언니 바보! 바보야! 칠성이가 북지 간대는 말 그리
       신용이 되어? 그까짓 면소 서기나 하든 놈 만주 다니며 무슨 짓
       하는지 뉘 알어! 서분네 아버지! (뛰어간다) 박첨지 영감!

　　　이뿐이 퇴장중에 나까무라 순사와 부딪칠 뻔하야 뒷걸음질. 순사 뒤로 봇
　　　똘이 비칠비칠 다리절며 따라온다.

봇똘이 (노래)
       뜬바딴바 북죽개뚜껑에
       황새 똥 갈렸다.
       넓은이 똥 쌌다. 워-리, 워-리.
나까무라 (발을 굴으며) 이 자식이 두고 보갔나? 나 따라와 무슨 일이가
       있소?
봇똘이 (멀즘암치 떨어져) 워-리, 더-리, 개 불러 매-라. 그럼 아까 나
       왜 때렸어? 누구 병정 안 나간대. 히······ 무서워, 난 못 뽑았지!
       (개 부르는 시늉) 오에오에워 오에오에.
나까무라 뽓또리 이리 오라 했소.
봇똘이 (뒤로 물러서며) 또 때릴라구······ 누구 모를 줄 알어, 항······
나까무라 때리지 아니했소. 이라 오라. 정말 칠성이 못 봤나? 있는데 아
       라 주문······

　　　이뿐이 일어난다. 서분네는 새하얀 얼골.

나까무라 봇또리 병정 뽑으라 했소. 좋은 거시도 마니 줬소.
봇똘이 정말? 그럼 내 찾어보까.

　　　서분네, 봇똘이 주먹을 흔들어 뵌다.

봇똘이 아니······ 못 봤어······ 안 왔는데 머······

나까무라 (돌아서서 싱긋 웃으며) 이고시 누구야, 색시들…… 못 봤나, 칠성이 이리 왔는데?

　　서분네, 이뿐이, 공포에 치를 떨며 얼굴을 가루 흔든다. 이때 헌병, 사복 세 명이 나타나 나까무라와 수군수군. 봇똘이 놀래어 뽕나무 숲속에 숨는다. 현병의 지휘 밑에 일동, 마을을 향해 퇴장.

서분네　이걸 어떡하나. 칠성이가 도망해 나온가 부네.
이뿐이　아이마니, 잽히면…… 내 뛰어가 보께.
서분네　나두! 칠성이가…… 칠성이, 어쩔라구 도망해 나왔수?

　　둘이 손을 마조 잡고 황급히 퇴장하려는데, 우물 뒤 밭도랑 아래에서 소리.

소　리　역시 오긴 왔다, 칠성이가…… 서분네야, 내 호드기 소래를 잊었느냐?
서분네　(놀래며 반 실성으로 허공을 우러보며) 아, 이게 어디서 들리는 소리요? 정말루 당신의 소리라면, 다시 한번 제 이름을 불러 주……
소　리　서분네야, 부를 게 있니? 칠성이가 예 있다! (밭고랑 쪽으로부터 군복의 칠성이 머리를 든다)
서분네　(흠칠 물러섰다가 두 팔을 벌리고 달려가며) 아, 이게 웬일이요!
이뿐이　(발을 구르며) 칠성이네, 정말 칠성이야! 어쩌문 좋아, 벌서 잡으러 왔어요!
칠　성　(서분네의 손을 잡고 반시만 올라와 걸터앉으며) 이뿐이냐? 염려 말어…… 물뜨러 이 밑에 기어들어와 벌서 알어채렸어. 물이나 한 모금 떠다우…… (서분네, 황급히 드레질) 그리구 이뿐이, 너는 저기 숨어서 누가 오나 좀 망을 보아다우.

　　이뿐이, 날쌔게 올바자 밑으로 퇴장. 칠성이 물을 마시고 봇똘이는 눈을 크게 뜨고 뽕나무 숲속에서 움칠거린다. 달이 유난히 밝다.

서분네　(물 마시는 칠성의 몸을 쓰다듬으며) 다친 데나 없수?
칠　성　(머리를 흔든다) 으응.

서분네 그럼 이제는 어떡할 테요? 우리 그럼 버들개루 나가 죽어버려? (옷고름으로 얼굴을 싸며) 당신과 같이 죽는다면……

칠 성 미련한 소리 말어. 죽기는 왜 죽어. 우리가 철없이 죽어 될 때냐? 하기는 나도 네 생각이 간절해 혼자 그 버들개 언덕에 앉어 너와의 옛일을 그리며, 한참동안 호드기를 붙었다.

서분네 나도 들으며 꿈이 아닌가 했수.

칠 성 그래, 그동안 잘들 있었늬?

서분네 (우물에 기대여 느껴 운다) 응…… 응. 나야 머……

칠 성 왜 울어, 울지 말어…… 나도 이제는 옛적의 칠성이가 아니루다…… 아무것도 모르는 철부지였다만 병정이 되어 밝은 정신이 들 대로 들었다. 내 일본놈을 위해서 죽어서는 안 된다는 것을 절실히 깨달았다. 내 귀한 목숨을 우리 조선을 위해 바쳐야지. 서분네야, 값없는 죽엄은 안할 테루다! 두구두구 생각하니 붙들려간 배근의 말이 죄 옳더라…… 닭 몰듯이 내모는 바람에 지원병 명색으루 병정이 되었지만, 이제는 그 대신 총 쏘는 법을 배왔다. 칼 쓰는 법을 배왔다. 그리구 우리 많은 동무들과 이 나두 그 총부리 향할 곳을 알었단다. 칼을 들어 쳐부실 것이 무엇인지 알었단다. 서분네야, 울지 말구 내가 이만치 장해지는 것을 기뻐해 다우……

봇똘이 움칠한다.

서분네 응…… 응…… 그리구 오늘 봇똘이까지 검사가 있었다우……

칠 성 그 놈들 조선사람이면 병신의 피까지두 앗아보려구. 아, 우리 봇똘이 병정되어 날 만나러 온다구 언젠가 그애가 그랬지. 내 이번 멀리 갔다 돌아올 젠, 우리 조선군복을 갖다 주련다구 그리 전해 다우…… 총두…… 칼두…… 그리구 내 봇똘이 대신 두 사람 몫을 싸우련다구…… 어렸을 제 그애를 델쿠 나무에 올라갔다가 병신 맨든 것을 요지음 얼마나 뼈에 사모치게 슬퍼하는지 모른다. 그애도 우리 조선을 위해 한껏 싸워줄 몸이 될 것……

서분네 그러지 않아두 봇똘이는 형에가 만나보구 싶어서 죽겠다구…… (멀리 개 짖는 소리. 놀래며) 어서…… 어서…… 어뒤루든지 피신해요! 저놈들이 개 차대니듯 몰려와서 찾느라 야단이니……

칠 성 염녀 말아…… 너를 보았으니 이전 한이 없지만 어머니랑 동생을 못 보고 떠나 적이 슬프다…… 나라를 찾기 위해 나두 멀리 떠나 드라구 잘 전해 다우, 응?
서분네 어디루?
칠 성 압록강은 헤엄쳐 건느런다. 산해관은, 만리장성은 걸어 넘으런다…… 발이 터지면 해변으로 나가 어선을 잡어타고서라도 바다를 건느런다…… 중국 땅에만 가면 우리 조선의 독립을 위해 싸우는 의용군이 있다고 들었다. 그이들과 같이 우리나라 찾기 위해 싸운다면, 머리가 열쪼각이 난들 무슨 한이 있겠니…… 하기는 백두산에만 들어가두 우리 독립군이 있다구 들었다. 서분네야, 떠난 뒤의 일을 네게 죄 부탁한다. 내 늙은 어머니, 병신 동생, 나어린 봉의, 모두 잘들 보아 다우, 응…… (벌떡 올라앉으며) 그럼 서분네야, 마지막으루……
서분네 (두 팔을 벌리고 껴안으며 흐느껴 운다) 아무쪼록 조심히, 조심히……
칠 성 그리구 정말, 잊었구나…… 어서 몰래 마을루 들어가 의복을 한 벌 내다 다우.
서분네 꽁지가 빠지게 내 달음질쳐 갔다 오께…… 몸을 감추구서 꼼짝 말어요.

봇똘이, 분주히 저고리를 벗는다. 고매끼6)도 풀기 시작.

칠 성 (다시 밭고랑으로 내려서며) 하나 그놈들의 눈이 날카로우니 우리 집으로 들어가지 말구…… 네 아버지 의복이라두 한벌 꾸려가자구 저 버들개 언덕, 알지? 우리 소를 매구 호드기 불며 놀군 하든 잔디밭, 게다 갖다 놓아 다우. 그놈들 눈치 채우지 안투룩 조심히, 응……
서분네 응, 응, 내 그리 내다 주께.
칠 성 하긴 내 주재소 전화줄두 끈어야 잽히지를…… 아니, 그건 내가.
서분네 (달려가다 뒤돌아보며) 전화줄? 응, 내게 맡겨요. 불을 노랜들 못 노리. (깜짝 놀래며) 이게 머야?

---

6) 대님.

뽕나무 숲새로부터 우물가로 저고리가 날러온다. 그리고 바지, 짚세기.

봇똘이 (배밀이해 나오며) 형에야, 나 봇똘이야! 어서 갈어입구 도망쳐…… 나 봇똘이야!
칠 성 (뒤로 기어올라와 엎디어 봇똘이 손을 잡으며) 아, 고맙다. 너를 만나 네 의복까지 바꿔 입으니…… (분주히 갈어입으며) 봇똘이는 어려서부터 총이랑 칼이랑 좋아했지? 내 이번 돌아올 때는 우리나라 새 깃빨을 총대에 꽂고 컬을 휘두르며 달려올게, 응……
봇똘이 형에야, 내 군복 정말 갖다 줄래?
칠 성 응, 총, 칼, 군복 다 갖다 주구 말구. 그때는 너두 우리나라 새 깃빨 흔들며 마중 나와다우, 알었지? (짚신을 걸치드니) 그럼, 봇똘아. 잘 있거라. 서분네야, 울지 말아.
서분네 아, 어서 이걸루 신동을 메요. (옷고름을 뜯어준다. 칠성이 신들매)
칠 성 됐다. 그럼 간다. (달려가는 등 언저리에 달빛이 빛난다)
봇똘이 (배밀이로 다가들며) 형에야, 내 옆채기에 돈두 있어. 스물엿냥, 응. 배 타구 가!
소 리 알었다, 응. 어서 들어가라!

둘이 망연히 밭고랑을 바라본다. 사이. 울바자 밑에서 고양이 오는 소리.

이뿐이 (달려오며) 누가 오는가 봐!
서분네 (펄쩍 놀래어 군복을 뭉치며) 아이, 이걸 엇따 치우냐?
이뿐이 벌서…… 갔네?
봇똘이 (군복을 빼앗어 가지고 우편으로 달려가며) 내가 감추구 오께!
서분네 어디 산에 가지고 가요. 이뿐아! (손을 붙잡으며) 그럼 난 주재소로 간다!
이뿐이 아니, 주재소는 왜, 언니?
서분네 (봇똘이 뒤를 따르며) 전화줄을 끊어야.
이뿐이 전화줄? (따라가다 돌쳐서서 마을 쪽으로 달려가며) 그럼 난……

사이. 고양이 울음.

봇똘이 (군복 안은 채 뽕나무숲으로 기어든다) 히…… 이걸 엇따 감추냐? 야단났네. (우물가를 건너다보며) 다 어데 갔어? (주섬주섬 군복을 만지며) 이거 우리 형에 입는 거. (껴안는다) 갔다올 제 내 군복이랑 총 가지구 온다구 그랬지…… 또 뭐라드라? 오-라, 우리나라 위해 싸운다구 그랬지…… 형에 일본놈들과 전쟁할래나? 그러래문 나두 하지 머. 나까무라 순사 그까짓 놈. 그럼, 나두 전쟁 못 할 줄 알어? 내가 왜 못해. (혁대까지 띠고 나선다) 우리 형에 바루 가기나 했나? (먼 산을 보며) 무얼 도적했을까? 우리 형에 그럴 사람 아닌데. 그놈들 왜 잡으러 다녀? 이거 칼 어떠케 뽑나? 히, 나온다. 나오네. (흥분) 쉬- 저놈의 고양이 왜 작구 울어. 방정맞게스리. 고양이 우는 거 난 제일 싫더라. 재수가 없어…… (울바자 쪽으로 달려간다) 이놈의 고양이 죽어볼래! 쉬- (집 뒤로부터 지껄이는 소리. 놀랜 봇똘이 울바자 밑에 기대며 귀를 기울인다. 뽕나무숲 새로 박첨지 등장. 곤드레만드레)

박첨지 에헴, 우리 서분네 팔자가 괜치 않으니라. 아무래두 서방은 잘 만났거든. 으- 우리 딸 월급만 한 달에 이백 원이야, 알어? 월급 받으며 북지서 잘들 벌어먹으면 나두 북지 가서 살구 말이야. 이게 무슨 사는 꼴이람! 에, 이놈들 대장 장인 듭신다. (놀래며) 이게 무슨 소리야?

노파소리 이러지 말구 날 죽이려무나! 이 짐생 같은 놈들! 난 이제 당장 죽는대두 한이 없는 사람이다. 다 잡어가다 못해 이제는 이 늙은 것까지 끌구가는구나!

박첨지 칠성이 지친7) 목소리 같은데?

노파소리 이놈들, 내가 죽어 우리 칠성이가 편안만 하다면, 골백번이라두 죽을 테다! (포승 받은 노파와 봉의 앞세우고 나까무라, 헌병, 사복 그외 동민 여럿이 등장. 이뿐이는 노파를 껴들고 나온다. 봇똘이, 바싹 엎대여 갈범처럼 눈을 번뜩인다)

나까무라 그래, 무슨 소용 있나. 어서 마리 해. 칠성이 어데 있어?

봉 의 (악바라지로) 보지 못한 칠성이 우리가 어떠케 알어?

박첨지 아니, 이게 무슨 일까!

순사, 칼집으로 노파를 치려 하자, 이뿐이 대신 나서다 맞고 쓰러진다.

---

7) 慈親. 어머니의 높임말.

노　　파　죽여라. 죽여!

이뿐이　놓구 말해요! 오지 않는 사람 내노라니 어떠케 내놓아!

나까무라　(이뿐이를 걷어차며) 이래두 마리 아니해? (칼집으로 목을 눌러 엎어치며) 마리 아니하문 아라 있소? 칠성이도 자바주기고 너이들도 주겨줬소? (노파 비명.)

박첨지　(땅에 털석 주저앉어) 아이구, 속았구나! (반 울음) 서분네야! 우리 서분네 어디 갔니?

봉　　의　이놈아, 죽여라! 죽여! 어머니 정신 채려요! (놀래여 일어서며) 앗, 오빠!

　　　봇똘이 별안간 군도를 들고 번개처럼 습격하매, 순사 잔등에 칼을 받고 앞으로 꼬꾸라진다. 일동 대소란.

봇똘이　(노파를 껴안으며) 어머니, 죽지 말어! 저놈 내가 죽였어! (이때 사복이 타고 엎누르며 왼팔에 포승을 걸자, 메다꽂으며 벌떡 일어나 권총 든 헌병과 마주 선다. 다시 번개처럼 날어들며) 이놈 너두 일본놈이구나!

　　　헌병, 가슴에 칼을 받고 쓰러지며 총을 놓아, 봇똘이는 배를 부둥켜안고 넘어진다. 칼을 꽂인 채 푸들푸들 떨린다. 멀리서 '불이야, 불이야' 소리.

노　　파　(봉의와 같이 다가들며) 칠성아, 칠성아! 이게 왠일이냐!

봉　　의　오빠! 오빠! 정신채려요! 앗, 봇똘이 오빠! 어머니, 봇똘이 오빠야!

　　　멀리서 불이야! 불이야! 화광 충천.

이뿐이　(일어나 발을 구르며 반 실성으로) 아-니, 저 불, 우리 서분이네 언니가 종내 붙였구나. 하하하. 어서 몽땅 타버려라!

소　　리　주재소 불이야! 불이야!

소　　리　불이야! 불이야!

봇똘이　(일어나며 법열에 찬 얼골로) 에헤, 에헤, 전화줄 끊어졌구나. 저놈의 전화줄. 에헤, 형에야, 나두 일본놈들과 전쟁해 이겼어. 에헤. 아마 일본놈 죽였다구 총 맞은가 베. 형에야, 일본놈, 죽여야

되는 일본놈 죽여두 되는 군복 갖다 주어! 응, 형에야! (다시 쓰러진다)
노 파 봇똘아! 봇똘아!
봉 의 오빠! 오빠!

화광이 더욱 충천. 동민 줄어든다.

소 리 (멀리서) 불이야! 불이야!

막.
『적성』 1(1946. 3)

호접(3막 4장)1)

---

1) 「胡蝶」은 「八・一五解放一週年紀念戱曲集」(북조선예술연맹, 1946. 8. 15)에 수록된 것으로 한자만 한글로 변환했으며 띄어쓰기 등은 원문그대로이다. 중국어 및 한자, 일본어 뒤에 [ ] 로 들어가 있는 설명은 편자 주이고, 그 이외는 원문그대로이다.

때
: 1941년 12월 11밤 (제1막)
　　이튿날 새벽 (제2막)
　　그날 낮 (제3막)

곳
: 화북석가장서 멀지 않은 원씨현호가장부락

사람
: 김세중-29세 대장
조상봉-28세 소대장
송일석-26세 분대장
박철동-27세 사병
김학운-25세 사병
원칠성- 24세 사병
장남수-30세 사병
차성렬- 34세 사병
이만갑-18세 사병
하순이-22세 위생원
임성옥-27세 차성렬의 부인
윤분대장
오분대장
팔로군공작원
포로
팔로군간부
노파
그 외 여러 사람

자막

이 연극은 1941년 12월 중국 팔로군의 정치공작에 배합하여 화북 석가장 부근에 출동한 우리 조선의용군의 무장선전대 29용사가 애통히도 피로써 물들인 장절한 전투기록이다. 만리이역 산지에서 일본대군의 포위진을 통렬히 무찌른 이들의 불같은 정신과 애끓는 조국에 눈물겨운 동지애. 우리는 이를 친애하는 국내동포들과 같이 한자리에 읊조리고자 한다. 모름지기 이들 조국 해방의 열사에 대한 감사의 념을 다시금 새롭게 하여 또한 못내 뜻을 못이루고 피눈물을 머금으며 차디찬 광야에 쓰러진 여러 민족 영웅의 영을 위안하기 위하여 하루 바삐 참다운 통일전선 밑에 건국일로로 돌진하자!

제1막

향하여 왼쪽에 지붕처마와 흙 담이 보이고 흙 담에는 먹글씨로 '즉각성립 연합정부'. 집 뒤로부터 정막한 굴곡과 경사를 지어 오른쪽으로 깊숙이 올라가 대체로 험준한 산밑 마을이라는 느낌, 산 언덕받이는 바위투성이로 가심덤불에 쎄였으며 멀리로 그악한 산 게다가 으스름 달밤. 막이 열리면 의용군과 팔로군 공작원들이 돌 위에 덤덤히 앉아 있고, 그 앞쪽 바위 위에는 공작원1이 올라서서 수많은 군중을 향하여 연설중, 일동은 모두 편의2)에 경무장이다. 보초 하나 뒷바위 위에 서 있다.

여공작원1 노향문(여러분), 이것은 곧 우리 중국과 조선 두 민족이 일본제국을 짖부시지 않는 한 영원히 그 노예의 운명으로부터 벗어나지 못할 것이기 때문에, 이분들도 우리의 항일전쟁에 적극적으로 참전하여 총칼을 들고 타도에 매진하는 것입니다. 파쇼 일본은 우리의 공통의 적이요!! (박수와 함성) 그러나 우리는 우리를 도우려 달려온 이 조선의 열혈동지들에게 무기를 변변히 내어줄 힘이 없는 우리였소. 마는 노향문 우리들에게 일단 힘이 진다면 그 때는 이 지구 위에서 또 하나의 피압박민족이 해방되기 위하여 우리는 조선의용군에게 많은 무기를 보급할뿐더러, 적극적으로 조선민족해방전쟁에도 참가 협력할 것을 이 자리에서 선언치 않으렵니까!!

공작원2 (일어나서 구호) 어서 우리의 혁명역량을 길러 조선의용군에 무기를 보급하자!!

구호를 받아 군중도 다 같이 주먹을 쥔 오른 손을 치켜들고 마지막 ○○ 따라 부르짖는다.
이하.

공작원1 내려와 김대장과 악수. (악수 동시에) 구호 (군중 속으로부터) 우리는 조선의용군과 굳게 악수하여 공동의 적 일본 군대를 때려 눕히자!!

---

2) 편의(便衣), 평상시에 입는 간편한 옷, 여기서는 군복이 아님을 뜻함.

사이.

김대장 (바위 위에 올라서서) 토-치카를 둘러싸고 혹은 전화선을 이인, 일본 유학생이라고 주장하였습니다. 누르면 누를수록 약소민족이라 솜처럼 줄어드는 줄만 알아 십여 년 간의 갖은 압박과 착취 아래 우리 조선민족도, 또한 기가 진할 대로 하고, 맥이 낮아질 대로 낮아진 줄로 안 모양입니다마는, 용감한 우리 조선 민족은 결코 죽음의 족속이 아니요!! (박수 소리) 폭발하는 화약에는 압축된 솜일수록 강대한 힘을 발휘하는 법입니다. 우리 민족이 눌릴 대로 눌린 솜이라면 이 솜뭉치에 바야흐로 화약이 달렸습니다. 이대로 여기 있는 것이오. 그 이름은 조선의용군이라고 합니다.

조소대장 (뛰어나오며 구호) 조선의용군은 약소민족 해방의 화약이다!!
김대장, 옳습니다. 우리는 조선 민족 해방의 하나의 불길이요, 화약입니다. 적은 우리 의용군의 존재를 의심치 못하게 되자 몸부림을 쳤습니다. 그것은 왜? 중국의 적지구안에는 일본제국주의자가 조선 민족을 짓밟다 못해 전부 몰아낸 수많은 사병과 군속이 가슴 속에 화산을 안고 있으며 또 민중이 조국 땅에서 쫓겨나와 원통한 마음이 이를 갈고 있습니다. 그들에게 무서운 화약이 달려서는 큰일이라고 깨달았기 때문입니다.

여공작원1 (구호) 조선인 사병이 가슴에 안은 화산에 화약을 던지자!!
김대장 謝謝儺(고맙습니다) … 적은 무엇보다도 이것을 무서워하였습니다. 여기에 조국의 깃발이 있어 이 깃발 아래로 뭉치라고 외치는 소리가 들리기만 하면 그들은 아우성을 치며 무기를 들고 사선을 뛰어넘어 달려올 것이요!! (와- 함성)………
노향문, 이때가 우리 조선의용군 힘이 크게 뭉치는 때이며, 또 이때가 우리들이 더욱 큰 손으로 여러분들의 손을 덥석 끌어 잡을 수 있는 날입니다.

공작원2 (구호) 조선 민족의 참담한 현상을 동정하고 이해하자!!
구호 (군중 속으로부터) 우리도 하루바삐 전선으로 나가자!!
김대장 우리의 공작이 나날이 진전하여 큰 힘이 뭉칠 것을 두려워한 적은 경중기관총에 박격포까지 가진 견고무장한 200명 결사대와 중국 화평군 말하자면 중국의 민족 반역군 백오십으로 우리의 뒤를 전문으로 쫓게 하였다. 하나 우리는 5리내지 2,30리 씩의 거리를 두고 옮아가며 끊임없는 대적선전 공작과 군중대회를 가질 뿐더러, 처처에서 유격전을 일으켜 적을 때려 부시고 무기까지 빼앗아 들 수가 있었습니다. 이제부터야 말로 우리 싸움이 더욱 치열하게 벌어질 것이오!!
우리 의용군에서는 세 가지 굳은 결심이 있습니다. 파쇼 일본을 때려 눕힐 결심, 하나 나라를 도루 찾을 결심, 또 하나 인민을 건질 결심!

벽력같은 박수소리 속에 바위 위에서 내려와 공작원들과 악수.
사이.
향하여 오른쪽으로부터 도라지 타령에 호궁소리 음악도 합주할 때, 왼쪽으로부터는 노래 소리 바위틈 사이로 일군모에 돋보기 안경을 쓰고 나막신을 신은 유난히 키가 작은 일병 하나가 총을 메고 기어올라와 고개를 갸웃거린다. 군중이 펄펄뛴다.

    왜놈이다 ! 왜놈!!
    저 놈을 죽여라!!
    저 왜놈 잡아라!!

조소대장 여러분, 여흥입니다. 오해마십시오!
일 병 메시메시 깡호디 (밥이 먹어) 하구 심을때 어떤 놈 하나 술에 고기 근이나 구도우루 나이가나…… 그 놈을 칼로 찔러 엎었소데…… 오홈오홈. (기침깃다 놀라여 눈알을 굴리며)……… 창고들의 소리 아니구 요보상의 소리 같은데…… 옳지 팔로군 안에 그 몹쓸 구두 무시무시한 요보 의용군이 따래유라더니 으흐흐…… 그놈들이 오나. (바들바들 떨며 움켜든다) 니세루 호초니 지루 호호데……

왼쪽으로부터 태극기를 가슴에 두르고 꽁무니에 권총을 찬 청년이 곡괭이를 메고 노래의 춤으로 등장, 동시에 오른쪽으로는 중국 팔로군이 호궁을 그며 등장, 한거리 춤을 추고 난 뒤에 음악은 ○○○로 변한다. 이 장면은 국악 양식화함이 필요하다. 이번은 중국 춤을 추며 노래를 주고받는다. 적당한 군데마다 의용군이 합창해도 좋다. 일병이 고개를 갸우뚱이

내어 밀고 혀를 회회 내뿝아 돌린다.

일　병　무슨 노래인지. 워-뿌지다오……… 시키시 호호데 구경이나 하다가 코로스 호호데
농군(노래)　八路軍和義勇軍相好大大的
　　　　　　你們那我們那兄弟那一樣的
　　　　　　扛着槍站在一起共鬪打日本
　　　　　　鬼子害怕跑胞了跑了的有

조선식 중국어라 좀 우스광스레 다음의 의역으로 불러도 좋다.

　　　　　　팔로군과 의용군
　　　　　　대단 쪼아해. 니매나 워매나 형제나 한가지
　　　　　　뚫어서 총을 메고 왜놈 족치니
　　　　　　왜놈이 아이쿠데이쿠 도마이 갔소.

일병의 고개 움츠려든다.

청년(노래)　老百姓是我們的母親一樣的(농부 좋아. 우리나 어머니 한가지)

일병 다시 기어나와 총 뿌리 향하자 군중 속에서, '저놈, 저놈 봐!!', '쉬-쉬- 연극이야!'
노래는 그냥 계속, 일병 숨어든다.

청년(노래)　沒有老百姓那有我們的(농부나 없으면 우리도 메유디)
청년(노래)　老百姓雍軍軍隊愛民(농부는 군대 돕고 군대 백성이나 사랑해)
청년(노래)　爾們生産我們打全扒滅消日本(니데생산워대 일본 멸망)
합창(의용군도)　野獸樣的鬼子又要求播展(짐승같은 왜놈아 올려면 또 오라)

일병 다시 나타난다.

청년(노래)　義勇軍展開了政治攻勢 八路軍打遊擊民兵埋地雷
(義勇軍은 정치공세 展開하고 八路는 유격이라, 民兵은 지뢰묻어)[3]

일병 사지를 떨며 나막신을 벗어든다.

청년(노래)　鬼子的地雷메시메시死了的有
　　　　　　(왜놈자식 지뢰 메시메시 꺼구러 졌네)

일병 뛰다가 바위우에 네 활개 펴고 쓰러진다.

일　병　아이야 워-디 지뢰를 메시메시 신단지

　　　군중 홍소(哄笑). 둘이 양쪽으로 접근하여 팔을 걷고 앞뒤로 장지거리[4])하여 동동 쳐들고 퇴장.

합창(의용군도) 제1절의 노래
김대장　(뛰쳐나와 구호) 중국인민 해방 만세!! 만세!!
공작원1 (뛰쳐나와 구호) 조선인민 해방 만세!! 만세!!
　　　　노향문, 이것으로서 오늘밤의 궁중대회는 폐회키로 합니다.(김대장과 악수하며) 대단히 승리적인 대회였습니다.
김대장　덕택에 고맙습니다.
공작원1　不麻煩不麻煩 〔천만에요. 천만에요.〕 그럼 저희들은 여기서 한 십 리쯤 떨어진 왕장(王莊)으루 가서 묵겠습니다. 오래간만에 오늘 밤은 옷도 끄르고, 마음 놓으시고 푹 쉬십시오. 내일 아침 떠나시기 전에 또다시 와서 뵙겠습니다.

　　　일동 경례를 주고받는다. 공작원들 오른쪽 산길로 퇴장, 군중도 흩어진다.

조소대장　제2분대와 제3분대는 각각 정렬해서 예정의 숙사로 돌아가시오. 집합은 내일 아침 여덟점, 장소는 여기 반근거지라고는 하지만 간간 스파이 작용이 있는 곳이니, 이 점도 충분히 조심하십시오. 정보에 의하면 우리 뒤를 밟고 있는 적 350은 불과 20리 밖에 안 되는 양가촌(楊家村)에 당도하여 숙영하는 모양입니다.
김대장　제2분대는 동북간(東北間), 제3분대는 서남간(西南間)에 민병과

---

3) 인물표시를 바로잡음.
4) 주전자나 냄비 따위를 화로 위에 올려놓을 때 걸치는 기구의 평안방언.

배합하여 보초를 세우고 경계를 게을리 하지 마시오. 그리고 만약에 적정이 발생한다면 이곳으로 연락원을 파견하여 지시를 받을 것! 그뿐.

두 분대장 대원을 이끌고 좌우 양쪽으로 퇴장.

송분대장 소대장 동무, 우리는 동지적 입장으루 저 두 분대가 숙사에 도착할 때쯤까지 여기서 머물며 잡담을 하는 게 어떤가요?
조소대장 (미소를 지으며) 동지적 입장으로? 참 말이 좋구려.
김대장 헛허허…… 춥지만 않으면 그렇게들 합시다 그려. (돌 위에 앉으며) 재미나는 이야기나 그럼 좀 하시오.

모두 환성을 지르며 흩어져 군데군데 모여 앉는다.

장남수 아! 참 스무날만에 첨이데이…… 으찌 바빴든지 죽을 짬도 없댔구만.
이만갑 하필 왜 나를 왜놈으로 만든단 말이야. 차 동무 좀 두구 보아요…… 아까 장지거리며 해가지구 나갈 제 그렇게 막 모가지를 비틀기야!
차성렬 …… 처음 해보는 연극이며 왜놈을 잡아 흠탕 집어치우느냐 생각하니 흥분해서……
이만갑 또 왜놈, (대들며) 누가 왜놈이길래……
차성렬 아니, 나야……
김대장 만갑 동무, 무슨 말을 그렇게 하우? 다…… 없을 소리요, 차 동무도 이제는 우리 훌륭한 동지로 아시오.
이만갑 흥, 동지?
조소대장 (핀잔조로) 만갑 동무?
이만갑 (퉁명스레) 네. 알았어요.
임성옥 (남편을 향하여) 막 저렇게 수모를 받으면서두……
차성렬 (빽 소리로) 입 닥치구 있어!
임성옥 (울며) 난 사람 아닌가? 모두 들러붙어 몰아세우기만 하구……
송분대장 어쨌든 오늘 밤의 연극으루 우리 분대가 명예회복을 했어. 천여 명 되는 군중이 얼마나 좋아하는지……

김대장 우리의 시인 학운 동무의 연출도 좋았지마는……
김학운 (웃으며) 아니올시다. 무엇보다도 만갑 동무의 명연기 때문입니다. 왜놈의 숭내를 어찌나 잘……
이만갑 또 왜놈?
하순이 호호호, 만갑 동무두……
이만갑 그런데 대장 동무! (우로 돌아 차렷하고) 아까 연설하신 말씀에 나 이상한 점이 있었습니다.
김대장 무엇이요?
이만갑 우리에게는 총도 총이려니와 기관총까지 있다고 하셨지만, 총이 하나 모자릅니다.
김대장 모자르다니, 누구 것이?
이만갑 바로 제 것이 없습니다.
조소대장 (웃으며) 꽁무니에 찌른 것은?
이만갑 권총입니다. 이것도 전리품은 전리품이지마는 왜놈들과 싸울 때 끝끝내 보총을 빌려주지 않아 한 놈두 쏘아 죽이지를 못했습니다. 그래 돌아오는 총이 하나두 없습니다.
김　장 동무들이 아마 동무는 그 중 나이 어린 소년병이래서 애끼구 도는 모양이요.
이만갑 대장 동무!
김대장 동무의 심정을 내 못 알 리 있소마는. (다가서며) 이제 더 크게 싸우고 크게 죽을 기회가 반드시 우리에게 올 것이오! 그리고 또 본대 가까이 있는 내 보총을 동무의 권총과 바꾸어 줄 것이오.
하순이 만갑 동무도 깐돌이5)야, 기어코 보총 하나 데구야 마네. (학운이 마주 웃는다)
이만갑 아니올시다. 전들 제 손으로 못 쏘아 뺏들어서요? 만약에 전투만 벌어지면 동무의 총을 서슴치 않고 제게 빌려 주실 수 있지요? (손을 내어민다)
김대장 (웃으며 악수) 맹세하오.
송분대장 곤하실 텐데, 대장 동무는 들어가 쉬시지요. 아마 저 동무들은 오래간만에 한가한 틈을 타서 미진한 이야기에 꽃을 도치는 모양입니다. 오늘밤 보초는 누군지요.
박철동 저올습니다.

─────────────
5) 작고 당찬 녀석을 가리키는 말.

조분대장 그 다음은?
박철동[6] 저올습니다.
조소대장 (웃으며) 시를 읊으며 또 비몽사몽간으로 천국에서 놀지나 않겠소?
이만갑 절대로 그럴 리 없습니다. 안심하시고 편안히들 쉬십시오.
조소대장 차 동무랑 임 동무두 들어가지요.

　　김, 조 두 대장을 따라 차성렬의 부처도 집 뒤로 퇴장. 박철동은 새로 총을 받아 메고 보초 위치에 선다.

박철동 동무는 전투 안 하구도 보총은 얻어 놓았어! 대장은 총이라면 모젤이나 차는 법이야. 동무 생각을 해서 대장 동무가 총까지 메구 다니는 줄 알게.
이만갑 에이, 오늘밤으로라두 전투만 벌어져 봐라.
김학운 제발 그런 소리 말게. 전투가 있다면 대체루 새벽이야! 그리고 새벽 보초는 나! 오늘 밤만은 오래간만에 동무들이 편안히 쉬는 걸 보세나.(바위 위에 기대로 앉는다)
장남수 집 뒤로부터 화로를 들고 나온다. 그 뒤로 주전자와 사발을 가진 집주인 노파 모두 고마워하며 한 그릇씩 받는다.
장남수 －老駕! 老駕!〔미안! 미안〕
　　　　－麻煩 麻煩那〔폐를 끼칩니다〕
장남수 자! 이래 모여서 천천히 들을락 해야지, 영감 병정이라 수족이 차서!
원칠성 참 잘 어울리는데, 꼭 늙은 양주 같구먼. 爾不是老兵爾是老百姓〔노병이 아니라 일반 백성입니다〕

　　모두 웃는다.

노　파 (웃으며) 정말 이이는 꼭 노백성 같다니까. (송분대장을 보며) 춥지 않우? 내게두 꼭 당신만한 아들이 하나 있었는데…… (모두 떠들며) 어쩌면 우리 그 애와 그리두 꼭 같은지 아까부터 유심히 들여다 뵈이유! (옷을 만지며) 부모님네는 계시우? 이렇게 먼 나

---

[6] 이만갑의 잘못.

라에 와서……

송분대장 허허 여기서 어머니를 보네그려. (잔등을 두들기며) 그럼 어머니 어서 들어가우!

　　　노파 고개를 끄덕거리며 퇴장.

장남수 아이고 참, 이얘기 끌이 다 잊었다. 그래 칠성 동무 머락구 했다고? 이야기는 남아서는 좀 세세히 들어야지!
송분대장 그래 마저 하우! 이제부터 더 재미있을 모양이니!

　　　화로 가에 앉기는 장, 원, 송, 만갑은 뚜벅뚜벅 거닐기 시작. 학운은 통소를 꺼낸다.

하순이 날씨가 좀 풀리는 품이 아무래도 눈이 올래는가 봐. 학운 동무는 틈만 나면은 언제나 시인지 깨묵인지 짓느라구 야단 아니면 통소야.
김학운 (웃으며) 영웅한일월(英雄閑日月)이라니. (통소를 불기 시작)
하순이 돌 위에 앉았다가 또 감기나 들지 말어요. (제 외투를 씌워준다) 동무는 제 건강을 너무두 돌보지 않어! 어제 밤에두 밤새껏 밖에서 새우더니.
김학운 이를테면, (웃으며) 이 통소가 내 애인이다.
하순이 아이! 거짓말! 연안 간 인실 동무의 생각에 치운 줄두 몰랐지 뭐! 호호호, 바루 말해요!
김학운 (머리를 흔든다) 사실은 차동무의 이야기가 하두 딱해 밤가는 줄두 몰랐소!
하순이 하긴 그이 차동무네두 불쌍한 사람들이야! 북지 가면 잘 살아 보리라고 봇짐 하나 걸머지구서 남편을 따러 나섰다는 길이!
김학운 차동무가 주변이 있을 사람두 못되니까! 취직은 안 되구 돈도 떨어지구 먹을 것은 없구 보니!
이만갑 (옆에서) 그렇다구 해서 약장사하라는 말이 어디 있어요? 그런 장사를 한다야!
하순이 그러나 차 동무가 조건부로 이리 들어오게 될 줄 임성옥 동무는 몰랐매대. 서루 딴 곳에 갇혀 있었기 때문에……
이만갑 모르기는 왜 몰라!

하순이 아니, 정말이래.
이만갑 차동무의 자백하는 소리 못 들었어? 알아내 가지구 오기 전엔 부인을 안 놓아 준다구 해서, 떠날 때 성옥 동무를 만나 보구 왔다구 그렇지 않았어?
하순이 정말 그랬지!
이만갑 성옥 동무가 또다시 그런 사명을 띠고 들어오지 않았다구 누가 보증할 테야.
하순이 아이- 함부루 사람을 의심하는 것은 옳지 않어.
김학운 그러나 경각성은 높여야지. 하기는 만갑 동무는 아까는 차동무에 대해 너무 지나쳤어…… 스파이로 들어온 동기는 밉기는 밉지! 마는 차 동무는 이미 자백을 하고.
이만갑 그러나 성옥 동무가 들어온 뒤부터는 조금도 안심이 안 된다니-
하순이 에이, 없을 말, 없을 말.
이만갑 (의미심장하게) 그래도 안심은 말어요. (나서 거닐기 시작)
원칠성 아, 그래. 나는 밭고랑 아래 숨어 있다가 서분네가 비명을 지르며 동네루 달려가기에 이렇게 불렀지. (신파조로) 역시 오긴 왔다, 칠성이가! 애야, 내 호들기 소리를 잊었느냐?

김학운 통소를 분다.

송분대장 그래서?
원칠성 하니까 서분네는 깜짝 놀라서 돌아서데 그려- 아- 이게 어디서 들리는 소리요? 하며 허공을 우러러 보겠지…… 하늘에 천사가 있다더니 천사가 부르는 소리일까? 땅속에 귀신이 있다더니 팔려가는 나를 비웃는 소리일까? (일어나며) 정말루 당신의 소리라면 부드러운 그 목소리루 제 이름을 다시 한번 불러주세요.

이만갑 멈춰 서서 팔을 벌리고 (배우 시늉)

장남수 아이구, 그래 머이락 했노.
원칠성 (혼자 감격하여) 그래, 나는 '서분네야, ○○계 있니. 칠성이는 예 있다.'…… 군복채 밭고랑에서 뛰어올라와 앉으니까, 서분네는 흠칫 물러섰다가 이렇게 두 팔을 벌리고 달려오며……

이만갑 (쓸어안으며) 아- 이게 꿈이 아니요? 웬일이요? 칠성 씨. (우는 시늉을 하며 꼬집는다)
원칠성 (비명) 아이야!

    모두 박수를 치며 웃는다.

이만갑 맞았지? 벌서 세 번째야………
장남수 만갑 동무는 들어야 못 알 소리…… 어린애는 어서 들어가 자이소……
이만갑 (돌아보며) 또 어린애!
장남수 (다가 앉으며) 그래, 으쨌다고?
송분대장 우리 본대루 돌아가거든, 학운 동무 이제 그 연극을 하나 꾸미시오. 제목은 무어라구 하나? 옳지!「칠성 동무 꿈속의 연애」.
원칠성 분대장 동무, 아닙니다. 연극두 아니구 공상두 아니구, 정말입니다.
김학운 허허허…… 하기는 이래서 우리 하나가 다 저두 모르는 새에 소설가가 되구 시인이 되는가 봐. 조국에 대한 절절한 사명, 고향에 대한 애타는 그리움, 고향 사람들에 대한 아름다운 꿈.
송분대장 (고개를 끄덕이며) 동무의 말이 맞았소.
김학운 그 아름다운 꿈을 가슴에 안고 읊조리누라면 그것이 정말 있는 일처럼 착각이 되구 내중에는 진실이 되어 눈 앞에 떠올라, 그 때문에 혼자 울기도 하고 기뻐도 하게 된다니까…… (일어나며) 다 우리에게 없을 수 없는 아름다운 꿈!
원칠성 저도, 동무두 내가 거짓말을 꾸며가지구 혼자 좋아하는 줄 아는가 부네……
장남수 그까짓 따라지 시인의 잠꼬대, 괜찮다…… 그래 얼사안구서 뗀노?
하순이 호호호…… 내참!
송분대장 그래, 그래…… 그 다음 일을 들어보구야, 정말인지 아닌지를 알겠는데……
원칠성 (어름어름하며) 그담엔…… 그담엔 물떠 달래 먹구……
장남수 언제 그 말 할라크나? 얼싸 안구서 어떡했노? 안있나? 그거……
하순이 호호호, 그만 두어요……

장남수 아따, 순이 동무. 놈의 연애 참례는 그만하구 칠성 동무처럼 한이나 나지 안두룩 어서 결혼할락 하시우…… 그래 으쨌다고?

송분대장 그럼 그 대목은 넘기기루 하구……

원칠성 (웃으며) 옳지, 서분네가 울더구먼…… 그래 서분네야 울지마라 하며, 내가 잔등을 쓸어 주었지…… 나두 인제는 옛날의 칠성이가 아니루다. 아무것두 모르는 철부지였지만, 병정이 되어 바른 정신이 들 대루 들었다…… 닭 몰듯이 내모는 바람에 지원병 명색으로 병정이 되었지만, 이제는 그대신 총 쏘는 법을 배웠고 칼 쓰는 법을 배웠다. (주먹을 부르쥐며) 그 총부리 향할 곳을 알았단다. 칼을 들어 처부실 것이 무엇인지를 알았단다 서분네야, 울지 말고 내가 이만치 장해진 것을 기뻐했다우……

장남수 아이구, 참 조선 정신을 막 발휘했구마. 애인 앞에서는 말두 잘하능구마.

원칠성 하기는 내가 탈출해 나올 즈음 부대가 북지루 움직인다는 말두 있었으니, 여기 벌서 우리의 옛적 동무들이 와 있을 지두 몰라…… 어떻게 연락만 된다면 내 동무는 다- 래두 끌어낼 테야.

김학운 허허 참, 모두 하나씩 착실한 연극꺼리를 가졌군.

박철동 (바위에서) 지꺼분한 소리는 그만두어!!

하순이 아이구, 깜짝 놀랬다. 저 화차 대구리는 혼자 갑재기 흥분하군 해서…

박철동 고향에 대한 아름다운 꿈? 사랑? 흥, 연애? 연극깜? 어쩌구 저쩌구 그래야 이 세상에 나 혼자 연극거리 하나 없는 외로운 사람이야……

하순이 아니, 왜 또 신이 접했수?

박철동 유복자루 태어나 젖곡지두 못 떨어져 어머니를 잃었으니 얼굴두 모르지, 누이라구 하나 있지만 망명간 매부따라 아라사루 갔으니 감감 생이별이지…… 지금두 이따금씩 생각난다는 게 나를 주어다 길러준 갈미골집의 검둥 강아지. 그 놈이 나하구 어찌 좋아했는지. 흐흥. 그래, 혈붙이 없는 내가 검둥 강아지와 연애했다구 연극을 꾸미기루서, 강아지를 무대위에 올릴 테야? 아무것도 없는 내게 꼭 하나 있을 수 있다면 반드시 있어야 할 것이 조국인데, 조국조차 없지 않느냐 말이야!

침침한 분위기, 바람이 인다. 사이…… 송분대장 감개무량한 듯이 혼자 뚜벅뚜벅 거닐기 시작. 차성렬 잠이 못 드는 모양으로 그림자처럼 나와 놀라 우두머니 멈춰 선다.

송분대장 철동 동무, 마음을 가라 앉히시오.
박철동 …… 아무리 좋게 생각할래두 천애고아인 나를 따사롭게 껴들어 주는 사람 하나없는 내 나라였어! 내어 쫓기다시피 거지 행색으로 고향 청진을 떠나 동북으로 열한 살에 걸어 나온 나였지. 그렇게 심한 함경도 사투리까지 죄다 버릴 만큼 이놈에게 부대끼구, 저놈에게 구박을 받구, 뭇놈에게 업수임을 받으며…… (돌 위에 웅크리고 앉는다)
김학운 품고 있는 서름이란 다- 털어놓으면, 그래두 속이 좀 시원한 법이야.
송분대장 (철동의 총을 거두어 제 어깨에 매며) 동무의 심정을 우리가 왜 모르겠소……
박철동 말일망정 동포지만 나를 그렇게까지 학대한 조선놈들이었어. (울음) 내가 중학을 마치고 군관학교를 나오게 된 것두, 오로지 이 중국과 중국인 신세거든…… (주먹으로 가슴을 치며) 말하자면 내 조국은 나의 저주를 들어야 하며, 고향 사람은 내 복수를 받아야 해! 하나…… 하루 한시 이 조국을 잊지 못하겠으니 이게 뭔 일이야. 동무들의 조국에 대한 추억은 아름답다구? 고향 사람들에 대한 그리움은 절절하다구? 내게는 그것이 하나도 없으나, 그래두 그 조국을 찾자고 동무들과 한 자리에 있으니 이게 또 웬 일이야!
장남수 아이고, 참 야단났대이……
김학운 (침통한 얼굴로 나직히)…… 하기는 절대적인 고독 속에서 끓어 나는 힘이 더 무서운가 봐……
박철동 언제나 나는 책상머리에 조선 지도를 펴놓고서 마주앉아, 둘이 신세한탄을 하곤 하였어…… 야, 이놈아. 조선아! (일어나며) 울상을 하지말구, 좀 ○○을 펴려무나!
하순이 (달려가 껴들며) 철동 동무, 오늘밤만은 무사히 돌아온 기쁨으루 좀 즐겁게 놀아요. 동무, 흥분했소. 응.
박철동 왜, 너는 네 가련한 백성들에 대해 그리 사랑이 없느냐? 네 집, 네 옥토, 네 사람, 다- 빼앗기구, 왜 내 책상머리에 앙상스레 앉원칠성 내가 쓸데없는 말을 시작해서……
박철동 응, 조선 이놈아!
하순이 (안타까운 듯이 반울음 소리로) 아! 그만 두어요!!
박철동 (더욱 흥분하여) 이렇게 막 주먹으로 땅땅 치면서 욕지거리를 퍼 붓노라면…… 금세 또 이 조선이 애처로워서, 지도를 끌어 안구서 흐륵흐륵 느껴 울군 하였어…… 이를테면 돌아가는 나를 있대자 반겨 맞아줄 사람 또 하나 없는 조국이지만……
장남수 철동 동무, 진정하이소!
박철동 그래두 조선은 그 무릎에 매달려 호소를 하며 호들겨 울 수 있는 내 어미요, 또 내 품에 꼭 껴안고 내 설움, 내 기쁨, 내 뜻을 속삭일 수 있는 애인이요, 사랑이란 말이야! 내게 조국에 대한 이 같은 끈까지 없었더라면, 나는 오늘까지 살아 올 힘이 없는 인간이었어! (감격의 울음) 이놈아! 조선아! 너가 정말 오는가 부다. 이번만은 우리 서로 만나면 남부럽지 않은 좋은 살림 꾸려 가자. 응. (돌아서서 바위위에 엎드린다)
김학운 (독백처럼) 그렇구 말구, 만백성 노래 들으며 일하고 (?)르며 꿀이 있어 먹을테고 화원이 있어 호접이 나는 아! 그런 조국!
송분대장 차동무, 왜 안 주무시오!
차성렬 어쩐지 졸리지가 않습니다.
송분대장 이제 저 철동 동무의 비참한 고백을 들었소?
차성렬 네…… 가슴이 막 미어지는 듯합니다.
송분대장 철동 동무의 이야기를 들으면, 때문에 더 싸워야겠다고 기운이 샘솟는 듯하고, 마음이 더 커지는 것 같소. 서로 마음을 키게 가집시다.
차성렬 저 역시 그렇습니다.
송분대장 (다시 거닐기 시작) 나는 본래 군관학교의 포병과 출신이요, 소위 국민군에 있을 땐 포병 상위로 더러 산포7)나 야포를 만져 보기도 하였소만은……
장남수 (칠성더러) 상관있나, 우리는 아까 그 이애기 끝냅시다.
　　다시 이야기 시작, 순이와 학운은 딴 이야기.

---

7) 차량이 통행할 수 없는 산악 따위의 전투에서 쓸 수 있도록 분해하여 운반할 수 있게 만든 가벼운 대포.

성옥 담 벽에 붙어서 기어 나오며 동정을 살핀다.

송분대장 그 당시로 보면 나는 사상의 혁명가라기보다도 오로지 내 대포알로 왜놈들을 때려 부시고 싶다는 일념에, 중경을 탈출하여 용감히 왜놈과 싸우는 이 팔로부대를 달려온 사람이오.
차성렬 저이야 공비라고 왜놈들도 너무도 악선전하는 바람에, 귀를 베구 눈알을 뽑아대는 마적때인 줄만 알았지요……
송분대장 그러나 막상 와보니, 너무도 각박한 조건의 싸움이라 대포하나 쏠 수 없구려. 어떻게 하면 내 대포알을 왜놈들의 머리 위에 불벼락처럼 들일 수가 있을까 하고 불현듯 대포 생각만 나면, 나는 안절부절 어쩔 줄을 몰라 하오…… 그러나 동무, 고맙소. 이렇게 우리들의 동무가 하나둘 자꾸 늘어 힘이 뭉치고, 게다가 대포까지 빼앗아 온다면, 그때는 내 대포알이…… (이를 간다)
원칠성 (놀래며) 아이야, 저 분대장 동무 보아!
하순이 내참 오늘 밤의 흥분은 유행성인가 봐……
송분대장 (먼 산을 바라보며) 야, 이놈들아! 잔악하고도 음흉한 일본 파시스트야! 네 놈들의 죄악의 씨를 거둘 때가 왔다- (팔을 벌리며) 자- 이제 이 산포와 야포 방열을 봐라.
차성렬 (다가서며) 분대장 동무! 송 동무!
송분대장 폭탄이 나간다! 소이탄[8]이 나간다! 문적문적 다- 무너져라! 하하하 불같이 이는구나- 저놈들, 저놈들. (달려가며) 어디를 말거미처럼 기어 달아나느냐! 자- 이번은 산탄, 유탄이 나간다. 아- 맞았다. 들어맞았다. 핫하!
차성렬 (붙들며) 분대장 동무, 염려 마시오. 언제든 큰 전투만 일어난다면, 내가 지은 죄값으로 목숨을 바쳐서라두……
장남수 (일어나며) 왔다 무슨 말을 그렇게 해놓고, 내가 하다못해 박격포 하나라두 뺏들어 드릴까요- 염려마시오. 차 애기 동무는 몬할 끼오!
송분대장 (얼싸안으며) 동무들! 고맙소. 차동무, 우리 같이 싸웁시오. ―응- 그러구 맹서 삼아 내 권총을 드리우! (권총 달린 혁대를 풀어준다) 우리의 적이면 쳐야 하우, 언제든지!
차성렬 (연한 목소리로) 분대장 동무, 저를 이렇게 믿어주십니까? 일본

---

8) 소이탄, 목표물을 불살라 없애는 데 쓰는 포탄이나 폭탄.

　　　　놈에게 바쳤던 목숨을 왜 이 자리에 못 내놓겠소? 왜 동무들에게 못 바치겠소!
박철동 (일어나 다가가며) 분대장 동무, 제가 잘못하였소. 공연히 시초를 잘못 내어. (총을 받아 제 어깨에 맨다)
송분대장 (멋쩍게 웃으며) 허허…… 나두 대포 생각만 하면 그만 흥분해 군 해서, 동무의 흥분이 역시 내게 전염된 게로군…… 네 ,들어가시오. (돌아보며) 동무들은 아직 이야기 끝이 안 났소?
장남수 거의 끝날락 합니다. 먼저 가시소. 우리 곧 갈끼오.
송분대장 추운데, 차동무도 들어갑시다.
차성렬 춥지 않습니다. 달구경이나 좀 하다 들어가겠습니다. 먼저 들어가 쉬십시오. (돌 위에 앉아 먼 산 바래기)

　　　　송분대장, 철동 동무에게 경례하고 퇴장.

원칠성 (자리를 털며) 우리도 들어가지…… 그래, 산 마루턱에 척 올라서서 돌아다보니 발이 딱 붙어 버리구 말겠지. 주제소와 면소 있는 쪽에 불길이 이고, 화광이 충천이다.
장남수 아! 그놈 시원하다. 서분네가 붙인 모양이지?
원칠성 (일어나며) 지금쯤 방화죄로 감옥일께야.
장남수 몰유관계, 몰유관계. 우리 조선으로 쳐나 가든 그 놈의 감옥을 막겨 부시구 끌어내야지…… 앗다, 왜 자꾸 일어만나는고? (할 수 없이 따라나선다)
원칠성 (같이 들어가며) 이야기 끝을 간단히 맺자면…… (보초에 인사) 신고, 신고료9)
장남수 춥겠소.

　　　　둘이 퇴장, 철동 뚜벅 뚜벅 산길을 올라가기 시작, 성렬이 따라나선다.

하순이 아이, 학운 동무도 오늘 보초이죠?
김학운 네……… 왜 그러우?
하순이 오늘 밤 보총을 메는 사람은 돌아가며 흥분하는가 봐, 아무래도 무슨 좋지 않은 일이 있을 것만 같아. 조심해요, 응……

---

9) 싱쿨러, 수고많으십니다. 중국어.

김학운 (일어나며) 헛허…… 그렇게 신경이 약하다구야…… 자- 우리두 들러가십시다. 이번에 본대로 가거든, 역시 내 말 대루 동무는 연안으로 들어가는게……

하순이 (팔을 붙들며 정면을 향하여) 아니…… 동무는 제가 여기 있는게 그렇게두 싫어요? 내가 왜?

김학운 (한참 들여다보며) 참 순이 동무두 못하는 말이 없구려…… 쯔쯔쯔, 눈물까지 어려서.

하순이 난 아버지와 어머니처럼 죽어두 전쟁마당에서 죽을래요. 동무를, (돌아서며) 동무를 떨어져서는 아무데도 안 갈 테야!

김학운 그렇게 외곬으로만 생각하지 말구, 항일대학이나 다니며 동무 자신을 더 키우는게 좋지 않소? 얼마나 우리의 앞날이 뭐우…… (뒤돌아본다)

하순이 나는 그 소리를 들을 때마다 왜 그런지 자꾸 가슴이 두근거려…… (손을 잡으며) 우리들만이야, 우리뿐이야.

김학운 (손을 잡으며) 왜 이렇게 내 손이 떨리는지 모르겠소. 그러나 순이 동무!

하순이 (빤히 쳐다보며) 학운 동무!

김학운 (물끄러미 쳐다보다 마음의 유혹을 억제하려는 듯 얼굴을 돌리며) 우리 서로 냉정히 마음을 가집시다.

하순이 연안 간 인실 동무를 아직도 못 잊어서……

김학운 하기는 내 자신을 걷잡지 못 할까봐, 인실 동무 연안가기를 찬성한 나였지만은, 내가 동무를 얼마나……

하순이 얼마나 괴로움으로 아는지 모른단 말이죠. (돌아서며)

김학운 순이 동무- 참 아직두 애린애구려…… 우리가 지금 어떤 형편에 있으며, 여기가 또 어떤 곳이요?

하순이 알어. 다 알아요.

김학운 역시 동무는 내 누이동생 나는 동무의 오빠…… 이게 우리들에게는 가자 o좋은 길이야.

하순이 (달음질로 퇴장하며) … 몰라요!

김학운 (뒤따라 퇴장하며) 순이 동무! 순이 동무!

　　사이.
　　왼쪽 산길에서 구두소리. 집 담 벽에 바짝 붙어 있는 임성옥, 불빛 어린

눈으로 산길을 보살핀다.

임성옥 (숨죽은 목소리로) 여보! 창수 아버지!

차성렬 산길로 내려와 두리번거린다. 임성옥 손짓한다.

차성렬 (따라가며) 아니 무엇 하러 나왔어?
임성옥 (팔을 끌어당기며) 쉬- 바짝 담 벽에 붙어요…… 당신의 외투랑 목도리랑 가지구 나왔어! 어서 우리 달아나요!
차성렬 (저도 모르게 놀라며 담벽에 두 팔을 벌리고 바싹 기대어) 달아 나? 달아나다니?
임성옥 아직두 결심을 못 했수?
차성렬 아니, 난 못 가- 못 가-
임성옥 우리 일을 손바닥처럼 끼어 돌구 앉어 있는데, 귀신 모르게 죽을 줄 모르오…… 어서 도망가요…… (움직인다)
차성렬 (두어 걸음 따라가다) 아니, 아니, 전부 다 털어놓고 개심만 하면.
임성옥 아까 그 만갑 동무인가 하는 사람의 욕지거리 못 들었어?
차성렬 그게 다- 우리 잘못한 탓이야.
임성옥 그럼, 산중으로 따라 들어갈 테야요? 영 언제 나올지 모를 데를…… 난 여간 무서워 못 견디겠어요…… 그리구 어린 창수 생각을 하면……
차성렬 (괴로운 듯이) 창수!
임성옥 그리구 어린 수영이가……
차성렬 (괴로운 듯이) 응, 수영이?
임성옥 (음쳐 들며) 쉬-

박철동, 산길을 집 뒤쪽으로 뚝벅뚝벅 거닐며 퇴장.

임성옥 지나 갔나부…… 어서어서. (끌어당긴다)
차성렬 아니, 아무래든 나는 못 가- 얼마나 고마운가 생각해 보우, 내 본색이 탄로되기에 총살을 각오했더니, 도로히 용서를 하면서 깊이 믿는다는 의미로 이 권총까지…… 대장 동무가 주며……
임성옥 흥, 당신은 알아내오야만 나를 놓아준대는 딱한 사정이었으니,

그래두 정한 이치나 있지, 나야…… 나야…… 내가 왜? 그저 당신 찾아 도망 들어온 줄만 알 터인데.

박철동 집 뒤쪽에부터 서서 엿듣는다.

차성렬 (놀래며) 그럼?
임성옥 그런 어 아니라, 그놈들이 보내지 않았다면 내가 이곳으로 어떻게 찾아올 수 있을 테야?
차성렬 아니 그럼, 어서 대장 동무 앞에 모든 것을 털어 놓아, 응. 석가장에도 여공작원이 들어가 있어, 우리 같은 게 들어오는 쪽쪽 무전으로 본대에 알리기에…… 본대만 갔다는……
임성옥 (바들바들 떨며) 아니구- 나 살려요- (매달리며) 나 살리는 줄 알고, 어서 같이 도망쳐!!
차성렬 아니, 어서 솔직히.
임성옥 그럼, 어린 애들은?
차성렬 (괴로운 듯이) 어린애?
임성옥 저런 헐렁뱅이 의복에 총 하나 변변히 못 가지구, 일본 군대를 언제 이기게 되겠다구……
차성렬 어린애들의 염려는 말어…… 대장 동무에게 부탁해서 석가장에 나가는 대원 틀림없이 애들을 데리구 들어오도록 할테니……
임성옥 그 애가 뉘 집에 있기에, 큰일나!
차성렬 (놀라며) 왜? 금강상회에 맡겼다면서……
임성옥 (고래를 흔들며) 특무기관 이시이, 그 통역 녀석한테……
차성렬 (눈이 뒤집혀) 무엇이!! 그럼 정말루, 그 놈이!
임성옥 (울며) 응… 응…
차성렬 네 년놈들이 나를 이리루 들여보내 놓구서는, 서루 맞붙어서…… 오- ㅁ 네년이 아직두 까페에 있던 버릇을 못 버리구…… 옳지, 알았다, 그놈이 네년과 미리 짜구서 나를 치워놓고는 네년을 끌어내다가……
임성옥 (느껴 울며)…… 그러기, 어서 어서 도망가요! 어린애들을 찾아 가지구 조선으로 나가구 말어요!
차성렬 (고함소리로) 가긴 왜 가! 네년 좋으라고……
임성옥 (엎어지며) 그 살기[10] 같은 놈이 죽기보다두 더 싫어서, 당신을 찾아온다는 것이…… 그 놈의 수에 또 넘어, 나까지……
차성렬 이걸…… 이걸…… (권총을 뽑아들고) 가라- 이년 가라- (육박)
임성옥 (가운데로 뒷걸음치며) 아, 살려주- 여보, 이게 내가 원한 길이요? 행여나 당신 만나 같이 들어오게 될까…… 구, 여보- 아- 여보!
차성렬 이년, 어서 가서 그놈과 갈탕히 살어라.
임성옥 아니, 아니에요! 어서 우리 나가서 여기 이야기만 한다면,

　　박철동 등장.

차성렬 무엇이 이년! 또 한번 이야기 해봐라- 아- 철동 동무- 이년과 나를 어서 묶으시오… 이년이, 이년이-
임성옥 어이!
박철동 (성렬의 입을 손으로 막으며) 안 되우, 내가 이야기를 채 들어서는 안 되우!
차성렬 (통곡하며) 철동 동무!

막.

제2막

다음날 새벽, 무대는 1막과 같다. 발작눈이 ○이고 안개가 자욱. 이만갑 어깨와 군모에 눈을 지닌 채 보초 위치에 서있고, 김학운 혼자 뚜벅뚜벅 거닌다. 먼 곳에서 닭 우는 소리.

김학운 첫닭이 회를 치치 우네. (돌아서며) 자, 이젠 그만하고 교대를 하지.
이만갑 하나만 더 읊어야지.
김학운 밑천이 아주 떨어졌어. 동무가 들어가 잘 자라는 자장가라면 또

---

10) 삶.

　　　　몰라도……
이만갑　쳇, 이번은 동무의 시 하나……
김학운　동무 참 어지간하군. 날을 밝힐 작정인가.
이만갑　아니.
김학운　(다시 거닐기 시작하며 읊는다)
　　　　못내 뜻을 이루고 싸우다 죽으면 우리의 흘린 피가 새 나라의 동맥이 되리. 그 때는 동무야 이내 가슴 위에 돌을 세워다오 돌 위에 새겨라.「조국해방 만세」.
　　　　그러면 내 검붉은 피가 영원히 물 드리런다. 거룩한 이 글씨를. (만갑 위에 이르자 갑자기 차렷의 호령을 지른 뒤 경례하고 손을 내대인다. 만갑 총을 주고 경례. 둘이 마주보면 웃는다)
이만갑　그만 기합에 걸려서……
김학운　자, 들어가서 쉬어. 여덟시까지는 아직도 서너 시간 있으니까.
이만갑　'그때는 동무야 이내 가슴 위에 돌을 세워다오.'…… 문학 중에서도 시라는 건 참 좋은 예술이야…… (기지개를 펴며) 나는 동무 밑에서 시공부나 좀 해볼지……
김학운　나같은 무명시인 밑에서 공부한대서 시가 될 리도 만무하지만, 동무는 시야 글렀지!
이만갑　왜?
김학운　(딴전을 바라보며) 동요라면 또 몰라……
이만갑　뭐?
김학운　어린 애들 부르는 아동 시 말이야.
　　　　중중 떼떼중
　　　　칠월이 번개중
　　　　소맷독에 빠진중
　　　　대꼭자로 건질중
　　　　말하자면, 이런 노래말이야.
이만갑　쳇, 우리 분대엔 너무도 늙은 노팔자병이 흔하니까……
김학운　아, 이러면 정말 내가 보초임무를 다하지 못 하겠네……
이만갑　오늘이 십이월 십이일… 내일 모레가 바로 우리 아버지 세상 떠난 날이다. 눈 자꾸만 또록 해지며 잠이 오지 않아 그래.
김학운　옥사했다는 아버지의?
이만갑　응, 아버지 생각이 어제오늘 별나게도 간절해져…… (독백처럼)

바로 이게 발작눈이 내린 아침이었겠다. 감옥에서 시체가 되어 아버지가 집으로 돌아오는데, 그때 내 나이 열 한 살이니까 칠년 전이로군. 칠년전이면 일천구백……

김학운 (거닐며) 삼십사년…… 입옥하시기는?

이만갑 오년 전의 일이니까, 1929년 겨울…… 누구나 다 제 부모는 좋다고 하지. 우리 아버지만은 특별히 좋은 분이었어…… 눈물이 많고 마음이 착하시고, 그러면서도 용기가 있고…… 나를 데리고 노닐 적에 범놀이, 수박따기, 말놀이, 어떤 때는 동래 애 죄다 모아놓고 다리 혜기, 원님내기까지 해주셨지.

김학운 점잖빼기를 좋아하는 조선 사람 아버지로선 역시 파격적이셨군.

이만갑 원님내기에 아직도 내게 잊어지지 않는 일이 있어…… 언젠가 어머니와 같이 감옥으로 면회를 가니까, 아버지가 원님 이야기를 하시겠지…… '만갑아, 나도 이제 몇 해만 더 있으면 나가게 된다. 아버지 나오면 좋겠지' 하시기에, 고개를 끄덕이니까 '어디 그럼, 여기랑 집이랑 원님내기루 맞춰 봐……' 하며 웃으시는군…… 그래, 나는 우리 집을 어머니, 여기는 이 사람하고, 옆에 칼을 차고 권총을 둘러멘 왜놈 간수를 손으로 가르치고, '제발 하나님, 어머니에게 맞아 줍시사' 하고 빌면서, 간수로부터 한일똥, 두일똥, 삼재, 염재, 이렇게 불르며 나갔는데, 분명히 어머니에게 맞아 떨어져야하는 것이 어디서 잘못되었는지 간수에게 떨어지겠지…… 그래, 나는 그만 소리를 내어, 엉엉 소리를 내어 울었어…… 어린 마음에도 가슴이 덜컹 내려앉더니…… 종내……

김학운 불행한 일이 생기면 별일이 다 탓나는 것이지.

이만갑 아니야. 내게는 미신이 아니고 어떤 신비적인 암시였어…… 그래, 엉엉 소리를 내어 우니까 간수가 아버지를 끌고 다시 들어가겠지…… 이때부터야, 내가 이런 생활을 하러 떠날 결심을 어렴풋이나마 생긴 것이…… 옳지, 우리 아버지를 늘 가두어 두는 게 저 왜놈이요, 우리 아버지를 늘 노리는 게 저놈의 총이요, 칼이로구나! 저 놈의 총칼을 빼앗아 왜놈을 죽여야…… 감옥에서 아버지의 시체가 돌아와 그 앞에 웅크리고 앉아을 때 어린 가슴속에 이 결심은 불길처럼 더 크게 일어났다……

김학운 오늘 참 동무의 좋은 이야기를 들었군.

이만갑 나야 이제는 행복스런 몸이지. 왜놈과 싸우다 죽으면, 그리운 아

　　　　버지 있는 곳으로 가고……
김학운 　허허, 천당문을 옆고 들어 갈 작정이로군……
이만갑 　싸워 이겨 조선으로 나아간다면, 그리운 어머니를 만나니.
김학운 　좋소. 동무는 어머니라도 계시니……
이만갑 　동무야, 그 대신 남 없는 것 하나 있지 않아?
김학운 　무얼?
이만갑 　애인!
김학운 　핫하하…… 비단 하나뿐이랴…… 동무들이 다 애인이지.
이만갑 　그런데 참 학운 동무, 어젯밤 왕(王)동지가 정찰하고 들어와 대장에게 보고하는 말을 들으니까, 우리 뒤를 밟는 왜놈의 군대에 조선사람이 서너 명 있는 모양이래……
김학운 　그게 정말일까……
이만갑 　응…… 글쎄, 그런 죽일 놈들이 어디 있단 말이야. 일단 끌려 나와 병정이 되었기로서 칠성 동무 같은 이는 병영서까지 탈출해 나오는데……
김학운 　그렇게 수월히 되나…… 그이들이라고 오죽하겠다고 무슨 생각인들 없으리.
이만갑 　난 그놈들이 미워 죽겠어. 저 임성옥 동무가 그놈들의 끄나풀이나 아닌지, 어떻게 곶을 알고 알맞게 자기 남편 있는데도 들어올 수 있겠나 말이야……
김학운 　(끄덕이며) 하긴 그래……
이만갑 　그놈 서로 주의하자는 말이야…… 그런데 동무, 어젯밤 읊었던 시의 한구절이 뭐라더라…… '만백성 노래 부르며 일하고'
김학운 　'꿀이 있어 떡을 빚고
　　　　화원이 있어 호접이 나는
　　　　아- 그러하리 내 조국'
　　　　이것 말이지?
이만갑 　그게 누구의 시야?
김학운 　먼 어떤 약소국 혁명 시인이 장래의 새 조국 제 고향을 그리며 부른 노래라나……
이만갑 　포렌셔.
김학운 　아니 동방의……
이만갑 　또 모략! 동무의 시로구먼…… 만약 나는 이 땅에서 전사를 한다면, 화원이 있어 호접이 나는 호접이 되어 조선으로 날아갈 테야.
김학운 공상, 공상. 연약한 호접이 어떻게 몇 천리 길을 가나. 동무는 늘 호접이 그리 좋아. 어서 들어가 자기나 하오……
이만갑 (웃으며) 내 말을 들어준다면!
김학운 또 무슨 말!
이만갑 순이 동무랑 결혼하겠다면……
김학운 또 쓸데없는 말……
이만갑 아니, 정말로 부탁이야. 순이 동무가 학운 동무를 얼마나 사모하는지 알아!
김학운 그런 종잡 없는 말 말고, 어서 들어가 자기나 하오…… 그런 일도 화원이 있어 호접이 나는 조국으로 돌아가는 날
이만갑 동무도 참…… (끄덕이더니 경례하고 퇴장)

이때 무대 오른쪽 바위에서 팔자 수염을 단 거무스레한 얼굴이 하나 나타나 기맥을 엿보고 숨는다. 멀리서 개 짖는 소리.

김학운 (혼자 뚜벅 뚜벅 거닐며) 안개가 자욱하니 끼일 젠 날씨가 좀 풀릴 모양이지…… (시를 읊기 시작)
'두고 가는 긴 시름 쥐어틀어서
여기도 내 고향 저기도 내 고향
젖으나 마르나 가느니 서름
혼자 울 오늘밤도 멀지 않구나'
순이 동무 용서하시오. 어떤 시인이 부른 노래 그대로 나는 혼자 이 밤을 우오. 역시 나를 두고 동무는 떠나야 할까 보오. 같이 있어서는 안 될가 보오…… (돌이 굴러 떨어지는 소리 놀래어 소리 나는 쪽으로 달려 내려가며)
화평! 화평! (시이, 바람소리 다시 올라오며) 그새 무슨 소릴까! 스파이나 아닐까! (총뿌리 향하고 다시 돌아섰다가 웃으며) 승냥인 모양이라 옛적부터 스파이 많은 곳이라더니 산지와 승냥이도 많은 모양이로군…… (요란히 개 짖는 소리) 수상한데…… 아무래도 무엇에 무엇에 놀래어 짖는 소리야. (긴장한 얼굴로 두루두루 살피고 나서 팔뚝시계를 보며) 다섯시 십오분. (별안간 멀리

　　　　서 총소리.)
김학운 (집 쪽으로 달려가며) 일어나시오! 일어나시오!

　　　　만갑을 선두로 분대원 총기를 들고 모두 뛰쳐나온다.
　　　　계속적인 총소리.

　　　　대장 동무 총소리는 동북방 제 2분대 쪽입니다!11)

　　　　기관총 소리.

조소대장　제3분대 쪽에서 기관총 소리가 들립니다.
이만갑 (권총을 빼앗아 들고 달려가며) 대장 동무, 제게 보총을 빌려 주
　　　　세요!
김대장　맹세대로 바꾸어 드려, 동무의 성공을 비오…… 모두 엎드려!

　　　　지뢰 터지는 소리. 히멀그레 밝기 시작.

원칠성　민병이 품은 지뢰가 터지는 모양입니다.

　　　　기관총 소리.

이만갑　제2분대 쪽에서 중기관총 소리가 들립니다. 저놈의 기관총은 내
　　　　가 잡는다.
김대장　모두 덤비지 말고 침착히…… 대담히……
주분대장　저놈, 저놈들, 히뜩 히뜩 보인다.

임성옥　뒤쪽으로 벌벌 기어 나온다.
하순이 (성옥에게 권총을 던져주며) 어서 거기 엎드려요!
차성렬　동무들, 저년을 도망 못 가게 하시오. 바로 저 왜놈들의 끄나풀
　　　　입니다!
임성옥　여보! 창수 아버지! (쓰러진다)
박철동　대장 동무, 어서 전투 명령을 내려주십시오!
장남수　흐흐흐, 오는구나! 오는구나!

───────────
11) 누구의 대사인지 표시되지 않음.

김대장 하룻강아지가 범 무서운 줄 모르고 오기는 오는구나! 기어코 결전이다. 동무들, 우리의 위력으로 놈들의 머리위에 불벼락을 들씌울 때가 바로 이때요. 정황을 판단하기까지 침착히⋯⋯ 대담히⋯⋯
차성렬 누구야!!

　　　　연락원 오른쪽으로 등장.

연락원 제2분대장 연락원 보고!! 적은 동남간으로부터 진공중이나 아군도 적극적으로 접전 중. 그뿐!
김대장 나팔소리가 들리면 제 1분대의 엄호 밑에 이 산위로 전위할 일! (연락원 퇴장) 명령! 조소대장의 임무는 제3분대를 지휘하여 두 분대의 전진을 엄호하여, 산위로 올라오려는 적을 처물려 돌격로를 완전케 할 것! 그리고 동무들, 결코 만만한 싸움이 아니니 탄자를 아끼시오! 탄자 하나를 놈들의 생명 하나와 바꾸어야 하오!

　　　　연락원 왼쪽으로 등장.

연락원 제2분대 연락원 보고!! 중기 하나 경기 둘을 갖춘 적 백오십은 서남간으로부터 포위 태세로 압박중이나 아군은 적극적으로 저항 중. 그뿐!
김대장 결사적으로 저항할 것! 나팔 소리가 들리면 이 산위로 제1분대의 엄호 밑에 전진할 것!

　　　　연락원 퇴장. 산위로부터 중기관총 소리.

주분대장 산위로부터 중기의 사격입니다.
박철동 (뛰쳐나오며) 대장 동무! 저를 가게 해 주십시오! 저놈을 제게 맡겨주십시오!
김대장 (제지하며) 흠, 그렇지. 역시 중기가 올라와 있겠지! 동무들 덤비지 마시오! 기관총수 내 뒤에 달렸! 소리 내지 말고 감쪽같이 침착히!
조소대장 대장 동무, 어디를!
김대장 (기관총수를 데리고 뒷산길을 올라가다가) 내가 중기를 진압할

테니, 동무 뒷일을 맡기오!
박철동 대장 동무!
조소대장 (뛰쳐나가며) 안됩니다. 저를 보내주시오!
김대장 명령이니, 동무는 남아 지휘하시오! (퇴장)
조소대장 명령! 주분대장은 제3분대 쪽의 엄호를 담당할 것…… 산위에서 나팔 소리만 나기를 기다렸다가 돌격을 엄호해야 하오…… 옳지, 동이 트기 시작한다.
장남수 제2분대도 명령한 저항일락 한다!
차성렬 저놈들 쓰러지는 것 봐라! 적이 동요한다.
원칠성 제2분대도 돌진이다! 돌진이다!

　　　이 때 산위에서 적의 중기와 김대장의 경기와의 접전소리.

주분대장 대장 동무가 처 올라가는 모양이다!!— 집 뒤로 나온다.
김학운 —노향문, 집속으로 들어가요! 몰려와! 아, 저 나팔소리

　　　난민들 퇴장. 사위에서 나팔소리.

조소대장 대장 동무의 승리다! 진압한 모양이다. 이제부터야말로 우리의 전투요. 돌격 엄호! 전진 엄호!

　　　일제히 방총 시작. 산위에서 경기와 중기의 소리.

이만갑 빠져 나왔다! 빠져 나왔다! 제2분대 포위를 돌파하고 전진이다!
원칠성 앗! 대장 동무가 기관총을 들이대며 내려간다.

　　　박격포탄 근처에 떨어진다.
　　　사이.

차성렬 으흐흐, 종내 박격포까지 동원이구나! 송동무! 저놈의 박격포를 제가 뺏어드릴테니……
장남수 아니, 내가 잡을꺼라!!
임성옥 앗! 여보. (벌벌 기어 나가며) 여보! 어쩔라고……
조소대장 (차를 붙들며) 바싹 닦아매어 가지고, 닦아매어 가지고…… 저

놈들 갈팡질팡거리며 다시 몰려온다!

제3분대원 무대 왼쪽으로부터 나타나 산길을 향하여 부상자를 껴들고 전진. 밝기 시작.

조소대장 어서 동무들은 산으로 올라가시오! 순이 동무, 임성옥 동무도 어서 안전지대로!
임성옥 (기어가 성렬을 붙들며) 여보, 어서 우리들도 저리 올라가요!
차성렬 (뒷발질하며) 무엇이? 비켜라, 비켜…… 내가 기어코 저놈의 박격포를 빼앗고 말 테다!! (성옥 산길로 달아나려 하자) 게 섯거라! 옳지, 네가 뛰려느냐? (총소리를 향하며) 어디를!
임성옥 앗!
차성렬 죽어도 같이 죽어야지. 너만은 못 보낸다!
조소대장 차동무, 무슨 짓이오!
조소대장 위험하오. 엎드렷!
송분대장 소대장 동무도 저 동무들을 따라 산으로 올라가시오!
조소대장 안 될 말이, 안 될 말이! 죽으며 같이 죽읍시다. (박격포탄 근처에 터진다) 엎드렷!
송분대장 앗, 저놈들 우리의 전진할 길을 막으런다!
조소대장 자, 아주 포위되기 전에 어서 내갈겨라. 내갈겨! 알 있는 대로!!
하순이 성옥 동무도 어서 쏘아요!!

임성옥 바위에 붙어서 권총을 방사.

이만갑 저놈의 기관총 이번에야— 이번에도— (자리 이동하며 사격) 쏘았다!! (벌떡 일어나 바위 넘어 돌진.)
조소대장 (두어 걸음 뛰쳐나가) 동무, 만갑 동무. 앗! 만갑 동무가 기관총을 빼았다. (맹렬한 기관총 소리) 앗하하! 만갑 동무가 기관총으로 내갈긴다. 만갑 동무, 적이 뒤로 간다. 뒤로 간다. 요놈아. (사격)…… 앗! (오른쪽 맞아 총을 떨어트리자, 왼속으로 권총을 빼들며) 권총이 또 있다! 이놈들아!! (바위에 기대고 다시 사격.)
임성옥 (그 총을 주위 들며) 죽기는 마찬가지야!! 이왕에 죽은 목숨
김학운 탄자. 탄자가 끊어졌어.

임성옥 (총을 집어주며) 이걸로, 이걸로 쏘아요.
송분대장 수류탄 던져! (일어나 던진다. 총 맞고 쓰러진다) 차동무, 성렬 동무.
차성렬 분대장 동무! (껴들며) 어서 일어나시오.
송분대장 나는 괜찮소. 어서 내 수류탄으로, 이걸로, 이걸로— (일제히 수류탄을 던진다)
조소대장 완전히 포위당했다. 우리 중대의 정신을 발휘하자. 모두……
  모두…… (일어나며 지휘하려다) 앗! (쓰러진다)
김학운 내가 저 놈을……
송분대장 (쓰러진 채) 누구 없소? 어서 저 소대장 동무를 업고, 어서 산으로…… (학운 달려가 업으려다 역시 총을 맞고 쓰러진다. 순이 달려온다)
하순이 학운 동무, 정신 차리시오! (수건을 찢어 응급 수당을 한다)

  칠성 달려와 소대장을 업는다.

박철동 (돌력하며) 이놈들아, 의용군 철동의 칼을 받아라!! (퇴장)
장남수 조선 정신을 발휘해라!! (퇴장)
차성렬 분대장 동무의 원수는 내가 갚는다!! (퇴장)

  임성옥 그 뒤를 따른다.

송분대장 (이를 악물고 손으로 권총을 빼어들며) 내 걱정은 마시오. 학운 동무 부탁하오. 아직도 내게 탄자 세 개 있겠다. (기어나가며) 이놈을 마저 쏴야, 이놈들…… (나팔소리. 바위 위에서 굽어보며) 박동무, 장동무— 차 동무도, 나간다! 아, 동무들 전진, 전진! (기어내려가—)
하순이 (울음소리) 학운 동무 상처가 — 어서 정신 차려요. 나 순이요, 순이에요.
김학운 (손을 허비적거려 순이의 머리를 더듬으며) 아, 순이 동무? 순이 동무, 나를 바짝 껴안아 주…… 승리, 승리요?
하순이 네, 적을 추격하는 모양이에요.
김학운 적을…… 추격…… 나는…… 나는…… 임무를 다하지 못하고……

하순이 　학운 동무, 무슨 말을 그렇게 하오…… 동무의 힘이 오죽 장했다고…… 마음을 단단히 가져요. 동무들이 이제 돌아올 테니 기운을 내여……

김학운 　대장 동무도?

하순이 　응, 오구 말고.

김학운 　소대장 동무도?

하순이 　응, 칠성 동무가 업고서 바로 이리로 피하였어요. 학운 동무, 그 일을 괴로워하지 말어요……

김학운 　만갑 동무도 올까? 철동 동무도?

하순이 　(얼굴을 돌리며) 오구 말고…… 다 오구 말고…… 동무가 기운만 낸다면야. 아, 이걸 어떡하나. 동무, 학운 동무.

김학운 　순이 동무…… 아무래도 나는 못 견디겠소…… 대장 동무에게…… 임무를, 임무를 다하지 못하고, 죽음이…… 원통하다는…… 이 말을 꼭 전달해 주—

하순이 　학운 동무, 왜 그런 소리를 해요?

김학운 　그리고 동무, 나를 용서해 주. 순이 동무. (어루만지며) 지금까지 내 마음속의 고뇌를 동무까지도 못 알아주는 듯하였소. 나는…… 나는 동무를 끝없이 사랑했소. 샛별처럼 내 속가슴에 불을 비쳤소…… 눈에 보이지 않는 끈으로 나의 심장을 얽어매었소…… 꽃처럼 연약한 듯하면서도 쇠보다 더 억센 끈으로…… 나는 동무를 끝없이 사랑했소!!

하순이 　학운 동무, 언젠가 중경군과 왜놈의 비행기에서 쫓겨 산마을 속으로 들어갔던 때의 일을 생각나오? 황하를 굽어보는 산마루터 무너진 지붕 밑에 웅크리고서, 동무는 정신을 잃은 사람처럼 퉁소를 불고 있었지…… 봄비가 소리 없이 내리는 밤이었어요…… 동무들은 다 잃어버리고서 내가 부상한 아버지를 끌고 비 그친 데를 찾아 무너진 집 처마 밑을 비칠 비칠 헤매이는데, 어디선가 퉁소소리가 처량히 들려와 저도 모르게 눈물이 쭈루루 흘러 내렸어…… 그때 아버지 말씀이 '저게 아무래도 조선곡조로다. 조선 동무가 부는 게로다' 하셔서 달려가 보니, 동무가……

김학운 　옳지…… 옳지…… 그런 일이 있었지.

하순이 　제 아버지가 '오- 또 불러주, 고향의 노래. 또 한 곡조 불러주.' 하며 괴로움도 잊은 듯 퉁소 소리에 전에 없이 미소를 지으며 숨이 지었을 때, 동무는 흐느껴 우는 내 얼굴을 떨리는 손으로 쳐들며 '기운 내시오.' 하시지 않았소? 아, 동무! 이번은 제가 그럴 테야. 기운을 내세요!
김학운　순이 동무, 아무래도 나는…… 나는 못 견디겠소……
하순이　아니…… 아니…… 그때 동무의 부상이 오죽했냐구…… 어깨에 총을 맞고 다리에 칼까지 받아 가지고…… 일어서지 않았소? '순이 동무, 일어나시오. 다시 떠납시다.' 하시지 않았소? 피에 젖은 몸으로…… 학운 동무, 이번은 제가 그럴 테야. 기운을 내세요. 일어나세요!
김학운　정말…… 그럴 일이 있었지. (단말마의 힘으로 일어나려고 애를 쓰며) 어서 내 일어나야…… 내가…… 내가…… 아니 아무래도…… 아무래도…… 나는.
하순이　(끌어안으며) 동무!
김학운　나 혼자 동무에게 사랑을 꿈꾸는 것이…… 죄스러운 것같았소…… 이렇게 죽음을 앞두고…… 고백을 하게 될 줄이야…… 동무, 울지 말고…… 나를 불쌍히 여겨 꽃처럼 포금한 웃음을 지어 나를 보내주시오,
하순이　(하순이 몸부림치며) 동무! 아니, 아니, 동무! 동무! 정신차려요!
김학운　(손으로 허비적거리며) 순이 동무, 뜻을 못 이루고 죽으나, 내가 죽으면 떠날 때 내가 지어 부르며 나는 장송가로…… 나를…… 보내 주…… 내 장송가로 제일 먼저 내가…… 떠나는 것도…… 행복된 죽음이요…… 그리고…… 동무…… 내 무덤에는 내 가슴 위에는…… 조그만한 나무 조각에라도……
하순이　(흐느끼며 울며)응, 응……
김학운　순이 동무, 어디가, 어디가 조선이요? (순이 껴안아 일으켜 동북방으로 향하자) 아, 저 태양, 우리 조선에서 저 시뻘건 새 태양이 떠오르네. (법열에 넘쳐 모자를 벗어 들고) 우리 조선, 우리 조선 독립 만세…… 조선 인민 해방 만세! (모자 떨어진다) 조선아, 잘 커어. (쓰러진다)
하순이　동무, 동무! (가슴을 부둥켜 앉고 바슬바슬 일어나) 학운 동무도 가고 말았네. 아, 바위처럼 검게 터진 얼굴이 어쩌면 저렇게도 빛날고…… (낙암(落暗). 무대 회전하기 시작) 아, 동무들 동무들이 어딜 갔을까. 나도 어서 가서 이 원수를 갚아야……

2장

험준한 경사지 고목이 두서넛 군데군데 서있고 포연에 잠겨 있다. 콩 볶 듯 하는 총소리 이리 뛰고 저리 뛰는 그림자 번쩍이는 검빛. 아우성소리. 흩어져 있는 일병의 시체. 분대장은 비스듬히 걸려있는 고목에 매어 달려 있다.

하순이 (경사 위에 올라서서 태양 빛을 한 껏 몸에 지니고) 컴컴한 어둠이 내 주위를 둘러싸거라. 시커먼 죽음의 손길이 발밑으로 기어 들거라. 어디로 갈가. (팔을 벌리며) 자, 이 왜놈들아, 내 몸둥이를 겨눠 보아라.
소 리 友軍カ オーイー〔우군인가, 어- 이-〕
소 리 敵人 トッチダ〔적이다. 어디냐〕
소 리 찔렀다
소 리 이놈아
소 리 アイタツ— ヤラレタツ〔이런 당했다〕
소 리 쏘았다
소 리 〔위험해, 그 쪽은 위험해-〕
송분대장 핫하하! 저놈들 잘 쓰러진다. 철동 동무, 잘 찌른다, 만갑 동무, 잘나간다. 만세!! 음, 그렇지! 차 동무, 옆으로, 옆으로.

(낭독)
해외에 나간 조선의 아들과 딸은 이렇게 조국을 위하여 싸우고 피를 흘렸다. 총칼이 숲처럼 우거진 사이를 칼날을 집고 총부리를 앞에 두고 처참히 돌진하였다. 대체로 이것이 무엇 때문이었더냐. 조선이 독립을 하고 우리 인민이 잘 사는 날만 맞이하게 된다면 그 역시 고마운 죽음이라고 굳은 결의를 늘 말해온 그들이었거니……

이만갑 (기관총을 휘두르며) 내가 다 맡을 테니 동무들은 어서 전진하시오. 전진하시오!! (퇴장)

(낭독)
연약한 팔에 휘어잡은 기관총을 휘두르며 나가는 불덩어리 같은 용기가 보이지 않느냐? 고래고래 지르는 저 우렁차고도 비창한 목소리가 들리지 않느냐? 하기는 이 거친 화북 광야에서 적을 치다 눈물을 머금으며 쓰러져도 좋고, 적을 쳐 몰고 올라가다가 만리장성 이끼 앉은 성돌 밑에 초토가 되어도 좋으며, 동삼성 진흙바닥에 넘어져 일어나지 못한대도 나라를 위한 주검이니 달갑다는 그들이었다.

소 리　アイツダ-アイツダ〔저 놈이다. 저 놈이다.〕
소 리　オーイ〔이-봐〕
소 리　이 자식, 무엇이-
소 리　アソ-〔아앗-〕
소 리　자, 받아라.
주분대장　철동 동무, 찔렀다. 또 찔렀다. 그렇지 잘 찌른다! 앗! 철동 동무가 겹겹 포위당했다. 뚫고 나가라! 철동 동무, 뚫고 나가! 아이고 기진했구나. 아. 총- 칼. 동무들, 내게 총을 주려무나! (쓰러진다)

　　　하순이 달려 내려간다.

박철동 (왼쪽으로 퇴장하며) 다, 이젠 칼도 없고 총도 없구나! 이놈들아, 이 내 가슴을 찔러라. 조선 독립 만세!!
장남수 (달려가며 퇴장) 철동 동무! 철동 동무! 내가 간다.
주분대장　아, 철동이, 철동이-

　　　(낭독)
역사적인 8·15 이후 해방된 조선을 향하여 우리 의용군과 같이 진군해 나오는 도중 작자는 피눈물에 젖은 이 우전에 머물러 오랜 시간 움직일 줄을 몰랐다. 산 깊은 돌작지 바윗길에 잡초만이 무성하고 때아닌 가을비는 소리없이 내리고 있었다. 호서산은 기도를 올리는 듯 바위는 말이 없었다. 이 불스러운 조선의 아들들이 무엇 때문에 흡연히 미소를 짓고 이 이국땅 깊은 산간에 쓰러질 수가 있었던가? '어서 빛나는 인민의 나라를 세워라!' 이것이 그들이 피의 부르짖음이 아니겠느냐!

송분대장 (고개를 들고) 야, 만갑 동무.

　　　만갑 동무의 기관총 소리까지 끊어졌다.
　　　(다시 거꾸러진다)12)

(낭독)
　이 쓸쓸한 고 전장의 뒷마을 앞 재 등에 그들의 무덤 네 그루 가지런히 앉아있었다. 밭고랑에 묻어 버리는 중국의 풍습과 달리하여 앞쪽이 훤히 트이고 양 옆으로 옅은 산줄기가 내달린 푸근한 자리에 그리고 앞쪽은 동북을 향한 조선쪽이었다. 그때 그날 무덤가에서는 가을비도 울지 않았다. 이름 모를 이 나라에 산새가 해방된 우리의 기쁨을 같이 즐기려는 듯 지저귀며 노래하고 있었다. 우리는 이 여러 동무들의 무덤 위에 꽃을 뿌렸다.

차성렬　(다시 정신을 차리고 일어나며) 어서, 어서, 저놈의 박격포를 내가 잡아야…… (기어나다가 다시 쓰러지며) 어서 저놈을 빼앗아 분대장 동무에게 주어야……
임성옥　(매달리며) 그러지 말고 안정해요. 이 몸으로 어딜 움직여 보겠다고. 저기 누구 없소!!
차성렬　(몸을 일으키며) 지금까지 나는 소나 말처럼 네놈들이 함부로 부리는 매로 순종해 왔다. 이 몸둥이에 채찍을 받고 칼도 받았지만은 이번은 내손에 총칼이 있다. 아니 네놈들이 총을 쥐어 주고 칼을 들게 하였다. 옛날의 차성렬은 이미 이 전쟁마당에서 죽었다. (다시 일어나며) 자, 새로 탄생한 차성렬이가 일어나는 걸 보라. 네놈들이 들려준 이 총을 보았지. 칼을 보았지.
임성옥　여보, 정말로 이 자리에서 나를 용서해 주워요. 저도 이왕의 성옥이가 아니에요.
차성렬　왜 여기서 머뭇거리느냐. 어서 싸우러 나가라. 저놈들이 우리를 개, 돼지처럼 때려 눕히고 너와 나와 피로써 저희들의 목숨을 사려던 것을 아직도 모르겠단 말이냐!!
임성옥　그러기에 나는 울지도 않아요. 눈물도 흘리지 않아. 당신 대신 내가 나가게. 이 총을 들고 내가 나갈게. (총을 들고 일어선다)

　박격포탄 터지는 소리.

차성렬　(붙들며) 정말? 정말이냐? 그럼 어서어서 저놈의 박격포를.
임성옥　응, 내게 맡겨! (바들바들 떨며) 이왕에 죽은 목숨…… 나같은 년은 이 살골짜기에 거꾸로 매달려 승냥이와 까마귀떼와 물려 뜯겨

---
12) 송분대장의 지문.

죽어야 마땅한 년이야.
차성렬 응. 그렇지, 빨리…… 내 대신 저놈을…… 아니 여보!! (기어 나가며) 어디를!! (갑자기) 안 된다. 안 돼!! 이년아, 서거라! 네가 어디를 튀려고!! 이년아! 이년아! 이년아! (권총을 발사)
임성옥 (엎드려 울음소리로) 나를 믿어요. 나를.
차성렬 (푸들푸들 떨리는 몸을 일으켜 세우며) 안 된다. 안 된다. (권총 부리를 향하며 나간다)
임성옥 (일어나 두 팔을 벌리며) 그럼 나를 쏘아 죽여요! 어서 나를! 당신의 손에 맞아 죽는 것이 더 깨끗해! 자 어서 쏘아요!
주분대장 (기어나와 팔에 매달리며, 차 동무에게) 무슨 일이요? 나 송이 분대장이오!
차성렬 아, 분대장 동무! 어서 저년을 쏘게 해 주어요. 놓아요! 저년이 튈려 합니다! 저년을 놓치면…… 이 권총은 적이면 쏘라고 주시지 않았습니까?
임성옥 저를 믿어 주어요. (쏜살처럼 퇴장.)
송분대장 (얼싸 안으며) 아니, 아니, 차동무.
차성렬 분대장 동무! (울음) 저년이 역시 왜놈들의 끄나풀입니다! 아, 놓아주어요!
주분대장 믿읍시다. 성옥 동무 믿읍시다.
차성렬 분대장 동무, 저를 용서해 주시오…… 박격포 하나 뺏질 못하고…… 아니, 어서 내가 가야!
주분대장 동무, 동무, 안정하세요! 몸을 아끼시오. 우리 동무들이…… 동무들이…… 쳐들어 나가고 있으니……
차성렬 분대장 동무! 부상이, 부상이 대단하신 모양이구려……

　　순이 달려온다.

차성렬 순이 동무! 어서 이 분대장 동무를…… 분대장 동무를…… (쓰러진다)
하순이 동무들! 동무들!
송분대장 순이 동무요?…… 내 걱정은 말고, 어서 저 차동무를……
하순이 (쓸어안으며) 어서 여기 누워요! 동무 무슨 상처가 이렇게……
송분대장 (얼굴을 쳐들며) 학운 동무는? 학운 동무는?

순이 느껴 운다. 돌격 나팔소리. 멀리 함성.

송분대장 그럼…… 그럼…… 학운 동무도?

김대장의 소리 (멀리서) 일제히 추격! 추격!

차성렬 (쥐고 흔들며) 아, 대장 동무의 목소리. 분대장 동무, 저 함성소 리를 들어요. 저놈들이 퇴각하는가 봐요. (기어가며) 어서 나도 따라나가야…… 어서 가봐요…… (쓰러진다)

박격포탄 근처에 대폭발 무대 포연에 휩싸인다.
사이.

송분대장 으흐흐, 으흐흐. (일어나며) 누가 그까짓 박격포쯤 무서워할 줄 아느냐? 내 총, 내 칼, 아니 내 대포. (반실성) 동무, 어서 내 대 포를 주려무나. (쓰러진다)
하순이 송동무, 송동무—
송분대장 (다시 일어나며) 아, 이게 어디야. 옳지…… 내가 오긴 바로 온 모양이지…… 동경이야! 하하하 (치를 떨며) 이 왜놈들아, 일본 파시스트야…… 이제는 짓밟히는 우리들이 머리를 들고 일어섰 다. 자, 이놈들. 내 대포알로 죄악의 답복을 받아라!! 하나 둘 세!! 아하하! 또 쏘아라. 또 갈겨라. (쓰러진다)
차성렬 분대장 동무! 염려 마시오. 내가 갑니다. (기어가다 다시 쓰러진 다)

주인 노파 달려온다.

하순이 이걸 어떡하나, 이걸. 대낭(大娘)13), 어서 붙들어 죽어요14)……
노 파 (붙들어) 아니 여보! 당신이었구료.
주분대장 (뿌리치고 기어 나가며) 놓아라. 이젠 대판으로 가자, 어서 대 판으로…… (다시 쓰러진다)

---

13) 나이 지긋한 부인에 대한 존칭, 아주머님.
14) 주어요.

노 파 여보. 안정하시오⋯⋯ 여보, 왜 그러오⋯⋯ (울며) 당신이 총에
         맞아 내 아들 소귀도⋯⋯ 바로 이렇게 전쟁마당에서 왜놈들 총에
         맞아⋯⋯ 여보, 정신을 가다듬어요⋯⋯ (몸부림치며) 소귀야, 소
         귀야-
하순이 대낭, 울지 말고 어서 아무라도 좀 불러와요⋯⋯ (가슴에 상처를
         보자기로 글러 메며) 송동무, 정신차려요⋯⋯
노 파 (달음질로) 여보! 여보! (퇴장)
송분대장 (다시 정신을 차린 듯) 이게 누굴까, 어머니가 오셨나? 아, 어
         머니! (손으로 순이의 잔등을 어루만지며) 나도 운명이 가까워
         오는 게지⋯⋯ 자꾸 눈앞에 안개가 끼이네⋯⋯ 아, 어머니! (허공
         을 더듬으며) 나 일석이에요⋯⋯ 내가 떠날 때 어머니는 삼천리
         길 고개턱까지 나오셔서 호감자를 보자기에 싸 주시며, '나는 아
         들까지 없는 줄 안다'고 하시며 오르셨지⋯⋯ 어머니, 팔년 안에
         그 일석이가 돌아왔어요⋯⋯
하순이 (느껴 운다) 동무- 동무-
송분대장 (의아스레) 누가 우는 소릴까? 앞이 깜깜해지며 도무지 보이질
         않네. 우리 누나가 우나? 왜 울어, 바보야⋯⋯ 나 오빠다. 오빠야
         -
하순이 (어깨를 겯는다) 응, 그럼 내가 누이 대신 들을 게요.
송분대장 이제는 새 나라가 되었으니⋯⋯ 어머니 모시고 고향으로⋯⋯
         돌아가자, 응. (비틀거리며) 아! 집합 나팔소리⋯⋯ 내가 실성을
         했나⋯⋯ 정신을 가다듬어 대장 동무에게 보고를 해야⋯⋯ 보고
         를 하고 내가 죽어도 죽지⋯⋯ (쓰러진다)
노 파 (달려오며) 빨리들 와요. 빨리 와요!!

         여럿이 황망히 달려와 몇은 차성렬쪽으로 가고, 몇은 송을 껴안는다. 김
         대장 이하 팔을 메고, 혹은 다리를 절며, 부상자들이 동무들의 부축을 받
         으며 등장. 어제의 팔로공작원들도 등장.

김대장 (차를 껴안으며) 동무- 차동무!
차성렬 아, 대장 동무! (쓸어 안는다)
김대장 용감히도 잘 싸워주셨소. 기운을 내시오. 동무, 이렇게까지 싸웠
         을 줄 몰랐구려.
차성렬 (얼굴을 묻으며) 대장 동무, 어서 저를 죽여주십시오. 제 아내를

놓쳤습니다. 도망갔어요.
김대장 (눈이 뒤집혀) 무엇이요?
차성렬 어젯밤 자기도 저와 같은 임무를 가지고 들어온 것을 고백했습니다.
조소대장 (이를 갈며) 어서 동무들이 뒤를 따르시오!!
김대장 총기로 반항할 땐 발포도 사양치 마시오.

  사병 1, 2 황망히 퇴장.

주분대장 (부축을 받아 일어나며) 제1분대장 보고.
김대장 (일어나며) 주동무!
송분대장 우리 분대는 최후까지 남아 돌격 엄호에 노력하였으나…… 분대장의 힘이……
조소대장 …… 동무, 그게 무슨 소리요……
송분대장 ……분대장의 힘이 미치지 못하여 많은 동무를 잃었을 뿐으로 임무를 다하지 못하였습니다.
김대장 (다가가며) 동무…… 훌륭히 중대한 임무를 다하였소…… 보고는 그만하고 보고는 나중에……
하순이 (울며) 분대장 동무의 상처는 대단합니다. 가슴에 맞은 총상이.
송분대장 (선 채 가쁜 숨길로) 아니, 아무 일없습니다. 제2분대장 보고…… 이만갑 동무는 적 여러 명을 쏜 뒤에…… 적의 기관총을 쏘아 넘어트리자 그 달음으로 돌진하여 기관총을 빼앗아 들고, '내가 다 맡을 테니, 동무들은 어서 전진하라'고 고래고래 고함 소리를 외치며.
팔로공작원1 (기록하여 2에 주며) 곧 군사령부와 정치부에 이 기록을 보고하시오.

  공작원2 바삐 퇴장.

김대장 동무…… 보고는 나중에.
송분대장 대장 동무…… 이제 못하면…… 이제 못하면
김대장 (비통한 울음) 아, 내가 끝까지 들어야 하오…… 그럼 끝까지 들을 게요. 끝까지.

송분대장 철동 동무는 적진 가운데 뛰어 들어 마왕과 같은 용맹으로 찌르고, 또 찌른 뒤에 겹겹이 쌓인 포위 속에서 마침내 기진하여 칼을 뽑지 못하였습니다. '조선독립만세'를 부르더니 가슴을 헤치고 '이 내 가슴을 찔러라' 하며 맨주먹으로 덤벼들어…… (고개를 떨어트린다)
조소대장 아, 송동무. 이젠 그만하시오.
김대장 (팔을 벌리고) 들어라, 조선아. 이것은 우리 용사들이 대장이라고 하여 내 보고하는 말이 아니라, 사랑하는 조국 그리운 고향사람에 알리는 말이로다. 조선아, 무심치 않거든 똑똑히 듣고 가슴 속에 새겨다오.
송분대장 ……그리고…… 그리운 학운 동무는…… (쓰러진다)
김대장 (끌어 안으며) 송동무-
하순이 학운 동무의 최후는……
김대장 왜 이리도 슬픈 일이 많소!
하순이 김학운 동무는 탄자와 수류탄이 떨어지자 돌격에 옮으려고 일어선 순간 중상한 소대장 동무를 발견하고 등에 업고서 돌격로를 뚫으려다 복부에 총상을 받고 쓰러졌습니다. 숨이 지기 전에 저더러 소대장 동무가 무사히 피하였느냐고
조소대장 어리석은 왜놈들아! 왜 나를 바로 못 죽이고 이 동무들을, 동무들을!
하순이 그리고 또 임무를 다하지 못하고 죽는다는 말에 대장 동무에게 전달해 달라고 신신부탁한 뒤에…… (울며) 동무 자신이 지은 장송가로 보내주되, 조그만 나무 조각에라도 조국해방만세라고 써서……
김대장 알았소, 알았소…… (송의 몸을 흔들며) 송동무, 하고 싶은 말 있는 대로 다 해주오.
송분대장 …… 대장 동무, 대포까지 가지고 싸우게 된다면, 알을 넣어 쏠 때마다 이 송일성[15]이라는 이름을……
김대장 동무, 잊을 수가 있다니……
송분대장 그리고…… 그리고……
조소대장 응, 어서 말하오……
송분대장 (손을 허우적이며) 대포…… 대장 동무, 내 대포를……

---

15) 송일석.

김대장 역시 그 말뿐이오? 또 달리 할 말은 없소?
송분대장 내게 대포를…… 대포를…… (쓰러진다)

'송 동무- 분대장 동무……' 모두 몰려들어 운다.

막.

제3막

무대 제1막과 같다. 어지간히 해가 퍼져 오르고 난민이 많이 올라와 수선 거린다. 김대장은 머리에 피 묻은 수건을 두르고 팔을 메었으며 조소대장은 부상한 다리를 뻗힌 채 괴로운 듯이 사병의 가슴에 기대고 누워있다. 그 외에도 여러 부상병이 앉아 속은 울고, 혹은 이를 갈고 있다. 국기 아래에는 송·김의 시체가 흰 보에 덮여 누워있다. 먼 곳에서 이따금씩 총소리. 기관총 소리.

사 병 우리 동무들의 기관총 소리다. (두 손을 맞비틀며)……어서 희생된 저 동무들의 원수를 갚아다오…… 아, 대장 동무…… 어쩌자고? 동무, 소대장 동무.
조소대장 저놈들을…… 저 죽을 놈들을 내가 그냥 둘 줄 알아. 저놈들을 씨알머리없이…… (부들부들 떨며 일어나련다. 쓰러지며 제 가슴을 친다) 아이구, 이 비겁한 놈아…… 어서 일어나려무나. (자기보고) 어서 일어나. 어서 일어나야지……
김대장 그런다고 지금의 동무에게 무슨 일을 할 수 있겠소? 그리 극성을 마오.
조소대장 (목이 메인 소리로) 대장 동무, 저는 희생된 여러 동무들 앞에 낯을 들 면목이 없습니다. 저만이 이렇게 죽지를 못 하고 백일 아래 추태를 부리게 되었으니……
김대장 낸들 무슨 면목으로…… 나를 보아서라도 안정하시오.
조소대장 그러나 대장 동무, 용감한 이 여러 동무들이 저 때문에……
김대장 다 전운이 불길한 탓으로 알 수밖에……

조소대장 더구나 학운 동무의 애처로운 전사는…… 그리고 또 칠성 동
　　　　무의……
김대장 (큰 소리로) 그만 두시오.

　　　원칠성 하순이와 같이 등장.

원칠성 (국기와 시체 앞에 경례하고) 보고- 철동 동무, 만갑 동무의 시
　　　　체를 발견하고 들것에 담아 이리로 운반중입니다. 바로 저 아래
　　　　칠십리쯤 떨어진 바위 밑에서. 이만갑 동무는?
조소대장 (다가서며) 만갑 동무는?
하순이 남수 동무는 여기서 백삼십미터쯤 상거한 저 큰 집앞 우물 곁에
　　　　서……
김대장 무엇이? 남수 동무도?

　　　일동 놀란다.

하순이 (숨을 몰아쉬며) 아니올시다. 남수 동무는 포구를 이리로 향한
　　　　적의 박격포를 빼앗아 억누르고 한 팔로 휘감은 채.
차성렬 (일어나며) 뭐 박격포를? 남수 동무가?
하순이 어깨에 맞은 총상으로 의식을 잃고 있었습니다. 찬물을 끼얹어
　　　　겨우 의식을 회복하였는데, 자꾸만 분대장 동무의 이름을 부르고
　　　　있었습니다.…… (목이 메여) 어젯밤 이야기 끝에 분대장 동무가
　　　　대포만 있다면 대포만 있다면 하며 가슴을 치는 것을 보고, 언제
　　　　든 큰 전투가 생기면 하다못해 박격포 하나는 빼앗아 주겠노라고
　　　　차동무와 둘이 맹세하더니.
차상렬 (울며) 송동무…… 분대장 동무……
조소대장 아, 우렁찬 그 우정!
원칠성 이만갑 동무는 빼앗았던 적의 기관총을 막 붙들고 바위에 의지하
　　　　여 인왕산처럼 뻗어 선 채로 숨을 졌는데, 입가에는 꽃보다 더
　　　　아름다운 한갓 미소를 담고 있었습니다. 그러나 동무의 손은, (울
　　　　음소리로) 동무의 손은 불덩어리처럼 달아오르는 총신 때문에 시
　　　　커멓게 터졌으니…… 어찌도 기관총을 꽉 붙들었는지 겨우 떼어
　　　　놓고 시체를 지금 운반중입니다.

하순이 철동 동무의 전사한 장소는 산뒤쪽 오십 미터 가량쯤 되는 돌각지로, 그 정황은 처절무쌍 하리만치 장렬함을 다하여, 적의 시체 여섯 앞에 동무는 적 하나를 타고 앞누른 채 운명하고 있었습니다. 최후의 길동무 삼아 타고 엎누른 적은 중위이고 보니, 적의 중대장인가 합니다.

철동과 만갑의 시체 흰 보에 메여 들것에 실려 산길로부터 등장. 만갑의 들것에 전리품인 기관총도 실려 있다. 모두 일제히 경례. 처처에 오열성. 군중들의 몰려드는 가운데 시체는 국기 아래 안치.
사이.

사병 나 (오른쪽으로부터 등장) 보고. 지금까지 조사 판명된 것만 적의 유기 시체 중 대장 한명, 사병 이십이명, 중국 반역군 십명…… 지금 민병에 맡기어 한곳에 수용중입니다.

팔로공작원1 이것을 종이에 적어 부하에 내어 주어 공작원3 황망히 퇴장. 남수의 부르짖는 소리.

남수의 소리 (괴로움 속에도 기쁨에 찬) 분대장 동무, 박격포 가지고 와요. 송동무…… 이걸로…… 외놈새끼들을……
원칠성 이걸, 이걸 남수 동무는 아무것도 모르고서……
하순이 분대장 동무가 살아있다면 얼마나 기뻐할까.
장남수 송동무, 왜 아니 오는교? (들것에 실리어 집 뒤로부터 등장하며) 송동무, 어서 와서 이 박격포 받아 가이소! (들것을 내려놓자 몸을 일으키며) 송동무, 어디 갔능교?

사병들 박격포를 메고 등장. 모두 오열.

차성렬 남수 동무, 장하우. 내가 기어코 뺏들어 드렸더니……
김대장 (뛰어가 손을 잡으며) 남수 동무, 인간으로서는 상상조차 할 수 없는 용맹이오. 또 우정이오. 더구나 동무가 이 박격포를 결사적으로 빼앗아 그놈들의 위력을 엎질렀기에 말이지……
장남수 분대장 동무는 어디 가서 아니 오는고? 내 이거 그 동무 줄라고……

김대장　동무, 마음을 단단히 가지시오……
장남수　요까짓 상처로 죽을 상 싶은가요. 아니 죽습니다.
김대장　내 잔등을 꼭 껴안으시오. (서로 껴안는다) 아무런 말을 들어도 놀래지 않겠다고……
장남수　예!!
김대장　동무, 맹세하시겠소?
장남수　…… 그럼, 그럼?
김대장　마음을 단단히 가지시오. 송분대장 동무는 중대하고도 곤란한 임무를 다한 뒤에 가슴에 치명상을 받고…… 오직 초인적인 정신력으로 내가 오기만 기다렸다가……
장남수　송동무!
김대장　끝까지 남아 싸운 최후의 한 사람으로서 희생된 동무들의 장렬한 전투 내용의 전말을 세세히 보고한 뒤에……
장남수　그렇게 그리던 대포 한번 못 쏘아보고.
김대장　동무, 정신을 가다듬으시오. 우리의 싸움은 이것으로 결코 끝난 것이 아니라, 이제부터 이 치열한 싸움이 시작되는 것이오. 송동무도…… 마지막 말이 역시 대포를 달라고, '대포…… 대포'하면서……
장남수　(울음을 터친다) 그렇게도 원통스레 죽다니…… 송동무!
김대장　원통함이야 말해 무엇 하겠소 마는! 남수 동무! 이제부터는 송동무의 원수를 동무가 빼앗아온 이 박격포로 갚아 주시오. 그리고 또 대포를 빼앗으면 그 장남수 대포로…… 동무! 동무의 임무는 이제부터 더 무한히 커졌소. 응!
장남수　(손을 그려 쥐고 울음) 대장 동무! 송동무의 얼굴이라도 한번 보게 해 주시오…… (시체 옆으로 벌벌 기어가며) 앗! 철동 동무! 아니, 만갑 동무도! 학운 동무도! 야- 나만이 못 죽었네!!
김대장　왜 그렇게 슬픈 소리만 하오. 어서 일어나시오! (일으켜 앉힌다)
장남수　(송의 시체를 향하여) 송동무, 분대장 동무, 내 소리가 그렇게 믿어지지 않던가요!! 왜 박격포라도 왜놈을 못 쏘아보고 죽는교!!
김대장　그만 두시오, 동무. 그만 두시오…… (끌고 나간다)

　　윤 분대장 등장. 제2분대 제3분대원도 등장. 정렬 포승을 받은 포로 두 명을 앞세우고 오분대장 나타나자 삽시에 살기 등등. 칠성 이하 칠팔명

　　　　　총칼을 내대며 몰려가자, 김대장 제재. 군중들 더욱 모여든다.
　　　　　-동무들의 원수를 내가 갚는다!
　　　　　내게 맡겨라, 내게-
　　　　　-이 개자식들아

원칠성　대장 동무, 놓아주시오. 제 손으로도 찔러 없애도록……
김대장　동무들, 흥분하지 마오.
오분대장　제3분대장 보고- 퇴각하는 적을 추격하고 돌아오는 길가에 이놈들 두 명이 굴복하고 앉아 목에 흰 수건을 드리우고 투항하였습니다.
원칠성　이 엉큼한 놈들아! 우리가 결코 포로를 죽이지 않는 줄 알고 투항하여 왔지? 속죄가 미급한 인간들이오.
일　동　악연(아연?)
　　　　　-아- 조선놈이네-
　　　　　-저런 죽일 놈들-
　　　　　-조선 놈들이 있다더니 정말로……
포로2　(고개를 떨어트린 채) 옳습니다. 분명히 조선 사람이오. 또 마땅히 죽일 놈들입니다.
차성렬　(통쾌한 웃음소리를 터치며) 하하하, 원수는 외나무다리에서 만난다고, 저 자식들 바로 잡혀 오긴 왔구나- 네 놈들이 사냥개로 들어 보낸 아편장사 차성렬이가 여기 칼을 들고 서있다. 이놈들아!!
김대장　차동무, 안정하시오.
포로1　(허공을 우러러 보며) 우리들도 오늘만은 여러분이 포로를 용서 않기를 간절히 바랍니다. 어서 그 칼로 우리의 목을 쳐 주시오.
차성렬　흐응, 그런 걱정까지 할 것 없다.
포로2　여러분의 칼을 받아 분수처럼 내뿜는 선혈로써 더러운 몸둥이를 씻을 수 있다면, 이보다 더한 행복이 없겠습니다.
사병 가　저놈들의 능청맞은 수작질 보아!
사병 나　그런 생각이 있다면 왜 오늘까지 우리를 죽이려고 쫓아 다니고 잇었더란 말이냐!
포로1　그러기에 이 자리에서 목을 쳐 주신다면, 일본 북지파견군 9776부대 군속 오야마 통역관 부대 기무라 병장은
원칠성　(놀래어) 기무라 병장, 기무라?……

차성렬 으음, 9776부대면 석가장 부대로구나. 내가 다 알고 있다. 오야 마니 기무라니 새빨간 거짓말이야. (뛰어 들어 그들의 머리를 치켜들며) 어느 놈이냐? 음, 어느 놈이냐!
윤분대장 (성렬을 끌어 다니며) 대장 동무의 처분이 있을 때까지 가만 계시오!
포로2 이시이 통역은 행복스레 이미 죄값을 하였습니다.
윤분대장 죄값을?
포로1 도망가다 어떤 여인의 총에 맞아 고꾸라졌습니다.
김대장 (순이를 돌아보며) 여인이라니?
포로1 중국 복장을 하였으나 조선말로 고함을 치며, 막 총질을 하고 있었습니다.
하순이 성옥 동무인가 봐요.
차성렬 아니…… 아니, 그럴 리가……
김대장 (顔仰天16)) 음, 조선 사람이 몇이나 따라 왔길래?
포로2 우리 둘이 이시이까지 세 명이었습니다. 어서 주저 말고 우리의 가슴도 찔러 주십시오……
사병 가 잔소리마라. 아무려면 살려줄 줄 알었더냐. 이 개자식아-
조소대장 조선의용군을 소위 토벌하는 길인 줄 알고서 떠난 길이지?
포로2 전혀 그런 내용을 알려주지 않아 몰랐습니다마는, 총대를 겨누고 여러분의 뒤를 노리는 대오에 있기는 마찬가지입니다…… 여기서 결전이 일어나 의외에도 조선사람인 여러분이 호랑이떼처럼 용맹히 싸우는 것을 볼 때, 우리 둘이는 뒤에서 서로 껴안고 몸부림을 쳤습니다.
차성렬 헤헤, 거짓말 마라. 그 이시이 놈은?
포로1 이시이는 중국 화평군에 있었느니 모르겠습니다마는, 우리는 어찌해야 좋을지 알 수가 없었어요. 나중에는 안타까워 둘이 마주 앉아 서로 가슴을 찌르고 죽으려 하였습니다.
김대장 알 수 있지…… 알 수 있고 말고……
포로2 바로 이때에 여러분들이 조국의 만세를 부르는 소리가 우렁차게 들려왔어요. 우리들도 나직이 조선독립만세를 불러보았습니다. 이 순간입니다. 새로운 어떤 계시에 몸뚱이가 와들와들 떨리며, 무엇인가 귀에 대고 이렇게 속삭이는 듯하였습니다. '일어나라-

---

16) 하늘을 우러르며.

너의 둘도 왜놈들을 쳐라!' 그 소리에 우리는 벌떡 일어나 쫓겨 가는 왜놈들의 뒤를 총으로 추격하였습니다마는, 그놈들이 사라진 뒤에 우리는 다시 땅위에 펄쩍 주저앉았습니다. 여기서 죽느냐? 다시 가느냐? 우리는 차라리 죽자 이렇게 결심하였습니다. 이왕 죽을 바에는 조선의 독립을 위하여 싸우는 여러분의 손에 죽자! (쓰러진다)

김대장 (치를 떨며 비장한 얼굴로) 조국이 없는 죄, 이게 누가 꾸민 연극이냐? 조국을 잃은 죄다. 나라를 강탈한 왜놈들이 구민 연극, 연극이 이렇게도 비통할 법이…… 이렇게도 눈물겨울 법이…… 동무들, 결박을 풀어주시오…… (사병 갑 그대로 시행) 새로운 두 동무. (열광적으로) 이것을 조상으로부터 맥맥히 우리들의 심장으로 흘러 내려온 피가 가슴속에서 출렁이 치며 부르짖는 소리요! 속죄는 주검에 있지 않고 새로운 싸움에 있다. (팔을 쳐들며) 자, 얼굴을 치켜들라—

포로2 (고개를 쳐들다가 칠성을 보고) 아— 칠성이! 칠성이! 이게 웬일이냐?

원칠성 (껴안으며) 아니, 춘식이……

포로2 역시 자네가 여기 와 있었네 그려.

원칠성 대장 동무, 소위 지원병 명색으로 뽑혀 나가 잠시 같이 있던 동무입니다. 춘식이, 용하게 왔네. 용하게도 왔어.

포로2 자네가 달아나다가 잡혀 죽었다는 말을 듣고, 얼마나 우리가 울었는지 아나.

원칠성 나도 남아 있는 자네들의 일을 하루 한시 잊지 못하였네. 정석이도 잘 있나? 길호, 인철이는 이번 북지로 실려올 때 차가 산해관을 넘어서자 뛰어 달아나고, 인철이는 이번 부대에서 탈출을 하다가 붙들려 총살되었네.

원칠성 인철이가?

포로2 길호랑 찬영이는 지금 석가장 부대로 와서 탈출할 기회만 노리고 있단다.

원칠성 옳지, 그럼 되었네. 하루 바삐 연락해 끌어내세. 응.

김대장 그렇다. 서로 법석 껴안아라, 벗석벗석. 그리고 자, 우리는 조국의 깃발 아래 모였다. 조국의 깃발을 우러러 보라.

일동 나팔소리와 같이 차렷을 하고 국기 향해 경례.

김대장 (시체를 향해 두어 걸을 나가) 사랑하는 동무들. 우리를 두고 먼저 가는 동무들 보았소? 우리의 조국이 받치는 위대한 꽃다발이오- 산 선물이오- 마침내 그들의 흘린 피는 새로 찾아온 한 겨레, 한 형제의 가슴속에 안은 화신에도 화약을 던지고 말았소!! 아까의 비통한 이 동무들의 고백을 들으셨소? 이것이 다 우리의 조국이 없는 죄로부터 나오는 비극이 아니고 무엇이겠소? 동무들, 우리도 동무들이 보여준 제일분대의 돌격 정신을 길이길이 귀감으로 삼아 우리의 피가 최후의 한방울이 남을 때까지 조국을 찾기 위하여 싸우겠소.

군중이 몰려든다. 소학교 떼도 여교사의 인솔로 등장. 사병2도 묵묵히 등장.

동무들- 우리의 영웅, 조선의용군의 열사들- 참으로 우리는 오늘에야 비로소 동무들을 우리의 영웅이라고 부를 수 있는 것같소. 동무들은 언제 한번 꿈엔들 개인의 명리를 탐내어 보았소? 사랑하는 고향 그리운 사람 모두 버리고 이 광야를 혁명의 일을 떠나온 이래, 언제 한번 꿈엔들 따스한 잠자리를 얻어 보았소? 동무들에게는 무엇보다도 내 조국을 찾자는 굳은 결심이 맛나는 양식이었소. 불같이 타오르는 적개심이 몸에 지닌 아름다운 무장이었소! 사랑하는 내 조국 내 민족이 아픔을 당하고 있기 때문에, 이것을 건지자는 그야말로 님 향한 일편단심으로 전투, 또 전투. 공작, 또 공작. 생산, 또 생산. 전투를 하면서도, 부대를 파면서도, 조밥에 산채국을 뜨면서도, 우리는 언제나 여윈 필을 쓰다듬으며 조국의 장래를 축원하고, 우리 민족의 행복을 빌지 않았소? 그 동무들이 생사를 같이하고자 떠나온 길가에서, 이렇게 우리를 두고 먼저 가니 팔다리가 떨어진 것보다도 더 아프구려!! 그러나 동무들의 싸워 흘린 피는 결코 헛되지 않았소. 뿐만 아니라 그대들의 피는 여러 혁명선열들의 거룩한 피와 땅속에서 얼기설기 엉키고 뭉치여, 장차 가져올 위대한 우리나라에 아름다운 꽃을 찬란히 피울 것이오. 인민의 꽃, 민중의 꽃. 아, 위대한 인민의 나라…… 원컨대 안식하시라. (물러선다)

사병1 (나즉이) 보고- 임성옥 동무는 영 행방불명입니다.
차성렬 저 짐승같은 것…… (치를 떤다) 대장 동무, 무엇이라 얼굴을 들 면목이……

여교사와 같이 두 소학생 태국기와 중국기 만든 것을 순이에게 준다. 순이 사체 앞으로 간다.

김대장 친애하는 중국인민 여러분, 여기에 누운 우리 동무들은 오로지 약소민족의 자유를 위하여, 다시 말하면 조국의 독립과 중국인민의 해방을 위하여, 고귀한 선혈을 아낌없이 이 광야에 뿌렸습니다. 더구나 이 네 분은……
차성렬 (울며) 대장 동무. 다섯 명입니다. 이왕에 저는 이미 죽어버리고 새로이 또 하나의 제가 생겨난 줄 알아 주십시오.
김대장 (끄덕인 뒤)…… 더구나 이 네 분은 최후까지 머물러 싸운 결사적인 돌격대원들로서 중대한 임무를 다하였을 뿐더러, 끝까지 적을 처부수고야 만다는 불같은 적개심과, 머리가 부서져도 임무를 완수한다는 굳은 책임감과, 동지를 위하여서는 목숨을 아끼지 않는다는 위대한 희생정신, 그리고 나라를 위하여서는 흔연히 미소를 짓고 죽는다는 거룩한 순국의 태도, 이 네 가지의 산 교훈을 우리에게 남겨 주었습니다. 우리들은 오늘의 설움과 분격의 마음을 내일의 폭탄으로 삼아, 이들의 남기고 가는 교훈을 앞날의 수류탄으로 삼아, 적진에 육박하여 그 머리위에 주검을 퍼부을 것이요…… 이제 희생된 동무들의 약력 보고가 있겠습니다.
조소대장 (한 걸음 나와 인사하고) 제1분대장 송일석 동무는 조선 평안북도 희천 태생으로, 금년 26세. 과묵침용17)의 인으로 여태까지 한 번도 생장의 역사를 밝힌 적이 없어 세밀한 것은 알 수 없으나, 나라 일이 중하고 민족의 일이 귀하여 단란한 다정을, 더구나 일가의 기둥이 될 몸이로되, 눈물을 머금고 나와 혁명의 험로를 밟았던 것으로 짐작됩니다. 이는 중앙군관학교 출신으로 평생소원이 대포와 야포의 방렬을 짓고 통절이 왜놈들을 격멸하고 싶다는 것이였으나, 마침내 그 염원은 못 이루었으되 이번의 처참

---

17) 寡黙沈容, 말수가 적고 침착한 모습.

한 전투에 있어 최후의 돌격분대를 지휘한 분대장으로서, 중대한 사명을 완수하고, 뿐만 아니라 적찬으로 몸에 수개 처의 치명상을 받았음에도 불구하고, 불같은 책임감 밑에 의지력 하나로 대장 동무 돌아오기를 기다려…… 세세히 정황을 보고한 뒤에 마지막 말을 끝내고 난 순간, 그만 숨이 지고 말았습니다.

윤분대장 (시체를 굽어보며) 송동무, 우리들은 동무를 위하여 남수 동무가 빼앗아 온 저 박격포를 가지고, 또 다음날에는 대포까지라도 전취하여, 동무의 불같은 투혼과 책임감을 본받아 오늘의 원수를 갚고야 말리다. 응.

　　　두 나라 국기를 덮어준다.

조소대장　우리 의용군에 있어 청춘의 상징이던 이만갑 동무는 금년 18세. 조선 황해도 신천 태생. 일찍이 중학 시대로부터 혁명운동에 가담하여 싸우다가 금년 가을에 사선을 넘어 우리 의용군으로 들어와, 그야말로 각렬한 불덩어리처럼 맹렬한 활동을 하였습니다. 이번의 돌격전이 있어 동무가 빼앗았다고 상상되는 것만 보총이 여섯. 게다가 표범처럼 적진 속으로 돌진하여 적군의 기관총을 빼앗아 들고 휘둘르며 적을 처들며 나가다가, 불행히 적탄을 맞고 바위에 의지하여 선 채로 이 세상을 하직하였습니다. 겨우 열여덟 살의 소년의 몸으로 이 형극의 길을 걷기에는 동지로서도 보기에 너무도 애처롭고 눈물겨웠으나, 조국 강토를 사랑하는 동무의 마음은 이처럼 뜨겁고, 또한 아름다웠습니다.

김대장 (시체를 들여다보며) 만갑 동무! 나 대장 김세중이오. 무심치 않거든 눈을 뜨고 한번 보아주구려. 기관총을 연약한 팔에 꽉 붙들고 중상의 아픔도 모르는 듯이 입가에 지은 그 미소가 어쩌면 그렇게도 아름답소…… (윤분대장 들것에서 기관총을 들어 대장에게 준다) 그리고 동무가 주검으로서 바꾸어 주는 이 기관총, 확실히 우리들이 받아 들었소. 우리는 이 기관총으로 적을 무찌를 때 언제나 동무의 일을 생각하기 위하여, 이 기관총을 만갑이라는 동무의 이름을 붙일테요. 원컨대 안식하시라.

　　　두 나라 국기를 덮어준다.

조소대장 그리고 우리의 혁명시인 김학운 동무는 조선 서울태생으로 타고난 천품의 시재로서, 민족의 요망18)을 울부짖다가 작년 가을 사랑하는 처자를 두고 이리로 탈출하여 온 이래, 펜을 들었던 손에 검을 바꿔 쥐고 우리와 같이 싸워왔습니다. 금년 25세에 있어 혁명적인 재능을 발휘하여 많은 작시와 노래로써 우리들의 사기를 북돋으며, 또한 적개심에 불을 질렀습니다. 이번 본대를 떠나올 때 새로 장송가를 지어 부르며 나오더니, 그때에 벌써 오늘이 있기를 깊이 각오하였던 모양으로, 오늘 이 전투에 있어 동무는 최후까지 머물러 야차와 같이 싸운 뒤에 돌격으로 옮으려 일어선 순간…… 옆에, 바로 옆에……(말을 못 마치자)

김대장 (대신 나서며) 바로 이때, 그 소대장 동무가 다리에 총탄을 받고 넘어지는 것을 보고…… 줄곧 달려가 등에 걸머지고 돌격하다, 그만 장렬한 전사를 하였습니다. 동무는 숨이 지는 순간 송분대장에게 유언하기를, 제 자신이 지은 장송가로 보내 주며 제 가슴 위에 돌을 세우고, 그 위에는 조국해방만세라 새겨 달라고 하였답니다…… 순이 동무, 이리 나오시오.

하순이 (시체 옆으로 나와 울음을 걷잡지 못하는 듯) 동무, 저 순이에요. 우리에게 지어주고 간 장송가. (읊는다) '모진 바람 몰아치는 길가에 못내 풀고 쓰러지는 그 원한 우리들이 갚아 주기 맹세하네.' 옳습니다. 동무, 그대로 우리는 맹세합니다. 그리고 저는, 저는 역시 연안으로 안 갈 테에요. 동무의 발자취 걸음걸음 피에 젖은 이 전방에 그냥 머물러 싸울 테에요. 왜놈들에게 복수를 하고야 말 테에요…… 이것이 이제는 제 유일한 위안이 되었어요…… (엎드린다)

김대장 동무…… (일으키며) 암만 그래야 끝이 있겠소…… 참으시오……

　　두 나라 국기 덮어준다.

하순이 (울며 물러서며) 그리고…… 그리고 동무가 언제나 몸에 지니고 다니는 퉁소는 제가 오늘부터 몸에 간직할 게요…… 제가 매일 밤마다 불며 동무의 일을 그릴 터예요…… 그리고 머지 않아 조선으로 나가게 된다면, 이 퉁소로써나마 조국의 기쁨을 느끼고

---

18) 要望. 어떤 희망이나 기대가 꼭 이루어지기를 간절히 바람.

보고 들도록 해드릴께요. 응. (느껴운다)
조소대장 끝으로 조선 함북 청진 태생의 박철동 동무는 우리들이 화차 대구리라고 불러온 만치 다부진 적달만한 몸둥이, 도시 담덩어리였습니다. 고향에는 부모형제 하나 없는 천애 고독한 몸으로, 열한 살에 조국을 걸어나와…… (놀래어 움칠한다)

뒤쪽으로부터 여자의 노래 소리.

원칠성 에, 저네 누구 소리야……
윤분대장 (굽어보며) 대장 동무, 성옥 동무가 돌아옵니다.
김대장 무엇이요? 성옥 동무가? (다가가 굽어보며) 동무, 이게 웬일이오?

머리를 흐터진 임성옥 피에 짖은 일본의 웃복을 갈기갈기 입으로 물어뜯으며 등장.
입속으로 노래.

차성렬 저게 무슨 지랄이야…… 그 이시이 녀석과 도망가려다가…… 옳지, 그 녀석이 거꾸러지는걸 보더니……
하순이 성옥 동무!
장남수 차동무, 무슨 소리를 그렇게 하는고?
임성옥 (노래) 무거운 쇠줄을 벗어 메치고, 뼈 속에 사무친 원한을 풀어 나가자. 나가자, 나가자. 굳게 뭉치어 승리는 우리를 재촉하나니.
하순이 성옥 동무, 이게 무슨 일이에요?
임성옥 (웃으며) 호호호, 내가 우리 의용군의 노래 모르는 줄 아시는가봐. (시체를 하나하나 굽어보며) 총칼을 매고 혈전의 길로 다 앞으로 동무들아. 혁명의 기는 우리 앞에 날뛴다. 다 앞으로 동무들아. 호호호…… 아이들이 사이좋게 가지런히 누워서 합창을 하시네…… (다시 노래) 참 깃발도 어쩌면 저렇게 고울고…… 내 가슴에도 저렇게 깃발 둘러주워요, 네……
김대장 그럼 아까 이 동무가? (포로를 둘러본다)

순이 성옥을 붙든다.

포로1 바로 저분이 이시이와 마주치자 갈비처럼 달겨들며 총을 쏘아 쓰러트렸습니다.
차성렬 아니…… 아니, 무엇이?
포로2 처음 우리는 저분이 미치지 않았는가 했습니다. 이시이는 면바로 가슴에 총을 맞고 쓰러졌습니다. 저분은 갑자기 소름이 끼치는 소리로 자지러지게 웃었습니다. 우리들이 무서워 바위 뒤에 움츠려 들게끔……
포로2 이시이는 비틀거리며 간신히 일어나 도망쳐 보려고 했습니다. 저분은 달려들며 또다시 총을 놓았습니다. 그리고는 달려가 타구를 누르고 막 주먹으로 머리통 두들겨 패며, 그냥 웃어대입니다. 소름이 쭉 끼치게……
차성렬 여보, 그게 정말이오? 당신이……
임성옥 (순이더러) 아씨, 제 손금을 보아주세요. 네, 1원이요? 50전만 하세요. 장인님 부챗금에 이렇게 여기서 갈라지고, 명금이 도재 요만 해도, 이것 보세요. 이것…… 어린애가 둘이나 있다우…… 호…… 참 신통해라. 꼭 들어 맞추네. 우리 창수가 이담에 대장 된다구요. 수영이는 여자 박사가 된다우. 여자 박사가……
차성렬 (울며) 여보!
김대장 성옥 동무, 정신을 가다듬으시오. 용감히도 동무가 우리의 원수를 갚아주었소. 그 이시이란 놈이 조선 사람 중에도 가장 가는 악질특무였소.
임성옥 호호호…… 저도 저렇게 깃발에 싸주시겠다구요…… 태극기가 새 것이어서 제일이에요…… 네, 고맙습니다. 태극기는 청농이라구요. 일본 깃발은 거야 뭐 백농이지요…… (하늘을 쳐다보며) 청농 백농[19]이 서로 어울려 싸워요. (뒷걸음치며) 저것 봐요, 저것이. 백농이 물여 뜯으려니까…… 앗, 저놈이 이시이가 칼을 가지고…… 아이마니
하순이 (쥐고 흔들며) 동무- 동무-
임성옥 (한참 들여다 보더니)…… 이게 누굴까?
하순이 성옥 동무, 우리를 알아보겠수?
임성옥 ……
차성렬 왜 대답이 없소? 여보.
임성옥 ……

---

19) 청룡, 백룡.

김대장 성옥 동무, 마음 놓으시오.
임성옥 ……
하순이 저 순이에요.
임성옥 ……
김대장 순이 동무, 어서 껴들고 저리로 내려가시오.
오분대장 (떨어뜨린 웃복을 들쳐보고) 대장 동무, 옳습니다. 분명히 이시이라고 씌여 있습니다.
차성렬 음, 바로 그 통역놈이로구나! (웃복을 쥐고 흔들며) 바로 이놈입니다. (성옥에게) 여보…… 고맙소! (울며) 고맙소!
김대장 차동무, 그놈의 모가지 대신 가져온 가 보오. 부인을 용서하시오. 어서 안정시키시오.
임성옥 피를 빨아 먹는 독사뱀은 내가 잡으러 갈 테에요…… (움직인다)…… 두꺼비는 뱀의 첩살이를 하고 있다우. 저도 태극기를 좋아한다구 아까 그러겠지요.…… (놀래며) 아이마니, 저놈의 피가 뱀이 되어서 바위를 슬슬 기어 올라가네…… 앗, 저놈의 뱀…… 여보, 어서 저걸 잡아 죽여요. 아이마니, 나 살려요.
차성렬 (붙들며) 여보, 내가 여기 있지 않소. 동무들도 여럿이 이렇게 당신을 보호하고 있지 않소. 하나도 무서울 것 없이 정신 차리우.
임성옥 그놈이 그저…… 그놈이 자꾸 내 뒤를 따라 다니에!! 저눈깔 보아! 저 아가리. (쓰러진다)
차성렬 (흔들며) 여보, 미쳤소!! 여보!
하순이 아직도 아마 무서운 악몽이 사라지지 못한 모양이에요……

　　　고요한 사이.

김대장 조동무, 계속하시오.
조소대장 박철동 동무는 11살에 조국을 나온 이래 이 중국 땅에서 성장하여 중학을 나오고 중앙군관학교를 졸업한 뒤 27살의 금년에 이르기까지, 중국 26성 가운데 동무의 발자취 안 닿은 곳이 거의 하나도 없을 만치, 오랜 성상을 혁명 운동에 시종하였습니다. 돌아간대도 반겨 맞아 줄 만한 친지 하나 없지만, 그래도 조국이 그립다고 조선의 지도를 움켜쥐고 늘 읊조리곤 하는, 그런 열렬한 애국자였습니다. 이번의 전투에 있어 동무는 돌격로를 칼로 헤치어 우리들의 전진을 완전케 한 뒤에 겹겹이 둘러친 적진 속으로 혈혈단신 뛰어들어, 마침내 기가 진하여 적을 찌른 칼을 뽑지 못하게 되자 웃통을 벗어 던지며, '내 가슴을 찔러라, 조선독립만세'를 고창하며 단말마의 용맹을 적의 중대장을 깔아 엎은 채 장렬한 최후를 지었습니다.

말발굽소리 멀리서 들려온다.

임성옥 (일어나며) 호호호, 내 가슴을 어서 찔러 주시오. 네, 저도 불러보게, 조선독립만세를…… 난 못 불러서요?
차성렬 여보, 여보, 왜 이러우?
임성옥 (노래)
세상 풍진 모르는 나의 몸둥이
만리풍경 달리며 떠나가노니
떠나가는 나의 심사 어떠하리오.
김대장 (두 나라 국기를 덮어주며) 철동 동무, 저 동무의 노래가 우리 마음에 더 아프구려. 우리들을 두고 가는 동무의 마음 그대로인가 보구려……
임성옥 (노래)
청파만경 청천이 앞을 가리워
다시 보지 못하는 내 나라이라

팔로군 간부 셋이 평사포를 가지고 황망히 등장. 팔로공작원과 경례. 다시 김대장에게 경례.
차성렬, 부인을 한 옆으로 끌고 간다.

팔로군간부 우리 팔로군구 사령원께서는 귀 조선의용군이 나타낸 영웅무쌍한 돌격 정신과 비창한 돌격전에 대한 보고에 접하자, 무상 감격 애통하여 혁명 사난열사[20]들의 영전에 이 평사포를 받치며 귀군의 위대한 무훈을 치하하셨습니다. (팔로군 두 명의 평사포를 시체 앞에 받친다) 그리고 팔로군에 조선의용군의 위훈을 포고하는 동시에, 장렬한 최후를 지은 귀군 네 명의 4렬사를 위하

---

20) 死難烈士. 국가의 위난(危難)을 극복하기 위하여 목숨을 바쳐 장렬히 싸운 사람.

여 추도대회를 준비하라는 명령을 내렸습니다. 또 하나 우리 정치부에서는 조선의용군 돌격 정신을 길이 찬양하기 위한 명년 봄에 개정되는 소학교과서에 이 호가장 전투의 내용을 수록키로 결정하였습니다.
조선 중국 양민족 해방 만세! 조선의용군 열사의 영명 만세!

조소대장 보셨소, 동무들? 들으셨소, 동무들? 사실로 이 자리는 우리가 눈물을 흘릴 자리가 아니라, 고래고래 소리 질러 동무들을 위하여 만세를 불러야 하오. 춘풍추우 나라를 찾고자 싸워온 동무들의 이 거룩한 최후는, 또한 모름지기 동무들의 만족스런 최후가 아니겠소. 자, 우리는 동무의 뒤를 이어 모든 위험을 박차고 나갈 테요!! (반울음으로) 위대한 조선의 민족 영웅 만세, 만세.

김대장 동무들, 우리 조선의 영,웅 중국 인민 해방의 열사들, 그대들의 영웅적 죽음을 슬피 생각하여 보내는 이 자리에 군민은 물론 소학도 이르기까지 천명의 중국인이 참례하였소…… 그러나 우리들에 대한 이들의 위로가 크면 클수록 중국인이 많이 모였을 수록, 보내는 우리들의 설움과 고0간은 더욱 커지는구료.
　여기가 우리들의 사랑하는 조국 땅이라면…… 이다지도 서럽지는 않을 것 같소. 이레저레 사랑하는 동무들이 하나씩 둘씩…… 그러나 동무들! 머지 않아 그대들의 무덤 위를 뛰어 넘어 적진 속으로 돌격할 삼천만의 우리 민족을 축원하시오. 자, 보시오! 우리는 다시 총을 메오!! 가진 횡포와 호사를 다하는 파쇼 일본을 뚜들길 총 메어, 수풀처럼 우리의 주의에 이어나다 우리는 다시 칼을 드오!! 제국주의의 기둥을 잘라 엎을 서슬퍼런 칼날이오. 바다처럼 우리의 주위에 모여들라. 자, 우리는 다시 앞으로 나가오!! 동무들의 못내 이룬 뜻을 계승해 싸우기 위하여, 앞날의 우렁찬 승리를 위하여, 조국의 독립 해방을 위하여!

윤분대장 (대오에 명령) 총 메엇.

　　음악 반주로 학운의 장송가를 장중히 부르며 국기를 선두로 들것과 전리품인 기관총, 평사포 등이 전우의 손에 하나하나 들리어 서서히 우편으로 전진.

　　모진 바람 몰아치는 길가엔

　　　　못내 풀고 쓰러지는 그 원한
　　　　우리들이 갚아 주기 맹세하네.

임성옥 (행렬 뒤에서 땅에 떨어진 칼을 접어들며 노래)…… 아이마니, 참 내가 귀한보물을 얻어 들었네…… (몸에 감추며) 우리 창수 갔다 주어야지.…… 수영이는 무얼 주나…… 깃발로 꽃수레 만들어 줄까…… 꽃수레를 왜놈들이 발길질에 부숴버렸데요…… (노래 따라 부른다)
하순이 (끌고 가며) 내 껴들어 드릴게. 어서 같이 가요. (칼을 발견하고 뺏들며) 동무, 이게 무슨 일이요?
임성옥 호호호…… 우리 창수가 대장인 줄 모르고, 이 아씨가 빼드네…… 선녀가 날아가며 주었다. 오. 우리 창수랑은 이종사촌뻘 되는 이라우. '우리들이 갚아주기 맹세하네.'
차성렬 (칼을 받아 간직하며) 여보, 정신을 똑똑히 가지우. 모두 내가 잘못되었소.
임성옥 (신비스런 미소를 지으며 산길로 올라서서) 안녕히들 가세요. 네…… 우리나라 깃발을 독수리가 채가겠다구. 그래 병아리 떼가 덧을 놓았다우…… 범이 하나도 아니구, 셋이나 되더래요…… 우리 수영이가 가마 타고 시집갈 때 호랑요를 씌워 아무도 물어가지 못하게 할 테야요…… 안녕히들 가세요. 네……
　　　(뒷벼랑을 굽어보며) 저기 금비녀가 있네. 우리 수영이에게 주어야 (몸을 바꾸어 공중거리로 떨어지며) 저 금비녀, 금비녀.
하순이 앗!!
차성렬 여보!
장남수 오, 저 동무가 자살을……

　　사병 몇 달려 내려간다.

차성렬 (한참 망연히 내려다보며)…… 여보, 잘하셨소! 억한 소리도, 그러나 나는 당신 대신으로라도 죽지 않소, 응…… 소리 없이 곡하고, 그리고 이 칼은 당신 말대로 창수에 주어 훌륭한 조선 사람을 만드리다…… (일어서며) 어서들 조용히 가십시다……

　　다시 따라서며 장송가 부르기 시작.

천천히 막.

1945. 7. 7 기념일 稿完
於 華北太行山中 조선 독립 동맹
1946. 3. 1. 기념일 修稿
於 평남 예술 연맹

춘향전

시대
　　이조 숙종년대

곳
　　전라남도

인물
　　성춘향　　　이몽룡
　　방자　　　　향단
　　춘향 모　　 이웃 막부
　　변학도　　　호장
　　형방　　　　통인
　　급창　　　　사령
　　집사　　　　집장 사령
　　허봉사　　　운봉영장
　　택장부사　　호창군수
　　구례현감　　임실현감
　　옥과현령　　교룡산성장
　　옥사정　　　농군들, 농부들
　　수종역졸들　기생들
　　그외 다수

장면
　　서장　　　　광한루
　　제1막　　　 춘향가
　　제2막 1장　 우 동
　　　　 2장　 오리정
　　제3막　　　 남원 관가
　　제4막 1장　 옥사
　　　　 2장　 노변
　　　　 3장　 산협
　　제5막 1장　 춘향가
　　　　 2장　 옥중
　　종막　　　　남원관가

서장

오월 단오 명절, 남원 광한루에서

무대 좌편으로 광한루의 일부 원경으로 수양버들 우거진 풍경, 우편에 야트막한 수양버들 한 그루. 막이 오르면, 광한루 추녀 끝에 풍경소리 한가로운데 광한루 난간에 몸을 의지하고 춘색을 즐기든 두 소녀의 자태 그림같이 아름답다. 한참 흥겨웁던 음악이 끝이며 좌편에서 머리에 창포 잎을 꽂은 소녀들이 정답게 소군거리며 나오다가, 누각 우의 두 소녀를 보고 잠간 발을 멈추고 둘이서 귓속말을 하드니 깜즉하게 수작을 건다.

소녀 일 봄 향기에 취한 그대들 어데서 온 가인인고?
소녀 이 (돌아스며) 아이, 깜작야.
소녀 일 (자즈러기게 웃는다)
소녀 삼 아이, 애들아. 난 또 어떤 작난꾼 총각인가 하구 깜작 놀랬지!
소녀 사 어쩌면 놀러 나오면서 말두 없이 둘이면 쏙 빠져나오니! 아주 광한루에 올러슨 풍채가 그럴 듯하구나!
소녀 이 아냐, 건너 동리루 그네 뛰러 지나다가 한번 올라와 본 거야!
소녀 일 우리두 지금 창포물에 머리 감구 그네 타루 나가는 길야!
소녀 삼 애들아, 올러와 놀다가 같이들 가. 호남의 제일 자랑 광한루 오늘같은 명절에나 올라보지, 언제 와보겠다구 그냥 지나가니?
소녀 일 그럼 우리두 한번 올라가 볼가.
소녀 사 애, 난봉꾼들이 나오면 어쩔라구!
소녀 삼 사방이 다 내다보이는데, 난봉꾼이 먼길에 보이면 얼른 도망가면 되잖어! 올러와 놀다 같이 가, 애!

　두 소녀 광한루에 올라간다.

소녀 이 연못에 둥실 뜬 염주각, 중천에 무지개같은 오작교 풍치가 좀 좋으냐?
소녀 일 어저면 수양버들이 빗줄기처럼 물에 잠겼어!
소녀 삼 인제 봄 지나고 여름 지나 남의 집에 시집가면, 다시는 이런데 못 나올 테니, 오늘은 그네 고만 두구 여기서 봄노리들이나 하자, 애!
소녀 이   애는 제가 사주혼서1) 보냈으니까 막 큰 소리야!
소녀 삼   그럼, 않그러냐?
소녀 사   (먼 곳을 바라보고 있다가 놀래며) 애들아, 저기 누가 온다.
소녀 이   저게 누굴가?
소녀 삼   나귀 모는 게, 저게 관가의 방자 나용검 아니냐!
소녀 사   오라! 방자 나용검야?
소녀 삼   나귀 등에 올라 앉은 저건 누굴가?
소녀 이   글세, 못 보는 사람야.
소녀 일   내 알으켜 줄까?
소녀 삼   누구야, 응, 누구야.
소녀 일   방자가 모시구 나오니. 사도 자제가 분명하지 뭐냐!
소녀 사   오라. 그 이도령!
소녀 삼   그 소문이 자자한 이도령 말이지.
소녀 일   그 ○ ○○○ ○○○ 사도 자제 이도령이 분명해!
소녀 이   애, 아주 나귀 등에 올라 앉은 폼이 여간 점잖지 않구나!
소녀 사   글세 말야, 얼골도 참 잘 생겻지.
소녀 일   얼골만 잘 생긴 줄 아니, 문장두 여간 깊지 않태.
소녀 삼   몇 살이나 됐는데, 저렇게 점잖을까?
소녀 이   애, 아주 갑사복건2)을 느즉하니 처맨 것이 여간 멋들어지구나.
소녀 사   애들아, 논뚝을 건너 이쪽 길로 접어 드는 것이 아마 광한루루 나오나 부다. 어서들 가자, 애.
소녀 일   정말 이리루 봄구경 나오나 부다.
소녀 삼   어서들 가자, 애!
소녀 일   애들아, 우리 저 버들 숲속에 숨어서 이도령 얼골 좀 똑똑히 볼가?
소녀 사   그러다 들켜서 승이나 잽히면 부끄럽기만 하지 머냐! 어서 가자, 애!
소녀 이   애, 저 봐. 벌서 오작교를 건너섰어! (소녀들 모도 나려와 광한루 뒤로 사라진다)

---

1) 조선시대 혼인 예법 중 납폐(納幣) 때에 주고받는 사주단자와 혼서.
2) 좋은 비단으로 만든 두건.

양류지간에 꾀꼬리 소리. 나귀 목의 왕방울소리 점점 가까이, 이어서 채찍 소리와 방자의 나귀 모는 소리. 잠시 후에 우편에서 방자 거드럭거리며 들어온다.

방 자 (챗죽으로 광한루를 가르키며) 자, 도령님. 어떻습니까? 우리 호남에 승지가 많사오나 저기 뵈는 오작교와 화류동풍 슬슬 부는 이 광한루, 으뜸가는 곳은 다시 없을 것입니다. 암, 다시 없구 말구요. (그리고 돌아보니, 모시고 온 도령이 보이지 않아 허둥지둥하다가, 우편을 향해) 아니, 도령님. 나귀를 내리셨으면 어서 바삐 오실 것이지!
도 령 (전배 사령 후배 사령을 거느리고 들어오며) 산천경개란 가까이 보는 것보다 한발 멀리 보아야 좋은 법이니라!
방 자 하하하, 도령님두. 인제 바루 이렇다 하는 풍류객 틈에 한몫 끼시겠는데요
도 령 그래, 네 고향 자랑이란 광한루가 바루 여기였드냐?
방 자 예, 역대 사관님들이 춘광을 즐기는 광한루가 바루 여기 옵니다. 자, 도령님. 어서 올르셔서 산천경개를 한번 돌아보십쇼, (광한루에 올라서서 챗죽으로 이쪽 저쪽 가르키며) 자, 도령님 보십쇼. 과연 호남명승 광한루란 말이 헛말이 아니오니다. 저기 보이는 저것이 춘색에 아롱진 적성이옵고, 이곳 가까이 보이는 저 다리는 은하수에 견우직녀 상봉하는 오작교이오며, 다시 이쪽으로 슬적 돌아 벽공에 어린 것은 주렴취각이오, 그 뒤로 둥실 소사 무릉도원 도화점점 붉은 꽃 보보춘향 떨어져서 나비가 춤추는 이 경개 어떠하옵니까? 도령님!
사령갑 아다, 그놈 십심두 좋다!
방 자 이놈아, 내 입심만 좋구 광한루 경개는 좋지 않단 말이야?
도 령 (사방을 돌아보고) 음, 과연 일생 고명 광한루 월궁항아 노든 곳이 분명 하구나. 애, 방자야, 나귀 등에 실고 온 술상 어서 갖다 차려놓고, 화류동풍에 춘흥을 돋게 하자.
방 자 예! (사령에게) 도령님 분부이시다. 어서 자리 갖다 펴고 술상 대령해라!
사 령 (좌우로 나간다)
도 령 (이쪽 저쪽 거닐며 춘색을 즐긴다) 애, 방자야.
방 자 예이.

도 령 너이 남원 고을에 이 광한루 말고 경개가 좋은 데가 어데어데 있느냐?

방 자 예, 남원 고을에 별달은(다른) 승지는 없아오나, 사람들 입에 오르나리는 승지로 말하자면 북문 밖을 나서서 조종산성 좋사옵고, 서문 밖 쑥 나서서 관왕묘 경치 좋사옵니다. 그러나 그 중에도 이 남문 밖 광한루와 오작교, 염주각이 삼남 제일가는 승지이옵니다.

사령들 돗자리와 술상을 들고 들어와 자리를 차린다.

방 자 그런데 도령님! 도령님 부르심에 황송하여 대답은 하옵니다. 만은, 공부하시는 도령님이 요새 자꾸 경치 얘기만 하시는 것이 아무래두 수상하옵니다.
도 령 좋은 경치를 보아야 좋은 글귀가 나오는 법이니라!
방 자 그뿐 아니지요. 또 딴 곡절이 있지요. 이놈은 벌서 짐작하고 있소이다.
도 령 짐작이라니?
방 자 말슴드려도 괜찮소이까?
도 령 그래, 어데 말해보려무나.
방 자 (귀에 대고 은근하게) 도령님두 이팔청춘이라 봄바람이 품안에 기여 드니까, 마음이 싱숭생숭해서 그러시는 거지요!
도 령 옛기, 고얀 놈!
방 자 하하하, 바른대루 말하자면 그렇지 뭐요?
도 령 하하하, 그놈 참! 아닌 게 아니라 버들가지 꾀꼬리 소리를 들으며 여기 이렇게 서서 오작교를 바라보니, 은하수 오작교에서 사랑을 즐기었다는 견우와 직녀의 이야기가 이곳을 두고 생긴 것 같기두 하다마는……
방 자 하하하, 그러면 도령님이 여기서 견우 노릇을 한번 해보시겠다는 말슴이오이까?
도 령 글세 말이다. 견우는 내가 된다 하지만, 직녀가 없으니 답답한 일이 아니냐?
방 자 하, 이거 야단낳군. 책방 도령님이 바람이 단단이 나섰군, 하하하.

도　령　하하하, 그놈 참.
방　자　자, 도령님. 술상 대령했오이다.
도　령　아, 참, 봄 향기에 취해서 술자리를 잊고 있었구나. 자, 너이들도 올러 앉어라! 우리 오늘은 양반 상놈 다 파탈하고 노라보자, 어서 올러 앉어.
사령갑　아, 원 별 말슴을.
도　령　글세, 관게 찮으니 어서 올라와.
방　자　도령님 분부시니, 어서 꾸물거리지 말구 성큼 올러 오너라.
도　령　방자야, 너도 어서 거기 앉어라.
방　자　예이, 헤헤헤. 이거 원, 도령님. 정말 관게찮소?
도　령　이놈아, 누가 헛수작 하는 줄 아느냐? 자, 어서들 올러 와!
사령을　이거 원 죄송해서…… (올러와 앉는다)
도　령　그렇게 앉지 말고 편히 앉어! 놀을때 상하를 너머 차리면 되려 재미가 없는 법야.
방　자　(술을 따러 들고) 자, 도령님!
도　령　가만 있거라! 이 좌중에 누가 제일 나이 많으냐?
방　자　왜 그러슈?
도　령　글세 말이다……
방　자　아마 저 후배사령이 얼고리(얼굴이) 노랗고 키는 작달막 해두 나이는 제일 많소이다.
사령갑,을　아니, 원 그럴수가……
도　령　향당은 막여치3)라 하였거늘 연치4) 채려 수배 하는 것이 무엇이 괴상하냐?
사　령　아, 원 그래두.
방　자　아, 이놈아. 받으라시니까 받으려무나. 팔 떨어지겠다!
사령을　아, 이거 원. (떨리는 손으로 잔을 받어 반은 업지르며 마신다)
방　자　하하하, 아니. 이 자식이 신장대5)를 잡었나? 떨기는 왜 이리 떨어!
사령갑　아, 이거, 원.

───────────────

3) 鄕黨 莫如齒. 명심보감에 있는 말로, 고을에서는 나이만 한 것이 없다. 고을에서는 나이를 가장 중히 여긴다는 뜻.
4) 나이의 높임말.
5) 무당이 신장(神將)을 내릴 때에 쓰는 막대기나 나뭇가지.

방　자　아, 이놈아. 어서 받어! 사람 목젖 떨어지겠다.

　　　　전배사령 술을 받어 마신다.

방　자　인제는 제 차롄가 봅니다.
도　령　인내라, 너는 내가 따러주마.
방　자　이거 참 황송한데요. (술잔을 받어들고 침을 꿀덕 생키며) 헤헤, 이게 무슨 술이관대 술잔 속에 꽃이 피고 나비가 쌍쌍 나르네!
사령갑　이놈아, 잔소리말구 어서 마시고 도령님 따라 들여.
방　자　(홀적 마시고) 카, 술맛 참 히안하다. 국화 꽃향기가 코를 톡 쏘는데! 자, 도령님!
도　령　(받어 마시고 잔을 돌리며) 이렇게 파탈하고 놀으니 좀 좋으냐! 여기서만 말이다 만은, 양반 상놈을 너머(너무) 찾는 것이 내 성미에는 맞질 않는단 말야!
사령을　그래두 원 상하야 가리압지요.
방　자　이놈아, 도령님이 그러시다면 그런줄 알어. 자, 도령님 차롑니다.
도　령　(한 잔 받어 마시고 잔을 돌리고 일어스며) 자, 맘을 놓고 많이 들 마셔라!
방　자　아니, 도령님. 왜 이러나십니가?
도　령　뒤 잔 했드니 얼떨떨하다.
방　자　그래두 두잔 술이 어데 있읍니가?
도　령　내 걱정말구 어서들 마셔라! (홍채를 펴들고 춘색을 즐기듯 거닐다가 문득 발을 멈추고 먼 곳을 유심히 본다)

　　　　하인들 도령의 눈치를 살피며 서로 다투어 마신다.

방　자　자, 도령님. 두잔 술이란 법은 없아오니, 한잔만 더 마십쇼! 도령님!
도　령　(정신없이 한곳만 바라보고 있다)

　　　　사령들은 서로 다투며 병 채로 마신다.

방　자　아, 도령님. 팔 떠러 지겠습니다. 술잔 받으십쇼!
도　령　애, 방자야.

방　자　예!
도　령　저기 저 버들가지 사이로 번듯번듯 하는 저게 무엇이냐?
방　자　(그제에 술을 훌쩍 마셔 버리고 다시 술병을 들어 한잔 따르며) 무엇 말입니까! 제 눈엔 아무 것두 않 보이는데요.
도　령　이 부채 끝으로 가리키는 저기저기 말이다……
방　자　(보지도 않고 술을 다시 한 잔 따라 마신다) 부처는 말구 미륵님 꺼꾸루 바두 아무것두 않 보이는데요!
사령갑　(일어나 바라보다가 다시 술상 앞으로 온다)
도　령　허 참, 젊은 눈에 저것을 못 알아본단 말이냐! 저게 사람인 듯두 하구 꽃인 듯두 하니 도화냐 해당화냐!
방　자　(앉아서 술을 마시며) 이것이 무릉도원 아니어든 도화가 웬말이며, 이곳이 명사십리 아니어든 해당화가 원 당하오이가!
도　령　그럼, 저게 귀신이 분명하구나.
방　자　이곳이 북망산천 아니어든, 백주청명 밝은 날에 귀신이 당하오이가. (다시 한 잔 따라 마시고 잔을 돌린다)
도　령　꽃도 귀신도 아니면 옥경선녀가 하강을 했단 말이냐?
방　자　원 도령님두, 이곳이 금강영봉 팔담이 아니어든, 선녀 하강이 원 당한 말슴이오이가.
도　령　그도 저도 아니면, 그럼 저게 대체 무엇이란 말이냐?
방　자　(그제야 입을 쓱 문질으로 일어스며) 대체 어떤것 말입니까? (얼떨떨해서 기둥을 잡고 바라보다가) 예, 저거요. 저건 보따리 질머진 행인이옵니다.
도　령　아니, 그것 말구 저것 말이다.
사령갑　(얼큰해서) 예, 저거요. 저건 엿장사로군요.
도　령　(안타까워서) 아니, 저 숲 사이에 언듯번듯 하는 저것 말이다.
사령을　저는 어렸을 때부터 안질이 있어, 원 암만 봐두 그것두 저것 같구, 저것두 그것 같어서……
도　령　옛기, 고이한 놈들아. 수양버들 밑에서 오락가락 하는 저게 뵈지 않는단 말이냐?
방　자　예! 저 울긋불긋 훨훨 나르는 저것 말이지요? 저건 그네 뛰는 게 집애들의 치마지요!
도　령　허, 그녀석, 참, 글세, 이놈아! 치만 줄은 알지만 그 치마를 입은 것이 누구냐 말이다.

방　자　참 도령님두 갑갑하시긴, 그럼 그렇다구 첫번부터 말슴을 하서야지요. 저건 바로 월매라는 기생의 딸 춘향이로군요. 원, 책방 도령님이 벌써부터 그런 것만 ○○보시니, 암만 해두 오늘 봄노리는 잘못 나왔나 봅니다.

도　령　방자야, 잔말 말구 어서 가서 저 춘향을 내 앞에 대령하게 하여라!

방　자　(펄적이며) 뭐요, 춘향이를 이리 불러요. 허허 참 도령님두, 도령님, 아여 생념도 마십쇼. 저 게집애가 그래 바두 양반의 씨라구 도도하기가 백두산 꼭대기요.

도　령　양반의 씨라니?

방　자　뭐라드라 옳지 서울 삼청동 성참판 영감이 남원사도로 나려와 게실 때 남겨 두구간 씨라나요. 그래서 도리여 저쪽에서 도령님을 불을 지경이외다.

도　령　그래서 그렇게 도도하단 말이냐?

방　자　말슴마십쇼. 춘향이 비록 기생의 딸이나 근본이 있는 몸이고, 문필과 예절이 깊은 만고여중 군자라, 그리 쉽게 불르지는 못합니다. 지금까지 관속 건달들은 말할 것도 없이, 감사, 병사, 현감은 물론이요, 호남에 누구누구 하는 양반 선비들이 춘향을 보려고 무수히 애를 썼으나, 다같이 봉변하고 도라 갔소이다. 그러니 도령님, 아여 그런 생각 마시구 인제 그만큼 노셨으면 돌아가십시다. 여기 이대루 있다가는 큰 봉변당하실 모양이니.

도　령　방자야, 네 말이 무식하다. 형산 백옥과 여수 황금이 물각유주6)라, 임자 따로 있는 법이니, 잔말말구 어서 가서 춘향을 이리로 불러 오너라.

방　자　글세, 도령님, 백번 해두 같은 말이니 그런 말슴 마시구 돌아가십시다. 또 사도께서 걱정하실 테니……

도　령　썩 갔다 오지 못할가.

방　자　허, 이거 큰일났군. (층계를 나려와 사령 갑을 쿡 찔르며) 애, 너 좀 갔다 오너라.

도　령　이놈아, 입심 좋은 네가 가야한다. (사령들에게) 너이들은 자리 거더가지구 들어 가거라.

사령갑,을　예.

---

6) 荊山白玉과 麗水黃金이 物各有主라, 아무리 좋은 것도 제각기 주인은 있다는 뜻.

도 령   어서.

사령들 자리와 술상을 들고 우편으로 퇴장한다.

방 자   도령님 분부에 거역은 못 하겠아오니, 아마 십중팔구는 헛거름 되기 쉬우니 그런 줄이나 알구 게십쇼. (챗죽으로 허공을 탁 치고 광한루 앞을 지나 좌편으로 소리조로) 춘향이 어데 보자, 네 얼골 얼마나 잘나서…… (하다가 우둑 말을 멈추고 멍하니 바라보며) 헤헤, 과시 도령님 호령이 무섭긴 한 게로군. 불르기두 전에 제발루 걸어오는데.
도 령   뭐시?
방 자   이게 무슨 조화입니까? 춘향이가……
도 령   아니, 춘향이가? (몸을 기우려 좌편을 본다)

춘향과 향단 좌편에서 등장. 춘향은 루상7)을 잠간 올려 보다가 도령과 눈이 마주치자, 얼는 고개를 숙이고 그냥 지나가려 한다.

방 자   (춘향은 볼 생각도 않고 향단 옆으로 당겨가서) 향단아, 히히, 오늘 단오날이라 아주 이쁘게 차렸구나. 광한루 구경 나왔니?
춘 향   야, 향단아. (하며 우편으로 간다)
도 령   (마음이 초초해서) 애, 방자야!
방 자   예? 예, 하하하.
도 령   이놈아, 나귀 달아난다. 어서 가서 고삐를 잡어라.
방 자   (깜짝 놀래여) 예, 나귀가요? (하며 우편으로 뛰어 나가랴한다)
도 령   방자야!
방 자   예.
도 령   말귀를 못 알어 듣는구나!
방 자   (알었다는 듯이) 예, 그 말슴이었구먼요, 헤헤.
춘 향   (우편으로 가다가 우둑허니 서서 누상의 도령을 힐근 보고 섯는 향단을 불러 가기를 재촉한다) 애, 향단아.
방 자   (엄엄한 어조로) 애, 춘향아, 말 들어라. 본관댁 도령님이 너를 만나겠다 하시니 가지말고 발길을 돌리렸다.

---

7) 樓上.

춘　향　……?
방　자　어서!
춘　향　방자야, 말을 삼가라. 지나가는 처자를 보자는 것 난봉건달 분명하니, 아여 그런 전갈 말어라. (가랴한다)
방　자　아니 뭣이? 저런, 양반이 부르시면 순순히 복종 할게 아니라, 건방지게 말댓구가 무슨 말대구야!
향　단　무엇이 어째, 이 녀석아, 그리 아씨두 버젓한 양반야!
방　자　하…… 향단아, 말 들어라. 춘향이두 양반은 양반이나 절름발이 양반이다. 공연이 알지두 못 하구 큰소리 말어라. 얘, 춘향아, 어서 급한 하달에 복종 못할가.
춘　향　방자야, 복종 못 할 연유를 전하여라. 양반댁 도령님이 글공부 아니하고 유산8)하기 긴치 않고, 유산은 할지라도 지나는 처자보고 전갈이 당치않고, 전갈은 할지라도 여자의 도리로서 남자의 전갈을 듣고 따라가기 괴이하다 였주어라.
방　자　하하하, 얘 춘향아, 네 말이 백번 옳다만은 우리 도령님으로 말하자면, 너도 본듯이 얼골이 일색이요, 풍채는 두목지요, 문장은 이태백, 필법은 왕희지라, 세대충 고대가로서 가세는 서울 장안 갑부요, 지활9)은 연안이요, 외가는 청풍이란 말이다. 얘, 춘향아, 남편을 얻을려면 이런 남편을 얻지, 그래 싀골 무지렝이를 얻는단 말이냐?
향　단　듣기 싫어. 남편두 서울 남편 싀골 남편 다르단 말이냐?
방　자　얘 향단아, 그 알지두 못하는 소리 작작해라. 내 한번 주서댈 테니 들어볼 테냐. 경상도는 산이 험해서 사람이 나면 뚝뚝하고, 전라도는 산이 순하여 사람이 나면 간하고, 충청도는 산이 ○○하니 사람이 나면 재조있고, 경기도로 말할 지경이면 수락산 떠렁저서 도봉이 생겨있고, 도봉이 떠러저서 종남산 생겨있고, 주왕리에 청룡이요 만리재에 백호와 한강이 조수되고 동작이 수구막어 천부 금탕되어 만호방안이라, 사람이 나면 선한 자는 선하고 악한 자는 무서우니 정신차리란 말야. 그나 그뿐이랴- 우리 도령님의 외삼촌이 바루 부원군이요 부조(父祖)님은 리조판서요, 우리 고을 사도님은 바루 당신의 어르신네라- 만일 춘향이 네가

---

8) 遊山, 산으로 놀러 다님.
9) 支活, 생활을 지탱하여 나감의 뜻으로, 여기서는 생활근거지라는 표현.

도령님 분부에 복종치 않는다면, 내일 아즘 조사후(朝仕後)10)에 너의 어머니 잡어다가 책방단장11)안에 마수거리 하게 되면, 춘향이 너인들 마음 어떠하며 나인들 마음 좋겠느냐, 그러니 내 말 들을나면 듣고, 안 들을나면 마음대로 해라.

향　단　듣기 싫어, 이 녀석아-
춘　향　방자야! 말들어라. 꽃꽃마다 노는 나비 꽃이 어이 따라가랴, 존중하신 도령님이 비루한 이몸에게 전갈은 감격하나, 복종하기 염체없이 도라간다 여쭈어라. 애 향단아- (급히 퇴장한다)
방　자　아- 저런! 이거 야단낫군- 애- 춘향아- 애, 향단아- 아 저런- 애- (따라가랴 한다)
도　령　애, 방자야-
방　자　도령님! 글세 이 지경되구 만다니가, 공연히 고집을 부리셔서 봉변을 당하지 않었소!
도　령　방자야, 됐다, 됐어!
방　자　예?
도　령　됐단 말야!
방　자　아니 되다니요? 욕먹구 봉변당한 게 되요? 내원, 별꼴 다 보겠네!
도　령　(혼자말로) 꽃꽃마다 노는 나비 꽃이 어이 따라가랴, 음- 애 방자야. 오늘밤 문룡산 봉오리에 달빛이 어리거든, 청사촉롱 밝혀 들고 내방 앞에 대령해라-
방　자　(영문을 모르고) 예……?
도　령　(무엇에 취한 듯이) 꽃꽃마다 노는 나비 꽃이 어이 따라가랴- 하하하.
방　자　(우둑하니 서서 보고 있다가) 어떻게 된 셈야! (하며 챗죽을 딱쳐서 울릴 때. 즐거운 음악과 함께 용암)

---

10) 벼슬아치가 아침마다 으뜸 벼슬아치에게 뵈는 일.
11) 冊方短墻.

제1막 그날 밤 춘향의 집에서

　　　무대는 춘향이가 거처하는 부용당과 후원의 일부. 부용당 좌편에 꽃나무 한 그루와 학과 송을 그린 화계. 막이 열리면, 삼경이 가까운 밤중, 중천에 기우러진 달빛이 은은하게 후원을 빛인다. 부용당에는 촛불이 휘황하고, 춘향이가 타는 거문고 소리 은은히 새여 나온다. 잠시 후에 화계 뒤에서 촉롱을 들은 방자를 앞세우고 도령 살금살금 나타난다.
　　　멀리서 개 짖는 소리.

도　령　애, 방자야, 아무래두 때가 좀 일른 듯하구나.
방　자　아니옵니다. 문룡산 봉오리에 달빛도 기우러서 천지가 고요하니, 때는 바야흐로 무르녹었는가 합니다. 자, 어서-
도　령　애 방자야!
방　자　예!
도　령　아무리 생각해두 이렇게 닷자곳자로 뛰여들어 온 것이 좀 잘못된 것같구나!
방　자　그럼 도루 돌어슬가요?
도　령　이놈아, 여기까지 왔다가 도라스다니 장부의 체면에 그게 될 말이냐!
방　자　허허허, 가슴은 두근거려두 연상 큰소리만 허시는군! 자, 도령님. 바루 이것이 부용당이라구 춘향이 있는 방입니다. 어서 뛰여 들어가십쇼. 내가 망을 볼 테니……
도　령　아니다. 일이란 차례를 밟어야 하는 법이니, 네가 먼저 춘향의 마음을 다시 한번 들어보게 하여라.
방　자　허-참, 도령님두. 아, 아까 광한루에서 한 말이 있지 않습니까? 꽃꽃마다 노는 나비 꽃이 어이 따라가랴. 아, 이 말 한마디면 고만이지, 뭘 또 물어보구 지지구 할 게 있습니까.
도　령　허- 그 녀석 참-
방　자　그럼, 제가 춘향이를 불러낼 테니, 도령님 맘대로 하슈!
도　령　하- 그 녀석 참, 이놈아, 가슴에 불붙는다 어서 불러내서 말을 물어봐라-
방　자　여기까지 모셔다 드렸으니, 도령님……

도 령 하- 그 녀석, 이놈아, 어서 시키는 대루 하지 못하느냐!
방 자 (할 수 없이 방문 앞으로 간다)
도 령 이놈아, 초롱불 꺼라!
방 자 (초롱불을 끄고 문 앞에 가서) 춘향아- 춘향아-
도 령 이놈아- 가만 가만 불러- 누가 듣지 않게.
방 자 춘향아! (깜작 놀래 돌아서서 도령의 소매를 잡으며) 도령님- 어서 이리……
도 령 왜 그러니?
방 자 누가 안에서…… 이리 오세요! (도령을 끌고 황급히 화계 뒤로 달여가 숨는다. 우편에서 향단이가 아장아장 나온다)
향 단 (부용당 문 앞에 와서) 아가씨, 거문고 거두시고 어서 주무시라 하옵니다.
춘 향 향단이냐?
향 단 네! 거문고 소리 끝이지 않어 무슨 수심이 계신가 하고, 마님께서 걱정이 크시옵니다.
춘 향 (사창을 열고 나오며) 내 몸에 수심이 어이 있겠니만, 웬일인지 가슴이 설레고 자리에 누어 잠 이루기 어렵구나.
향 단 오늘 낮에 광한루에서 본 이몽룡, 이도령 때문에 그러시옵니까?
춘 향 향단아, 무슨 망측한 소리냐?
향 단 호호

그때 월매 속것 바람으로 연죽에 담배를 피여 물고 나온다.

월 매 춘향아- 아즉도 않자느냐?
춘 향 어머니 아즉도 않 무셨오이가?
월 매 꿈이 하도 이상해서 자다가 나왔다.
춘 향 어머님은 느을 꿈 타령이시지.
월 매 (문앞 마루에 걸터 앉으며) 오늘 저녁엔 이상히도 잠이 오지 않고 마음이 안정되질 않어서 안석을 의지하고 서상기[12]를 읽고 있다가, 총연히 잠이 들었는데 비몽사몽 간에 아 네가 비고있는

---

12) 중국 원나라 때의 대표적인 희곡 작품으로, 장군서라는 청년이 최앵앵이라는 미인을 사모하여 벌어지는 이야기.

향 단	아이머니나……?
월 매	아, 그러드니 그저 그 청룡이 두말없이 너를 입에 물은 채 하늘로 올라가지 않겠니! 그래 나는 기겁을 해서 무서운 줄도 모르고 그 청룡이 허리를 껴안구서 이리궁굴 저리궁굴 하다가, 고만 청룡의 힘을 이기지 못하야 소리를 치면서 소스라쳐서 잠을 깨지 않었겠니.
향 단	아이참, 이상한 꿈이군요.
춘 향	그래, 어머니께서는 제가 그 용에게 물려간 줄 알구 이 밤중에 나오셨어요?
월 매	호호호, 아닌 게 아니라, 네가 이렇게 무사히 앉었는 것을 보니, 꿈에서 놀랜 가슴이 인제야 가라앉는 것같다. 그런데 오늘밤 꿈이 아무리 생각해두 무심한 꿈이 아닌 것같다. 네가 만일 남자였다면, 정녕 대과급제할 꿈이겠다만은…………
춘 향	아이, 어머니도-

벼개 밑에서 찬란한 오색구름이 떠오르드니만, 이윽고 어데선지 이렇게 큰 청룡 한 마리가 나려와서 너를 덥석 입에 물든구나-

개 짖는 소리.

월 매	(개짖는 소리 수상하야 화계쪽으로 가며) 아닌 밤중에 웬 개가 저리 짖는단 말이냐? (그러다가 깜짝 놀래 물러스며) 아-니?
향 단	(달려가서) 마님 뭘 그러셔요?
월 매	향단아, 저게 무어냐! 웅크리구 앉은게-
향 단	에그머니, 저게 뭐예요?
월 매	(호령하듯) 선동(仙童)이냐, 인동(人童)이냐, 봉래산래 채약동(採藥童)13)이냐! 어떤 아해가 아닌 밤중에 남에 집엘 들어와 은근히 앉었으니, 필연코 도적이 분명쿠나!
방 자	(소리만) 쉬-
월 매	쉬는 무슨 쉬야. 아닌 밤중에 남의 집엘 들어와서 누구더러 쉬래.
방 자	쉬-
월 매	누가 어린애 오줌을 뉘느냐, 쉬는 무슨 쉬야! 얘 향단아, 저놈이 분명히 도적놈인가 부다.

---

13) 봉래산(금강산)에서 약초 캐러 내려온 동자.

향   단   도적이래두 좀도적이 아니구, 아주 큰 도적인가 봐요!

춘향은 불안하야 마루 끝에 서서 그 광경을 보고 있다.

월   매   애, 향단아. 어서 부엌에 가서 식도 갖어 오느라. 저 도적놈을 혼비백산을 시키야겠다!
방   자   (그제야 나타나며) 쉬- 말을 삼가시오? 사도자제 도령님 행차시요!
월   매   (가까이 가서 들여다 보드니) 아-니, 너 이녀석 방子 나용검로구나. 이 녀석, 너 이게 웬 일이냐?
방   자   떠들지 마러요. 사도자제 도령님이 오셨어요.
월   매   아니 뭣이? 이 녀석아, 그러면 그렇다구 진작 말을 하지 않구- 애 향단아, 식도 고만두구 어서 마루 치우구, 등불 내 걸어라-
향   단   예. (마루를 치운다. 춘향은 어느 새에 방안으로 사라졌다)
월   매   (바삐 돌아가며) 어구 이 녀석아, 진작 똑똑히 말하지 않구서- 이 늙은 것이 그저 내력두 모르고 헐 소리 못헐 소리 마구 했구나. 도령님이 들으시구 얼마나 노하셨니- 아이구, 이거보게. 내가 치마도 않입구- 애 향단아, 들어가 치마 가저 오너라- 그런데 도령님 어데 게시냐?
방   자   (휘 한바쿠 돌아보고) 도령님-
월   매   예이, 고약한 놈. 네가 이놈 나를 속였구나- 그러면 그렇지, 아무리 뭘 허기루서니 관가 도령님이 아닌 밤중에 우리 집엘 거동하실 리가 있겠니!
방   자   아주머닌 알지두 못하거든 가만이 게슈. 아마 도령님이 아주머니 욕설하는 바람에 노하셔서 도라가셨나 보오.
월   매   아니 너 이놈, 그게 정말이냐?
방   자   정말 아니면 누가 잠고대 하는 줄 아슈- 여보, 떠들구만 있지 말구 우리 도령님이나 찾어 내우!
월   매   (은근히) 아니, 그럼 정말로 도령님이 와 있단 말이냐……?
방   자   촉롱불 밝혀 들구 저 담을 넘어 들어와, 지금것 저 화계 뒤에 숨어 있었어요!
월   매   아니, 그럼 어데루 가셨을가?
방   자   여보, 이 목아지 달아 나게 생겼으니, 어서 도령님 찾어내요.

그때 부용당 뒷모퉁이에서 기침소리.

방　자　(놀래서 그쪽을 보며) 아-니, 도령님. 거기서 뭘 하구 계시오.
도　령　애 방자야, 밤도 늦었으니 그냥 돌아가자-
방　자　허허허, 도령님! 일은 제법 잘 되었으니, 념려말구 어서 이리루 나오슈.
월　매　아-니, 애가 치마는 안 가져오구… 애, 향단아-
향　단　(안에서) 예- (치마 가지고 나온다)
방　자　도령님, 부끄러워 말구 어서 나오슈.

도령 나온다.

월　매　(치마 고름을 바삐 동겨매며) 아이구, 이 일을 어쩐담! 도령님 행차하셨나이가. 도령님께서 이리 제 집을 찾으실 줄 미리 알았으면 이런 일이 없을 것을……
도　령　이렇게 아닌 밤중에 뛰어 들어 죄송하오.
월　매　원 별말슴을 다하오이다. 이 늙은것이 그저 누구신지 모르고 주책없이 함부로 입을 놀려서 죄송하오이다. 늙은 것이라 눈이 어두어 자세 보지 못하구 함부루 말한 것을 노여 하지 마사이다.
도　령　이런 때는 그런 말이 더 구수하구 좋으니 염녀 마오-
월　매　아이구, 저리 너그럽게 쉬이 풀리실 줄 알았으면, 더좀 심하게 할 것을… 흐흐흐
방　자　아주 좋-와서………
월　매　옛기 녀석! 하하하.
도　령　허허허.
방　자　도령님이 오시기는 춘향이 글 잘한다는 소문 듣구 오셨으니, 잘 알어채리구 대접하우-
도　령　엇-기, 이놈. 말조심해라-
방　자　아주 그냥 가시자든 도령님이 인제는 하늘이 돈작만하게 뵈시는 모양이군! 하하하.
도　령　하하하.
월　매　흐흐흐, 참 도령님이 내 집에 오시기 천만의외이옵니다. 내 방에 들어가 노시다가 가옵시오.

도 령 아니, 나같은 젊은 주인이나 있으면 들어가 놀겠지만 늙은이는 딱 싫여!

월 매 아이구머니나, 저 말씀 들어보지. 그저 늙으면 죽어야지! 그럼 도령님, 춘향이 방두 싫으오니가?

도 령 허허허, 그 말을 듣자구 한 말이요.

월 매 하하하, 도령님도-

방 자 막 좋았군! 막 좋았어----

도 령 예끼 놈- 하하하.

월 매 하하하. (춘향 방의 사창을 반쯤 열고) 아가 춘향아, 사도댁 도령님이 너의 문장 소문 듣고 너를 보러 와 게시니, 어서 나와 인사 여쭈어라.

춘 향 ……

월 매 부끄러할 것 없으니, 어서 나오너라.

춘 향 (사창을 열고 나와 앉어 몸을 숙이며) 도령님, 안녕하사이가!

도 령 예, 안녕하오. 이 사람은 갑인 사월 초사일생 이몽룡이라 하오. 주인은 뉘라는지?

춘 향 춘향이라 하옵니다.

도 령 춘향! 참 아름다운 일음이고! 나이는 몇 살이고, 생일은 언제인지?

춘 향 ……

방 자 (꽃나무 밑에 웅크리고 앉아서 곰방대에 담배를 피우다가 돌우에 대를 털며 혼자 중얼거린다) 에- 담배 맛이 왜 이리 써!

월 매 부끄러워 하지 말고 어서 대답해라

춘 향 ……

월 매 하하, 그애가 인제 겨우 열일곱살이라, 그리 수집어하옵니다그려. 생일은 사월 초팔일이오이다.

도 령 허-참, 신통한 일이로고- 내가 나흘만 늦게 낳으라면 사주동갑이 될번했군, 하하하.

월 매 <u>흐흐흐</u>.

월 매 그런데 도령님, 도령님이 이런 루지14)를 찾어오신 연유를 알 수 없어 대단 불안하옵니다.

도 령 서슴지 않고 말하자면,그대 딸 춘향을 달나러 온 것이요----

---

14) 누추한 곳.

월 매 호호호, 도령님도 우수운 말슴 다 하시오. 춘향이를 내가 엽낭에 차고 있단 말이요 벽장에 넣어 두었단 말이요. 여기 앉은 춘향을 누구더러 달라 하시오이가?

도 령 (진심으로) 그런 농담이 아니라, 내가 여길 찾아온 것은 그대 딸 춘향을 맞나 백년가약을 맺고자 온 것이오.

월 매 (잠시 생각타가 정색으로) 황송하온 말슴이옵니다. 하기는 내 딸 춘향이가 상사람은 아니옵니다, 서울 삼청동 성판서 영감이 보외(補外)15)로 이땅 남원에 좌정하셨을 때 일색명기 다 바리고 늙은 나를 수청케 하셔서 뫼신 지 수삭만에 이조참판이 되시여서 내직으로 들어가실 제, 나도 같이 가자는 것을 늙은 부친을 모신 몸이라 따라가지는 못하고 영감을 리별한지 십삭만에 저것을 하나 얻었드랍니다, 서울 영감께 저것 낫다는 소식을 전한 즉 젓만 떨어지게 되면 데려간다 하옵드니, 그댁 운수 불길하야 영감이 별세하니 춘향을 못 보내고 저만치 길러낼 때 가진 애를 다 썻오이다. 칠세예 소학 떼고 수신제가 화순심을 낫낫치 가르치니, 원체 근본이 있는 고로 만사가 달통하야 삼강행실 인의예지를 다 가추니, 누가 이몸 외딸이라 하오릿가? 그러나 영감 죽고 내 지활 부족하니 재상가 부당하고 상천배는 부족하야 상하불급 혼사 늦어 걱정입니다. 그러나 도령님은 양반으로 춘절 나비 꽃 본듯이 지금은 아직 사랑을 취하야 그런 말슴하시겠지만, 미구에 내 딸을 버리시면 독수공방에 소년정절 속절없이 늙을 테니 그 모양 어찌 보겠나이가? 앞일을 생각하면 아니함만 못하오니, 그런 말슴 마르시고 노시다 드라가사이다.

방 자 아-니, 주면 준다 안 주면 않 준다 한 마디루 끊어 말할 것이지, 뭘 그리 장황하게 늘어놓는단 말요, 내 원………

월 매 호호호, 말문만 열으면 그렇게 신세 한탄이 나오는구나. 애 춘향아, 그리 앉었지만 말구 거문고 줄 골라서 한 곡조 뜨더라-

도 령 장부의 일언 천금같이 무겁거든, 소중한 인간사를 어찌 소홀이 하겠오. 앞일은 걱정말고 쾌히 승낙하오- 장부가 한번 마음먹고 나온 길을 헛되이 도라가다니 될 말이요.

월 매 (잠시 생각타가) 그럼 도령님, 육례(六禮)16)까지 이루시겠오?

---

15) 조선시대 중앙 부서의 고관을 징계하여 지방 관속(官屬)으로 좌천시키던 인사제도.

| 도 령 | 부모님의 허락 없는 일 어찌 육례를 이루겠오. 그러나 내 평생 춘향이를 안해 삼기 맹세하니 앞일은 걱정마오.
| 방 자 | 장부일언 중천금인데 육례가 무슨 소용이란 말요! 말 한마디면 고만이지.
| 월 매 | 흐흐흐, 하기 그렇다만- 춘향아, 도령님 말슴 너도 들었으니 네 뜻을 말해 봐라----
| 춘 향 | ……!
| 월 매 | 네 뜻은 어떠냐, 말해 봐라.
| 춘 향 | (고개만 숙인다)
| 방 자 | 아주머니 참 눈치도 없오. 말이 없는 것은 응당 좋다는 뜻인데, 무얼 작구 캐구 들어가슈, 원 참-
| 월 매 | 하하하.
| 도 령 | 하하하.
| 월 매 | 그러면 도령님 말슴 굳게 믿고 승낙하오이다.
| 도 령 | 정말이요!
| 방 자 | 제-기, 이렇게 쉽게 줄 줄 알었으면 도적놈처럼 담 뛰어 넘지 않어도 되는 것을 그랫지.
| 도 령 | 하하하.
| 방 자 | 도령님, 도령님은 좋와서 웃으시나 이놈은 문 직히는 개처름 우둑허니 앉어서 심심하기 짝이 없오. 심심한 것은 좋사오나 그 아기자기한 정경 바라보기 거북하오.
| 도 령 | 하하, 내 혼자 봄향기에 취하여, 너 있음을 깜박 잊엇구나-
| 월 매 | 그 녀석이 다 속이 있어서 하는 소리지오. 애, 방자야. 모-든 잘못 다 용서할 터이니 안에 들어가서 향단이한테 술이나 한잔 걸러 달래서 마시두룩 해라-
| 방 자 | 하하하. 나두 그 말 듣자구 한 말이요. 하하하, 그럼 도령님 한잔 훌적 어서 마시구 나올 테니, 혼서예장(婚書禮狀)17) 어서 쓰시구 닭이 울기 전에 돌아가시두룩 하슈.

---

16) 우리나라에서 전통적으로 내려오는 혼인의 여섯 가지 예법. 납채(納采: 남가에서 청혼의 예물을 보냄) ·문명(問名: 여자의 출생 연월일을 물음) ·납길(納吉: 문명 후 길조를 얻으면 이것을 여가에 알림) ·납폐(納幣: 혼인을 정한 증명으로 예물을 여가에 보냄) ·청기(請期: 남가에서 결혼날짜를 정하여 여가에 지장의 유무를 물음) ·친영(親迎: 신랑이 신부 집에 가서 아내를 맞이함)
17) 혼인할 때에 신랑 집에서 예단과 함께 신부 집에 보내는 편지.

도　령　오-냐, 내 걱정은 말구 어서 들어가 목이나 축여라.
방　자　예- (안으로 들어간다)
월　매　그러면 도령님, 귀히 길른 딸 육예 못 이룸이 섭섭하니, 혼서예 장 사주단자 겸해서 필적이나 하나 남겨 주오이다.
도　령　그야 어려울 게 있소.
월　매　아가 춘향아, 어서 조조연적에 물 따르고 관양매월(官陽梅月)18) 진케 갈어 도령님께 들여라, 여서!
춘　향　(부끄러워서) 아이, 어머니도.
월　매　흐흐흐, 그럼 내가 내다드리지. (사창을 열고 들어가 벼루집을 갖다 놓고 먹을 갈며 안을 향하여) 아가, 향단아----
소　리　예- (들어간다)
도　령　(벼루에 붓을 풀어 화간지19)를 펴들고 몇 줄 갈겨서 춘향 모를 준다)
월　매　내가 징서를 볼 줄 알어야지! 아가, 도령님이 쓰신 것 좀 보아라!
춘　향　아이, 어머니두.
월　매　흐흐흐, 자, 도령님 인제 정녕코 내 사위외다.
도　령　그대는 영낙없이 내 장모요- (두사람 즐겁게 웃는다. 그때 향 단 술상 들고 나온다)
월　매　(술상을 받어노며) 자, 아가. 인제 네 서방이니 부끄러워 말고 이리 가까히 앉어 술잔 전해라.
도　령　아니 첫잔은 장모가 받으오, 자- (술을 부어준다)
월　매　사위가 권하는 술 않 바들 수 없으련다. 그럼, 이 장모가 먼저 드오! (한 잔 마시고 도령에게 주며) 자, 인제 장모가 주는 잔 받으오.
도　령　(받어 마신다)
월　매　춘향아, 부끄러 말고 얼골을 들어라. 그리고 이 술은 백년가약 맺는 술이니, 서방님 한잔 갓득 부어드리고 너도 한잔 먹어라! 자, 사위, 이 늙은 것은 방해될 것이니 고만 들어가오!
도　령　아니 왜……
월　매　춘향이도 한잔 권하고 많이 잡수오. (들어간다)

---

18) 먹의 일종.
19) 花簡紙.

춘　향　(혼저 있기 난처하야) 어머니----
월　매　(돌아보며 웃으며 들어간다)

　　　두 사람 어색한 듯 앉어 서로 시선이 부닥치며 춘향은 얼른 고개를 수그린다.

도　령　(잔을 들어 내밀며) 자, 한잔 따러주오----
춘　향　(어쩔 줄을 몰라 망설이다가 이윽고 병을 들어 술을 따른다)
도　령　(훌적 마시고 잔을 주며) 자- 인제 그대도 한잔- 어서!
춘　향　(할 수 없이 잔을 받어 도령을 슬적 처다보고 망설이다가 몸을 돌려 마시고는 다시 도령에게 준다)
도　령　(잔을 마시고) 합환주20)는 많이 할 것이 아니니 고만하지! (하며 상을 밀어놓고 뜰로 나려서서) 아- 기쁘도다. 내가 과거에 급제한들 이 밤같이 기쁘지는 못하리라.

　　　조용한 음악, 막까지 계속한다. 상수로 걸어가 춘향을 바라본다.

춘　향　(고개를 들어 도령을 보고 방긋 웃고 몸을 하수쪽으로 돌린다)
도　령　(다시 하수로 가서 춘향을 본다)
춘　향　(또 고개를 살그만이 들어 도령을 보고 방긋이 웃으며 고개를 숙인다)
도　령　(그 춘향의 자태를 한참 바라보고 있다가 이윽고 그 곁으로 가서 춘향을 이르켜 들고 나려게 한다)
도　령　춘향…… 광한루의 인연이 그여히 맺어지구 말었구려.
춘　향　(부끄러워 몸을 피하며) 옥당에 귀하신 몸이 이런 루지 찾으시와, 저같은 천생에게 백년가약을 맺어주시니 반갑기 한이 없나이다.
도　령　오늘 이 자리에 그대 사랑 얻었으니 다시 욕심이 있으리요만, 한번 굳게 먹은 마음 변치 말기 바라오----
춘　향　무슨 말슴이오이가! 몸은 비록 여자이오나 어찌 한번 맺은 서약 지키지 못 하오리가!
도　령　(춘향을 반가히 껴안으며) 춘향, 반갑소!

---

20) 전통 혼례식에서 신랑 신부가 서로 잔을 바꾸어 마시는 술, 혹은 신랑 신부가 잠자리에 들기 전에 마시는 술.

두 사람 정답게 꽃나무 곁으로 걸어갈 때, 조곰 전부터 불 꺼진 촉롱을 억개에 메고 얼근한 기색으로 나와서 그 광경을 보고섰든 방자, 고만 우슴이 터진다. 도령과 춘향, 그 소리에 깜작 놀래어 서로 갈러슬 때

－막.

제2막 1장

1막에서 거이 반년이 지난 늦은 가을──── 다시 춘향가에서

단풍드른 뜰 안의 꽃나무가 그동안의 시절 변하였음을 말한다. 막이 열리면 마루에 술상이 하나 놓여 있고, 그 옆에 방자가 누어서 노래를 쭝어리고 있다. 아마 한잔 먹고 녹지근해서 누어 있는 모양이다. 뒤뜰에서는 춘향과 몽룡이 사랑을 즐기고 있는 모양으로, 가끔 가다 웃는 소리 들린다.

방　자 (그 우슴 소리에 벌덕 일어나 뒷뜰을 돌여다보고 나서) 에－참, 비우가 상해서－ 이 모양 될 줄 알었으면 애당초부터 중매잽이를 하지마는 것을, 갓다가 원 눈꼴이 시여서 볼 게 있나. (주전자를 들어 술을 따르나 아무 것도 나오지 않는다. 주전자를 퉁명스럽게 놓으면서) 아니, 이 집 마누라는 어델 간 셈야. 짠지 한 쪽에 막걸리 한 잔 갔다 놓구 간데 온데 없으니, 그래 내가 누구라구 이렇게 푸대접하긴가? 여보, 아주머니. (호령하듯) 얘, 향단아－

그때 옆집 과부 들어온다.

과　부 우리 성님 게신가! (방자를 보고) 아－니, 이 녀석아. 너는 그저 밤낮 가리잖구 이 집에 와서 붙어 있구나!
방　자 왜 못 올 데 왔단 말요? 내가 누구라구 이 집에 오는 게 잘못이란 말야.
과　부 오－ 네가 이집 중매잽이를 했다구 이제 막 큰 소리로구나－
방　자 아무렴, 내가 아니면 무슨 수로 글 잘하구 얼골 잘라구 풍채 좋

과 부 은 사도님 자제를 사위로 모시겠단 말요. 내 한평생 멕여 살려두 눈꼽만치 아깝지 않지!
과 부 (흐흐흐) 딴은 네가 큰소리두 할 만큼 됐다. 그런데 이집 성님은 어델 갔니?
방 자 내가 아우!
과 부 아-니, 이녀석이 왜 이렇게 잔듯 부어가지구 이래----

뒤에서 우슴소리.

방 자 저 소리 좀 들어보오, 화가 않 나겠나.
과 부 (뒷뜰을 돌아보고) 옳지, 네가 저 도령님과 춘향이 노는 것을 보고 샘이 나서 그러는구나- (다시 처다보고) 히히히, 아주 참깨가 쏘다질 지경이로군. 늙은 총각이 저걸 보구 않었으니, 허리가 않 앞을 리가 있나! 하하하. (방자의 어개를 툭 치고 깔깔거린다)
방 자 이건 왜 이러우, 그러찮어두 비우 상하는데……
과 부 호호호.
방 자 애- 참, 눈허리가 시여서 못 보겠단 말야- 하루 이틀이야지. 글세, 그 내가 언제냐 말야, 광한루에 록음이 우거지구 꾀꼬리 울든 그때붙어, 오동에 낙엽 지구 들판에 베이삭이 고개를 숙이게 된 오늘까지, 하루 한날을 빼놓지 않구 춘향이만 옆에 끼구 저 모양이니, 이 늙은 총각놈은 그래 어떡하란 말야- 응, 어떡하잔 말야.
과 부 아 니, 왜 나한뎀 뎀벼들며 이러니. 내가 도령님을 붓잡구 있단 말이냐-
방 자 왜 도령님 보구 인제 고만 떨어저 있으라구 말 좀 못하느냐 말요.
과 부 아, 이놈아. 내가 무슨 행세에 남의 아기자기한 사랑에 쐐기를 친단 말이냐- 응, 이 녀석아.
방 자 하하하. 이를테면 말요! 에- 참, 눈허리가 셔서…… 하루 이틀 아니구 저 꼴만 보구 있다간 애꿎진 이 늙은 총각 허릿병 나서 죽겠는걸----
과 부 호호호, 그녀석 참- 애, 그런데 도령님이 오늘은 어째 낮부터 와 게시냐---- 어제밤에두 여기서 주무섯냐?

김승구·춘향전

방 자 여기서 않 주무시구- 아-니, 그 냥반이 추야장21) 긴긴 밤에 춘
       향이를 떨어저 혼자 억여날 사람요----
과 부 그러면 요새는 글공부도 제쳐 놓은 모양이군!
방 자 글공부가 다 뭐요. 저 양반이 저렇게 춘향이한테 취했는데, 글잔
       들 똑바루 보일 줄 아우 아까운 사람 버렸지- 버렸어……

       웃슴 소리.

과 부 저 웃슴 소리 드르니 너는 고사하구, 이 늙은 내가 다 마음이 싱
       숭생숭해지는구나, 호호호.
방 자 알 수 없는 일야. 아, 글세 지난 봄에 광한루에서 우리 이도령을
       맞낫슬데는 춘향이 고것이 동지섯달 어름장같이 냉냉하구 쌀쌀하
       드니, 지금은 저 모양이 됐단 말야.

       춘향이의 깔깔대고 웃는 소리.

과 부 (기웃이 돌아보며) 애, 방자야. 저것 좀 봐라! 이도령 춘향이 허리
       를 꼭 끼어안고 아이구 망측해라- 호호호.
방 자 여보, 아주머니. 홧증이 나서 못 살겠오- 들어가 술이나 한 대접
       걸러내오-

       그때 월매 향단 들어온다. 향단은 바구니에 무엇을 담어 가지고 들어온
       다.

과 부 아이구, 성님 어데 갔다 오슈?
월 매 아우 왔나!
과 부 저자에 갔다 오시는구려!
향 단 안으로 들어갈가요?
월 매 여기다 내려 놔라.
방 자 아니, 여보. 사람 대접을 이렇게 하기요? 그래……
월 매 이 녀석아, 술 한 순배 걸러놨으면 고만이지, 뭘 또 그러니?
과 부 성님, 그게 아니라우. 저 뒤곁에서 도령 춘향 원앙새처럼 노는

---

21) 秋夜長, 기나긴 가을밤.

	것을 보구서리 저 녀석이 홧증이 나서 그런다우.
월 매	<u>흐흐흐</u>.
방 자	이 방자두 아지머니께는 사위만 못하지 않으니 푸대접 마슈. 내 아니면 저런 사위 거들떠보기나 햇겠오.
월 매	얘, 향단아. 이것은 부엌에 갔다 두구, 이 녀석 술이나 걸러다 줘라-
향 단	서방님 들일러구 해 넣은 술을 저것이 다 먹어……!
방 자	무엇이 어째구 어째. 가저오라면 가저오기나 하지, 못하구 무슨 잔소리냐? 당돌하게!
향 단	아주 막 큰소리야. (월매 과부 웃는다)
방 자	얘, 향단아. 텁텁한 막걸리 말구 그 콕 찔르는 것 있지, 맑은 술 말야. 그걸 좀 가저오너라.
향 단	그건 서방님 들일거야.
방 자	얘, 향단아. 나 생각해줄 사람 너밖에 누가 있다구 고렇게 쌀쌀하냐? 이래 뵈두 훗길에는 크게 될 인물이니 푸대접말어라!
월 매	<u>흐흐흐</u>, 향단아. 방자 소원대루 그 맑은 것 한 잔 갔다 줘라. 그것 한잔 줫다구 집 팔갔니 논 팔겠니……!
방 자	옳소! 아즈머니 말 잘 했오. (향단 안으로 들어간다)
과 부	성님이 인제 대가집 사위를 얻으니, 아주 하늘이 돈짝만하게 뵈는 모양야, <u>흐흐흐</u>.
월 매	<u>흐흐흐</u>. (저자 봐온 것을 가리면서)
과 부	그러나 저러나 성님, 이렇게 사위대접하다가 봉빠지겠오.
월 매	지금은 봉이 빠지건 밑이 빠지건, 이래 둬야 나종에 덕을 보지.
과 부	인제 형님 팔자는 느러젔오.
월 매	이마하면 사람의 팔자는 상팔자지- 아우님 대체 이 덕이 웬 덕일고! 천황씨목덕일가! 지황씨화덕일가! 그렇잖으면 죽은 영감 덕일가?
방 자	허허 참, 여보 아주머니, 그 똥을 쌀 소리 마우. 이게 모두 이 방자 덕인 줄은 모르구 무순 딴 소리슈, 딴 소리가………
월 매	이놈아, 그러기에 날마다 이렇게 진수성찬 다 대접하지 않니!
방 자	이까짓것 가지구서야 심이 될 즐 아슈! 딸 덕으루 부원군 한다[22]고, 인제 사위 덕으로 아주머니가 뭐이 될지 아우? 그렇게 되고보

---

[22] 속담.

면 이 방자놈 앞으로도 논 마지기나 떼어줘야 하우-, 쾌-니.
과 부 그때는 성님, 이 아우두 한 목 생각해 주어야 하우!
월 매 걱정들 말게. 나도 내 생각하는 게 있으니까!
과 부 아이구, 고마워라! 인제야 내가 춘향이 날 때 해산관 해주구 기 저기 빨어준 값을 받게 되겠군, 흐흐흐. (그때 향단이 술 주전자 가저다가 상 우에 놓는다)
방 자 왔구나! 왔니! 하하, 향단아. 그거야?
향 단 먹어 보면 알 것이냐!
방 자 하하하. (따루며) 그러면 그렇지! 우리 향단이가 이 방자를 괄시할 리가 있나, 하하.
월 매 향단아, 서방님 시장하시겠다. 어서 점심차리게 해라!
향 단 예- (들어간다)
월 매 (후원에 향하야 소리친다) 아가- 아가!
춘 향 (소리만) 예!
과 부 아니, 형님. 원앙새처럼 노는 것을 왜 불르슈!
월 매 한시라두 춘향이 얼굴을 않 보면 속이 답답해서!
과 부 흐흐흐, 형님두 참-

춘향과 이몽룡 뒷길에서 나온다.

춘 향 어머니, 저자에 갓다 벌서 오셨오! 뭘 사오셨오?
월 매 너이들 찬거리 좀 사왔다.
도 령 장모, 나때문에 너무 과용하지 마오. 매일같이 얻어먹기 대단히 미안하오!
월 매 어데 누가 그저 대접하는 줄 아오. 이게- 다 나종에 사위 덕을 보자고 하는 것인걸, 호호.
과 부 서방님 안녕하오이까!
도 령 아, 안녕하오. 난 또 누구시라구! 그래 재미가 어떠하오?
과 부 예, 독수공방 과부 신세 적적하기 한이 없나이다, 호호호.
도 령 하하하, 그렇기도 하실테지. 아니, 방자 이 녀석아 ,너는 여태 여기 있었느냐?
방 자 그럼, 날더러 어델 가란 말슴이오. 도령님이 재밀 보면 이 방자도 재밀 봐야할 것 아뇨?

도 령　하하하, 그 녀석 참. 이놈아, 그래 내가 무슨 재미를 본단 말이냐?

방 자　말슴마슈, 도령님. 춘향아씨 꽃그늘에 노는 양을 보고 있을려니까, 그러지 않어두 늙은 종자 뼈매두가 저리구 입새에 신물 돌아 못 보겠오이다!

도 령　하…… 엣끼 녀석!

　　월매, 과부 따라 웃는다.

월 매　그 녀석 참, 말버릇 하구는……

방 자　도령님, 인제 오늘은 그만 노시구 들어 가십시다. 꼬리가 길면 밟힌다구 심하게 노시다간 사도께 들켜 혼나시리다.

도 령　아닌게 아니라 부친께서도 요새는 눈치를 채인 모양이거든. 오늘은 이 책을 내노시면서 내일까지 외여 바치시란다 말야.

월 매　아이머니, 말마루. 노신 벌로 묵직한 짐을 짊어지셨군요.

도 령　사람이 늙으면 심술만 늘어가는 모양이거든, 하하하.

춘 향　그러면 이렇게 노셔서 어떡하오?

도 령　괜찮으니 걱정마오. 내일 아침 아버지가 불으시면 골치가 아프다거나 배가 아프다거나 하구 꾸며대면 되니까! 아버지께서는 내가 외아들이라 아프다는 소리에 큰 소리를 못 하시니까.

방 자　허허허, 인제 서방님도 배우실 거 다 배우시구, 거짓말 공부사히는구려! (일동 웃는다)

도 령　이놈아, 잔소리말고 인제 어지간이 요기를 했거든, 집에 좀 가보고 오너라.

방 자　뭐 허러 말요?

도 령　가서 사도 눈치를 살펴보고 나를 만일 찾으시거든, 도령님은 지금 광한루의 가을단풍에 취해서 글을 짓구 있다구 일러라. 그래두면 내일 아츰에 좋은 핑계가 될테니.

방 자　헤헤헤, 이러다간 도령님은 공자 맹자보다 거짓말 물리를 먼저 터득하시겠군.

도 령　이놈아, 입심부리지 말구 어서 다녀오란 말이다.

방 자　추상같은 도령님의 호령 어기지는 않겠으나, 인제 정말 그만큼 정이 들었으면 좀 떨어져 게시오. 이렇게 날마다 거짓말 심부름만

　　　　　하다가는 이 방자놈까지 버리겠오. 거짓말두 한두 번이지……
도　령　허, 그놈 참.
방　자　예. (비틀거리며 나간다)
과　부　저 녀석이 이제 바루 제법 도령님게 눈을 틀리구 뎀비는 구려, 호호.
월　매　글세 말일세. (고사리 산나물을 다듬어 그릇에 담으며) 아가, 인제 서방님 모시고 방으로 들어라, 곧 점심을 차릴테니. 아우님, 우리 늙은 것들은 안으로 들어가세.
과　부　아니, 집을 비여놓구 나와서 좀 들어가 보아야겠오. (일어슨다)
월　매　그럼 좀 있다가 오시게. 점심이나 같이 하세.
과　부　예, 도령님 앉어 노시오.
도　령　왜 가시려요?
과　부　예. (나간다)
월　매　어서 방으로 모셔라.
춘　향　예!

　　　　　월매 안으로 들어간다.

도　령　(마루에 벌떡 누으며) 아, 공부하기가 왜 이다지 싫단 말인고. 그저 공자 맹자가 내 원수야.
춘　향　호호호, 서방님. 공부하시기가 그렇게 싫으셔서 어찌하시오?
도　령　글공부 그만두고 한 개 백성이 되어, 어데 조용한 곳에 가서 그대와 같이 농사나 지었으면 하오!
춘　향　호호호, 서방님도 별 말슴을 다 하시오. 과거는 어찌 하시고 백성이 되어 농사하시겠다 하시오? 그런 말슴 마시고 방에 드셔서 그 책이나 어서 외시오이다! 저도 같이 외일테오니. 자, 서방님. (도령의 손을 잡어 일으킨다)
도　령　(손을 잽힌 채 일어나며 춘향을 한참 쳐다보다가 미친듯이 끼어 안으며) 춘향!
춘　향　애구, 서방님. 누가 보면 어쩌라고 이러시오……
도　령　누구가 아니라 만 사람이 보아도 우리들의 사랑 뺏을 리 만무하니 염려마오!
춘　향　호호호, 사랑을 뺏지 않겠사오나 부끄럽지 않소이까?

그때 말굽 소리와 왕방울 소리 요란스럽게 가까워 오며, 개 짖는 소리 닭
기색기 쫓기는 소리 소릴하다. 말굽 소리는 춘향집 근처를 지나 멀리 살
아진다. 춘향과 도령 서로 마주 보고 그 소리에 귀를 기우리고 있다가

춘 향　무슨 말굽 소릴까요?
도 령　글세, 어데서 사령이 나려온 모양이군.
춘 향　무슨 변이 생기지나 않았을까요?
도 령　이런 태평 시절에 변이 무슨 변이겠오. 어데서 무슨 전갈을 갖
　　　　어오는 사령이겠지.
월 매　(나와서) 무슨 일일가? 요란하게 말굽소리가 들리니!
도 령　아마 어데서 사령이 나려오는 모양이오.
월 매　원, 하두 요란스러워서 깜짝 놀랬군. 아이구, 서방님 시장할 텐
　　　　데 어서 점심상 드려야지. (내퇴. 좀 불안한 분위기, 도령 그것을
　　　　씨처버리련듯이)
도 령　춘향, 오늘은 새삼스럽게 어린애 생각이 나는구려! 아마 그대가
　　　　낳은 애기는 서시 옥시23)보다 더 어여뿌렸다! 하하하.
춘 향　에그, 망측해라. 우리가 지금 애기를 낳면 애기들이 애기를 낳다
　　　　고 세상이 웃지 않겠오이가?
도 령　세상 모르게 저 방에 감춰 놓고 우리들만 드리다 보지!
춘 향　호호호, 서방님. 어느새 애기가 보고 싶으오이가?
도 령　그대가 낳는 애기 어찌 보고 싶지 않겠오!
춘 향　(심난한 낯으로 도령 옆을 떨어지며) 애기를 나도 걱정이오이다.
도 령　왜 그러오? 응, 춘향!
춘 향　떳떳하게 육례를 못 이룬 첩의 자식이라고 해서 족보에도 못 올
　　　　리고 이 몸 모양으로 천덕궁이가 될 것이니, 어찌 걱정이 아니오
　　　　리가!
도 령　춘향! 그런 소리마오! 내 생각 세상 사람과 다르니 그런 걱정마
　　　　오. 육례가 무엇이오, 족보가 무엇이오. 이리 둘이 백년해로를 굳
　　　　게 맹세하였거늘, 어찌 육례와 족보를 염려한단 말이오. 육례와
　　　　족보는 시속을 따라 변하는 한 개 값없는 차림이요. 그까짓 시속
　　　　과 값없는 차림차리를 겁내할 게 무엇였담 말이요. 육례를 못 이
　　　　루고 족보에 올르지 않았다고 그대를 첩이라 이를 리 만무하니,

---

23) 중국 춘추 시대 월나라의 미인과 같이 뛰어난 미모를 이르는 말.

　　　　　그런 걱정 고만두고 우리 둘이 굳게 맺은 맹서나 잊지마오
춘　향　서방님 생각 그러 하올진대 무슨 딴 걱정 있으리오만, 그래도 서
　　　　　방님 부모께서 그 뜻을 몰라주시면……
도　령　우리 부모 걱정은 마오. 부모가 뭐라 한들 내 마음 변할 리 만
　　　　　무하니 걱정마오.

　　그때 방자 헐레벌떡거리며 뛰여든다.

방　자　도령님, 야단났오!
도　령　야단이라니…… 무슨……?
방　자　사도께서 도령님 불러 들이라구 추상같은 호령이오.
도　령　또 무슨 좋지 못한 소문이 아버지 귀에 들어 간 모양이군. 이놈
　　　　　아, 도령님은 지금 광한루에서 글을 짓구 있다구 않 그랬느냐?
방　자　그랬된 화를 벌컥 내시면서 광한루가 무엇이 어쨋다구 날마두
　　　　　광한루에만 가서 틀어 백혀 있느냐구 야단이오.
도　령　무슨 딴 일로 부르시는 게 아니드냐?
방　자　자세 알 수는 없으나, 은엽등자24) 층층이 달린 청홍사 굴레 씨
　　　　　운 말이 뚜드락 뚝닥 달려 들드니, 털벙거지에 날낼 용자 붙인
　　　　　사령이 달려들어 사도 앞에 들어가 어짜구 저짜구 하드니, 이놈
　　　　　을 불러 도령님 데려오라구 호령이니 무슨 일인가 모르지요. 무
　　　　　슨 일인지 몰라두 짐작이 심상치 않은 일인가 봅디다.
도　령　또 무슨 일일까, 그런데 어데서 온 사령이라드냐?
방　자　내가 알 수 있소. 우물거리지 말구 어서 일어나요, 늦어지면 죄
　　　　　없는 이놈까지 벼락을 당할 테니.
도　령　무슨 일일까? (월매 나온다)
월　매　아니, 점심이 다 됐는데 왜 이러나오?
도　령　무슨 일인지 아버님이 급히 부르신다니 단겨 오리다.
월　매　오늘은 일부러 저자를 봐다가 차렸는데 잽수구 가실 걸……
도　령　곧 단여 올 것이니 차려노오. 그럼 춘향, 곧 단여 올 것이니 기
　　　　　다리오!
월　매　대단치 않은 일이거든 핑계를 대고 빠져나오. 늙은이 좀 속여 먹

---

24) 鐙子. 말을 타고 앉어 두 발로 디디게 되어 있는 물건. 안장에 달아 말의 양쪽 옆구리로
　　늘어뜨린다.

322

방　자　헤…… 이 장모 사위 버릇 잘 가르키네.
월　매　옛기, 이 녀석. 하하하.
춘　향　도령님 단여 오사이다.

　　　　방자, 도령 나간다.

춘　향　어머니, 사도께서 무슨 일로 서방님을 불르실가! 여기 오시는 것을 알으시고 또 야단이나 않 마즈실른지.
월　매　글세 말이다. 그렇지만 방자놈의 능난한 말솜씨에 사도께서 우리 집 일을 모르시고 게실거다.

　　　　그때 과부 급히 등장한다.

과　부　형님, 서방님 어데 가셨오?
월　매　왜 그러나? 지금 본댁에서 불으셔서 가셨는데.
과　부　오라, 그럼 그게 헛말은 아닌 게로군.
월　매　아니, 무슨 일인데?
과　부　춘향이 시집에 경사가 낫다는 구려.
월　매　경사라니, 무슨……?
과　부　글세, 서방님 댁에서 서울로 올라가게 됐다는 구려.
월　매　뭐라구? 서울로……
춘　향　서울?
과　부　아까 글세 우리 옆집 아우님이 우물가에서 빨래를 하구 있는데 서울서 내려오는 사령이 말을 멈추고 사도관가를 어데로 가느냐구 묻기에, 관가는 왜 찾느냐구 물었드니 사도께서는 뭐라들아…… 오, 동부승지 당상[25]하여 급히 서울로 대령하라는 사령이니, 어서 길을 알려라 그드라입니다. 동부승지가 무언건 몰라도 아마 무슨 큰 벼슬을 한 모양입네다.
춘　향　그러면 금방 서방님을 모셔간 곳이……
과　부　춘향아, 네 팔자는 인제 쳐늘어져다. 시아버지가 큰 벼슬을 해서 서울로 가게 되니 너도 이제 서울 아씨가 될 게 아니냐?

---

[25] 조선 시대 정삼품 이상의 품계에 해당하는 벼슬을 통틀어 이르는 말.

월　매　암, 그렇구말구. 그댁 경사가 우리 경사지!
춘　향　그렇지만 사도께서 나를 데리고 가게 하실른지……?

　　　그때 관가 사령 헐레벌떡 뛰어 들어온다.

사　령　아즈머니, 책방 도령님 여기 안 오셨오?
월　매　왜 그러나? 조금 아까 방자가 와서 같이 가셨는데.
사　령　갔어요? 그럼 길이 어긋났나……?
월　매　니 왜 그러나?
사　령　사도께서 별안간 서울로 가시게 돼서 지금 관가는 벌칵 뒤집혔오!
과　부　이얘, 정말로 사도께서 큰 벼슬을 하셨다지?
사　령　정말이구 말구. 지금 동헌에서는 야단법석들이요, 마두방26) 불러 말단속하구 공거지27) 불러 상교자28)구 천방두목 불러 공유를 정하고, 이방 불러 문필하기29)를 짝 그셔구.
월　매　얘, 그건 우리 알 배 아니다마는, 대체 도령님은 어떻게 하실 모양이대?
사　령　도령님은 대부인 뫼시구 지금 곧 서울로 떠나신다든다……?
춘　향　지금?
사　령　그러구 사도께서는 뒷일을 처분하구 몇일 후에 떠나시구. 어이구, 내 정신 놓구 있네. 가 봐야지. (황급히 나간다)
월　매　옳지, 인제 보니까 서울 갑네 핑계대구 내 딸을 빼버리고 살금살금 달아날 모양이구나.
과　부　아이구, 형님두. 걱정두 팔자요, 무슨 걱정이요. 서방님 가시면 춘향아기도 따라가면 고만 아니요. 갈 길이 천리라두 님 따라가는 길은 지척같이 가깝다는데……
월　매　제가 아무리 꾀를 부리두 내 딸은 못 떼놓고 가지. 아가, 춘향아. 어서 길 떠날 차비차려라! 너는 먼저 서방 따라가면 나두 뒤루 따라 갈테니. 얘 향단아!
향　단　(소리) 예!

---
26) 역마(驛馬)에 관한 일을 맡아보던 사람.
27) 공거 수레.
28) 교자, 가마.
29) 돈을 치른 내용을 적은 기록.

월 매   어서 이리 좀 나오너라!
과 부   형님, 좀 나가서 말 좀 들어 봅시다. 그 사령녀석 말대루 정말 서방님이 오늘 떠나시는지.
월 매   참, 그래 봐야겠군?
향 단   마님, 무슨 일이예요!
월 매   도령님이 서울 가신단다. 춘향이두 같이 갈 것이니, 어서 급한 것이나 골러서 짐을 싸구 길 떠날 차비를 해라!
향 단   아씨, 이게 웬일이옵니까?
과 부   형님, 어서 동헌에 가서 말을 들어 봅시다.
월 매   향단아, 내가 어서 가서 자세한 말 좀 듣고 올테니, 어서 차비 차려라! 춘향아, 울기는 왜 우느냐. 어서 눈물 거두고 얼골 단장 옷 단장 급히 해라! (과부와 같이 퇴장)
향 단   아씨, 이게 별안간 어찌된 일이옵니까?
춘 향   향단아, 나도 어찌된 일이지 꿈결같기만 하고 믿지 못하겠구나.
향 단   아씨, 그렇지만 우리두 서울 구경 하게 되니 좀 좋으이가!
춘 향   서방님이 가신다구, 내가 반드시 따라가게 되는지 어찌 알겠니?
향 단   왜요?
춘 향   부모 승낙 없고 떳떳지 못한 몸이 어찌 사도행차에 따라나스겠느냐 말이다…… 아모리 생각해도 서방님 보내고 독수공방에 홀로 있게 될 신세 면치 못할 것같으니, 이 일을 어찌한단 말이냐.
향 단   그렇지만 아씨를 떠나서는 한시를 못 견디는 서방님이 설마 아씨를 떼놓고 홀몸으로 가실 리야 있아오이가?
춘 향   글세, 그러기도 하지만…… 향단아, 한양은 참 좋다지? 한양 가면 우리 아버지 산소에도 가보겠구나!
향 단   그럼은요.
춘 향   향단아, 도령님이 왜 않 오실가, 어서 좀 오셔서 하회30)를 알았으면. 향단아! 너 어서 좀 동헌에 뛰여가서 서방님을 살작 불러 오시게 해라. 만일 도령님이 못 오시면, 방자 녀석 불러서 자세한 애기나 좀 듣고 오너라.
향 단   넵. (나가랴 한다)
춘 향   기다리기 안타까우니 어서 펄적 단여 오너라.
향 단   네 (나간다)

---

30) 下回, 어떤 일이 있은 다음에 벌어지는 일의 형태나 결과.

춘　향　(뜰로 나려와 대문까지 가서 향단의 간 곳을 바라본다)
춘　향　(한참 바라보다가 도라서 들어오며) 아, 어찌할고, 어찌할고. 이 몸 남겨 놓고 서방님 혼자 가면, 이 슬픔 어이할고.

음악 비장하게 고조되며, 용암(溶暗)

오성정
제2막 2장

전 막에서 얼마 후, 오성정에서.
전장에서의 음악 그대로 계속되어 용명하면, 향단이 앞세우고 춘향이 옷고름으로 눈물 닥그며 시름없이 걸어 나온다.

춘　향　(시드러진 버들 밑에 발을 멈추고) 향단아, 정자 우에 올라 도령님 행차 어데만큼 오시나 바라 보아라.
향　단　(눈물을 닥고 정자 우에 올라 바라본다) 서방님 타신 나귀 논밭을 건너 이쪽으로 오시옵니다. 마님께서도 옆집 아지머니의 부축을 받어 이리로 오십니다.
춘　향　어머니께서?
향　단　네.
춘　향　그만치 하셨으면 그만이지, 뭘 하러 여기까지 나오실고……?

말굽소리와 방울소리. 잠시 후에 그 소리 끝이고, 우편에서 몽룡 흥분하여 등장한 춘향을 보고 발을 멈추고 어이없이 서있다. 춘향 마조 보다가 안타가운듯 몸을 돌려 외면하고 운다.

향　단　(정자에서 나려와서) 서방님, 아씨! 서방님이 오셧나이다. 어서 인사말슴 여쭈오이다. (운다)
도　령　(춘향쪽으로 와서) 춘향! (그러고 불렀으나 말문이 맥혀 그대로 고개를 숙인다)

그때 상수쪽에서 기진맥진한 월매를 부축하여 가지고 과부 등장.

월　매　옳지, 이몽룡 이놈. 아주 놓친 줄 알았드니 여기선 맞나겠구나! 아니, 이놈아. 무슨 연유로 내 딸을 못 데리구 간단 말이냐? 응, 이놈아. 나하고 말 좀해보자. 내 딸 춘향이가 행실이 그르더냐, 인물이 밉더냐, 언어가 불경터냐? 잡스럽고 누하더냐, 응. 이놈아! 칠거지악 없으면 안해 버리지 못하는 법 있는 줄 너는 모르드냐, 이놈. 응, 대답 좀 들어보자. 근본이 있다는 양반의 자식이 행실이 이래야 옳단 말이냐? 이놈, 이몽룡아, 내 딸 버리구 한양 길 바루 못 갈테니, 그리 알구 갈려면 가구 맘대루 해라!

춘　향　어머니, 이러지 말구 진정하오.

도　령　장모, 진정하오. 춘향 이별하기 죽기보다 괴로우나, 부모슬하 몸이 되어 어찌할 도리 없이 이러는 것이니 후일을 기다리고 고만 진정하오.

월　매　(덤벼들며) 뭣이 어쩌구 어째? 그래, 이놈 부모 명은 무섭고 내 딸 춘향은 안 무섭단 말이냐? 응, 안무섭단 말야! 이놈, 이놈. (덤벼든다) 갈려거든 우리 모녀 죽여놓구 가거라, 죽여 놓구가!

춘　향　어머니, 왜 이러오. (어머니를 잡는다)

월　매　이년아, 너는 이판에서까지 서방 역성 드는거냐! 이년아, 한번 속았으면 그만이지 또 못 속아서 이러느냐?

춘　향　어머니, 이러지 마오. 만사는 내가 알어 할 터이니 어머니는 진정하고 그만 들어가오. 어머니, 이러시면 내 가슴 더 아프니 고만 들어가오.

도　령　장모, 인제 춘향이는 이래도 내 사람, 저래도 내 사람이라 내가 알어 할 터이니, 걱정말고 들어가오.

과　부　암, 그렇구 말구. 도령님도 다 생각이 있을 것이니, 매껴두고 어서 들어 가십시다. 자, 형님!

월　매　(일어나며) 이년아, 정신 차려라! 정신차려! 이번 놓치면 영 놓치는게다. 가면서 안 온다는 놈 없고, 오마 하고 오는 님 없느니라!

과　부　자, 형님. 어서 들어가십시다.

월　매　(나가며) 이년아, 끝까지 못 데리고 간거든 한평생 먹구 살 돈이래두 받어 둬라.

과　부　암, 그래야지. 임 없는 세상보다 돈 없는 세상이 더 쓸쓸한 거란다!

월　매　아이구, 이년 팔자 왜 이렇게 험하단 말이냐! (월매 사설하며 퇴

　　　　장)
춘　향　서방님, 늙어 지각 없는 어머니 말삼 너머 노여마사이다.
도　령　노여하다니, 그 무슨 당치 않은 말이요. 애초에 내가 그대를 두고 가겠다는 것이 틀린 생각이었오. 자, 춘향. 나를 따러 서울 갈 차비를 차리게 하오. 여기서 내가 당제사참려를 생각해서 무엇하고, 아버지의 엄명을 생각해서 무엇하겠오. 자, 향단아. 어서 들어가 아씨 서울 갈 차비를 차리게 하여라!
춘　향　서방님, 그 무슨 당치 않은 말슴이오이가? 서방님의 부모가 즉 내 부모거늘, 어찌 그 명을 거역하겠나이까! 서방님, 이 몸은 벌써 마음을 작정하였아오니. 이 몸 걱정 마시고 어서 바삐 내행 모시고 올라가오이다.
도　령　춘향, 그 무슨 말이요?
춘　향　(모든 것을 단념한 듯 돌아서서 눈물을 먹으며) 천리가 먼 한양길 몸조심하여 가사이다.
몽　룡　춘향, 내가 좀 아프니 어서 내 뒤를 따르게 하오. 춘향.
춘　향　그런 말슴마시고 어서 길을 떠나오이다. 서울 올라가서 어서 제 생각 마시고 뜻을 크게 하사와 일야 공부하시여서 대과 급제 하시고 입신양명 하시거든, 그때 아버님께 말슴 들여 이몸 다려가게 하옵소서. 그때까지는 이곳에서 기다리오이다. 글을 배운 이 몸이거든 어찌 한갓 정만 생각하고 대전31)을 잊으오리가?
몽　룡　춘향! (그를 얼사 안는다)
춘　향　서방님…… 천리가 먼 한양길 몸조심하여 가사이다.
몽　룡　그럼, 춘향! 광한루의 봄향기 다시 피고 다시 질 때 과거급제 해 가지고 틀림없이 그대를 데리러 올 것이니 슬퍼 말고 기다리오, (돌아스랴 한다)
춘　향　서방님, (그 맘을 다시 한번 떠보듯이) 서방님! 한양성중 넓은 곳에 옥녀가인 많을테니, 서방님이 이 몸 생각 어찌하시겠나이가! 천리 원정에 님 보내고 독수공방에 홀로 울을 춘향 신세 슬프오이다. 한없이 슬프오이다.
몽　룡　춘향! 그 무슨 당치 않은 말이오. 내가 가면 아주 가며 아주 간들 그대를 어찌 잊으리오! 한양 성중에 절대가인 많다 해도 그대 잊을리 만무하니, 나 올라간 후에라도 벽추 새외 달 밝을때 천리

---

31) 大典, 나라의 큰 의식, 혹은 중대한 법전.

상사 너무 말고 내가 다시 올 때까지 기다리오.
춘 향 서방님, 심심부탁이오니, 장부의 굳은 마음 변치말고 하로 바삐 급제하여, 부모님 허락받어 속히 다려가기 바라나이다.
몽 룡 (염낭에서 원경을 꺼내서 춘향 손에 쥐여주며) 춘향, 장부의 밝은 마음 이 거울과 같을진대, 천만년이 지나가고 태산이 평지 된들 내 마음 어찌 변하리오. 이 거울 그대 주고 갈 것이니, 이 거울 볼 때마다 나인 듯 생각하고 몸 편히 기다리오……
춘 향 (손에 끼인 가락지를 뽑아 주며) 소처의 사랑은 이 옥같이 정갈하고, 이 고리같이 시종이 여일하오이다!
몽 룡 춘향!

그때 방자 헐레벌떡 뛰여 와서 어이가 없는 듯이 한참 그 광경을 보고 있다가.

방 자 아니 도령님, 대체 정신이 나갔오, 들어갔오. 무슨 이별을 이렇게 끈질끈질하게 하고 게십니까? 아 그저, 잘 있거라 잘 가거라 하구 한번 슬적 웃으면 고만일걸, 뭘 이건 뼈가 녹두륵 이래야 맛이란 말이요.
향 단 (꾸짖듯이) 방자야…
방 자 서방님, 어서 가십시다. 대부인 행차는 벌써 백리는 가셨을 텐데…… 어서 오셔요! (뛰어 나가다가 향단에게) 얘, 향단아. 내 서방님 모시구 서울 얼른 갔다 올게, 시집가지 말구 기다려라! 응. (그 등을 툭 치고 나가며) 서방님, 어서 오세요.
몽 룡 춘향!
춘 향 부디 몸조심하사이다.
향 단 서방님.
몽 룡 향단아, 아씨 모시고 잘 있거라. 그리고 나때문에 병나실가 염려되니, 들어가서 마님 위로 잘 하여라.
방자의 소리 아, 어서 오세요.
몽 룡 (안타가이 춘향을 보고 있다가 발길을 돌린다)
춘 향 서방님.
몽 룡 (발을 멈추고 돌아본다)
춘 향 (무슨 말을 하려다가 그냥 기가 막혀 고개를 숙인다)

몽　룡　(한참 서서 보고 있다가 실 같이 사라진다)
춘　향　서방님. (몇 발 따라 가려다가 발을 머추고 한참 바라본다)

　　　　비장한 음악.

춘　향　(그렇게 한참 보고 있다가 발을 돌려, 오성정 기둥에 몸을 기대인다)
향　단　아씨, 너무 상심치 마오이다.
춘　향　향단아.
향　단　예.
춘　향　도령님 어데만큼 가셨나 보아라!
향　단　(오성정 우에 올라가서 바라보며) 나귀 그림자는 햇빛 따라 서산에 넘어 가고, 사면에 보이는 것 산과 구름뿐이옵니다.
춘　향　(오성정 우에 올라가서 같이 바라보다가 '서방님' 하며 기중에 의지하며 운다)

　　　　음악 고조되며 막 나린다.

제3막 1장

　　　　이몽룡 떠난 후 이년여가 지났을 때. 남원관가에서.
　　　　무대는 동헌. 신관사도 변학도가 도임한 지 수 일 후.
　　　　호화스러운 타종 곡에 따라 막이 오르면, 신임사도 변학도는 단상에 좌정하고 그 뒤에 통인들, 그 앞 층층으로 육방관속이 대령하고 있는데, 관정에는 지금 타종곡에 맞추어 기생들의 춤이 벌어지고 있다. 신임사도를 맞이하여 기생들의 인사 드리는 춤인 듯…… 춤 한참 계속되다가.

변학도　애들아.
통　인　예 이.
변학도　호방, 게 있느냐?

호 방 예.
변학도 춤 고만 거두고 기생 점고 어서 하여라.
통 인 춤 고만 거두고 어서 기생 점고 하랍신다.
호 방 예, 애들아.

  타종곡 끝나고 기생들 물러간다.

호 방 (안책을 펴놓고 차례로 소리내어 호명한다) 남포월 깊은 밤에 노대치는 저 사공아, 뭇노라 네가 탄 배 주도금범 난주드냐! 난주 왔느냐?
소 리 예.

  난주라는 행수기생 나상을 한편으로 거더 앉고 아담스럽게 걸어 나와, 변 앞에 한 손만 집고 인사한다.

변학도 (응큼스럽게 나려다 보다가 못맞당한 듯이 부채로 눈을 가린다)

  기생 나간다.

호 방 광한루상 명월야 군선이 여옥 옥선이라, 옥선이 왔느냐?
소 리 예.

  옥선이라는 기생 나와 인사한다.

변학도 (다시 나려다 보고 또 맞당치 않은 듯 눈살을 찌푸리고 부채로 눈을 가린다)

  기생 나간다.

호 방 옥로금풍 만월홍 일엽청광 옥엽이라, 옥엽이 왔느냐?
소 리 예.

  옥엽이라는 기생 홍상을 거더 앉고 얌전히 나와 인사한다.

변학도   (역시 시원치 않은 모양)
호　방   초창
변학도   호방 듣느냐.
호　방   예.
변학도   기생 점고 그러헤 하다간 몇 날을 갈지 모르겠다.
호　방   예.
변학도   거기 모인 기생 중에 딴 거 고만두고, 향기향자 일흠 붙는 기생만 골러 불러라.
호　방   네. (안책을 뒤적이며 또 시조로) 동○학사 깊은 사랑 전당명기 가향이라, 가향이 왔느냐?
소　리   예.

　　　　가향이라는 기생 나와 인사한다.

변학도   (나려다 보고 또 눈을 가린다)
호　방   이화
변학도   호방.
호　방   예.
변학도   듣고 있기 갑갑하다, 어서 그저 불러라.
호　방   예, 이화도화 만발한데 백화종 중 향염이라, 향염이 왔느냐?
소　리   예.

　　　　기생 나와 인사한다.

변학도   (또 눈을 가린다)
호　방   분벽초창 요숙한데 한가하다 향심이라, 향심이 왔느냐?
소　리   예.

　　　　나와 인사한다.

변학도   (본체만체하고 초조한 듯이 부채질만 바쁘게 한다)
호　방   차화개서변무화라 능상령한에 국향이라, 국향이 왔느냐?
소　리   예.

국향이 나와 절한다.

변학도　(역시 본체만체한다)
호　방　진주 명주
변학도　(몹시 초조하야) 호방 듣느냐.
호　방　예.
변학도　기생 현신 안하여도 좋으니, 어서 향자 이름만 불러 봐라.
호　방　예, 기 취향이, 기 금향이, 기 난향이, 기 월향이. (여기까지 부르고 호방 안책을 덮는다)
변학도　어서 부르지 못하느냐!
호　방　예 향기향자 이름 가진 기생은 이뿐이옵니다.
변학도　무엇이? (노기충천하여) 엣기, 괘심한 놈들. 천지의 귀신을 속이지 나를 속이려 드느냐? 호방 듣느냐!
호　방　예.
변학도　너이 고을에 봄 춘자 향기 향자 춘향이라는 기생 분명히 있을 턴데, 없단 말이 웬말이냐?
호　방　예, 춘향은 기생이 아니오라 퇴기 월매의 딸이온데, 기안에 착명한 일 없사옵고 여염생장하옵더니, 구관 책방 도령이 머리를 얹었나이다.
변학도　안다, 내 그 일을 알기 때문에 춘향을 찾는다. 들자하니 춘향은 원기의 딸이오 인물 또한 일색이라 하니, 어서 기안에 착명하고 바삐 현신시켜라!
호　방　죄송하온 말슴이오나, 춘향은 기생이 아닐 뿐더러 낭군을 이별한 후 홀로 수절하느라고 외인을 보지 않는다 하오니, 사도 처분 어떻하오신런지요?
변학도　어, 시끄럽다. 첫말에 대령치 않구 무슨 잡소리냐, 애들아.
통　인　예.
변학도　어서 바삐 춘향 불러 현신시켜라.
급　창　예이, 사령.
사　령　예이.
급　창　춘향 현신 시키랍신다.
사　령　예이. (쩔렁거리며 사령 두명 나간다)
변학도　내 고단하여 잠깐 안에 들어 쉬일테니, 춘향 대령하거든 알리도록 하라.
호 방 예.

변학도 안으로 들어간다. 통인도 따라 들어간다. 계하에 굴복하고 있든 육방하졸들 '후유' 한숨을 쉬고 일어나며, 허리 어깨를 두드린다.

호 방 서울 갔든 신연통인32) 전하는 말이 헛소린가 했드니, 과연 색을 좋아하는 모양이군.
이 방 얼골만 보아도 능히 알어 볼 수 있지 않소. 기골이 호걸로 생겼으니 어찌 색을 찾지 않겠오? 두고 보면 알겠지만 그 얼골 값을 단단히 할 것이오.
호 방 들오니 주색만을 좋아할 뿐 아니라, 풍류에 달통하여 가창을 잘하는 대신 고집이 당나귀 고집이고, 미련하기 짝이 없어 좋은 말을 그르게 듣고 그른 말을 옳게 들어 무고한 백성 잡어치기 일수이고, 욕심이 대단하여 공물 받치지 않는 백성을 잡어다가 볼기치기를 조석 먹듯 한다네.
형 리 그러구 보면 남원 신연 올라 갔을 때, 남원고을 제일가는 절색 미인이 누구이며, 민고에 ○긴 쌀이 몇 천석이나 되느냐구 물었다는 말이 헛말이 아니었군.
이 방 그런데 도임한 지 사흘 밖에 안되는 사도가 어떻게 남원 고을에 춘향이 잇다는 것을 알었을고?
형 리 아마 남원땅 춘향이 절대가인이라는 소문이 한양에까지 들렸던 모양이지.
호 방 아니야, 남원 신연이 올라갔을 때 제일 먼저 묻는 것이 춘향이 소식이었다네. 그런 걸 보니 서울에 있을 때부터 춘향이를 벨르고 있었든 모양이야.
이 방 응, 그러구 보니 그 말이 심상한 말이 아니었군.
호 방 무슨 말?
이 방 아 왜 여기 도임하든 날 오리정에 올라가 마중 나갔을 때, 무슨 말 끝에 남원고을이 좋다 하여 밀양, 단흥 다아 마다하고 간신이 서둘러서 남원 부사를 해 왔다구 그러지 않든가? 그것이 다 속이 있어 한 말이야.

---

32) 새로 부임하는 감사(監司)나 수령을 그 집에 가서 맞아 오던 일을 하던 구실아치(아전).

호 방   글세, 아모리 그렇지만 옥같이 굳은 춘향이 절개를 사도가 꺾어 트릴 수 있을지, 원.
이 방   만일 춘향이를 농낙하다가 뜻을 이루지 못하면, 자네한테 불길이 뛸테니 정신차리게!
호 방   그건 또 무슨 말인가?
이 방   자네 마누라가 춘향이 못지 않게 인물이 잘났으니, 만일 사도가 춘향이 마음을 꺾다가 못 꺾으면 자네 마누라를 불러 바치랄 게 아닌가.
호 방   옛기, 이 사람아. 사도가 우리 마누라가 절색인지 박색인지 어찌 안단 말인가?
형 리   춘향이를 닦달하다가 이루지 못하면 화가 우리한테 미칠게 아닌가. 그러면 할 수 없이 자네 마누라가 춘향이 으뜸가는 미인이라구 고해 바쳐야 볼기를 면할 게 아닌가?
호 방   옛기, 이 사람.
이 방   여보게, 자네가 그 화를 면할라면 좋은 수가 있네.
호 방   무슨 수?
형 리   하하하…… 이 사람이 은근히 걱정이 되는 모양이지…… 하하하.
호 방   여보게 수라니 무슨 수야?
이 방   글세, 그리 쉬운 일이 아닌데…… 여보게, 오늘 밤에 자네 집에다가 한상 차릴텐가?
호 방   그까짓 거야 뭐 어려운가.
형 리   하하하.
호 방   이 사람이 웃기는 왜 웃어. 정말 차릴테야.
이 방   그럼, 됐네. 저녁에 먹으면서 애기해 줄테니 걱정말게.
형 리   하하하.
호 방   이 사람이 웃기는 왜 자꾸 웃어. 나는 사도 관상을 보니까 암만 해두 마누라가 걱정돼사 죽겠는데.
형 리   이 사람아, 그러니까 한상만 내면 화를 면하게 해준다지 않나, 하하하.

   그때 사령들의 방울소리.

이 방   야, 저놈들 수단 봐라. 춘향이를 두 말 않구 데리구 오는데.

형　리　신관 사도 호령이 어지간이 무서웠든 모양이군. 도령님 작별하고 수절한다구 외인을 보지 않는다는 춘향이가 저렇게 순순히 끌려나오는 것을 보니.
호　방　그럼 그렇지, 제가 누구 명이라구 어기겠나.
형　리　아주 이 사람이 춘향이 오는 것을 보니 맘이 뇌는 모양이군, 하하하.
호　방　옛기, 이 사람. 하하하. (상수 청내 앞에 가서) 춘향 대령 아뢰오.

　　　　잠시 후 변학도 나온다.

호　방　예.
변학도　그럼 어서 현신시켜라.
호　방　예. (하수에 향하여) 사령.
소　리　예이.
호　방　춘향 어서 현신시키랍신다.
소　리　예이.

　　　　이윽고 춘향 사령에 인솔되어 계하에 와서 앉는다.

호　방　춘향 현신이요.
변학도　(면상을 가렸던 부체를 슬그머니 벼끼고 안경을 이마로 추켜 올리며 몸을 조여 춘향이 모습을 자세히 뜯어 본다) 음, 과연 일색이다. 짝이 없는 일색이다. 달을 보고 부끄러워 하는 꽃이란 말이 헛말인가 하였드니, 바루 네 자태를 보고 이름이였구나……하하하, 애들아.
통　인　예이.
변학도　안에 들어가 사랑 생원 이리로 나오게 하여라.
통　인　예이.

　　　　통인 하나 앞으로 들어간다.

변학도　(다시 뜯어보며) 음, 참으로 일색이다. 네 소문이 경향에 유명키로 밀양부사 하란 것을 마다하고 간신히 서울에서 남원부사 하였

　　　　드니, 과연 내 애씀이 헛되지 않았구나. 하하하.

　　통인의 뒤를 따라 따분하게 생긴 사랑 생원 나온다. 변학도의 고문격인 내시 노인이다. 양 어깨가 축 늘어지고 궁기가 껴서 초라하다.

생　원　불르셨오이까?
변학도　여보게, 저것이 한양에서까지 소문이 자자하든 춘향일세. 하도 소문이 경향에 우명키로 불러 봤드니, 과연 유명무실은 아니로세.
생　원　(역시 이모저모 살펴보드니) 흐음, 과연 일색이오이다. 사도께서 한양 게실 때 늘상 춘향 춘향 하시더니, 인제야 소원을 푸시게 되었군. 해해해······
변학도　하하하, 참 모모로 뜯어 봐도 한 곳도 허수할 곳이 없단 말야.
호　방　아뢰옵기 황송하오나, 의복이 허수하고 단장을 아니하여 그러 하옵지만, 의복 단장을 제대로 하오면 본읍에서 짝없는 일색이오니 용서치 마옵소서.
변학도　음, 그렇게 듣고 보니 더 한층 일색이다 행세하느라고 날러갈 듯 차림것보다는 저렇게 수수하고 어수룩하고 수집어하는 저 모양이 더 좋단말야. 그렇지 않은가? 생원.
생　원　에, 그런 거 같기도 하옵니다.
변학도　허, 이게 무슨 대답이야. 그런 거 같기도 하다니, 자네는 늘상 왜 그렇게 어리빙하게 대답을 하는가?
생　원　(바르르 떨며) 에, 에, 참 다시 보니 만고 일색이 분명하옵니다. 에.
변학도　허허허······ 만고일색이고 말고! 내가 지금가지 소위 미인이란 것을 수없이 대해 봤건만 어느 것 하나 흠 없는 것이 없드니, 이것은 아모리 뜯어봐야 흠 잡을 데가 없단말야. 하하하. 애, 춘향아. 계하에 그리 주구리고 있지 말고 이리로 올러라. 응, 어서.
춘　향　(꼼작 않는다)
생　원　해해해, 침어낙안33)이란 말이 과칭인가 하였드니, 폐월수화34)하

---

33) 沈魚落雁. 미인을 보고 물 위에서 놀던 물고기가 부끄러워서 물속 깊이 숨고, 하늘 높이 날던 기러기가 부끄러워서 땅으로 떨어졌다는 뜻. 아름다운 여인의 용모를 이르는 말.
34) 閉月羞花. 꽃도 부끄러워하고 달도 숨는다는 뜻. 역시 아름다운 여인의 용모를 이르는 말.

는 그 태도 보든 중 제일이옵니다. 해해해.
변학도   허허허, 다시 이를 말인가? 하하하, 애, 춘향아. 어려히 알지 말고 이리 내 곁으로 올러라! 내가 생기기는 이렇게 무섭게 생겼어도 한번 살펴보면 외양과는 딴 판이다. 춘향아, 내 네게 분부함이니 잘 색여들어라. 내 한양에서 네 소문을 듣고 안된다는 것을 억지로 우겨 이 고을 남원으로 온 것이니, 내 뜻을 새겨 알고 오늘부터 의복단장 곱게 하고 수청을 들어라!
춘 향   사또님, 그게 무슨 말씀이오니까?
생 원   해해해……
변학도   애, 춘향아. 네가 그처럼 허수한 옷을 입고 단장도 아니하고 네 본색을 감추랴 하지만, 형산백옥이 틔끌에 묻쳤다고 아응 이야 모르고, 중추명월이 잠깐 구름에 가리웠기로 제 빛을 잃을소냐! 아무리 시침이를 떼기로 너를 몰라 볼 내 아니니, 어서 지체말고 수청을 들게 하라!
춘 향   못 하옵나이다.
변학도   못 해? 음, 이 무슨 대답인고.
춘 향   이 몸은 비록 기생의 소생이오나, 기안에 착명한 일도 없사올 뿐더러 삼년 전에 구관 책방 도령과 백년가약을 맺고 몸을 허하였아오니 이 몸은 유부녀라, 송죽과는 절개는 지킬지언정 훼절은 못하겠아오니, 다시는 그런 분부 마러 주옵기 바라옵니다.
변학도   음, 그 소문은 나도 이미 한양에서 듣고 안다. 그래, 이 고을 구관 책방 도령이 네 머리를 얹었다 하되, 그 도령 한양 간 후엔 어떤 낭군을 섬기는고. 관속이냐 건달이냐 어려히 알지 말고 바른대로 일러 고하라.
춘 향   말씀을 삼가시오. 백년가약 굳은 맹서 어찌 쉽게 버리고 관속 건달 낭군을 섬기리오. 당치 않은 말씀인가 하옵니다.
변학도   허허허, 얼골 보고 말 들으니 안팍으로 일색이다. 옥안종고다신 누라 인물좋은 여인들이 자고로 행이 없것만은, 너는 얼골도 일색이려니와 마음도 또한 일색이다. 그러나, 춘향아. 네가 몸을 매껐든 이몽룡은 타향에 왔다가 잠간 작난한 격으로 벌서 너를 잊은 지 오랠 것이니, 그를 믿고 수정하는 네 신세 꽃가지의 이슬같이 가련하다. 어린애의 한때 작난을 믿고 수절이 당허냐. 네 젊음이 아까워 이르는 말이니, 길이 사양말고 어서 나가 단장하생   원 여봐라, 춘향아. 요망스럽게 거역하지 말고 사또께서는 너를 생각하여 하시는 말씀이니, 어서 방수차로 대령케하라! 너 같은 창기배가 수절이 무엇이며 정절이 무엇이란 말이냐! 구관을 전송하였으면 신관을 영접함이 전당지사거늘, 무슨 여러 대답이 있단 말이냐! 괴이한 대답 말고 어서 복명해라!

춘   향 미인을 보고 물 위에서 놀던 물고기가 부끄러워서 물속 깊이 숨고 하늘 높이 날던 기러기가 부끄러워서 땅으로 떨어졌다는 뜻으로, 아름다운 여인의 용모를 이르는 말 말씀은 반갑사오나, 춘향이 먹은 마음 사도님과 다르옵니다. 올라가신 도령님이 다시 나를 안 찾으면 황천에 가서라도 맞날 것이어든, 어찌 짧은 목숨을 못 참고 절개를 꺾으오리까. 그런 마음 다 버리시고 천하 백성 위하여 선정이나 베풀기 바라옵니다.

변학도 허허, 이게 무슨 당돌한 대답인고. 분부 거절하는 네 죄 절절 가통하다. 형장 아래 기절하기 전에 어서 복명하지 못할까?

춘   향 기절은 고사하고 두 번 다시 죽을진대, 사도 수청 들을 춘향은 아니옵니다. 백성 다스리는 사도 어찌 예절을 모르시고, 수절 처녀 ○○ 하랴 하시나이가, 칠거지악 권하는 사도 남원에 오신 건 처음인가 하나이다.

변학도 뭣이. (독이 오른다)

생   원 어! 요망한 년이로고. 사도님, 저년 입에서 외마디에 대답이 나오도록 형틀에 세우십쇼! 음, 당달한 일이고. 사도님 저는 여기 앉았다간 고 독기 품은 말소리에 기절을 할 것같기에 들어가오니, 어서 바삐 집장사령을 부르도록 하시요! (춘향을 한켠 나려다 보고는 방정맞게 안으로 퇴한다)

변학도 (한참동안 분을 못이겨 떨고 있다가) 음, 요망한 계집같으니. 이년, 외마디로 대답해라! 수청을 들 터이냐, 안 들 터이냐.

춘   향 백번 물사와도 대답은 같사오니, 처분대로 하옵소서.

변학도 뭣이! 끝끝내 거역할 터이냐?

춘   향 관장은 위민부모이어늘 유부녀를 억탈하려는 것은 무슨 법이오이가! 그것이 국록지신35)의 할 일이며 양반의 권세이오이가?

변학도 (벌떡 일어서서 쫓어 내려올 듯이) 예, 요망하다! (잠시 부르를

---

35) 國祿之臣, 나라에서 주는 녹봉을 받는 신하.

떨며 춘향을 나려다 보고 있다가 호령한다) 애들아.
통 인 예이.
변학도 (자리에 다시 앉으며) 형리 게 있느냐?
형 리 애.
변학도 네 저년을 형틀에 세울 테니 집장사령을 대령시키고 다짐을 받어라.
형 리 예, 집장사령!
소 리 예이.
형 리 (바삐 붓을 들고 다짐을 쓴다)

    그 사이에 사령들 형36)을 가져다 춘향을 결박하고, 주독이 올른 집장사령은 형 한 아름 안어다 풀어놓고 이놈 저놈 든든한 것을 골른다.

변학도 어서 바삐 다짐을 받어라.
형 리 예. (다짐을 써들고) 네 몸이 부가소부로 사도 엄명에 거역하고 관처에 발악하니 그 죄 백개 형장에 마땅하니 죽기를 설어마라.
형 리 (다짐장을 받어 춘향에게 갔다 준다)
춘 향 (붓을 받어들고 일심(一心)이라 쓰고 붓을 내던진다)
변학도 (사령이 받어다 주는 다짐장을 받어 보고) 무엇이? 일심? 음, 요망한 년. (부르르 떨며 종이를 부벼 던지고) 집사.
소 리 예.

    집사 수궁을 가지고 나온다.

변학도 네 저년의 입에서 한번에 살려달라는 말이 나오두록 매우 처라. 만일 사정을 두어 험장을 하여서는 당자에 네 명을 바칠 것이니, 각별이 매우 처라!
집 사 예. 단개에 물고를 내오리다…… 사령, 이 년을 매우 처라.
집장사령 예, 사도 분부 조엄한데 저만한 년을 무슨 사정 두오리가! (춘향에게) 이년 다리를 까딱마라! 만일 요동하다가는 뼈 부러지리라! (외치면서 형장을 들고 춘향에게로 덤벼들다가 실수하듯이 그냥 형장을 내려 잡으며 가만한 소리로) 춘향 아씨. 어쩔 수 없

---

36) 형틀.

으니 한 두 개 마저 디는데, 요 다리는 조리 틀고 이 다리는 요리 틀면 그리 앞으지 않을 게요.

변학도 어서 치지 않고 무엇하느냐!
집 사 예, 어서 처라.
집장사령 예. (다시 물러섰다가 덤벼 들여 내려친다)
춘 향 (신음한다)
집 사 (수궁을 들고) 하나.
집장사령 (반대편으로 물러섰다가 또 덤며들어 내려친다)
춘 향 (신음)
집 사 둘.
변학도 네 이년, 이래도 복명치 못하겠느냐?
춘 향 백개 형장 무서워 일편단심 변할 춘향은 아니오니, 죽이시라면 죽이시고 처분대로 하오이다.
변학도 애, 당돌한 년. 네 그년이 대전통편을 모르는구나…… 형리 게 있느냐?
형 리 예.
변학도 네 대전통편을 내어 놓고 춘향의 죄장을 읽어라.
형 리 (대전통편을 펴놓고) 들어라, 대전통감에 하였으되 모역대역하는 죄는 능지처참하라 하고, 관명에 거역하는 죄는 엄형정배 의당하니 죽기를 슬퍼마라!
춘 향 대전통편의 법이 그러하올진대, 유부녀 강탈하는 죄는 어찌하라 하였나요?
변학도 예, 요망하다. 네 저년을 한 매에 못 죽인단 말이냐. 어서 백개 형장을 내려치고 죽거들랑 대로에 끌어 내고, 그래도 살거들랑 놓지말고 옥으로 끌어라! 어서 처라!
집 사 예, 어서 처라.
집장사령 (다시 물러서서 내려친다)
춘 향 (신음)
집 사 셋.

음악 고조되며 막.

제4막 1장

전막에서 반년 여가 지났을 때 춘향이 있는 옥사에서. 때는 봄철.

무대 중앙에 춘향이 갇힌 옥이 있고 그 좌우 세력으로 다른 수인들이 가쳐 있는 옥사가 연달아 있는 듯, 우편에는 옥, 담장과 문. 좌수에 얕으막한 수양버들 한 그루. 삼경이 가까운 밤중.
막이 열리면 전막에서부터 계속되는 음악은 옥귀들의 울음을 상징하듯 음울한 곡으로 변조한다. 거기에 보이지는 않으나 딴 옥사에 가쳐 있는 수인들의 신음소리가 섞여 들린다. 은은한 달빛으로 큰 칼을 쓰고 옥에 앉은 춘향의 초라한 자태 보인다. 우수 옥문 옆에 옥사정 두 명이 길다란 창을 들고, 한 사람은 옥문 앞에 서있고 또 한 사람은 옥 앞을 서성거리고 있다. 음울한 음악 한참동안 계속된다. 가끔 가다가 수인들의 신음소리.

사정갑   저 자식들이 귀신 뵐 날이 멀지 않았나, 왜 저리 꿍꿍거려!
사정을   목 매달은 귀신이 주리 틀르는 모양이지! (하품) 삼경이 가까울 턴데, 어째 종소리가 않 들려!
사정갑   으, 으슬으슬한 게 한 잔 쭉 했으면 좋겠다만.
사정을   오늘밤엔 춘향이 보러 향단이가 오지 않나. 오기만 하면 빈손으로는 안 올턴데!
사정갑   춘향이 덕분에 몇 달동안 섭섭지 않게 지냈는데, 그것두 오래지 않을 걸세!
사정을   왜?
사정갑   아, 옥문사령 얘기 못 들어나. 며칠이라드라 사도님 생신 잔치에 춘향이를 불러내어 목을 메인다니, 그렇게 되고 보면 춘향이 덕분에 술잔 값이나 생기든 것도 휘여할 게 아닌가!
사정을   성미가 불같은 사도임이 오래 참았지, 자는 벌서 무슨 요절을 낼 줄 알었드니 인제는 할 수 없는 모양이군.

　　　　수인들 신음소리.

사정을   이놈들아, 시끄럽다! 오라잖어 삼경 종이 들릴 턴데, 왜 자빠져

　　　　자지 않구 꿍꿍대는 거야.
사정갑　너머 욱박질으지 말게. 오라잖어 옥귀신 될 것들인데, 너머 구박했다가는 귀신 돼가지구 뎀벼들어 앙가품을 하면 어쩔텐가.
사정을　미련한 것들이지. 아, 외례히 신관사도 도임하면 쌀섬이나 갖다 바쳐야 할 줄 번연히 알면서 미련하게시리 고집을 써야 된담.
사정갑　그야 저 사람들만 탓할 게 아니지, 천하 백성 위하여 선정 베푸를 사도가 선정은 고사하고 백성재물 탐을 내여 볼기치는 것도 과히 잘한 일은 아니지.
사정을　그도 그렇지만 춘향이 같은 것이야 공연한 고집을 쓰다가 저 모양 되지 않었나! 수절도 중하지만 제가 사도 분부대로 수청만 들고 볼 지경이면 팔자가 늘어지는 판 아닌가.
사정갑　이 사람이 춘향이 탓 말게. 요새는 우리가 춘향이 덕분에 술 줄이지 않구 지내지 않나.
사정을　하긴 그래, 그런데 오늘 밤엔 향단이가 어찌된 셈이야. 그것두 안 오니까 기다려지는 걸.

　　　　그때 옥문 사령 문 밖에서.

옥　사　여보게, 문 좀 열게!
사정갑　왜? 이 밤중에 웬 게 또 끌려오나?
옥　사　춘향이 만나러 향단이 왔네!
사정을　그러면 그렇지, 안 올 리가 있나! 호랭이두 제 말하면 온다드니!

　　　　문을 연다. 향단 등롱을 들고 들어온다. 그 뒤에 방자가 딸었다.

사정을　오늘은 너머 늦기에 안 오는가 했다⋯⋯ 아니, 이건 누구야.
방　자　날세, 나야.
사정을　나라니?
방　자　이놈아, 옥귀신에 홀려서 사람두 못 알아보니. 방자 나용검야.
사정을　아니, 이놈아. 네가 웬일이냐?
방　자　우리 아씨 옥 신세가 어떠한지 걱정이 돼서 왔다네!
사정갑　그래두 인사는 차릴 줄 아는구나!
향　단　사정들, 옥문 사령 데리구 가서 목들이나 축이고 오시오. (엽전 몇 닢을 준다)

사정갑 오라잖어 삼경이니 바삐 만나구 가거라! 여보게, 잠깐 다녀오세.

　　　사정들 나간다.

춘　향 (큰칼에 머리를 대고 잠들어 있다가 무엇에 놀랜 듯 '서방님' 하고 불으면서 머리를 들어 옥창 밖을 본다) 아니였구나, 한자리 고단한 꿈이었구나! 어, 정작 서방님이 나를 찾어 온 줄 알었드니, 깨고 보니 나를 보는 것 중천에 뜬 달 뿐이구나…… 한양 가신 서방님 이 신세 어찌 모르시여, 가고 다시 아니오나, 보고지고, 보고지고, 한양 낭군 보고지고. 한양아, 어데 간데 님의 소식 이다지도 감감할고. 날개도친 학이 되어 시원시원 날아가서 님의 얼골 반겨 보고 세세원정 하여 불가. 견우성 직녀성은 칠석상봉할 적에 은하수 맥혔으되 실기한 일 없었건만, 우리 낭군 계신 곳엔 무슨 물이 맥혔는지 소식조차 못 듣는고, 이 몸이 청강에 원앙되어 짝을 불러 다니면서 다정코 유정함을 님의 눈에 보여줄까, 삼촌의 호접되어 향기묻인 두 날개로 춘광을 자랑하며 낭군 옷에 앉어 볼까. 청천의 명월되어 밤마다 도다올나 님의 얼골 빛처볼까. 이내 간장 썩는 피로 님의 화상 그려 내여 방문 앞에 걸어 볼까. 그리도 못한진데 이 몸이 죽어져서 추월공산되어 이화월백 적막한 때, 귀촉도 슲이 울어 남의 귀에 들렸으면 춘향인 줄 알을는지.

향단과 방자 (옥창 옆에 비껴서서 그 말 들으며 울고 있다)

춘　향 이 내 죄가 무슨 죄란 말인고, 국곡투식 아니어든 이 형벌이 중장 무삼 일이며, 살인죄인 아니어든 정쇄족환 웬 일이며, 음양도적 아니어든 이 형벌이 웬일인고. 요순우상 임금님도 걸추의 포악으로 함진옥에 가쳤다가 도로 놓여 승군되고, 명덕치민 주문포도 상주의 해를 입어 옥에 가쳤다가 도로 놓여 승군되고, 만고성현 강부부도 양호의 얼을 입어 관야에 가쳤더니 도로 놓여 대성되니, 이 내몸은 언제나 살아나서 세상구경 다시 할까. 죄없는 옥신세 원통하고 서러워라, 원통하고 서러워라!

　　　기진한 듯 옥창살을 부여잡고 운다.

향 단 (춘향이 하는 말에 안타가이 울고 있다가) 아씨!
춘 향 누가 나를 불을고.
향 단 아씨.
춘 향 (칼머리를 들어 옮기며) 향단이냐? 어느새 와 있었니.
향 단 아까 와서 아씨 하시는 말슴을 듣고 가슴이 아퍼 울고 있었나이다.
춘 향 향단아, 나같은 옥귀신 무엇 하러 밤마두 찾어오니. 내 걱정 고만두고 어서 가서 어머님 병구환이나 잘 해라! 불효막대한 이 년 때문에 병나신 어머님이 가엽다. 어머님이 가엽다.
향 단 마님은 병세 중하야 기동하지 못 하시고 자리에 누워 아씨 걱정 간절하옵니다.
춘 향 안다, 안다! 이놈은 옥에 가쳐 나가지 못하고 네게 부탁하니 이웃집 부인에게 신신간청하되, 어머님 우시거든 위로하여 달라 하고 비취책상 문갑안에 인삼 열근 들었으니 춘향이 죽기 전에 다시 한번 뵈옵자고 말이나 전하여라. 내가 할 일 네게 메끼니 부끄럽기 짝이 없다. 죽지 않고 나가면 은혜 모두 갚으리라.
향 단 아씨, 슬프오이다. 원통하오이다.
춘 향 향단아, 저기에선 저 양반은 누구시냐. 옥사정은 아닌 모양인데.
향 단 방자이오이다. 아씨께서 부탁하실 게 있다 하셨기에 같이 왔나이다.
방 자 (버드나무 밑에 쭈그리고 앉어 훌쩍훌쩍 울고 있다) 춘향 아씨 광한루에 매즌 인연 이 지경될 줄 뉘 알었오이가.
춘 향 방자, 보잘것 없는 이 몸을 이렇게 찾어주니 감사하오. 방자, 내 그대에게 진실 부탁이 있는데 들어 주겠는지.
방 자 무슨 부탁이오니까, 춘향 아씨 부탁 방자 아니 들고 누가 들겠아오니까. 말슴하시오이다.
춘 향 아무리 생각해도 내 신세 옥 안에서 죽겠으니, 죽기 전에 한양 도령님 소식이나 듣고 죽고자 하네.
향 단 아씨, 아씨가 옥에서 죽으시다니 그 무슨 무서운 말슴이오니까?
춘 향 아모리 생각해도 살어날 것 같지 않구나! 방자, 민망한 말이나 내일 아츰 다시 한 번 여기 와서 내 편지 가지구 서울 한번 단녀와 주겠나?
방 자 에, 그러지않어두 향단이 말 듣구 전하러 내가 한번 도령님을

　　　　 찾어 가려 하였소이다. 자세한 사정 적어두시면 내일 새벽 첫 닭
　　　　 울 때 틀림없이 들리오리다.
춘　향　고맙소, 한양 다녀 돌아오면 향단이 시켜서 새 옷 한 벌 또 지
　　　　 어줄게.
방　자　예.

　　　　 종소리, 수인들의 신음.

춘　향　향단아, 삼경 종이 들린다. 청성스런 네 울음소리 내 가슴 아프
　　　　 니, 울지 말고 어서 돌아가거라.
향　단　아씨!

　　　　 창살을 잡고 운다. 방자도 소매로 눈물을 씻는다.
　　　　 비장한 음악에 따라 막.

제4막 2장

전장에서 수일이 지난 후, 기암으로 둘러 싸인 산속에서.
무대는 좌우로 하늘을 찌를듯한 기암이 솟아 있고 정면은 얕으막한 언덕
을 넘어 멀리 벽공이 바라보인다. 장엄한 음악에 따라 막이 열리면 아직
날이 밝기 전 어둑할 때.
한참동안 음악 계속되다가 하수에서 ○○초립에 허술하게 차린 젊은이가
나와서 ○○ 두루 살핀다. 암행어사로 변장한 이몽룡이다. 이몽룡 이윽고
좌수를 향하여 손짓한다. 그에 따라 어느 구석에 숨어 있었는지 가지각색
남루하게 차린 역사 역졸들 수십명 와르르 몰려 나와 이몽룡 중심으로 모
여든다.

몽　룡　중방.
중　방　예.
몽　룡　서사.
서　사　예.
몽　룡　너는 저 바위에 올라 사방을 두루 살펴라.
서　사　예. (바위 우에로 올라간다)

몽　룡　저 소나무 그늘에 숨어 좌우 행인을 살펴라.
중　방　예. (소나무 밑으로 가서 망을 본다)
몽　룡　변복 단속과 행장은 단단히 되었느냐?
일　동　예이.
몽　룡　듣거라, 이제 너희들은 여기서 분발하여 전라도를 곳곳마다 염탐해야 할 것이다.
일　동　예이.
몽　룡　그러면 너희들은 어서 바삐 분발하여 여산, 익산, 금○, 태인, 정읍, 고탁, 흥덕, 고창, 예장, 장성, 광주, 남○, 순천, 화순, 동복, 창우, 옥과로 돌아, 금월 15일 오시에 남원 광한루로 대령하라.
우편의 일동　예이.
몽　룡　그리고 너희들은 예서 내달아 임피, 옥구, 금○, 만경, 성○, ○안, 영광, 함평, 나주, 영암, 해남, 장흥, 보성, 흥양, 낙안, 순천, 광양, 구례와 곡성을 다녀, 금월 15일 오시에 남원 광한루에 대령하라
좌편의 소리　예이.
몽　룡　나는 여기서부터 여행으로 전주, 임실, 무주, 용담, 장수, 정창, 담양과 운봉을 다녀, 남원 48면을 소소히 염탐한 후 남원부중에 머물러 있을 것이니, 너희들은 급급히 다녀오되 백문이 불여일견이니 남의 말은 믿지 말고 낫낫치 파고들어, 탐관허민하는 사실, 부모에게 불효한 놈, 술먹고 무아하야 노인어른 모르는 놈, 살인하고 음침한 놈, 국거도식하는 놈, 어진 아내 무○하고 제것두고 빌어먹고 주색 잡기로 판난 놈들, 있는 소리 없는 소리 거짓말 꾸며낸 놈, 이런 놈들을 낫낫치 적어 줘고 와야 하느니라.
일　동　예이.
몽　룡　근래 국가정사가 끝으로 내려오매 어둡고, 대부와 붕당들이 갈러져서 탐관 어사들이 사○을 채우기에 급급하고, 백성들은 그들에게 구박받어 고침안민을 못하고 있는 형편이니, 너희들은 특히 백성들의 질고를 일일이 살피여 가가호호 면면촌촌 빼지 말고 염탐하여 각 지방 수령들의 정사 형편을 역력히 사실하여 아뢰어라
일　동　예이.
몽　룡　암행어사란 부모처자에게도 알리지 않는 법이니, 너희들은 은밀히 단속하야 발정하라.

중　방　쉬, 저기 행인이 오는가 아뢰오.
몽　룡　어서들 몸을 숨겨 떠나라.
일　동　예이.

　　　　각각이 좌우로 헤쳐 사라진다.

몽　룡　(잠간 언덕에 올라 넘어다 보고 소나무 밑에 앉아 감발을 다시 맨다)

　　　　정면 언덕 넘어 하늘이 훤하게 밝어 온다. - 음악

몽　룡　감발을 다시 매고 신들매를 튼튼히 하고 일어서 급히 우편으로 갈랴 할 때, 우편 바위 뒤쪽에서 청성맞은 노래소리 들리드니 잠시 후에 나뭇가지를 꺾어 집고 나날이 봇짐을 줜 떡거머리 총각 절뚝거리며 나타난다.

　　　　- 청성맞은 소리
　　　　어이 가리 어이 가리
　　　　한양 수리 어이 가리
　　　　갈 길은 멀고 먼데
　　　　다리 아퍼 못 가겠네
　　　　어떤 사람 팔자 좋아
　　　　일대영화 부귀하고
　　　　이놈 신세 어이 하여
　　　　길품 팔러 나왔는가
　　　　내 신세는 팔자이나
　　　　춘향신세 가이없다
　　　　독하도다 독하도다
　　　　신관사도 독하도다
　　　　열녀 춘향 몰라보고
　　　　○○ ○○ 하려 하니
　　　　청죽같이 굳은 절개
　　　　누구 뉘라서 굽힐소냐!
　　　　(이렇게 노래하며 나와 소나무 밑에 털석 앉는다. 그것은 춘향이의 편지 가지고 가는 방자이다)

방	자	아이구, 다리야. 한양이 몇 백리나 남었나? 제기, 가기는 간다마는 도령님을 맞나게 될는지. 춘향 아씨 편지주며 하는 말이 편지는 간다마는 나는 어이 못 가는고. 서울이 어데메요, 산은 몇 산을 넘고 물은 몇 번이나 건너가나. 날개도친 이 몸이 죽어저서 추월공산 ○○되여 이화월백 적막한 때 귀촉도 슬피 울어 님의 귀에 들었으면 춘향인줄 아르오리. 참, 그 말도 아름답거니와 절개 또한 아름답거든. 아이구, 이거 내가 정신 놓구 앉었네, 어서 가야지. (일어나며 노래조로) 어서 가자, 어서 가자, 한양성 어서 가자. (하며 가려한다)
몽	룡	(그때까지 바위 앞에 숨어서 그 광경을 보고 있다가) 아니, 저놈이 방자 아닌가. 이얘 이얘.
방	자	(돌아보고) 이얘? 허 참 보아하니 새파랗게 젊은 양반이 늙은 종자,보고 이얘라니! 사람보고 말하시오. 이 이마박 주름살을 보고 말을 해요. 이얘? 재수없어.
몽	룡	내가 잠깐 실수했으니, 그리 노하지 마오. 그런데 어데 사오?
방	자	어데 살긴 우리 고을 살지.
몽	룡	아니, 여보. 내가 잠깐 실수하였다고 사과 하였으면 고만이지. 물 그리 뿌투둥해서 그러오. 다같은 행인이니, 그러지말고 우리 얘기나 합시다.
방	자	에헴.
몽	룡	그런데 어데 살으시오?
방	자	남원에 사오.
몽	룡	어데 가는 길이오?
방	자	서울 구관댁에 편지 가지구 가는 길오.
몽	룡	그 편지 나 좀 보여 줄 수 없소?
방	자	(펄덕 뛰며) 허허, 별 꼴 다보겠네. 아니, 여보. 남의 옥중 편지 사연이 어찌될 줄 알고 임이로 보잔 말이요. 내원, 별 꼴 다보겠네. 말 못할 양반이군. 예이, 여보. 나는 가우. (가려한다)
몽	룡	얘, 방자야!
방	자	(깜작 놀라서) 방자? (돌아서서 한참 자세히 바라보다가 왈칵 달려들어) 아니, 아니, 이게, 이이게, 도령님, 아니 서방님 아니십니까?
몽	룡	오냐, 나다. 이몽룡이다.

방 자 아니, 서방님. (한발 떨어져서 그 꼴을 훑어보고 만져 보며) 아니, 서방님. 대체 이게 웬일입니까? 옥당의 귀하신 몸이 걸인이 되시다니, 이게 대체.

몽 룡 방자야, 남루한 이 골로 너 맞나니 부끄럽기 한이 없다. 방자야, 내 가슴 답답하다. 춘향 편지 어서 이리 내라.

방 자 예, (난나리 봇짐에서 편지를 끄내주며) 서방님 편지는 딴 편지가 아니라, 내일 모래 신관사도 생신 잔치에 춘향 아씨 죽게 될 사연 서방님께 알리는 편지이오니, 편지보다 지체 말고 어서 남원으로 가오이다. (풀어 헤친 봇짐과 지팡이를 걷어 들고 서둔다)

몽 룡 방자야, 이 모양 해가지고 내가 가면 무슨 수로 춘향을 구한단 말이냐? 춘향 보이기 더 한층 부끄럽다.

방 자 헤헤헤, 서방님. 왜 이러시오니까? 귀신은 속여두 이 방자는 못 속입니다. 이래 뵈도 이놈은 십 수 년 동안 관물을 먹구 자란 놈이라, 눈치는 남에게 지지 않소이다. 서방님, (제 가슴을 두드리며) 여기에 그 무어냐 마패라는 거 들지 않았소이까?

몽 룡 내가 암행어사 되었으면 무슨 걱정이었겠냐만, 이같이 거렁뱅이 꼴 되었으니 이 일을 어쩐단 말이냐?

방 자 아옵니다, 서방님. 방귀신 된 이 방자를 속일려구 애쓰지 마슈! 서방님, 만일 소인이 사도님 ○속역졸이 되오면 남원출도시엔 육각 망치루 변학도 놈의 대가리를 그냥

몽 룡 쉬, 방자야. 말을 삼가라. 귀는 사람에게 있는 것이 아니라 산천초목에도 있는 법이니, 마구 떠들지 마라.

방 자 예이, 허허허. 그러면 그렇지 옷차림은 이러셔도 벌서 눈치가 달랐거든. 서방님, 어서 일각 지체말고 남원 출도를.

몽 룡 쉬! (방자의 입을 막고 사방을 본다)

방 자 아무도 없습니다.

몽 룡 방자야, 내 편지 한 장을 슬 것이니, 이것을 가지고 운봉으로 나려 가서 관가에 전하여라. (허리에 찬 필통을 끄내여 편지를 쓴다)

방 자 운봉으로요?

몽 룡 이것을 가지고 가면 알 일이 있느리라.

방 자 서방님은 어떻게 하시려우?

몽 룡 나는 여기저기 돌아서 남원으로 가겠다.

방　자　내일 저녁까지는 남원에 들어가야 됩니다.
몽　룡　(편지를 주며) 내 걱정은 말고 어서 내다라라! 행여 도중에 누설 말어라.
방　자　예이, (가다가 다시 돌아와서) 서방님, 변학도 놈은 곡 제게다 맥기십쇼.
몽　룡　오냐, 걱정 말아.
방　자　그럼 한 발 먼저 떠납니다. 흥, 이놈 변학도, 어데 보자! (촐삭거리며 나간다)
몽　룡　(그쪽을 보며) 저놈이 입이 가벼운 놈이라 운봉에 가둬놔야지, 그렇지 않으면 거사 하기 전에 누설을 시킬 염려가 있단 말야. (그러면서 춘향의 편지를 뜯어 읽는다)

편지 - 유수광음이 일여삼재라 한번 이별한 지 벌써 삼년이 지났으나, 소식이 끊어지니 약수 삼천리에 청조가 끊어지고, 북쪽바다 만보길에 기러기 소식 또한 없어 두견이 울고 오동에 밤비 올때 적막히 홀로 앉어 상사일넘이 지황천리로다. 깊은 정과 무한한 슬픔을 이길 길이 없어 탄식과 한숨으로 화조월석을 보내든 중 신관사도 도임 후에 수청을 들라 하옵기에 죽기를 맹서하고 응하지 않었더니 참혹한 악형을 당하여 모진 목숨 긏기지는 않았으나 미구에 옥중혼 될 터이니, 구구한 일편단심 수정하고 죽는 것은 당연한 내 도리이오나 낭군의 옥안 다시 보지 못하고 죽기 원통하고 슬프오이다. 멀리 옥에 앉어 임에게 원하오니 나 죽었다 설어 말고 금옥 같이 귀중한 몸 천만 보중하옵시고 많은 영화 누리시기 바라나이다. 이 몸이 죽기 전에 다시 보지 못할 망정 죽는 줄이나 알리려고 혈루로 쓴 글월을 부치오니, 천만 감찰하옵소서.

몽　룡　아, 춘향! 내 잘못 과연 큰가 하오, 춘향!
음악 고조되며 용암.

제4막 3장

전장과 같은 날 - 점심 때, 춘색 우거진 들판에
무대는 좌편에 큼직한 바우가 있고 정면에는 언덕길. 그 넘어는 논이 있는 모양. 언덕길에는 앙큼스럽게 가지가 벌어진 소나무 한 그루. 점심때

가 가까운 때
농부가를 주제로 한 음악에 따라 무대 밝어지면 언덕 넘어 논두렁에서 농부들이 모를 모내기 노래는 한 사람이 멕이면 군성37)이 그것을 받는다.

합 어허야 어야라 상사디야
독 어야 우리 농부들아
합 어허야 어야러 상사디야
독 한 일자로 늘어서서 입구하조 심어갈 제
합 어어햐 어루 상사디야
독 이내 말을 들어 보소.
합 얼널널 상사디야
독 이 농사를 지어 내어 우리 나라 공세38) 후에
합 얼널널 상사디야
독 남은 곡식 작만하여 앙사보모 않이하며
합 어화 어루 상사디야

이 소리 들려올 때 이몽룡 좌수에서 사위를 살피며 나와 언덕에 올라서 농부들의 모내기를 보고 섰다가, 소나무 밑에 앉어 괴춤의 문서를 끄내서 뒤적인다. 농부가는 그대로 계속되며 점점 가까워진다.

독 백초를 심어 사시를 짐작하니
합 어화 어루 상사디야
독 유심한 게 백초로다
합 남전북답 기경하여 함포고복39) 하여 보세
합 어허라 어화 상사디야
독 한말지기 논배미가 반달만큼 남었구나
합 어허라 어화 상사디야

농악대는 바루 언덕 넘어까지 온 모양. 몽룡 인기척에 놀래여 문서를 괴춤에 넣고 나무 그늘에 네 활개를 펴고 눕는다. 이윽코 밥광주리를 이인 여인들이 언덕을 너머 와 광주리를 내리려다가 깜작 놀랜다.

---

37) 무리지어 부르는 소리.
38) 세금을 냄.
39) 음식을 잔뜩 먹고 배를 두두린다는 뜻으로, 먹을 것이 풍족하여 즐겁게 지냄을 이르는 말.

농부1　아구메나, 깜작야.
농부2　왜 뱀 밟벗나?
몽　룡　(못들은 척 하고 잠든 듯이 누워있다)
농부1　웬 사람이 밥 먹을 자리에 와서 누워 있으니 이를 어쩨!
농부2　거리지가 길 가다가 고단해 자는 게로군.
농부1　성님, 어떡해유, 딴 데다 내리지유.
농부2　이따 남정네들 오면 밥 한술 줘서 쫓어 버리지 뭐. (내려 놓는다)

그때 모내든 농군들 꽹가리 벗고 장구 징을 멋들어지게 처넹기며 언덕을 넘어와, 소나무를 중심으로 치고 돌아간다. 농부는 광주리에서 밥함지 반찬그릇 등을 내여 늘어놓고 박아지에다가 밥을 노나 담는다. 농부 하나 나중에 넘어 와서

농부1　아니, 이 웬 사람이 햇필 밥자리에 와서 눠 있어.
농부2　좀 깨워 쫓어유. 구중중해서 비우 상하것슈.
농군1　먼 길 가는 모양인데, 고단하게 자는 걸 깨울 수 있다구.
농부2　이럴 줄 알었으면 저 아래서 그냥 먹게 할 걸. 자, 것둘이40)가 늦어서 시장들 할테니, 어서 고만들 잡숴유.

상쇠잽이 멋들어지게 한참 복가지고 멈춘다. 장단을 치든 사람들 빙거○들을 벗으며 '아, 깃뿌다', '이에, 시장해' 등등 중얼거린다.

농부2　아, 시장하다. (하며 밥 차려놓은 옆으로 와서 몽룡을 발견하고) 아니, 이게 뭐야. 재수없게 밥자리에 웬 거지송장여.
여 2　송장은 왜 송장이란 말유. 숨소리만 제법 더렁더렁 하는데.
농부3　아니, 이건 웬 자식이 햇필 여기서 자바저 있어.
농부1　좀 뚜드려 깨워유!
농부2　그냥 둬, 고단해서 자는 사람 건드려 되나.
농부3　이놈이 여기사 우리 동네 밥자린줄 알구, 한 술 얻어먹을 작정으로 미리 와선 누워 있는 게로군.
농부4　사람 옆에 두구 그저 먹을 수 있나. 깨워서 한 술 먹으라지.
농부5　게을러빠진 놈이군. 마을루 들어가면 밥 한 그릇은 넉히 얻어 먹

---

40) 곁들이. 주된 음식의 옆에 구색을 맞추기 위하여 차려 놓은 음식(북한말)

을 턴데.

　　모두 바가지들을 들고 먹는다.

농부1　그지꼴이래두 도포에다가 큰 갓 쓴 것이 괄세 받을 사람은 아닌 모양야. (깨운다) 여보슈, 여보슈.
몽　롱　(잠들었다 깨는 모양으로 기지개를 키며 눈을 뜬다) 어, 고단하다.
농부1　이 양반이 물병 쏟겠네.
몽　롱　(일어나 앉으며) 어이구, 이거 진지를 잡수는데 고만 잠을 잤군. 이거 대단히 죄송하오이다.
농부1　괜찮소.
농부2　앗다, 그래도 도포 값 하느라구 인사 차리는데. 하하하.

　　모두들 웃는다.

농부1　사람두 참 인사 받었으면 딴 말이 있을 게지, 그게 무슨 소린가. 아지머니, 그 저 양반 밥 한 술 대접하슈. 논두렁 밥은 행인마두 먹는다는데.
농부5　아주, 김서방이 고용사리 삼년에 인사 속이 벗적 늘었는데, 허허허.

　　또 따라 웃는다.

농부1　내가 배고픈 꼴을 당해 봤기에 하는 소리지. 여보 젊은이, 밥 한 술 드슈. 아지머니, 어서 한 술 담으슈.
몽　롱　예, 참 고맙습니다. 과부 설움 과부가 안다구, 고용사리 하시든 분은 다르시군! (농부 이가 주는 밥 바가지를 받어 먹는다)
농부2　아주 김서방이 오늘은 신사받는구만, 하하하.
일　동　하하하.
농부3　아주머니, 한 주걱 더 주슈.
몽　롱　이거 과객이 이렇게 먹어서 모자라지나 않겠오이가.
농부1　주는 거 먹기나 하지, 별 걱정 다하네.
농부4　모자라면 한 술씩 덜 먹을테니 걱정마우.

몽 룡   예, 말슴만 들어두 배가 부루외다.
농부5 앗다, 자식 건너방지게 말은 술술 잘 쏟아놓네.
농부1 이 사람, 무슨 말을 함부루 하나.
농부5 엇다, 이 사람이 암행어사 났다니 겁나서 저러나. 어사 났다면, 내원 이런 자식들 꼴보기 싫드라.
몽 룡   (그 말에 끔질하였다가 시침을 떼고) 아니, 암행어사가 났아오이까?
농부1 모르지요. 낫다기도 하고, 그런데 노형은 어데서 어데로 가는 길요.
몽 룡   예, 그저 이렇게 오는 데도 없고 가는데도 없이, 떠돌아 다니는 몸이외다.
농부1 그러니, 고생이 오죽하겠소. 우리는 좀 들 먹어두 좋으니 두둑히 자시슈.
몽 룡   일하는 분네들이 속이 덜 차면 되겠오이까, 그만하면 살 것 같소이다! 아주머니, 그 물 한모금 먹습시다.
농부1 (물을 따러 준다)
농부4 그 고추장그릇 이리 좀 주슈.
여인2 자, 얼근하니 비비슈.
몽 룡   아지머님들은 안 잡수시오니까. 논두렁 밥은 부뚜막에서 먹는 것보다 맛이 나는 법인데.
농부2 인제 남으면 먹지라우.
농부5 앗다, 아주 제법인데. 자리 따라 밥맛 다른 것도 알고, 난 도포랑 입었길래 글 풍월만 아는 줄 알았드니.

　　　일동 웃는다.

몽 룡   예, 이렇게 떠돌아 다니며 배웠지요.
농부3 고생두 할 만하군.
몽 룡   그런데 금년 농사는 어떨 것 같소이까. 풍년이 들어야 우리같은 놈두 얻어먹기가 좋을 텐데.
농부1 시절이야 걱정없지요. 논배미 마두물이 그득하니까 금년두 풍년은 간 데 없지요.
농부2 풍년이면 뭘해, 원님이라는 게 반도적놈인걸. 쌀 한 톨 마음 놓구 먹을 줄 아나.
농부4 이 양반이 팔도강산 떠돌아다닌다면서 남원부사 변학도 얘기도 못 들었나?
몽 룡 아니, 남원부사 변학도가 그렇게 못 됐나요?
농부2 아마 만고열녀 춘향이 수청 안 든다구 태장 치고 곤장 쳐서 옥에 갔다 가둔 애길 들으면, 기가 막혀 죽을거요.
몽 룡 아니, 뭐요. 춘향이를요? 여보슈, 그 얘기 좀 자세히 들읍시다.
농부5 앗다, 경치게 파구 뎀비네. 밥 한 술 줬으면 먹구 갈 것이지 무슨 말이 이렇게 많어. 제가 암행어산가. (밥 먹기를 마치고 곰방대에 담배를 비벼 담어 피운다)
몽 룡 아니외다, 백성 다스리는 한 고을 원님으로 앉어서 그런 짓을 하는 것이 듣기만 해두 분해서 그러는 거외다. 그런데 나두 그 춘향인가 하는 각시의 얘기는 잠깐 듣기는 했지만, 그 뒤로 춘향이는 어찌 되었나요?
농부1 모르긴 하지만, 소문에 듣기엔 옥중 고통이 어찌 심한지 실낵기만 한 목숨이 오늘 낼 한답니다.
농부2 말이 났으니 말이지, 서울 이몽룡인지 하는 놈은 대관절 어떻게 된 놈야! 비렁뱅이가 돼나 급살을 마졌나! 춘향이 저 모양 된 것도 모르고 서울서 뭘 하구 자빠져 있는 거야!
농부1 사실 말이지, 변학도란 놈두 놈이지만 이도령인가 한 놈도 벼락을 맞을 놈야!
농부2 암 죽일 놈이구 말구. 춘향이는 저를 위해 백개 형장도 겁 안내고 수절하는데 일자 소식도 전하지 않으니, 그런 놈은 그저 벼락을 맞어 싸지!
농부4 그놈을 그저 보기만 하면 벼락을 맞지. 전에 이 주먹으로 요절을 내구 말겠구먼!
몽 룡 (그 말은 못들은 척하고) 그래, 춘향이는 그러했건만 그 원님의 딴 공사는 어떠하오?
농부2 허, 아주 제가 암행어사나 되는 듯이 공사 묻고 있네, 생일잔치에 춘향이 때려 죽인다는 원님이니까, 딴 공사야 묻을게 있나. 보잖어두 본 듯이지!
몽 룡 생일잔치에 춘향이를 죽여요?
농부2 내일 모레가 사도 생신인데 생신잔치 구경거리로 춘향이 목을 친다데!
농부1   여보게, 자네 사발통문41) 보았나.
농부2   보았지!
농부1   남원 48면 머슴만 하여도, 여러 천면 볼기 맞구 옥귀신 됐다네. 함부로 말 말게!
농부2   암행어사, 암행어사 말만 있는건가, 대체 변학도 같은 놈을 뜨드려가지 않구 뭘 하구 있는지, 원.
농부1   쉬! 누가 들으면 어쩔나구 함부로 그러우. 또 춘향이처럼 태장 맞고 곤장 맞어 옥귀신 될려구!
농부2   아니, 누가 곤장 맞을 때까지 가만이 있는답니까. 내가 만일 변학도 그놈을 눈앞에 보기만 하면 부랄을 잡아 빼놓구 말지.
일 동   하하하.
농부4   아지머니가 정말 변학도놈 부랄을 잡아 뺀다면, 내 논 한 마지기 있는 것 상으로 디리지유, 하하하.
일 동   하하하.
몽 룡   그러면 춘향이가 변학도 말을 듣지 않는 것은 이도령 올라 간 다음에 딴 서방을 보느라고 그랬습니다그려
농부2   아니, 무엇이 어째. 이 자식이 기껏 밥 멕여노니까 한다는 소리가.
농부5   아니, 이 자식이, 어서 굴러 온 자식이, 너 이자식아. (멱살을 잡아) 우리 전라도 춘향이를 어떻게 알고 그따위 소리 하는거야! (따귀를 한 대 올리고) 이 자식아, 춘향이 딴서방하는 것 네 눈알로 봤니? 보구서 하는 소리여, 이 자식!
농부3   이놈아, 그때구 소리 할려면 밥 먹은 것 게워 놓구 말해라.
농부5   여보게들, 이 자식을 변학도 대신에 모가지를 비틀어서 똥구녕으루 구향42)을 보낼까?
농부2   송장 치우기 귀찮으니 그냥 살펴 보내게.
몽 룡   농부네들 한번 실수는 병가상사라구, 몰라서 죽을 말을 했으니 용서하오!
농부5   이 자식, 죽을 것을 살려주니 땅에다 코박고 절이나 해라. (밀쳐 버린다)

---

41) 주동자가 누군지 드러나지 않게 관계자의 이름을 빙 둘러 적은 호소문이나 격문.
42) 귀양.

일 동   하하하.
농부1   밥광주리 이구 오다가 똥을 밟었더니, 우리 춘향이 욕하는 놈을 불려구 그랬군. 볼쌍해서 밥까지 멕었드니 기껏 하는 소리가 만고열녀 춘향이 욕질이람!
일 동   하하하.
농부1   하치않은 행인이 하는 말 뭐 귀담어 들을 것 있나. 어서 일어나 심든 모나 어서 심구세. 점심 전에 박서방네 것은 끝을 내야지. (곰방대를 털고 일어난다)
농부2   이 거렁뱅이야, 우리 전라도에서는 말조심해라. 함부로 춘향이 욕을 하다간 송장돼서 논두렁에 거꾸로 배킬테니!
몽 룡   예! 알지 못하고 한 말이니 용서하오. 인제는 정신 차릴 테니 어서 일들이나 잘 하시요!
농부4   자, 하잘것 없는 것 데리구 해 보내지 말구, 어서 넘어 가세. (꽹과리를 요란스럽게 두드리며 일어선다. 부쇠 장구 징넉구잽이 따라 일어선다)
농부들   얼시구
농부4   겻두리를 먹구 나니
농부들   얼시구
농부4   앞 배가 불룩하구 허리힘이 나는구나!
농부들   그렇지
농부4   그런데 만고열녀 춘향이는
농부들   그렇지
농부4   옥에 앉어서 오지 않는 님을 기다리느라구 열길 한숨을 쉴 것이렸다.
농부들   그렇지
농부4   어야 우리 농부들아
농부들   얼시구
농부4   춘향이 한탄가를 한번 뽑을테니
농부들   얼시구
농부4   장단을 맞추렸다.
농부들   얼시구
농부4   (소리로) 어화 세상 벗님네야, 이 내 말을 들어보소.
농부들   얼널널 상사디야

농부4　신관사도 변학도가 남원읍내 춘향이를 잡아다가
일　동　어허야 에화타 상상디야
농부4　태장 치고 곤장 쳐서 옥에 갔가 가뒀는데
일　동　어허야 에야라 상사디야
농부4　서울로 간 이몽용이 박절하고 무정하다.
일　동　얼럴럴 상사디야
농부4　일편단심 춘향이가 옥중 고혼 된다는데
농부들　어허야 어○ 상사디야
농부4　이몽룡이 그 녀석은 옥녀가인 옆에 끼고 춤을 추나 잠을 자나
농부들　어허야 얼루 상사디야
농부4　만고가인 춘향 모습 불상하고 아깝도다.
농부들　얼럴럴 상사디야

　　　노래하여 언덕을 넘는다. 그 소리는 점점 멀리 사라진다. 밥 이고 왔든 농부들은 남은 밥으로 요기를 하고 있다가 그릇을 담어 이고 일어선다.

몽　룡　(멍하니 서서 농군들이 사라진 곳을 보고 있다가) 이럴 줄 알았으면, 남원출도를 먼저 할 걸.

　　　농부는 밥 광주리를 이고 넘어간다.

몽　룡　여보슈, 아지머니. 여기서 남원이 몇 리나 되오?
농　부　허, 기 맥혀라. 제가 남원 가면 춘향이 구할텐가, 아니꼬아서.

　　　두 부인 그냥 사라진다.

몽　룡　여보, 아주머니. (아무 응답이 없으므로 그냥 돌아서서) 어서 어서 공부하여 대과급제 하는 것이 춘향이를 만나는 속한 방법인가 하였드니⋯⋯ 춘향, 조금 더 기다리오. 그대는 고사하고 백성을 학대하고 빙공사복43)하는 변학도를 당장에 삼문파련을 시킬 테이니까! (힘차게 발길을 옮긴다)
― 막

---

43) 공적인 것을 빙자하여 개인의 사사로운 이익을 노림.

제5막 1장

전장 다음 날, 춘향의 집에서
제2막과 같은 춘향의 집이다. 오랜 시절이 흘러 집 전체가 헐 대로 헐러서 이 집의 살림살이가 형편없이 변하였음을 말한다 어둑어둑 황혼이 짙어갈 때,
막이 열리면 우편 안채로 통하는 문에서 관가 사령과 뒤따라서 월매와 향단 나오며, 춘향모 월매는 옷꼴이 초라하고 오랜 상심에 병들어 안색이 파리했다.

사 령   그럼 이번 보면 마즈막일테니, 밤 늦기 전에 일즉암치 다녀가시게 하우.

월 매   내 딸 춘향은 제 팔자루 죽지만은, 박번수님 이 신세 무엇으루 갚을고.

사 령   원 별 말씀을…… 내 힘이 자라면 춘향이를 구해두 댈 터인데, 이만 심부름쯤이 무슨 신세란 말이요, 그런 말슴 아여 마슈.

월 매   박번수님, 우리 춘향이 죽고 나면 내일부터는 내 집에 올 일 없을테니, 이거 가지구 약주나 한 잔 받아 잡수구 들어가요.

사 령   원 별 말슴을, 내가 이럴라구 춘향이 심부름 왔답니까. 아여 그런 생각마슈. (가려한다)

월 매   박번수님, 고마운 말슴이나 내 마음이 그렇지 않으니 가지고, 장롱 밑에 옷가지 입든 것은 팔은 마즈막 돈이오. 누구를 위해 슬데도 없는 돈이니 사양 말고 가지고 가서 목이나 축이고 들어가요, 자.

사 령   아, 이거 원 번번히 이래서야, 그럼 너무 상심 말고 몸조심이나 하슈. 내 들어가다가 옥사 보구 말 일느고 가오리다.

월 매   예, 부탁하오.

사령 나간다.

월 매   (돌아서 마루쪽으로 오며) 하늘도 무심하지 천지가 뒤집혀도 다시 살아올 줄 알었더니, 그여히 생목숨을 끊기는구나. 향단아, 울지 말아. 운다구 죽는 춘향이 다시 살겠느냐. 눈물 거두고 칠성

|단에 상이나 차려라. 믿지 못할 일이지만 마즈막으로 다시 한번 신령님게 빌어 보자.
향 단   이때까지 오지 않는 서방님이 신령님게 빈다고 오시겠오이가, 마님.
월 매   오구 안오구 간에 갑갑한 가슴이나 풀어지게, 어서 정화수 떠서 상에 차려 오너라.
향 단   예. (앞치마로 눈물을 닦으면서 들어간다)
월 매   아이구, 아이구, 기가 막혀. 이년의 팔자가 왜 이리 모질단 말인고. 폐기 신세 훨훨 벗고 양반 자제 풍류로 세월을 나꾸겠드니, 늘그막에 내 딸 죽는 참혹한 꼴을 보게 됐으니, 이노릇을 어찌한단 말이고. 무심하다, 무심하다. 이서방 그놈이 무심두 하다. 내 딸 춘향이를 저 꼴 만들어 놓고 이렇단 소식 한 장 없으니. 발바닥이 말을 놈이지 이럴 수가 있단 말인가. 애, 향단아. 무얼 하구 우물대느냐? 어서 정화수 떠내오너라.
향 단   (안에서) 예.
월 매   (앞치마로 콧물을 찍 짜고) 저년이 내 딸 춘향이가 죽고나면, 어찌할 바 없을 늙은 것이 될 줄 알고 벌써부터 이죽대는 모양인가.

향단이 상을 들고 나온다.

월 매   이년아, 청성맞아 눈물은 왜 쭐쭐 짜니. (상을 받어 칠성단 밑에 놓고 절을 하며) 천지지신 일월생신 밝게 밝게 굽어 보시고, 오대성현 십철제대 선생들 명찰명규 하옵시고, 사해용왕 명산대찰 신령님께 선황님 지진대감 칠성님도 화위동심 하옵소서. 전라좌도 남원읍 화계동에 거주하는 갑인 사월 팔일생 내 딸 춘향 전후지생 무불득죄하고 선품이 가순하야 비록 창가출신이라 하오나, 그 행실 삼강을 어인배 없아온 내 딸 춘향 구버 구버 살피소서. 무고한 죄명을 쓰고 옥중고혼을 못 면케 되었으니, 명험하신 신령님과 영명하신 칠성님네 억울한 내 딸 춘향 다마면화[44] 되게 하옵소서. 이년이 그 딸 나이 7세에 소학 읽혀 수신제가 화순심을 낱낱이 가르쳤고 어느 양반댁 귀동만 못하지 않게 길렀으며,

---

44) 免禍. 화를 면함.

어느 재산가 자식만큼 부당하였으리요. 신운이 불길함인지 전생 득죄의 업○악록인지 구관사도 자제 이서방에게 백년을 가약하고 화조월석 한양간 낭군만 회정타가, 사악무도한 신관사도의 수청을 마다한 죄로 형장 곤장에 넋을 잃고 옥중에 가치여서 명재경각이 월몰일출에 다달었으니, 대자대비 부처님과 영험하신 신령님이 부디 구버 실퍼시사, 억울한 내 딸 춘향 불쌍히 여기시고 참형원죄 면케 하옵소서…… (절하고 다시 빈다)

조금 전부터 문 밖에 이몽룡 나타나서 이 광경을 들여다 보고 섰다.

월　매　그저 그적 일월성신 사해용왕 여러 부처님네들, 그저 오늘밤 안에라도 서울 간 내 사위 이서방이 대과급제하고 그 몸이 귀히 되어 청문에 높이 올라 암행어사 출도를 하고 무도한 변학도에게 벼락을 내리여, 내 딸 춘향이 다시 살리게 하여 주옵기를 성황지신 칠성님게 무수발괄 비옵네다…… (무수히 절을 하고 물러선다)

향단이 같이 절하며 울고 섰다. 상을 들고 들어 간다.

월　매　(다시 마루에 올라 앉으며) 향단아, 거기 담배 한 대 부처 오너라!

향단이 장죽에 불을 붙여 들고 나와 월매에게 주고 돌아설 때
몽　룡　이리 오너라.
향　단　(주춤한다)
몽　룡　안에 뉘 있느냐?
향　단　누구시오?
몽　룡　내가 왔다. (문을 열고 먼저 들어선다)
월　매　누가 왔오?
향　단　아, 서방님. (달려들어 크게 운다)
몽　룡　향단아, 고생이 어떠하냐?
향　단　서방님.
월　매　어떤 놈이냐. 남의 아이 울리는 놈이 어떤 놈이야. (쫓아 나온다)
몽　룡　장모, 내요.

월 매 내라니, 내가 누구란 말이냐?
몽 룡 나를 몰라보겠소? 내요, 이몽룡이요.
월 매 무어? 이몽룡이?
몽 룡 내가 왔소, 장모!
월 매 (울음에 목이 막혀) 아니, 아니, 이게 꿈이냐, 생시냐. 이서방이 오다니, 이서방이 오다니!
몽 룡 사위는 백년지객이라니, 나를 그렇게도 몰라 본단 말이요?
월 매 아이구, 이게 웬일인고. 이 몹쓸 이서방아, 어데를 갔다 인제야 온단 말이냐. 춘향이 옥에 갇혀 목숨이 경각에 다달었는데 어쩌다 인제야 온단 말인고…… 아이구, 아무튼 잘 왔오. 그래도 하늘은 무심찮지, 춘향이 소문 듣고 살리려 왔구먼……
몽 룡 오는 길에 여기저기서 소문은 들었소.
월 매 이리 좀 올라와 앉으시오. (사위를 끌어다 마루에 앉인다 그제서야 그의 옷차림을 살핀다)

향단 안으로 들어간다.

몽 룡 (일어서 절하며) 장모! 인사나 받으오.
월 매 (시무룩해지며) 아니, 인사구 뭐구, 사위 주제가 왜 그 꼴인가?
몽 룡 말 마오. (한숨)
월 매 아니, 내랴오는 도중에 불한당패라도 만났던가. 그 옷 주제가 왜 그 꼴인가?
몽 룡 불한당을 만나면 외려 내가 노수라도 보태달랄 형편이 됐오.
월 매 아니 그럼 불한당 등처 먹을 신세가 됐단 말인가? 어찌된 셈이야, 꼬락서니를 보니 춘향이 살려 내기 커녕 거지 깍쟁이가 됐네나 그려!
몽 룡 나두 그 생각을 하니, 기가 막힐 지경이오!
월 매 아니, 이게 무슨 정신없는 소린가. 그래 구관사도 자제 이몽룡이가 이게 무슨 소리야!
몽 룡 말은 해 무엇하오. 양반가세 한번 그릇되매 그 패망지세는 이루 것잡을 수 없습디다. 하기야 내 팔자도 부친께서 기세당당하게 내직으로 들어가시든 때에는, 세상에 어려운 일이 없으리 만큼 기개가 만장했지…… 허나 부친께서 앗차지○에 그만 학장을 가시게 되구나니 가산은 탕절되구, 내○의 벼슬은 커냥 하루 세끼 죽 끌이기도 어렵게 됐으니, 하는 수 없는 일이 아니요, 집안은 풍기각산45) 뿔뿔이 헤어지니 나두 이곳저곳 친구네 사랑으로 굴러 댄기다가, 발길이 도는 대로 춘향이한테나 와본다고 허우단심 이렇게 찾아 왔드니, 여기두 또한 말이 아니군 그래.

월 매 아니, 뭐가 어쩌구 어째. 남의 집 귀동 딸을 저 꼴을 만들어 놓고…… 어허, 기가 막혀…… 어이구, 어이구, 내 팔자야. 춘향이를 구하러 온 줄 알었드니 거지 깍쟁이가 돼왔으니, 이 일을 어쩔거나…… 아이구, 기가 막혀. 아이구. (땅을 치고 운다)

몽 룡 장모, 너무 걱정마우. 하늘이 무심치 않으면 우리 춘향이가 죽는다는데 설마 그대로야 있겠소. 풍운 조화라도 일어서 그래두 살려 주겠지.

월 매 듣기 싫다, 이놈아! 소식 한 장 이렇단 말 없다가 겨우 그뿐이 돼가지고 와서 무슨 수작이야, 수작이! 내 딸 춘향이는 내일이면 죽어…… 이제 와서 넋살 좋게 하늘을 빌어? 이 다아 썩어빠진 양반들아, 내 딸을 어쩔테야. 내 딸을 어쩔테야!

몽 룡 춘향이 절개 내가 알고 천하가 다 아는데 설마 죽게 되겠소. 열녀정절은 천가궁이라 했으니, 춘향이 절개 청송녹행 같을진대, 하늘인들 그렇게 무심할냐구.

월 매 에이구, 에이구, 넉적거리구 떠버리긴 잘하는구나. 다아 듣기 싫어. 그래도 양반 찌꺼지라구 뱃심 좋은 수작을 궐구 앉았나? 아이구. (콧물을 훌쩍 씻는다)

몽 룡 내 몸이 요꼴을 하구두 죽지 않구 굴러댕느게, 이 남원읍에서 나를 위해 하늘게 축수해주는 장○의 광영음덕이거니 했는데, 너무 그러지 마우.

월 매 아이구, 아이구, 듣기 싫어. 그 꼴을 해가지구 무슨 알러 방치는46) 소리야. 가득이나 울화가 터져서 죽게된 늙은 년을 마저 죽이지 못해. 이러구 앉었니 왜 이래, 왜! (달려 붙는다) 내 딸 살려내라, 이놈아. 내 딸 살려내! (이몽룡이의 옷깃을 쥐여 뜯는다/)

몽 룡 허, 이거 왜 자꾸 이러시오. 이제 와서 내 탓 네 탓은 찾아서 무엇하우. 이런다구 춘향이가 살어 나겠오? 이것 노오.

---

45) 풍비박산.
46) 얼러방치다. 두 가지 이상의 일을 한꺼번에 하다. 혹은 일을 얼렁뚱땅하여 넘기다.

월 매   오냐, 이놈. 그러니 춘향이 못 살려내겠단 수작이로구나. 이놈아, 거지 깍쟁이가 되드니 뱃심이 대판이로구나. 아이구, 아이구, 춘향이 이년아. 네년의 목숨 건지기는 다 틀렸다. 어찌 할고, 어찌 할고. (당을 치고 다시 대성통곡한다)

몽 룡   장모, 우선 내가 시장해 죽겠으니, 밥이나 한 술 주우.

월 매   밥? 밥 없어.

몽 룡   그러지말구, 밥을 좀 주오. 죽는 사람은 죽드래두 산 사람은 살어야 하지 않겠오?

월 매   듣기 싫어.

몽 룡   허, 무전 나그네 ○면 대접이라 했거늘, 그게 무슨 인사말이요. 원, 내가 타인이요 밉구 곱구 사위 나부쟁이라면 밥 한술 못 주겠소. 씨암닭 목이래두 비틀 지경인데……

월 매   어이구, 비우삭두 좋기도 하지. 이 염치가 번치47)같은 것아. 내가 너 때문에 ○전으로 절머진 빚이 여태두 사백냥이 나자빠졌어. 없다, 없어. 이제는 쥐뿔두 너 멕일 건 없어!

이때 향단이 밥상을 채려들고 나와서 이몽룡이 앞에다 놓는다.

월 매   아니, 이년아. 누가 밥 채려 오랬니, 쌀이 썩는 줄 알구 이 짓이냐?

향 단   서방님, 마님 말씀 탓하지 마시고 진지 들으시오.

몽 룡   오냐, 향단아, 고맙다. 과시 네가 그래두 나를 알어 보는구나!

향 단   서방님, 원로에 얼마나 고달프시옵니까!

월 매   듣기 싫다, 요년아. 요 앙큼스런 년아!

향 단   마님, 너무 그리 마오. 멀고 먼 천리길을 누구를 보러 오셨기에 그다지 하십니까. 아씨께서 아 일을 아시오면 지레 야단이 나실 텐데 너무 그리 마오이다.

월 매   (주저 앉으며) 에구, 에구, 내 팔자야. (운다)

몽 룡   장모, 밥상머리에 앉어 너무 그러지 마오. 청성맞소. 장모 자꾸 그러시면 내 목구녕에 밥이 제대로 넘어 가겠소. (하며 수저를 든다)

---

47) 아가리가 벌어지고 깊은 큰 그릇의 방언.

향　단　서방님, 더운 진지 얼핏 짓겠아오니, 위선 시장기나 면하옵소서.
몽　룡　오냐, 기갈이 상신인데 더운 밥 찬밥을 가리겠느냐. 위선 허기증을 면해야겠다.
향　단　(들어간다)

　　이몽룡　반찬을 이것저것 밥그릇에 도라 붓고 불이 낳게 먹는다.

월　매　(울다가 곁눈으로 흘겨보고) 빌어먹을 신세가 되드니 식성만 늘었구나.
몽　룡　(다먹고 밥그릇을 내밀며) 장모, 밥 좀 더 주오.
월　매　없어. 한 그릇 다 처먹었는데 또 무슨 밥이야?
몽　룡　허기가 저서 눈이 뒤집힐 지경인데, 요까짓거 가지고 되겠오. 그러지 말구 좀 더 주오.
월　매　없어, 개 줄 밥도 없어.
몽　룡　그러지 말고 좀 더 주오.
월　매　왜 이래, 이 거렁뱅이야.
몽　룡　에이. (돌아 서며 안을 향해서) 애, 향단아. 그 먹다 남은 누른밥이래도 있거든 좀 더 가저 오느라.
월　매　나가라! 이놈아!

　　이때 관가 사랑 생원 문 밖에 와서.

생　원　안에 있느냐?
월　매　누구요? 누가 왔오?
생　원　(마당으로 들어오며) 해해해, 내야! 월매 있나?
월　매　아이구 생원님 어떻게 나오셨오…… 또 무슨……?
생　원　해해해, 그야 내가 이렇게 올 적에는 일이야 이만저만 일에 오겠나…… 나쁜 일이래두 내가 이렇게 나와 춤을 추면 좋은 일이 되지.
월　매　그럼, 우리 춘향이한테 무슨 좋은 분부라두 게셨나요? 생원님……
생　원　해해해, 그야 월매만 맘을 돌리면 좋은 일 뿐이겠나. 제 몸두 그 꼴이 돼서 옥중에 들어 앉었으니 속시원할 일이 뭐란 말이야. 해해해, 쓸데있나 응? 월매.
월 매 어서 이리 좀 올러 앉으시오.
생 원 (토방으로 올라서며) 이 집안 꼴이 뭐야! 귀신이 나오게 됐군. (마루에 앉으려고 한다)
월 매 내 딸 죽고사는 판인데 집 거두겠어요. 어서 이리 좀 앉으시우.
생 원 (이몽룡을 보고) 이건 누구야? 휘 냄새야, 이거 밥 빌어먹는 거라지 아니야… 그래, 아무러기로서니 이런 거지를 여기에 올려 앉처? 저기 토방 아래나 어디 문밖에라두 한 술 내어다 주든지 하지. 휘, 발고린내야! 그 냄새 참 고약하다. 막 오장이 뒤집히겠군……

이몽룡이 물을 마시고 그릇을 놓는다.

월 매 (어중간에 앉은 이몽룡을 떠다밀며) 저리 좀 비켜. 아니올시다, 먼 촌 조카놈이 와서, 아니, 저리 비키지 좀 못해?

이몽룡 마지 못해 조금 물러 앉으나 역시 앉을 자리는 좁다.

월 매 이리래두 좀 앉으시우.
생 원 (겨우 끼어 앉는다) 얼핏 몇 마디 얘기하구 갈테야.
월 매 아니, 그래 사도게서 어떻게 맘이라도 좀 물리셨나요? 예? 생원님……
생 원 해해해. 그야 사도님이 할 탓인가, 춘향이 할 탓이지. 안 그래?

이몽룡이 으정 자리를 좁힌다. 사랑 생원 홀작 비켜 앉는다.

월 매 그러나 그년의 절개가 어디……
생 원 쓸데없는 소리…… 절개가 다 뭐야 절개가. 아니 그래, 이몽룡인가 이도령인가 그런 코흘리는 어린애를 바래구 절개야? 이거 봐. 그런건 다아 쓸개 빠진 것들의 박달꿈이야? 박달꿈, 해해해.
월 매 아이구, 내 팔자가 기박해서……

이몽룡 또 한번 드르밀고 앉는다.

생　원　왜 이래, (월매에게) 그러지 말구 어차피 춘향이 고집두 내일이 문 그만이 않인가. 그러니 한번 더 춘향이 마음을 살펴보라 그런 말이야……

월　매　아이구, 그년이 오늘이라두 그렇게 맘을 돌려주었으면 오작이나 좋겠오만……

생　원　아, 이제야 그년두 제가 내일이면 죽을 것을 알텐데 아무렇기로니 제 죽엄을 제가 사구 드러갈랴구. 그년두 그만큼 고생을 했으면 신물두 나게 됐지. 그년이 미친 년이지 그래, 저만 한번 큰 맘 먹으면 고생두 면할 것이구 부귀영화 호희(호의)호식에 팔자가 늘어질 텐데, 제 복을 제 발로 찬단 말인가? 이게 뭐야, 집안이 화적떼 몰아 간 주막집 같은48) 게……

월　매　아니, 그럼 사도님 부부가 그럽디까?

생　원　아니야, 사도님의 그 노여움이 이마저마해서 풀릴 일인가. 허지만 내가 있지 않나? 나도 이 집 정경이 하도 가엽서서 한번 마지막으로 권해 보는 걸세……

월　매　고마운 말슴이요만……

생　원　아까운 춘향을 쓸데없는 고집으로 망처 놀거야 있느냐 말이야. 안 그래? 해해해.

　　　월매 장죽을 털고 새로 담배를 담어 불을 부처서 생원에게 권한다.

생　원　아니야, 괜찮어. 난 이제 막 태우고 오는 길이야.

몽　룡　(밧삭 다가와 앉으며) 싫다는 사람 억지로 권할 거야 있어! 이리 주우. (장죽을 가로채여 피운다)

월　매　이게 무슨 짓이야, 저리 못 가?

생　원　아니, 이게 웬 놈이야. 버릇없는 쌍놈같으니.

　　　이몽룡 담배 연기를 일부러 사랑 생원 얼굴에다 뿜는다.

생　원　아니, 이놈이 왜 자꾸 이래. 아니 이런……

월　매　아니, 이놈이 환장을 했나?

---

48) 속담.

생 원 (연기에 맥혀 재채기를 몹시 하다가 옆에 놓인 물그릇을 업지른다) 에그, 이걸 어째, 이 옷…… 이 옷…… (물에 젖은 자기 옷을 톡톡 턴다) 아니, 이런 고얀 놈이 있나? 아니, 이런

몽 룡 (자기도 옷을 털며) 허… 이 양반이 무슨 심술야! 남의 단벌 옷을 이 모양 만들다니, 에이 재수없군!

월 매 (그의 옷을 털어주며) 이를 어쩌나? 이런, 이리 주시오. 이걸루 시츠시오.

생 원 아니, 저런 고약한 놈이라군. 에이 분해. (일어나 화가 상투 끝까지 뻗어서 마당으로 내려온다)

월 매 (따라 내려오며) 에이구, 생원님. 이를 어째……

생 원 에, 사람이 별 골을 다 보지. 에이 고약해……

월 매 에이구, 생원님. 너무 탓하지 마시고 하시든 애기나 어서 하시고 가시오. 예, 생원님.

생 원 일 없지, 아니 저놈이 나를 누구로 알고…… 에이, 고약해. 거러지 같은 놈한테 수모를 받고 내가 거기 알었겠나. 난 갈 테야, 에이.

몽 룡 아니, 여보. 남의 옷 이 꼴 맨들어 놓고 그저 가겠소?

생 원 뭣이 어째? 하, 저런 원, 음. (바르르 떤다)

월 매 에이구, 생원님, 생원님. 그러지 마시구… 저이 내 춘향이한테 이제라두 다시 가서 춘향이 맘을 돌리게 해 보리다… 생원님, 네? 생원님.

생 원 몰라. 춘향이 그년 죽거나 살거나 난 모르네. 에이 고약해. 아니, 이 일을 어떻게 한단 말야. 난 갈 테야.

월 매 저어 생원님, 생원님! 그러지 마시고. (쫓아 나가며) 어서 내 말 좀 듣고 가시오.

생 원 몰라, 난 몰라. 죽거나 살거나. 에이 분해, 퉤 퉤 (나가버린다)

월 매 생원님, 그럼 내 이따 춘향이 마음을 살펴서 사람을 보내리다, 예? 생원님…… 아니, 이를 어쩌나.

사랑 생원 담 뒤로 돌아가며 침 뱉는 소리.

월 매 (낙심천만해서 들어오며) 이 염치없는 빌어먹을 놈아, 그 주제에 누구를 건드려 건드리길, 이놈아.

몽　룡　(가래침을 마당에다 뱉는다)
월　매　아니, 이놈. 네가 정녕 내 딸을 아주 죽여 버릴 작정이냐? 어쩔라고, 이 지랄이냐! 이놈아!
몽　룡　생쥐같은 고놈 하나 때문에 춘향이 죽을 수를 면하겠소?
월　매　오냐, 인제는 마지막이다. 내 딸은 그여 죽고 말게 됐어. 이놈아, 이놈아, 내 딸 찾아내라. 내 딸 찾어네… (또다시 옷깃에 매달린다)
몽　룡　허, 이거 왜 자꾸 이래. 장모, 어서 이걸 노우.
향　단　마님, 정말로 망령이시이까? 서방님한테 어쩌자구 이러시오.
월　매　이서방, 이놈아, 날 죽여라, 날 죽여.
몽　룡　향단아, 등불 밝혀라. 옥으로 가는 길이 어데냐?
향　단　서방님, 지금은 성문이 닫쳤을 테니, 파루치거든 가사이다. (밥상을 들고 안으로 들어간다)
월　매　(마루에 주저앉아 넋두리다) 춘향아, 네 신세도 불쌍하고, 내 신세도 가긍하다. 삼문 파직을 호령할 네 낭군 올 줄 알았드니, 거지 깍쟁이가 왔으니 이 밤이 밝으면 네 목이 달어 나겠구나. 아이구 아이구

　　　　이때 멀리 파루 소리 들린다. 향단이 초롱에 불을 밝혀 들고 나온다.

향　단　파루 소리가 들렸나이다. 서방님, 아씨 만나러 가사이다. (앞선다)
몽　룡　장모, 너무 그러지 말구 어서 일어나서 춘향이나 만나게 해주우. 허우단심 찾어왔는데 얼골이나 봐야지 않겠오? 내일이면 영 이별인데.
월　매　듣기 싫다, 이놈아. 네가 무슨 낯짝으로 춘향일 만나는 거냐? 이 비위통 좋은 놈아.
몽　룡　안 갈라면 그만 두구려. 이제야 장모가 후행 오지 않는다고 춘향이 소레술 못 받겠오. (먼저 문 밖으로 나간다)
월　매　(울면서도 할 수 없는 듯 일어나 옷매무새를 갖추고 울며 따라 나선다) 에이구, 에이구, 춘향이 이년아, 네년의 팔자가 왜 이렇게 된단 말이냐. 아이구, 아이구, (사위의 뒤를 따른다)

세 사람 문 밖으로 나갈 때 암전.

제5막 2장

다시 춘향이 옥에서, 전장에서 잠시 후
무대는 4막 1장과 같다. 역시 옥인들의 신음소리와 음울한 음악으로 막이 열리면 구중충하게 봄비가 나리는데 춘향이는 옥창에 기대여 잠들어 있는 모양이고, 옥사정들은 춘향이 옥창 밑에 비를 피하여 쭈구리고 앉아있다. 가끔 가다가 멀리서 뇌성, 번개, 바람도 약간 부는 모양.

옥사정갑 　빌어먹을 놈의 날씨가 왜 이 모양이리여. 만고열녀 춘향이 죽는다니까 하늘까지 슬픈 모양인가.
사정을 　정말 내일 생신 잔치에 춘향이를 요절을 낼 모양인가.
사정갑 　아, 문간사령이 그러지 않든가. 춘향이 때려죽일 형장막대를 한 아름이나 깎어 올렸다고.
사정을 　하필 죽일 날이 없어서 생신날 죽인담. 생신날 소 돼지 잡는다는 말은 들었어도 사람 잡는다는 말은 생전 처음인걸.
사정갑 　춘향이도 독종이거니와 사도 역시 독종이야.
사정을 　제기, 춘향이 죽으면 술 값 몇 푼씩 들어오는 것도 없어지겠군.
사정갑 　그렇긴 하지만, 춘향이 때문에 귀찮든 것을 면하게 되니 그게 그거지.
사정을 　미련한 게집야, 이도령인가 이몽룡인가 하는 놈은 올 꿈도 않꾸구 있는데, 수절은 무슨 빌어먹을 수절을 한다구 저 고생일가. 목숨 바쳐 수절하면 그걸 이도령인가 그 놈이 알어나 줄 줄 알고, 그저 미련한 것은 게집이라니.
사정갑 　아, 출출하다. (번개, 뇌성)
춘　향 　(깜짝 잠을 깨며) 어머니!
사정을 　아이 깜짝야! 애, 여기가 어데라구 어머니를 찾느냐?
춘　향 　꿈이었구나. 분명히 오신 줄 알었드니 일장춘몽이였구나.
사정갑 　애, 춘향아. 아마 내일 아침 사도님 생신잔치에 너를 끌어내다가 목을 칠 모양인데 너의 집에 전할 말 있거든 지금 말해라. 오래 잖어 닭이 울 테니.

춘　향　나같은 불효한 것 무슨 전할 말이 있겠소.
사정을　넌 옥에 들어 올 때부터 그저 똑같은 소리만 하니 도대체 무얼 먹구 자랐기에 그렇게 독하단 말이냐? 에, 참 독종이다. 내 생각 같아서는 3년이 지나도록 일자 소식도 없는 이도령 그까짓거 기다리다가 원통히 죽는 것보다는 사도 수청드는 것이 좋을 듯 하다만.
춘　향　생시에 못 만나면 황천에 가서라도 만날 것이어늘, 어찌 그런 말씀을 하시오. 별이라도 보였으면 이다지 ○○치는 않을 것을 방자가 편지 가지고 어데만큼이나 갔을고, 주야 배도 다녀 온다 하였는데 내일 아침이면 한양 성문을 들어설는지……
사정갑　아직도 그 매정스러운 놈 생각이냐? 네가 도대체 누구 탓으로 이 모양 된 줄도 모르고 그 이도령 생각이냐.
춘　향　그런 말슴 마시오. 무슨 사연이 있어 그러겠지, 설마 정을 잊었겠소?

　　　　그때 고을에 사는 허봉사 지나가면서 문수 외이는49) 소리.

춘　향　여보 사정님, 내 마즈막 부탁 하나 들어주겠소?
사정갑　무슨 부탁이냐. 목 떨어지는 것 아니면 그것이야 못 들어주겠느냐.
춘　향　내 아까 하도 이상한 꿈을 꿔서 해몽이나 좀 해볼까 하니, 저 봉사님 좀 불러 주겠소?
사정갑　글세. (을에게) 괜찮을까?
사정을　오래잖아 날이 새면 형사가 나올지 모르는데.
춘　향　사정님네, 이게 내 몸에 있어도 이제 소용없는 게니 술 들이나 사 자시오. (주머니 돈을 꺼내서 창틈으로 건네준다)
사정갑　아이구, 이렇게 많이, 이거 원 늘 미안해서.
춘　향　목숨 경각에 달린 몸이 돈은 가져 무얼 하겠소. 나가서 목들이나 축이시고 오시오.
사정을　참, 미안스럽구만.
사정갑　여보게, 어서 저 봉사 좀 부르게. 저게 아마 허봉사 목소리지?
사정을　그런가 보이. (옥문에 가서) 여보, 봉사님. 여보,

---

49) 문수보살(文殊菩薩)의 육자진언(六字眞言)을 외는.

소 리 거 뉘세요?
사정을 이리 좀 오.
소 리 나 허봉사요. 나 말요?
사정을 어서 좀 오란 말요!
허봉사 (들어오며) 여기가 옥문인가 본데 무슨 일루 찾을까? 나 서문 밖 사는 허봉사외다. 지금 성중에 경 읽으러 갔다가 나가는 길인데, 왜 찾으오?
사정갑 잡아 넣지 않을 테니, 어서 좀 들어오.
허봉사 오, 아까 박번수 옥사정 목소리로군.
사정갑 잘 맞췄소.
허봉사 그런데 왜 나를……?
사정갑 옥에 갇힌 춘향이가 해몽을 좀 하겠다니, 어서 좀 들어가슈.
허봉사 춘향이가? 아니 춘향이가 죽은 줄 알았드니 여태 여기서 살어있나?
사정갑 여보 봉사! 이리 좀 오슈. (한구석으로 데리고 가서) 춘향이가 내일 사도 잔치에 죽게 됐으니 꿈○가 좀 나쁘더래도 해몽을 잘 해서 밤새라도 마음을 편하게 해주. 응, 알겠소?
허봉사 내일 죽어? 춘향이가……
사정갑 글세, 그러니 물론 꿈도 흉몽을 꾸었을 것이니, 그래도 해몽을 좋게 해서 죽을 때까지도 마음이 좋도록 하란 말야.
허봉사 응, 그야 어렵지 않지. 꿈이란 이렇게도 둘러대구 저렇게두 둘러댈 수 있는 것이니까, 혜혜혜.
사정을 그럼 부탁하오. 우리는 잠간 다녀올테니, (춘향의 옥 앞에 가선 문을 열어준다)

  허봉사 들어간다.

사정갑 여보게, 얼른 다녀 오서.
사정을 들키지 않을까?

  두 사람 나간다.

허봉사 아니, 무슨 꿈을 꾸었길래? 응, 고생이 어떠한가? 진작 한번 와 볼 것을 그만 못 와봐서 미안하이!

춘 향 밤중에 이렇게 불러서 미안하오.
허봉사 뭐 지나든 길인걸. 아이구 몸이 아주 밧잣 여웠군. 원, 사도도 무지하지 죄없는 사람을 이게 무슨 꼴이람. 그저 내가 경을 한번 읽어서 그 사도가 병신돼서 죽게 할 것을, 갔다가 음 고이한. 그래, 꿈은 무슨 꿈을 꾸었나?
춘 향 아까 관정사령이 와서 하는 말이 내일 사도 생신잔치 끝에 나를 끌어내어 목을 친다 하옵기에, 원통하게 죽을 신세가 서러워 칼을 안고 통곡하다가 비몽사몽간에 한 꿈을 얻었는데, 저 옥 창뒤에 피어있는 살구꽃이 어지러히 떨어지고, 단장하는 거울 한복판이 깨어지고 문 위에 허수아비가 달려 보이고, 옥 담 위에 까마귀가 앉아 까옥 까옥 우는 것을 보았으니, 그것이 흉몽인지 길몽인지 마음이 산란하니 해몽을 해주시오.
허봉사 음, 그거 이상한 꿈이로다. 음, 그런데 얘, 춘향아. 내가 네 일에 돈을 받겠으냐만 내가 받드는 신령 선생께서는 무론불성이라, 물건이 없으면 이루워 주지 않으니 걱정이구나.
춘 향 우선 가진 것이 이것뿐이니, 걱정말구 해몽이나 잘 하여주오.
허봉사 (춘향이 주는 것을 주머니에 후무려 넣고 산통을 높이 들어 흔들으며 축문을 외인다) 천하언재시며 지하언재시리오마는 선지즉응하나니 함이순통하소서, 부대인자는 흥천지합 부덕하며 흥○월합기명하며 흥사시합기서하며 흥토신합부길흉하나니, 태세을축우월신자삭이십일유인오시 해동조선전라좌도 남원부 강선동거 임자생 성춘향 옥중에 갇히여 수월 신고하옵던 중 한매 꿈을 얻었사오니 사생길흉이 어떠하올는지, 보걸하옵건데 선생의 물비소시물비소시. (그리고나서 잠시 산통을 쥐고 생각드니 간사하게 웃으며) 해해해, 참 좋은 꿈이다. 길몽야, 길몽야!
춘 향 정말이오?
허봉사 정말이구말구. 해몽을 할 테니 들어봐라! 음, 살구꽃이 떨어졌다지.
춘 향 예.
허봉사 음, 화락하니 능성실이요. 꽃이 덜어지니 능히 열매를 이를 것이요. 열매를 맺게 되니 좀 좋으냐, 해해해해. 그러구 거울이 깨진 것은 파경하니 ○무성가 거울이 깨졌으니, 어찌 소리가 없으랴! 즉 소식이 있겠다는 꿈이거든! 또 문위에 허수아비가 달린 것은 문상에 ○개인하니 ○인이 개○○라! 즉, 무어냐 하면 문 위에 허수아비가 매달렸으니, 사람 사람이 다같이 올려다볼 것이다! 말하자면 이것은 네가 세상 사람이 부러워할 만큼 되겠다는 꿈이고, 또 마즈막으로 옥 담에 가마귀가 까옥까옥 울었으니, 가자는 아름다울 가자 옥자는 집옥자, 무어하냐면 네가 아름다운 집을 이루겠다는 것이야. 허 참, 그 꿈 기맥히게 좋은 꿈이다. 분명코 네게 큰 경사가 있을 꿈이니, 걱정 말아!

춘   향　목숨이 경각에 달렸는데, 무슨 경사를 바라겠소. 다 헛소리요.
허봉사　아니다. 분명코 경사 있는 꿈이니, 걱정마라. 자 그럼, 난 갈 것이니 편히 쉬어라.
춘   향　편안히 가시오.
허봉사　아여 염려말고 기다려라. (나가면서 또 문수를 외인다. 그 소리 점점 어둠 속에 사라진다. 그때 문간사령 한 사람 들어온다)
문간사령　아니, 이 사람들이 문을 열어 놓고 어디를 갔디여. 또 술집에 갔나? (춘향에게 가서) 얘, 춘향아. 욱중사령들 어데 갔니?
춘   향　모르오.
문간사령　모르다니, 또 네가 돈 줘서 술집에 보냈구나?
춘   향　아니요.

　　　그때 문 밖에서 사람 기척.

문간사령　(뛰어가서) 누구야.

　　　향단이 등을 들고 앞에 서고 그 뒤에 월매 몽룡 따라섰다.

월   매　쉬. (하고 얼른 문간사령에게 돈을 쥐어준다)
문간사령　(서슴치 않고 말어 쥐며) 헤헤헤, 이렇게 늦게 웬일이요.
월   매　춘향이 만나보겠다는 변변치 않은 손님이 와서 그러네.
문간사령　예, 마침 아무도 없으니 잘 되었소. 오래잖어 닭 울 때가 됐으니 속히 만나시유.

　　　슬그머니 나간다. 옥 뒷켠에서 수인들의 신음소리. 몽룡 그쪽을 힐끗 보고 춘향이 옥을 본다.

월　매　(춘향이 옥창에 가서) 아가, 아가, 춘향아!
춘　향　……
월　매　아가, 춘향아!
향　단　아씨!
월　매　춘향아.
몽　룡　좀 큰 소리로 부르시요!
월　매　떠들지 말어. 만일 본관이 네가 와서 춘향이 만났다는 소문을 들으면 너는 뼈가 가루되도록 두드러 맞을 테니 정신차려!
몽　룡　(큰소리로) 춘향!
월　매　(그 소리에 찔끔하여 주먹질을 하며) 이 원수야, 어쩔나구 큰소리를 내느냐!
춘　향　게 누구요, 누구 왔소?
월　매　망할 년 제 에미가 부르는데 아무 대답두 않 하더니, 제 서방이 부르니까 냉큼 대답하는거 봐.
춘　향　게 누가 왔소?
향　단　아씨! 마님 모시고 왔나이다.
춘　향　어머니 오셨소, 어머니.
월　매　얼마나 고적하구 원통하냐?
춘　향　어머니, 이 밤에 웬일이오니까?
월　매　왔다, 왔어.
춘　향　예? 오다니요? 서울서 편지가 왔나요. 날 데리러 사람이 왔나요. 오다니 누가 왔단 말이요?
몽　룡　(창 앞으로 달려 들며) 춘향!
춘　향　앗, 서방님! (큰 칼을 드으릉 끌며 창 앞으로 닥어 앉어 그 얼굴 보았으나 무슨 말을 할지 모르는 듯 그냥 고개를 숙인다)
몽　룡　춘향!
춘　향　무정하오, 무정하오.
몽　룡　춘향, 고생이 어떠하오. 이 모두 그대 죄가 아니라 만사 모다 이 놈의 허물인가 하오!
춘　향　서방님, 너무나 무정하오. 너무나 야속하오. 이때것 무엇하다가 인제야 찾아왔소!
몽　룡　춘향 죽기 전에 그대를 만나보니 그래도 불행 중 다행이요.
월　매　향단아, 초롱을 좀 이리 대라, 이 녀석한테 선녀같은 우리 춘향이

된 꼴이나 좀 보이게 해라. (향단 불을 가까이 댄다) 자, 이놈아. 보아라, 백옥같은 우리 딸 된 꼴 좀 봐라. 이게 모두 네 탓인 줄 어찌 모르느냐, 아이구 원통해라! 원통해라, 꼴은 어찌 되엇던지 살기만 바랬는데 내일 아침 생신 잔치에 목을 처서 죽인다니, 이 일을 어쩐단 말이냐. 이놈아, 내 딸 살려놔라, 내 딸 살려놔. (몽룡에게 덤빈다)

향 단 마님, 마님, 너무 이러지 마오. 그래도 찾아오신 서방님인데……
춘 향 서방님, 과거는 어찌 되었소?
월 매 이년아, 이 꼴 보지도 못하느냐. 과거급제 하였으면 이런 거지꼴을 하고 왔겠느냐!
몽 룡 춘향, 부끄럽소. 사시장천 그대 생각 간절하여 공부도 하지 않고 집에서는 쫓겨난 몸이 되어, 친구 사람으로 밥줄이나 얻어먹으러 다니다가, 그대 소식 간절하여 불원천리하고 이렇게 찾어오는 길이요!
월 매 거지같은 그 꼴하고 찾어온 게 장하다! 장해! 아이구, 이 일을 어쩐단 말이냐. 생각할수록 가슴에서 불길이 처미는구나. 춘향아, 네가 이런 것을 믿고 수절을 하다니 이게 무슨 일이냐? 수절도 쓸데없고 칠성기도도 소용이 없구나! 거지된 사위 볼려구 칠성기도 올린 것 아니었만, 이 일이 웬일냐. 아이구, 원통하고 답답해라!
춘 향 어머니, 너무 탓하지 마오. 잘 되어도 내 낭군 못되어도 내 낭군이어늘, 어찌 남루한 꼴을 책하리오, 향단아.
향 단 예?
춘 향 내 마음 네가 알고 네 마음 내가 알 것이니, 무삼 부탁이 있겠냐만. 서방님 침수범절 잘하여라. 우리 둘이 인연 맺든 부용당에 초롱을 밝게 켜고 둘이 덮던 ○침폐여 침소를 편케하고, 건너방 삼층장에 필육 몇 필 골라 내여 서방님 상하의복 여러 벌 말랐다가 철 맞춰 내들여라.
향 단 예.
월 매 아니, 이애야, 네가 미쳤느냐, 꿈구느냐. 이런 거러지를 앞에 놓고 무슨 소리냐? 당치 않다, 당치 않아!
춘 향 향단아.
향 단 예.
춘 향 향교마을 성좌수에게 돈 이천냥 맡긴 것 있으니 그 돈 즉시 찾

어다가 집안의 가용 쓰고 하로 걸러 양즙 내여 시장치 않게 권하
실 때 어머님도 잡수시게 하여라. 내가 집에 없다 하고 어머니가
화를 내여 서방님 불편케 하옵시면 천리에 오신 낭군 얼마나 섭
섭하겠느냐!

향　단　아씨 분부대로 할 것이니, 염려 마옵시오.

월　매　꿈속에서 말하는 줄 알았더니 네가 정말 미쳤구나, 정말 미쳤어.
아이구, 답답해라! 원통해라!

춘　향　서방님, 낭군을 못 섬기고 원통히 죽는 년이 무삼 부탁 있으리
오만, 들으니 내일이 본관 생신잔치라 잔치 끝에 나를 불러 죽인
다 하옵는데, 본관 앞에 죽기 전에 내가 먼저 혀를 물고 자결하
여 죽겠사오니, 나 죽었다 하거들랑 다른 사람 손길 대지 말고
서방님이 달려 들어 내 신체를 들쳐 업고 정결한 곳 가려 찾아
깊이 파고 묻으실 때, 서방님 속, 적삼 벗으셔서 내 가슴 덮어주
고, 묘 앞에 표석 세고 표석에 글을 쓰되 '수절원사춘향지묘'라
크게 새겨 주시오면, 소처의 죽은 혼이라도 아무 한이 없겠나이
다.

월　매　이년아, 죽을 때는 죽어도 그런 말 말아라. 이 에미 가슴 터진
다, 가슴 터져.

향　단　아씨, 그게 무슨 당치 않은 말씀이오니까. 아씨가 죽으시다니.

몽　룡　자결하여 죽다니, 그 무슨 흉스러운 말인고. 옛 말에 이르길 하
늘이 무너져도 비켜 설 자리가 있다 하였으니, 너무 조급히 생각
말고 내가 다시 올 때까지 죽지 말고 기다려요.

월　매　네가 귀신이 아니거든 다시 오면 무슨 수로 우리 춘향일 살리겠
단 말이냐! 모두가 헛소리다, 헛소리야!

춘　향　미구에 죽을 몸이 님 얼굴 다시 보면 무엇 하오리까. 다시는 않
오시드라도 나 죽으면 가련한 어머님 신세 정처없이 불쌍하니,
하해같은 처분으로 지성껏 받들어서 태산같이 섬겨 주시면은 황
천에 가서라도 결초보은 하오리다. 살아서 못 이룬 정 후생에 다
시 만나 이별없이 살게 되는지 할 말이 무궁 첩첩하나, 날이 밝
아 해가 뜨니 대강 부화하옵니다. 먼 길에 고단하실 것이오니,
어서 가서 주무시오이다!

몽　룡　춘향! 죽는다 할지라도 그대 얼굴 다시 한 번 보고자 하니, 죽지
말고 오늘 해만 기다리오!

급히 가려한다.

향　단　서방님 어디루……
몽　룡　볼 일이 급하여 한 발 먼저 가니, 춘향 아씨 잘 위로하고 돌아
　　　　가라.
향　단　서방님, 마나님 말씀 탓하시지 말고 댁으로 가사이다.
몽　룡　오냐, 조금 후에 갈 터이니 밥이나 많이 해두어라.

급히 나간다.

월　매　춘향아, 네 신세도 가련하고 내 신세도 가련하다. 과거급제 등관
　　　　한 사위 올 줄 알었더니 거렁뱅이 사위 왔으니, 이 일을 어찌 한
　　　　단 말이냐!
춘　향　어머니.
향　단　아씨.
춘　향　향단아.

세 사람 운다.

옥사정갑　(얼큰하여 등장) 아주머니, 동이 틉니다, 어서 고만 돌아가시
　　　　오.
월　매　아이구, 원통해라. 분해라, 춘향아.
옥사정을　(역시 얼큰하여 등장하며) 아주머니, 여태 우시오. 이따가 또
　　　　울 테니 눈물 말리지 말고 어서 가서 춘향이 묻을 묘자리나 찾어
　　　　두시오. 흑, 취한다.
향　단　아씨!

세 사람 운다. 비장한 음악에 따라 막.

종막

전장과 같은 날 낮. 남원 관가에서
남원부사 변사또의 생신 잔치날인데 무대는 제3막과 같다. 고전적 취타악을 주제로 한 음악에 따라 막이 열리면, 나삼입은 기생들의 춤이 한참 어울여 돌아가고, 상좌에 변학도를 살펴보면, 담양부사, 정창군수, 교룡산성장, 구례현감, 임실현감, 옥과현령 들인데, 그 틈틈에는 기생들이 앉아 술심부름에 바쁘다. 통인 급창들 제자리에 각각 서 있고, 호방 이방들 육방 두목들도 말석에 앉아 사도 눈치 살피면서 저이들끼리 수군수군 끄덕끄덕 하며 마시고 있다. 군노 사령들은 이것저것 잔치 심부름에 바빠서 들낭거린다. 수령들은 어지간히 취한 모양으로 히히덕거리고 무릎을 치며 '얼시구 좋고' 등등 무릎장단을 치면서 흥을 돋으고 있다.
변학도는 흥이 꼭대기까지 차서 기생을 옆에 놓고 어깨춤을 추며 싱글벙글한다.

기 생   호호호, 사도님 어깨 춤 좀 보세요!

　　　만좌 수령들 그리로 시선이 쏠리며, '얼시구 얼시구 좋고' 하며 장단을 친다. 그 사이에 기생들 춤은 끝났다.

기생이   참, 앉아서도 잘 추시네.
변학도   (춤을 끝내고 크게 웃는다)

　　　일동 따라 웃는다.

담　양   허허허, 아 영감은 정사만 잘하시는 줄 알았더니, 춤 또한 잘 추시는구려. 하하하,
변학도   하하하, 이래뵈도 내가 이름있는 외입쟁인데 그만쯤 못하겠소, 하하하.

　　　일동 따라 웃는다.

교룡산   외입쟁인 줄은 이미 들은 지 오래지만, 안진뱅이 어깨춤까지 그리 잘 추는 줄은 몰라는 걸요, 허허허.

변학도 허허허, 이 춤으로 말하면 참 내력이 깊은 춤이요
임 실 물론 밑천이 많이 들었단 말씀이겠지?
변학도 다시 이를 말이요. 돈도 많이 쓰고 실수도 많이 하고, 하하하.
일 동 하하하, 그럴 테지.
담 양 돈 않 들고 되는 일이 있겠소. 자, 한 잔 드시오. 애 한 눈 팔지 말고 술 부어라!
기 생 아이구, 이를 어쩌나, 애기 좀 하다가 꾸중 들었네. (변에게 술을 붓는다)
임 실 자, 영감. 춤추느라 애쓰었으니, 내 술 한잔 받으시오, 헤헤헤.
변학도 예. (받어 마신다)
옥 과 사도님 생신 잔치 자시고 만수무강 하옵시기요. (잔을 준다)
변학도 예. (받어 마신다)
옥 과 안주는 이것을 좀 자셔보시오. 이것이 바로 우리 고장 솜씨로 된 당근 잡채올시다. 예, 헤헤헤,
변학도 예, 하하하.

　　　여러 사람이 술잔을 권한다. 그것을 두꺼비 파리 잡아먹듯 받어 마신다.

정 창 아니, 영감. 여보, 그렇게 마시기만 하구 그 무슨 구경꺼린가는 않 시킬 모양이신지?
변학도 예, 하하하, 참 깜빡 잊구 있었군!
구 례 무엇인데요?
담 양 만수성찬에 주색까지 겸했는데, 이 위에 또 무슨 구경을 시키겠단 말이요?
정 창 담양은 아직 모르시는군, 하하하.
교룡산 생신 잔치라 광대놀음을 보이겠단 말씀인데, 허허허
정 창 교룡산이 그 일을 모르다니 뜻밖인 걸. 하하하
구 례 어서 말씀하시오,
변학도 다름 아니라 오늘 이 하치 않은 자리에 여러분이 와주어서, 비록 악주○육이나마 흥겨웁게 놀아주셔서 대단히 감사하오. 내 그 정리에 보답키 위하여 오늘 이 좌중에다가 천하에 묘한 것을 한번 구경시킬가 하오, 하하하.

모르는 사람들은 서로 수군수군 고개를 깨웃거린다. 통인 급창 육방 두목들은 안다는 듯이 서로 수군수군 끄덕끄덕 한다.

임실영감 그 묘한 것이란 대체 무엇이오니까?
기생일 사도님 어서 말을 하세요. 기다리다가 오금 저려 죽겠어요.
일   동 하하하.
정   창 얼른 말씀하셔요.
변학도 다른 것이 아니라 내가 조그만 독사 새끼 하나를 가둬 놓고 있는데……
담   양 무엇요, 독사 새끼?
일   동 독사라니? 본관이 취한 모양이군! (등등 수군거린다)
구   례 아니, 영감이 춘향이라는 소부를 가두어 두고 있다드니, 그걸 두구 하는 말이 아니요?
변학도 허, 그 구례가 바로 옳게 맞추는군. 하하하. 그렇소. 그년을 구경시키자는 거요. 나도 관장질을 몇 해 조히 해먹었지만, 그런 독사같은 년은 보길 처음이였구려. 부종관명하고 관청에 발악한 그년의 목을 오늘 이 자리에 처 내려서 여러분께 보여드릴 작정이요. 나 혼자 보기엔 아까워서 특히 오늘 이 자리를 기다려 그년의 목을 치기로 했소이다.
일   동 하하하, 과연 호걸이야. 그런 게집은 그래야 싸지. (등등)
정   창 일립지곡이라도 필분이식50)하란 말이 있거늘, 그런 재미를 어찌 본관 혼자만 볼 것이요!
임   실 아무렴요, 독락이 불여흥중락51)이라는데. 하하하.
구   례 진수성찬에 술가지 먹고 그 위에 독사같은 춘향이 년을 보게 되니, 오늘은 참 재수가 좋은 날이고, 그렇지 않소, 교룡산 성장.
교룡산 그런 것같소, 허허허.
옥   과 애햄! 좌중에 통하오. 용담은 고만하고 인제 취흥도 도도했으니, 어서 그 춘향인가 하는 것을 보는 것이 어떠하오?
임   실 본관, 어서 춘향이를 글어 내시오.
변학도 운봉이 오면 하려고 했는데 이때 안 오니 웬일일까?
임   실 참, 운봉이 웬일일까? 운봉이 없어 그런지 아주 자리가 텅 비인

---

50) 一粒之穀 必分而食. 한 낟의 곡식(穀食)이라도 반드시 나누어서 먹어야 함.
51) 獨樂이 不如興衆樂.

　　　　　것 같단 말야. 않 그렇소, 옥과.
옥　과　내가 바로 그 말을 하자든 게요.
담　양　여태 안 오는 운봉이 새삼스럽게 오겠소이까, 안 올 것이요.
변학도　이왕 기다리던 터이니 좀 기다렸다가 하기로 하지요!
담　양　아직도 해가 중천인데 뭐 서둘 것 있소니까?
정　창　그것도 무방한 말씀이요.
임　실　나는 성미가 급해 그런디 말 듣고 기달리긴 오금이 저려서 못 견디겠단 말야. 옥과는 않 그렇소.
옥　과　왜 아니겠소이까, 해해해.

　　　그때 밖이 어수선하여지며, '술○○ 운봉영장 드옵신다' 하는 소리, 말굽소리, 방울소리 요란하게 들린다.

임　실　인제 운봉이 드시는 게로군.
담　양　호랑이 소리하면 호랑이 온다구, 얘기하니까 오는군.

　　　사령에게 안내되어 운봉영장 들어온다.

운　봉　한 발 늦어소이다
일　동　(제각기 인사한다) 어서 드시오. 왜 이리 늦으셨오. (등등)
변학도　운봉! 이거 어찌 된 셈이요?
운　봉　예, 늦어 죄송하오.
교룡산　한 발 먼저 왔소이다.
운　봉　어, 교룡산 성장도 오셨군.
교룡산　예.
변학도　오시기 기다리다가 이렇게 먼저 시작하였소이다. 어서 올라 오시오.
운　봉　예. (자리를 잡고 앉으며) 이거 늦게 와서 흥을 깨트린 모양이군, 어서들 하시오.
임　실　원 별 말씀을…… 먼저 많이 했소이다. 애. 헤헤헤.
변학도　애들아.
통　인　예 - 이.
변학도　여기 술 더 내오구 안주 더 날라라! 자, 위선 한 잔 받지요.
운　봉　예.

통 인   예-이, 급창.
급 창   예이!
통 인   술과 안주 내오랍신다!
급 창   예이, 사령.
소 리   예이. (사령 뛰어 나온다)
급 창   술과 안주 내오너라!
사 령   예-이! (들어간다)

　　　잠시 후에 작은 상에다 술안주 날러온다. 기생 그것을 받아서 큰상 운봉 앞에 옮긴다.

담 양   자, 운봉. 내 잔도 받으오. 후래벌주로 서너잔은 해야지 되겠소. (잔을 준다 기생이 따른다)
운 봉   예, 이렇게 받기야 어렵지 않은데 좌중에 통할 말이 있소. (모두 귀를 기우린다) 혹 소문들 듣지 못했소?
일 동   (제각기) 무슨 소문요?
운 봉   (긴장하여) 우리 호남에 암행어사가 특차하였다는구려
일 동   (서로 돌아본다)
변학도   하하하, 운봉은 별 소리를……
임 실   하하하, 잘 못난 소문일테니.
운 봉   아니, 웃을 일이 아니요.
변학도   고만두오. 운봉은 뿌리 없는 소문에 귀를 잘 기우래 탓이란 말 야, 허허허.
일 동   그럴테지, 그럴 리가 있다구, 헛소문이지. (등등 수군거린다)
운 봉   아니요, 이번 소문은 그런 헛소문이 아니요. 내가 당한 일에서 짐작한 거요.
일 동   당한 일이라니?
운 봉   이제 웬 하인놈에게 편지를 주어 보냈는데, 누구라 이름도 쓰지 않고 그저 옥에다 가두라고 하였는데, 그게 아무리 생각해두 수상하드란 말이요.
일 동   (다시 얼굴빛이 달려지며 수군거린다)
담 양   하하하, 토끼가 제 방구에 놀랜단 말 모르오? 운봉은 공연한 허설을 꾸며내는구려. 년 전에 나도 그런 소문에 놀래서 지나가는

	거지를 암행어산줄 알고 동헌에 불러들여서 대접한 일이 있었는데, 하하하.
옥 과	관촌이 너무 조용하면 그런 소문도 나는 법이지요, 해해해.
운 봉	아니요, 내가 여기 들어오는데 저 삼문 앞에서 백성들이 군데군데 모여서 수군거리는 것이 삼상치 않습데다.
구 례	허, 이거 그렇다면 큰일인걸. 나는 사람죽인 놈을 뇌물을 받고 음○해됐는데, 그것이……(임실에게 소군거린다)
임 실	나는 국고에 바칠 상급미를 축을 냈는데……
변학도	허, 그 무슨 쓸데없는 걱정들이요. 상놈들 입에 떠도는 헛소문을 가지고…… 자, 운봉. 어서 술이나 드오! 애, 어서 술 따러라!
기생이	예.
담 양	쓸데없는 객담 말고 술잔이나 돌리시요!
일 동	그게 옳은 말씀이요.
임 실	아니 교룡산은 왜 이리 뚱하고 게시오, 어서 드시오.
교룡산	예.
변학도	애들아, 풍악이 왜 안들리느냐?

음악소리 다시 들린다.

정 창	아니, 영감. 운봉 오면 보여준다는 춘향이는 어찌 되었소?
일 동	옳지, 운봉이 왔으니 춘향을 봐야지!
변학도	참. 내 그 운봉이 전하는 헛소문에 놀라서 깜박 잊고 있었군. 하하하,
정 창	어서 부르시오.
운 봉	부르다니, 무엇을?
정 창	가만이 보구만 게시오, 하하하.
변학도	애들아!
통 인	에-이.
변학도	춘향 죽일 차비를 차려라!
통 인	예-이, 급창.
급 창	예-이.
통 인	춘향 죽일 차비를 차리랍신다.
급 창	예이, 사령!

사　령　예이. (사령 달려 나온다)
급　창　춘향 잡어 들이고 죽일 차비를 차려라.
사　령　예이.

　　　사령들 나간다.

변학도　운봉, 언젠가 얘기한 그 독사같은 춘향이를 오늘 이 자리에서 목을 칠테니 잘 구경하오. 하하하.
운　봉　춘향이 목을……?
변학도　예, 하하하. 자, 어서 술잔 돌리시오.

　　　그때 이몽룡 역시 걸인 행장으로 어정어정 걸어 들어온다.

몽　룡　알리어라, 사령아. 엿주어라, 통인아, 지나가든 거러지가 대연을 만났으니 안주 한 점에 술 한잔 얻어 먹게 해라.
정　창　허, 이 무슨 거러지가 여기까지 들어 왔을까?
변학도　허, 이 무슨 흉스러운 걸객인고? 애들아, 저 거렁뱅이 어서 썩 몰아내라!
통　인　급창!
급　창　예이.
몽　룡　(버티고 서서) 나 몰아내는 놈은 내 아들이요, 나가는 놈은 인사불성이다.
변학도　뭣이! 허 흥헌 저놈이 여이가 어딘 줄 알고……
임　실　영감, 아마 미친 거러지인가 보오이다.
변학도　저 미친놈을 어서 문 밖으로 못 내쫓느냐?
운　봉　변부사, 그런게 아니라 여보아라! 보아하니 저 양반이 행색은 남루하나 선비가 분명하다. 말석에 앉히고 음식이나 대접하여라!
몽　룡　그 양반이 사람을 바로 알아보는군. (운봉 옆자리에 와서 거침없이 앉는다)
일　동　운봉도 망녕야. 글세 말야, 추저분하게 저런 것을 왜 들여 앉힌담. (등등 수군거린다)
변학도　아니, 운봉. 그런 것 가까이하면 담뱃대나 부채 나부랭이 잃어버리기나 일수지 무슨 이로운 일이 있겠소?

운 봉　생신날 걸인은 복 가지고 온 걸인이라, 대접하는 것이 맞당한가 하오. 애, 통인아. 이 양반 음식차려다 들여라!
통 인　급창!
급 창　예이!
통 인　이 양반 음식 차려다 드리랍신다.
급 창　예이, 사령!
사 령　(나와서) 예-이!
급 창　저기 앉은 저 양반 음식 차려다 드려라!
사 령　예이. (들어간다)
변학도　허, 참. 운봉도 망년이지. 저런 것을 글세 왜 불러들인다 말요?
정 창　허, 그 거러지때문에 고만 파흥이 되고 말었군.
임 실　저런 것이 섞이면 음식 맛까지 없어진단 말야.
운 봉　음식자리에는 상하가 없는 법이요. 너무 그러지들 마오!

　　그때 몽룡 앞으로 사령이 상을 갖다 놓는다.

몽 룡　(상을 받으며) 암, 그렇구 말구요. (상을 받어 놓고 남의 상과 비교해 보드니) 어째 안주가 이 모양이냐! (운봉의 옆구리를 쿡 찌르며) 여보, 이왕 불러들인 김에 그 갈비 한 대 주우.
운 봉　(옆구리를 만지며) 이 양반이, 갈비 달라면 그저 달라지 옆구리는 왜 치오. 생갈비 먹을 작정이오, 허허허.
몽 룡　예, 부른다는게 그렇게 됐수다. 에이구, 뭐 남의 손 빌릴 게 있나, 내가 갔다 먹지. (훌쩍 일어나 구례 앞을 지나 운봉 상과 딴 상 위에 있는 갈비와 기타 안주를 걷어 모아온다)
구 례　허, 이런 무법한 놈을 봤나
일 동　허, 고이한, 아 이놈이. (등등 욕하고 호령한다)
몽 룡　(자기 자리에 와서 앉으면서) ○합태산이로군.
옥 과　운봉 영감, 이게 무슨 짓이오니까, 원,
변학도　허, 그거 참 별것을 다 보겠군, 대관절 요즘에 와서 왜 이리 거지떼가 많을고? 딴 고을도 이렇소?
정 창　말씀마오! 우리 고을에도 거러지가 어떻게 많이 늘었는지, 가끔 가다가 민간 추렴을 좀 받을래도 받을 도리가 없소이다그려. 백성 놈들이 가난하니까 원 노릇도 아무 실속이 없습디다.

변학도　참, 이런 말은 크게 하지 못 할 말이지만 오늘 이 잔치 차리느라고 여간 힘이 들지 않었소. 잘 사는 놈 못 사는 놈 분등을 해서 쌀과 돈을 좀 걷어 드리는데, 당초에 어디 모입디까? 그래서 하다 못해 뻗히는 놈은 잡어다가 볼기까지 치고……

운　봉　쉬! 말조심하오.

변학도　쉬는 무슨 쉬요, 이 세상에 재물 보고 욕심 안 내는 놈이 잇다면, 그놈이 더 큰 도적놈일거요.

일　동　하하하.

임　실　헤헤헤, 그 말씀 참 장원감이로군, 헤헤헤.

변학도　글세, 나라에서 원님을 내세워서 한 고을을 맡길 제는 벌써 제 마음대로 하라는 게 아니요.

구　례　아무렴요, 좀 끓어 먹은들 상관있겠소

일　동　아무렴요, 그만쯤이야. (등등 서로 찬성한다)

옥　과　참 안 할래야 안 할 수 없습디다. 그래 나도 좀 해먹었지요.

변학도　여보, 옥과! 오신 지가 삼년이 지났으니가 인제는 제법 벼 백이나 작만했겠구려?

옥　과　벼 백커녕 잔용52)도 안 됩니다.

일　동　하하하.

변학도　해먹는 방법도 여러 가지 있지만. 그 중에도 동방놈과 짜가지고 해먹는 것이 말 안나고 후무집디다53). 하하하.

일　동　그럽지요, 하하하.

운　봉　쉬, 누구 들겠소. 조심하오.

변학도　앗다, 운봉같은 이가 왜 그리 겁이 많을까. 백성 두드려 먹는 것이 우리뿐인 줄 아시오? 암행어사 그따위들은 입으로는 큰소리를 하는지도 모르나 별 수 없을 게요.

일　동　하하하, 아무렴요.

몽　룡　(술 따르고 갈비를 뜯으며 그들 말에 귀를 기우리고 있다가 일부러 술잔을 엎지른다) 이런 제기, 복없는 놈은 이지경이라니까! (하며 옷소매로 술을 무쳐서 좌중 여기저기 가리지 않고 뿌려댄다. 좌중이 들고 일어나 떠든다)

일　동　허, 이런. 저 미친놈이 버릇없이, 이런!

---

52) 자질구레한 데에 드는 비용.
53) 후미지다. 구석지고 으슥하다.

변학도 아니 저런 버릇없는 놈. 아니, 운봉. 저런 놈을 글세 왜 불러 앉
       힌단 말요. 허 그 참…… (얼굴을 닦는다)
정 창 이놈! 대뜸 못 나가겠니? 이 고약한 놈!
몽 룡 아, 이렇게 단벌 옷을 벌인 사람도 있는데 약간 술방울 좀 튀었
       다구, 그렇게 호령할 거 무어요?
변학도 원 저런 주릴할 놈 있나. 게 누구 없느냐!
통 인 예-이.
운 봉 아니, 그럴 것이 아니요
변학도 아니, 운봉은 한번 실수하였으면 가만이 게시오. 지금 곧 춘향이
       를 잡아다가 구경도 하여야 할 것인데, 저런 미친놈 때문에 파흥
       을 하다니 된 말요!
임 실 좌중에 통할 말이 있소이다.
일 동 무어요?
임 실 내 저놈을 당장에 쫓아 낼 방도를 하나 생각했는데……
일 동 옳지!
임 실 다른 게 아니라, 저놈이 저리 버릇이 없을진댄 필경 무식하기
       분명하니, 우리 운 자를 하나 내여 글을 지워 봅시다.
일 동 응. 그거 참 묘책이군, 하하하.
변학도 참, 임실은 꾀가 대단하거든.
임 실 그래서 만일 글을 못 지으면 쫓아내는 건 고사하고 형장 아래
       기절시키는 게 어떻겠소?
일 동 거 참 좋은 의견이고. 임실이 과연 꾀가 대단하거든, 하하하.
       (등등 찬의를 표한다)
정 창 그러면 운 자는 영감이 한 번 뼈근하게 내보시지. (귀에다가 무
       엇을 수군거린다)
변학도 네 이놈. 게 안진 거렁뱅이애. 높을 고(高)자 기름 고(膏)자 두
       자로 조를 내니. 글 한귀를 지여 올리렸다! 만일 짓지 못하면 형
       틀 우에 기절할 줄 알아라!
일 동 하하하.
정 창 애, 통인아. 이 양반 지필 갔다 드려라!
통 인 (안 사랑으로 들어가서 벼루집을 가져다가 몽룡 옆에 놓는다)
정 창 하하하, 저 꼴에 또 붓대를 잡다니 참 우스운 일이로고.
담 양 문무에 귀천이 있소, 어서 한귀 지어보오.

몽   룡   글세, 원래가 무식하여 글은 못 짓겠지만, 가갸 뒷달이나 그려
             보겠소.
정   창   미친놈은 여전히 미친놈이군.
변 학 도   이놈아, 글 지으랬지 누가 개 뒷다리 그리랬드냐!
일   동   하하하.
변 학 도   하하하, 자 그놈은 형틀에 앉히울 놈이니, 개의치 말고 어서 술
             들이나 드시오. 애들아, 어서 술들 부어 드려라.
기생들   예!
기생일   거러지 놀음에 정신을 놓구 있었네.
옥   과   거 오늘 이 자리에 춘향이 목 치는 구경만 있는 줄 알았더니,
             짝 채우느라고 거러지 곤장 치는 것까지 보게 되었군. 하하하.
임   실   내가 할라든 말 옥과가 하는군. 하하하.
몽   룡   (그사이 얼른 글 한귀를 지어서 운봉 자리 밑에 밀어놓고 술 한
             잔을 들여다가) 허, 생신 잔치 술잔에 파리가 빠졌으니 흉하기
             짝이 없군! (그러면서 변학도를 향하여 확 뿌리고 일어선다)
일   동   아, 이런……
몽   룡   (나가다가 발을 멈추고) 먼 데 있는 거러지가 주육포식하니 은
             혜난망이라, 후일 다시 볼가 하오. (나간다)
변 학 도   아, 저런 고이한 놈. 이놈! (술벼락을 맞고 일어서 부들부들 떨
             며 어쩔 줄을 모른다)
기   생   아이구, 이를 어쩌나. 생신 잔치에 술벼락을 맞으셨으니. (하며
             손수건으로 닦어준다)
정   창   허, 그참. 별 놈 다 보겠군!

        일동 제각기 다시 좌정하며 욕을 한다.

변 학 도   허, 그참 일수가 흉할나니까…… 거 운봉은 고연한 것을 불러
             들여 가지고 좌석을 요란케 하거든!
운   봉   (가만히 무릎 밑에서 몽룡이가 써놓고 간 것을 긴장한 빛으로
             보고 있다)
임   실   어쨌든 쫓아냈으니 시원하외다!
옥   과   참, 임실이 꾀는 올바르게 썼오이다, 하하하.
구   례   아마 그놈이 글은 지을 수 없고 하니까, 심술을 부리고 나간 모

앙이요.
일 동   글세 말이요, 하하하.
담 양   아니, 운봉. 그 무엇을 보고 있소? 무엇을 쓰긴 썼소?
정 창   쓰기는 그놈이 무엇을 썼겠소. 제 말래도 가갸 뒷다리나 그려 놨겠지.
일 동   하하하.
운 봉   글귀가 암만해도 수상한 걸.
담 양   아니, 무어요?
운 봉   심상치 않은 글귀야!
변학도   허, 운봉은 또 망녕을 부린다니까, 그까짓 놈 쓴 것을 무얼 가지구 그러우. 자 어서 술잔들어 취흥을 돋아 가지고 춘향이 목이나 칩시다.
일 동   그럽시다.
운 봉   아니요, 내 읽을 터이니 들어보오. (시를 읽는다) 금준미주는 천인혈이요, 옥반가효는 만성고라! 금잔에 술은 천 사람의 피요, 옥반에 아름다운 안주는 일만 백성의 기름이리라. 촉루낙시에 민루낙이요 가성고처에 원성고라, 초불이 녹아 눈물같이 떨어질 때 백성의 눈물이 떨어지고, 노래소리 높은 곳에 원망소리 또한 높드라!

일동들 눈이 둥그래지며 서로 수군수군한다.

운 봉   생각건대, 이 글귀가 이 잔치 자리를 두고 지은 글이요.
임 실   (벌써 무슨 눈치를 채고 새파랗게 질려서) 어디 그거 나 좀 봅시다. (하며 그것을 받아본다)
변학도   운봉은 저게 탈이거든. 그놈이 어디서 줏어 들은 것을 옮겨 놨겠지. 제까짓 놈이······
운 봉   아니요. 그리 비웃을 게 아니요. 글귀 맞춘 것도 비상하거니와 글씨 또한 명필이니, 어찌 그게 옮겨 놓은 것이라 하겠소? 아, 이거 내가 정신없이 남아 있군. 볼 일이 많아서 잠깐 인사만 하고 간다는 것이······ (일어선다) 그러면 나는 분주하여 미리 갈 터이니, 잘 들 노시오.
변학도   아니, 운봉! 이게 무슨 일이요? 해가 아직 멀었는데, 운봉······

운 봉   예, 좀 바쁜 일이 있기에 한 발 먼저 물러가야겠소.
변학도   아니, 운봉!
운 봉   (나가며) 잘들 노시오.. (퇴장)
임 실   (옥과와 같이 그것을 보고 있다가 일어나며) 나도 유고하여 먼
          저 가야겠소이다.
변학도   아니, 임실은 왜 또 그러오?
임 실   대부인이 낙태를 하고 누워 있는데……
변학도   아니, 노형 대부인이 춘추가 몇이기에 낙태라니 웬 말이오?
임 실   (신을 신으며) 에, 참 낙상했다는 것을 취중이라 잘못 말했소이
          다. 해해해.
옥 과   (같이 따라 일어선다)
변학도   아니, 왜들 이러오? 여보, 임실! 옥과!

          그들 허둥지둥 나간다.

담 양   (글을 집어 보고 벌벌 떨며) 나는 백성들에게 환자54) 주기를 오
          늘로 출령55)하였기로 먼저…… (일어선다)
변학도   아니, 이게 무슨 짓들이오?

          좌석이 소란해진다. 서로서로 글종이를 집어 들여다볼 때, 우렁찬 북소리
          세 번 나더니 음악과 함께 우레같은 고함소리 들린다.

소 리   암행어사 출도! 암행어사 출도!
변학도   이게 무슨 소리야?
일 동   뭐, 암행어사? 아이구, 이거 큰일났군. (허둥지둥 떠든다. 신도
          제대로 찾어 신지 못하고 이러저리 모여 나가랴 할 때, 나갔든
          임실, 옥과 반대편에서 쫓겨 들어오고, 백성들은 안쪽으로 피한
          다)
변학도   뭣이, 암행어사? 이게 웬 일이냐, 애들아. (당황하여 소리칠 때
          육모 방망이 휘두르며 역졸들 소리치며 들어온다)
역졸들   암행어사 출도, 암행어사 출도! 각 고을 수령 꼼작말고 게 있거

---

54) 환곡(還穀) 조선 시대 백성들에게 봄에 곡식을 꾸어 주고 가을에 이자를 붙여 거두던 일.
55) 出令, 명령을 내림.

라! (하며 닥치는 대로 뚜드린다. 수령들은 '아이쿠, 아이쿠' 소리 치며, 혹은 상을 엎어 방패하고, 혹은 상 밑으로 피하여 들어간 다. 변학도도 사랑쪽으로 피했으나 다시 몰려나와 이리저리 맞으 며 피하다가 상 밑으로 기여 들어간다)

소 리 한 놈 놓치지 말고 힘껏 두드려, 분부 있을 때까지 옥으로 내여 라!

그 소란한 광경 한참 계속 되다가 수령들 모두 다 몰려나가고, 동헌에는 다만 부스러진 상 음식 그릇 등이 난잡하게 흐트러졌다. 통인들이 날세게 나와 대상에 선다.

통 인 급창!
급 창 예이. (하고 좌편에서 나온다)
통 인 좌우혐란56) 금하고 동헌을 깨끗이 치우랍신다.
급 창 예이, 사령.
사령들 예이. (하고 나온다)
급 창 좌우혐란 금하고 동헌을 깨끗이 치워라!
사령들 예이!

통인과 급창 제각기 퇴장하고 사령들은 이것저것 안주도 집어 넣고 먹다 남은 술잔도 마시면서 어즈러진 것을 바삐 치운다. 잠시 후에 조용한 음악에 따라 몽룡 금관조복에 몸차림을 깨끗이 하고 앞선 통인을 따라 역졸 육방하졸들을 거느리고 등단하여 상좌에 선다.
음악 그친다.

몽 룡 육방하졸들 거의 다 모였느냐?
육방들 예.
몽 룡 이방 게 있거든 분부 듣거라!
이 방 예!
어 사 내외고사에 잠겨있는 재물은 모두 다 부당하게 억탈한 것일 테 니, 모조리 실어 내여 민고로 돌리고, 내○에 있는 것은 모두 다 단속하여 금일 내로 관납하라!
이 방 예! (나간다)

---
56) 좌우 혐담.

관속들은 서로 수군거린다.

어　사　형방 게 있느냐?
형　방　예!
어　사　옥중에 있는 수인 그리 큰 죄 없을 것이니, 지금 즉시 백일천하에 석방하여라!
형　방　예.
어　사　옥중 수인 석방할 때 춘향이라는 죄인 있을 테니, 칼을 벗겨 이리로 잡어오도록 하여라
형　방　예. 알외옵기 황송하오나, 춘향이라는 죄인은 아까 이 고을 부사가 글어 내여 목을 친다 하였삽기로, 미리 이곳에 끌어 왔나이다.
어　사　그럼, 어서 이리로 대령시키고 너는 옥으로 나려가 수인들을 석방하라!
형　방　예! (나간다)

육관들 또 수군거린다. 그때 역졸 하나 뛰어 들어와서

역　졸　사도께 아뢰옵니다. 남원부사 변학도와 죄 많은 수령들 모조리 잡어 하옥시켰나이다.
어　사　오냐, 수고했다. 운봉 영장은 어찌 하였느냐?
역　졸　예! 사도님 분부대로 나귀 안장 단속하여 운봉으로 행차케 하였나이다.
어　사　오냐, 잘 하였다.

그때 운신을 못 하는 춘향 사령들에게 끌려 등장한다. 그 뒤에 동리 부인 구경꾼들 한 패가 따라섰다.

사　령　(춘향을 계하에 앉히고 물러서서) 춘향 대령하였소!

춘향은 힘이 없어 엎드려 있다.

어　사　(춘향을 보고 얼떨결에 쫓아 내려가랴다가 태도를 갖추고 구경꾼들을 돌아보며) 부인들이 관정에까지 발을 뜨여 놓았으니, 어

인 일인지 아뢰여라!
부 인 예, 어사님께 청원할 일이 있어 왔나이다.
어 사 무슨 일인지는 모르나, 천천히 소원 들을 것이니 물러가 기다림이 어떠하오?
부인1 예. 여주옵기 황송하오나, 여기 엎드린 춘향이 일로 어사님께 발원하러 왔나이다. 어사님께서 춘향이 처분 어찌 하실지 미리 알기 어렵사오나, 우리 남원 춘향이로 이를 지경이면 서울 가신 이도령, 이서방님 기다려 수절하다가 그 몹쓸 변학도에게 악형을 당하여 이 지경되었아오니, 수의사도께서는 명제하시와 열녀 춘향을 방송하여 주옵기 하늘같이 바래옵니다.
부인들 그저 사도님의 밝으신 처분 바래옵니다.
어 사 (시침이를 떼고) 춘향은 관장의 명을 거역하고 관정에 발악하였다니, 그 죄 용서치 못할 것이오!
부인2 (성이 나서 불쑥 나서며) 아니, 여보 사도님. 그게 무슨 당치 않은 처분이요? 제 서방 위해서 수절하느라고 이 모양된 것은 죄가 되고, 수청 아니 든다고 잡아다가 형벌하는 것은 죄가 아니란 말요? 허허, 참 암행어사 공사하는 것 우수워 죽겠네. 여보시오, 어사님. 그런 말슴 하다가는 아무리 암행어사라도 큰 코 다칠테니, 아여 그런 말씀 말고 우리 남원 춘향이 이 지경 만들은 서울 이도령인가, 이몽룡인가 그 녀석이나 잡아다가 능지처참을 해주시오.
역 졸 쉬!
부 인 쉬는 무슨 쉬야. 어디 배암이 지나가나, 어린애 오줌을 뉘나, 아니 네가 역졸이냐? 만일 어사가 춘향이 공사 잘못하면 역졸부터 봉변을 당하게 할 테여!
역 졸 조용하오!
부인1 어사님, 정말 열녀 춘향이 잘못하시면 봉변당하실 테니, 그리 아시고 처분하시오.
어 사 허허허, 사필귀정이라, 바른 일은 바르게 되고 그른 일은 그른 대로 될 것이니, 염려들 마오.
부인2 그저 옳은 처분만 기다리옵니다. (부인들 수군수군한다)
어 사 거기 엎드린 게 춘향이거든 분부 들어라. 너는 한 개 천한 창녀로 사도 명령에 거역하고 관정에 발악하였다니, 그 죄 죽음에 마땅하다.
부인2   (또 불숙 나서며) 아니……
역   졸   쉬. (제지한다)
어   사   듣거라, 본관사도 수청은 마다하였으나, 어사 수청은 어떠할고?

구경꾼들 수군거린다.

춘   향   (간신히 운신하며) 여주오이다. 초록은 동색이오 창녀 역시 사람이어든, 한 낭군 섬겨 수절하는데, 어찌 귀한 몸 천한 몸을 가리리오. 창녀 중에도 절행열녀 있는 줄 어사 어찌 모르시고 그런 분부하시나이까? 소처의 낭군 섬기는 마음 송죽같이 굳으오니, 죽이시라면 죽이시고 살아시라면 살리시고 처분대로 하옵소서…… 무정하신 서방님! 어제 밤에는 죽기 전에 다시 온다 하드니 춘향 버리고 어디를 가셨을까. (운다)
어   사   (손에 쥐고 있던 옥가락지를 통인에게 주며) 이것 갖다가 춘향 주어라.
통   인   (그것을 받어 가지고 계하에 나려와 춘향 보이게 놓는다)
춘   향   (고개를 들어 그것을 본다. 눈을 씻고 다시 본다. 왈칵 그것을 집으며) 앗! 서방님께 주었든 내 가락지……
어   사   머리를 들어 대상을 보아라!
춘   향   (대상을 쳐다본다. 또 눈을 씻고 다시 보며) 앗! (하고 놀랜다)
어   사   춘향! 나요! 그대 낭군 이몽룡이오!

일동 놀래서 수군거린다.

춘   향   서방님, 서방님, 이게 웬일이오니까?
부인1   아니, 이게 원… 어쩐지 낯이 익드라니… 여보, 동생. 어서 가서 월매 성님 불러 오게!

부인 하나 뛰어 나간다.

춘   향   서방님, 어찌 그리 독하시오. 어제 밤이라도 말슴하여 주시지 어찌 그리 독하시오.
어   사   춘향, 용서하오. 그대 사랑보다 나라 일이 중하야 비밀을 지키느라고, 그대를 일찍 구하지 못하였던 것이오. 자, 어서 내 곁으로 올라오오.
통 인 (계하에 나려와 춘향을 부축하여 올린다)
부인2 아이구, 성님. 이런 꿈같은 일이 어디 있소. 글세 서울 서방님이 어사가 되었으니……
부인1 왜 아니겠나, 어사님. 아니 서방님. 어제 밤 춘향이 찾어 봤을 적에 진작 그말 하셨으면, 춘향이 살도 덜 빠지고 우리 월매 성님 눈물도 덜 흘렸을 것을, 어찌 그리 하셨단 말요?
어 사 허허허.

그때 많이 요란하며 나갔든 부인 뛰어 들어온다.

부인3 성님이 벌서 알어 듣구 저기 오시오.
월 매 (소리만) 어제 저녁 거렁뱅이 사위 어사란 말 웬말이냐! 이게 꿈이냐, 생시냐. (등장)
부인들 아이구, 성님… (하며 왈작 몰여 들어 떠든다)
월 매 내 사위는 어디 가고 내 딸은 어디 갔니?
춘 향 어머니!
어 사 장모.

향단도 뛰여 들어 대상을 보며 반긴다.

월 매 아이구, 춘향아, 아이구, 내 사위야, 내가 미친 년이지, 어제 저녁 내 집에 왔을 때 욕도 많이 하고 구박도 많이 하였으니, 이 일이 웬일이냐?
부인1 성님 걱정마오. 고만 일로 노여하겠소?

그때 방자 절룩거리며 시무룩해서 등장.

부인2 아니, 방자 너 이 녀석. 서울 갔다 인제 오니? 서방님은 어사 되어 벌써 여기 와 게신데……
방 자 어사, 어디 게시오!
월 매 방자야, 네 말대루 경사 났구나, 경사 났어.
방 자 (몽룡을 보고) 여보, 서방님! 그래 나를 그래야 옳단 말요? 서방

　　　　　님 위해 길 심부름 가는 놈을 운봉에다가 가둬야 옳단 말요?
월　매　에라, 이 녀석. 옥에 좀 갔혔든들 그게 대수냐!

　　　　일동 웃는다.

방　자　웃기는 왜 웃어. 비우 상해 죽겠는데!
어　사　방자야, 네가 미워서 그런게 아니라, 네 입이 너무 가벼워 누설할까 염려하여 그런 것이니, 노엽게 알지 말고 향단이와 혼사 지내구 다 같이 서울로 갈 차비나 차리게 하여라!
부인들　하하하.
부인2　앗다, 방자 이놈. 수났구나, 수났어!
월　매　암, 그래야지. 어사님 분부인데 갈 데 있느냐. 자, 남원 읍내 벗님네들, 우리 이 마당에서 춤이나 한번 추어 보세!

　　　　풍악 소리.

월　매　(춤추며 소리한다) 이 세상 벗님네야, 이 내 말을 들어 보소.
부인들　(춤추며) 얼시구!
월　매　(소시로) 아들 낳기 원치 말구 부디부디 딸을 낳아서 우리 춘향이처럼 기르시오.
부인2　아무렴, 그렇구 말고. 여보소, 손님네들. 아들을 낳으면 암행어사 이도령처럼, 딸을 낳으면 우리 남원 춘향이처럼 기르시오!
월　매　그렇지. (신이 나서 춤춘다)
방　자　아니, 이 아주머니는 왜 툭 튀어 나와서 이러는 거여! 이게 다 누구 덕인 줄 알구 거침없이 이러슈? 이게 다 방자 덕야! 방자 덕! 그런 소린 나한테 맡기고 어서 궁둥춤이나 추시우! 그 궁둥이 됐다가 논 사겠소, 밭 사겠소. 이럴 때나 한 번 푸짐하게 흔들지.
부인2　예기, 이놈. 하하하.
일　동　하하하.

　　　　월매, 부인이 풍악에 맞춰 춤추고 몽룡과 춘향 대상에서 즐거 웃을 때, 가만히 막.

强制兵(2막)

작자의 말

이 히곡(희곡)은 1943년 중국 화북 투항전쟁 마당에서 중국사람 관중을 대상하고 쓴 것이다. 해방된 오늘 조선에서 민주주의 건설도상에선 오늘 조선에서 이 글을 발표하는 것은 곳 의이(의의)가 없을 듯하다. 다만 조국을 사랑하는 아들딸들의 원수들과 싸우든 기록의 한 페지로 알고 보아주었으면 한다. 1946년 7월 4일

제1막

때
   1932년 늦은 가을
곳
   경기도 서울 가까운 소도시
사람
   창근   서울 모전문학교 졸업생
   박씨   창근의 모, 과부, 젊어서 남편을 잃고 빈한한 가운데서 창근을 길러
   연순   창근의 미혼처, 모전문학교에 재학 중, 맺일 후이면 결혼식을 하기로 되여
   김참봉 박씨의 부(귀가 좀 어둡다)
   영찬   대학생, 연순이 옵바, 창근의 친구, 열정가, 학생운동에 참가해본 경험도 있어
   명걸   창근의 동창
   형사

무대
   정원 안늑한 집 살림살이다. 비록 궁하지만은 좌쪽(무대 1/3 면적 가량)에 창근 서재 좌편에 안방으로 통하는 문. 실 정면은 널쩍하고도 시언한 창, 창밖에는 수양버들이 욱어지고 꽃줄기가 들창을 넘어 들어왔다. 창 뒤로부터 우쪽 끝에 이르기까지 엉그러진 나무로 된 울타리 (낮다). 울타리 중간에 문, 방 앞으로 안을 통하는 길. 울타리와 창 뒤로는 대로. 대로 저편에도 두문두문 나무가 서있어.
   서재 안에는 책장이 서있고 테불 우에 학생복, 모자도 걸여 있다. 테불 우에는 꽃병(꽃이 꽂이지 않은)이 놓여 있다. 방엔 테니스채도 걸였고, 얼른 보기에 얌전한 학생의 방이다. 방 정면에는 그의 부 사진이 걸여 있어. 막이 오르면, 박씨 혼자 앉어 바느질을 하고 있다.

박 (깊은 생각에 잠겨 한번 길가를 내다보고 와서) 창근이가 이젠 돌아올 때가 되었는데 웬일일가. (한숨을 쉬고 나서) 세상이 하도 어지려우니 한시도 마음을 놓을 수 있어야. (가앉는다) 그래 창근이가 이전 사문도 졸업했으니 어데 훌늉한 일자리나 하나 구해 갖이고 우리도 이전 남부럽지 않게 살어 보아야지.(기(起),

남편 사진 앞에 가서) 금년은 그이가 돌아가신지 꼭 스물 한해 채. (눈물을 씻는다) 수물한햇 동안 내 혼자서리 창근이를 다리고 (한숨) 내 손으로 길으고 내 손으로 품싹을 팔어서 공부를 시켰소이다. 당신이 유언하신 대로 창근이를 남부럽지 않게 길넜오이다. (또* 바누질)

사이.

연 순 (손에 꽃 한줌을 들고 활발하게 등장. 거먼 저고리 힌 초마) 어머니!
박 응, 연순이야. 어서 와, 어서.
연 순 어머니두 무슨 바누질만 작구 하세요. 이전 아드님께서 전문학교도 졸업하였는데 어머님은 그래도 바느질만 해서 돼서요? 이전 좀 한가하게 쉬서야지요. 그이도 이전 그많치 길너 놓왓는데 웨 어머님 보양을 못 하실라구?
박 (좀 수집어 하는 듯 빙그시 우스며) 그래. 창근이두 날더러 이전 싹바느질을 그만두고 작구 쉬라고는 하지만, 그렇다고 일을 않고 가만이 앉었으면 또 심심해서 견딜 수 있어야지? 호호! (좌(坐))
연 순 어머니두… 이전 좀 그만두서요. (바누질감을 빼앗아 가며) 어머님께서 작구 이러시면 그이도 근심하실 터인데. 창근씨께서 늘 말슴하시는데 이전 어떠케 하든지 어머님을 잘 보양해야겠다구요. 창근씨 마음속에는 어머님 밖에 없어요.
박 (멍하니 무엇을 생각하다가) 내 창근이 그애 한 살 때 제 아버지는 세상을 떠나고, 집에는 먹을 것이 없고, 빗쟁이는 매일같이 졸으고, (눈물을 씻고나서) 그때 같애서야 어디 하루인들 살 수 있어야지. 내 창근이를 업고 한강엘 멧번이나 가섯지… 자살을 하려고… 그렇나 창근아버지를 생각할 때… 나는 어떠케 하든지 창근이를 길너야 한다고, 니를 악물고 오늘까지 수물세해 동안을 세상의 모-든 풍파를 격거가며 살어오지 않었니… 오늘 생각하니 옛날이다! 어제와 같구나… (슬퍼한다)
연 순 어머니두… 웨 작구 슬픈 생각만 하서요… 창근씨가 어머님께서 이렇게 (손수건으로 눈물을 다까주며) 슬퍼하시는 것을 보면 오죽이나 속상하실나구… 어머니, 안심하세요. 어머님께서 그렇게 고생하셧으니 이전 아드님이 어머님을 안락하게 모시고 살 날이 되지 않었어요… 어머님… 우리들에 결혼식도 어머님 때문에 하루라도 일즉이 할냐고 하지 않어요. (도라 앉으며 북그려한다)

박   (웃고 나서) 그래! 연순아… 나는 오새 넣이(너희)들을 처다만 보아두 괜히 깁뻐서 어쩔 줄을 몰우겠다. (연순이 완전히 돌아서) 작구 꿈만 같아서 그래. 창근이가 엽때 안 돌아오는 것을 보니 아마 결혼식 준비를 하느라고 바뿐 게지.(기(起))

연 순 창근씨 안 게서요?

박   그래, 아침 먹고 나갔어. 곳 돌아온다고 했는데, 별 일이 생겨지 않었는지. (흐린 기분이 떠돈다) 요새는 꿈자리가 하도 사나워서, 그 애가 밖에만 나가면 통 마음을 놓을 수가 있어야지. 연순아! (좀 놀나며) 요새 젊은 사람을 함부로 잡아서 탄광으로 보낸다지. 또 무슨 지원병인가 강제병으로 이전 학생들도 병정으로 뽑아 간다지? 우리 창근이는 괜찬을는지? (근심) 이웃집 학생도 강제병으로 나간다고 오늘은 하로 종일 전 식구가 울고 야단인데, 그집 할머니는 기절을 하고.

연 순 어머님! 염녀마서요! 창근씨가 제 앞일을 모로고 다니실나구. 더구나 어머님의 외아드님을 병정으로 내보낼 리야.

박   그래, 그렇기는 하지많은 세상이 하도 어지러우니. (돌여서) 연순아! 꽃은 무었하러 갖어 왔어?

연 순 호호. 어머니두 뻔연히 아시면서. (수집어 하며 창근 방으로 들어간다)

박   음마, 창근이가 나에게 가르켜 주는데, 빨간 꽃은 뜨거운 사랑을 표시하는 거라고. 흐흐. (또 바느질감을 쥔다)

연 순 (꽃병에 꽃을 꼬즈며) 어머니두 별것을 다 아시네. 호호.

   사이.
   창근 회래(回來).

창 근 (맥없이) 어머니. (연순 안방으로 숨는다)

박   응- 이제 돌아오니? 난 집에서 하로 종일 어떠케나 걱정했는지 몰은다. 웨 좀 무슨 일을 빨니 빨니 보구 돌아오지 않고. 머 별일이나 없었니?

창 근 ……
박   웨 어디 편치 않으냐? (찬찬이 처다보고 나서) 네 얼굴색이 웨 이렇게 좋지 않으니? (황겁해한다)
창 근 어머니.
박   웨 그러느냐? 속히 말을 못하고 창근아 무슨 일이 있는지? 어서 말을 해라.
창 근 …… (멍-하니 서서 무엇을 생각)
박   창근아! 창근아! (쥐어 흔든다) 너 웨 벼란간 이 모양이냐? (조금) 무슨 일이 있어? 무슨 일이? 어서 말해라, 어서.
창 근 … (한참 생각하다가 무슨 결심을 하고 나서) 어머니! 아무 일도 없읍니다. 그저 좀 몸이 불편해서……
박   웨 벼란간 몸이 불편하단 말이야? 너 또 나를 속이지, 무슨 일인지 빨리 말을 해라! 내 속이 타 죽겠다. 웨 또 그놈에 강제병에?
창 근 어머니, 걱정마서요! 아무 일도 없어요. 몸에 열이 좀 나서 (어머니 손을 쥐여다 니마에 댄다)
박   창근아, 네 몸에 웨 벼란간 열이 이렇게
창 근 어머니, 괜찮소이다! 요새 너(무) 돌아다니였드니 좀 피곤한가 부지요!
박   글세? (무슨 의심을 받은 듯) 너는 암만해도 나를 속이는 것만 같다.
창 근 (정신을 내서) 어머니, 제가 어머니를 속이다니요?
박   그럼, 네 오늘 웨 벼란간 얼굴색이 변했느냐?
창 근 어머니! 염녀마서요 조곰만 지나면 나흘터이지요. (억지로 웃는다)

　　　연순 안방에서 나온다.

박   창근아! 연순이가 너를 찾어온지 벌서 한참 되었다!

　　　연순 또 안방으로 피한다.

창 근 연순 씨가? (방으로 들어간다. 들어가 이리저리 찾는다. 찾다가 없으니까 안방으로 들어갈야고 할제, 연순 벼란간 '악' 하고 놀내며 나온다) 연순씨! (창근 놀나는 것을 보고 연순 '흐흐' 웃는다)

연 　순　웨 인제 돌아오세요. 어머니를 하루 종일 걱정시키시구.
창 　근　글세, 그렇게 되었오. (억지로 웃는다. 연순을 맞췬다. 모(母)가 들어 올나 가다 그것을 보고 못 본 척하고 돌아나간다. 나가서 만족한 드시 웃는다)
연 　순　창근씨! 내 창근씨께 깁뿐 소식을 하나 알으켜 들일가!
창 　근　그래! 무슨 소식이 그렇게 깁뿐 소식 (억지로 연순의 기분을 맞출야고 애쓴다) 어서 말해 주서요
연 　순　(창근 손을 놓으며) 창근씨가 정말 정말 깁뻐할 소식인데…… 이 소식을 알으켜들이는데는 조건이 있어요. 그 조건을 들어주겠어요?
창 　근　무슨 조건인데?
연 　순　글세, 먼저 들어주실 것부터 승낙하시고……
창 　근　아! 무슨 일인지 알구야 듣든지 안 듣든지 하지 않겠오?
연 　순　글세, 좌우간 창근씨가 제일 제일 깁뻐하실 일이야요…… 먼저 나의 요구부터 승낙하서요, 빨이…… (어리광을 부린다)
창 　근　자, 이건 일본 사람 경우보다 더하구려- 무슨 일인지 아지도 못하고 승락부터 하라니.. 이런 성화야.
연 　순　그럼 난 싫여. (비튼다) 빨리 말해요, 빨리…… 나의 요구를 들어 주서야 되요.
창 　근　그래, 내 들어 주지, 무조건 하구.
연 　순　정말이애요. (다짐을 받는다)
창 　근　아- 그럼 정말이지, 내 언제 연순씨한테 거짓말을 합디까?
연 　순　네, 그럼 꼭 약속대로 해야 합니다.
창 　근　그래, 염녀없지! 무슨 요구인지 어서 말하오.
연 　순　자, 그럼 내 말할 터인데 (손으로 창근의 얼골을 돌이며) 나를 처다보지 마세요. 호호. (창근의 품에 파무처 웃는다) 창근씨. (다소 정색해가지고) 우리 결혼식을 지나고 금강산으로 신혼여행을 합시다, 네? (창근에 가슴에 꽃을 꼬자준다)
창 　근　금강산으로 신혼여행을?
연 　순　그래요, 꼭 한달 동안만……
창 　근　그래, 할 수만 있으면야…… (슬픈 생각)
연 　순　웨 대답이 시원치 않어요? 그럼 난 싫어요! (돌아선다)
창 　근　연순씨, 이 세상은 우리의 것이 아니니까, 무슨 일이든 우리의

뜻대로 되는 일이 있어야지요. 백이면 백, 천이면 천대로 한글갖이1) 놈들한테 억매워 사는 인간들이니까…… (다소 흥분) 여기에 조국 없는 사람들의 비애가 숨어 있는 것이요…… 우리 조선 사람에게 무엇이 남아 있느냐고요?…… 아무 것도 (비탄) 없어…… 우리들의 글, 우리들의 말, 우리들의 예술, 모든- 모든 심장이 조선의 젊은이들의 생명까지! 빼아서 갈여고…… (극도로 흥분) 조선 사람의 마지막 한방울 어듸까지를 빠라먹을야고……

연 순　창근씨, 웨 이렇게 흥분하세요? 오늘 밖에 나가서 무슨 일이 생겼어요. (그제야 창근의 눈치를 채린 듯)
창 근　연순씨. (**리여 처다만 본다)
연 순　창근씨, 웨 이렇게 흥분하서요, 네- 무슨 일이 생겼어요?

　　　박씨 등장.

박　　창근아! 웨 그러니? 웨 무슨 일이 생겼느냐? (놀나운 눈초리)
창 근　어머니, (슬적 돌아서 우서 보이며) 않임니다. 아무 일도 없어요. (연순을 처다보며) 내가 괜이 흥분되서…… 어머니, 안심하서요.
박　　(멀그럼이 하늘을 처다보며 무슨 상상에 얻어맞은 듯) 그러나 네가 이제 방금 한 이야기는 심상치 않어…… 창근아, 너 웨 이 어머니를 속일야고 하느냐? (눈물을 먹으며) 너는 오늘까지 나한테 손톱눈만한 일도 속인 일이 없는데-
창 근　(더 참지 못해 열심히) 어머니…… 웨 이러심니까- 정말임니다. 아무 일도 없습니다…… (고개를 숙인다) 아뭇 일도 없어요. 염녀마서요…… 어머니
박　　(나갈야고 하며) 네가 말하지 않어도 나도 짐작 있다. 요새 밤마다 꿈자리가 사납고…… 너의 아버지가 밤마다 너의 손목을 잡고…… (눈물을 씨즈며 뜰 쪽으로 나간다. 창근 따라 나가며)
창 근　어머니! 웨 이러서요. 어머니 괜히 속을 썩어서요! 나는 요새 어머님이 유달이 깁버하시는 얼굴을 대할 대마다 속으로 어떻게나 좋흔지 몰으겠는데…… 나의게는 이보다 더 행복스러운 일이 또 없오이다. 어머님, 저도 인제 전문학교도 나오고 햇으니 우리집도 인제 셈이 필 것이라고 말슴하시지 않었어요……

---

1) 한결같이.

박 그래, 나는 오늘까지 너를 다리고 너를 믿고 네가 빨리 커서 이 장가네 집을 새로 세울 것을 바라고 살어 왔다.

창 근 (쾌활하게) 어머님! 자 여기 게시는 장창근씨는 (자기를 가리키며) 이 장씨댁 주인이시고, 이분은 (연순을 가리키며) 장씨댁 새 메눈님이시고…… 이 분은 (어머니를 가리키며) 장씨댁 마나님이심니다. 여러분, 어떠합니까? (연극하듯이 어리광을 부린다)

연 순 (창근을 국 찌르며 북그러워져 웃는다)

박 (웃으며) 미친 녀석…… (다소 북그러워. 창근과 연순을 인자하게 보고나서 안방으로 들어간다)

창 근 어머님은 너무도 감상적이 돼서…… (슬퍼한다) 조곰한 일에도 늘 흥분되군 해서…… 연순씨, 앞으로 어머님을 잘 모셔야 합니다. 내 어머니는 불상한 분이요.

연 순 (고개를 숙인다)

창 근 세상 사람들이 아들 노릇하기처럼 힘든 일이 없다고 하는 말의 참 듯(뜻)을 내 요새야 알기 시작하였오.

연순 슬픈 생각에 잠기어 걸상에 가 앉는다.
사이.

창 근 아 참! 내 깜짝 니젓네! 연순씨가 제일 깁분 소식을 아르켜 준다고 했는데…… (연순한테 가서) 자, 어서 말하시오.

연 순 난 싫어요…… (실죽했다2).)

창 근 하…… 이 집이 오늘은 부정를 탓는지…… 웨 모두들 이렇게 실죽벌죽하기야…… 자, 그러지 말구 어서 말하시오. (일난다) 내 연순씨 요구이면 무었이든지 들어주지……

연 순 정말? (웃으며)

창 근 그래, 내 언제 연순씨를 속입듸까?

연 순 창근씨, 다른 것이 아니고 우리집 아부님께서 이번 우리 결혼식 할 비용으로 일금 오천원야를 주신대……

창 근 (한숨을 쉬고 나서) 그것 참 고마우신 일이시로군.

연 순 우리 결혼비용을 주신다는데, 웨 한숨을 쉬세요.

창 근 아, 그런 게 아니고…… 너무 과만해서……

---

2) 실쭉하다. 어떤 감정을 나타내면서 입이나 눈이 한쪽으로 약간 실그러지게 움직이다.

연　순　그것 뿐인가요? 또 있어요? 우리 결혼한 뒤에 새로운 SWEET HOME을 꾸리라고 또 일금 만원야를 주신다나요……
창　근　(멀그럼이 하늘만 처다본다)
연　순　창근씨? 또 무슨 딴 생각을 하서요? 네?
창　근　연순…… 내가 없어도 우리 어머니를 잘 모셔 주겠오? 나를 대신해서……
연　순　무슨 말슴을 이번 말은?…… 요새 학도지원병을 뽑는다드니, 그럼 창근씨도…… (창근 연순의 입을 막으며)
창　근　쉬…… (안방을 갈으키며)
연　순　그럼, 나는 어떠케 해요?

　　　　사이-
　　　　밖에서 '이리 오너라' 누가 왔다. '이리 오너라'.

창　근　네…… (나간다. 박씨도 빠른 거름으로 나온다. 연순 역시 문 밖에 나와)

　　　　김참봉 상(上), 칠십에 가까운 노인 풍채도 좋고 점잔않게 차렸다.

창　근　한아버님 오섯슴니까…… (절을 한다)
노　인　오…… 창근이냐…… 에헤, 이전 어른이 다 되었구나…… 그래 이전 네 어머님도 짐을 좀 놓게 되었다.
박　　　(인사를 하며) 아버님 오섯요. 먼 길에 얼마나 수고하섯어요?
노　인　그래, 창근이가 학교도 졸업했다구. 또 머지않어 혼인 잔채도 한다니 이렇게 기뿐 일이 또 어데 있나. 그래, 내 별느구 별느구 하다가 오늘은 그저 만사를 부탁하구 너희들을 찾어왔다. 세상이 하도 험하여 어디 외출인들 마음대로 할 수 있어야지. 더구나 오늘은 이 창근(가르키며) 아버지 제삿날이 아닌가?
박　　　아버님두 퍽 정정하서요. 그런 거까지 다 기억하시고 (높은 소리로)
노　인　허…… 될 말인가? 창근이 아버지의 제삿날을 닛다니?

　　　　사이.

창　근　한아버님, 저…… (연순을 가르키며) 인사 받으서요.

연순 학생 인사.

노　인　어- 누구신데. (인사를 받는다)
박　　　저 창근이의 여동무야요?
노　인　응?
박　　　저 창근이의 여동무야요
노　인　여동무라니?
박　　　아버님두, 창근이 애인이야요
노　인　응, 창근이 애인, 애인이라니?
박　　　재 섹시될 학생이야요.
노　인　응…… 응 (끄덕끄덕하며) 허허. 그래, 어디 좀 봐. (연순한데 각가히 가서) 참하군…… 얌전하게 생겼어…… 허허…… 창근이 어머니도 이전 * 이펏어. 저렇게 저렇게 훌륭한 메누리까지 보게 되였으니. 허허. 그래, 내 말이 맞었어. 창근이 어머니는 사십이 넘어야 운이 튼다니까. 고생을 그많지 했으면 이제 좀 심도 페야지……
박　　　아버님, 방에 들어가 쉬시지요
노　인　괜치않어. (연순 의자를 갖다 노인을 앉인다. '한아버님 앉으서요.') 응…… 응 (사방을 돌아다보며) 허허. 오늘이야 너히들 집도 화기가 돈다, 허허…… 이전 너의 어머니를 단단히 보양해 주어야지…… 너의 어머니와 같은 열녀는 세상에서 드물 것이다…… (담배를 한 대 피워 물고 나서) 네가 한 살에 애비를 잃고 집이 패가를 당하자, 너의 어머니는 시골노 밥을 비러 먹어가며 너를 길넜단다. 어떤 때는 사흘 나흘씩 굶어 본 적이 한 두 번이 아니지. 나종에는 싹바느질을 하기 시작해서 조곰만 오막사리를 한간 장만하고 너를 공부 식히기 시작하지 않았나. 그래 너를 보통학교를 졸업 식히고, 고등보통학교, 그리고 전문학교까지 네가 오늘 이런 훌융한 사람이 될 때까지, 너의 어머니의 폐골이 얼마나 빠젓는지 너는 몰을 것이다.
박　　　아버지, 저 안방에 들어가 좀 쉬지요. 피곤하실 터인데.
창　근　한아버님, 들어가서요. 한아버님 말슴대로 저는 마음을 저의 어

　　　　　머님을 모실야고 함니다. 또 저의 (연순을 가르키며)
노　인　그래야 쓰지. 그래, 싸리 밭에서는 싸리가 나는 법이라고, 열녀 몸에서는 효자가 나는 법이야…… 내 오늘 너를 보니 마치 너의 애비를 만나는 것 같다…… 너의 아비도 똑똑했지! 왜놈들도 너의 애비한테는 쩔쩔매였지…… 한때는 서울에서 너의 아비를 모르는 사람이 없었단다. 말도 잘 하고 글도 잘 쓰고 내종에는 놈들이 너의 애비가 어떠케 미윗든지 부뜨러다 죽이지 않었다. (눈물을 씻는다) 사람의 자식이란 애비의 원수를 알어야 한다, 원수를. (흥분)
창　근　한아버지. (결심을 표시하는 듯)

　　　사이.
　　　영찬 급히 등장.

영　찬　창근! (일동 주의)
창　근　영찬인가, 어서 오게.
영　찬　그런데 여바, 저 (황겁해서)
창　근　(돌아서 암시, 손짓을 하며, 돌아서서) 어머님, 한아버님 모시고 안방에 들어가서요. (노인에게) 한아버님, 안방에 들어가서 좀 쉬지요. (모시고 들어간다)
박　　　아버님, 들어갑시다.
노　인　(들어가며) 그런데 저분은 누구냐?
창　근　한아버님, 저의 동창이야요.
노　인　응. (다소 의아스러운 듯)

　　　박씨, 노인, 창근 퇴장.

연　순　옵바, 무슨 일이 있소. 창근씨도 '강제병'에 나가게 돼우?
영　찬　흥…… 누군 안 나가고 견데?
연　순　창근씨가 강제병으로. (놀난다) 그럼 옵바두?
영　찬　놈들은 마즈막으로 조선의 지식분자들까지 모조리 전선에 내다 죽일 작정이니까!
연　순　옵바, 그럼 나는 어떻게 해.
영　찬　창근이 너보구 입때 말없든?

연　순　그 저 속으로 무슨 고민은 이서 보이고 각금 이상한 말만 하고 강제병으로 나간다는 말은 통 없어서요.
영　찬　그럼, 창근 어머니도 입때 모르겠군?
연　순　그러문요. 창근씨가 어머니한테는 알일세라 하는 걸요.
영　찬　창근 어머님이 창근이가 '강제병'으로 나가는 것을 알게 되면 어쩌나? (멀리 처다본다)
연　순　어찌단이요? 못 살지요. 그 어머님이 창근씨를 내놓고 살래요?
영　찬　안 내놓으면 어쩌니. 놈들이 총칼을 내밀고 강제로 붓드러 가는데야
연　순　옵바, 이 일을 어쩌면 좋와요.
영　찬　연순, 너도 마음을 단단이 먹어야 한다. 사나운 폭풍우 가운데서 한 떼기 '장미화'가 제 아무리 뽑낼야고 한들 무었해? 이것은 너도 이미 알고 있는 도리가 아니냐?
연　순　옵바, 그럼 어떻게 해야 옳단 말이요!
영　찬　살어야지. 든든히 버티고 살어야지. 코딱지만한 울타리를 박차고 소리치고 나서야지. 조선 사람도 이전 그만 참을 때가 되었지.

　　　창근 상(上).

창　근　영찬, 어떠게 되었어?
영　찬　연순아, 밖에 좀 나가바. 놈들이 오거든 (세바트) 곳 통지해.

　　　연순 급히 퇴장

영　찬　(가 앉어 담배를 피운다)
창　근　영찬, 별 문제나 안 생겻나!
영　찬　대체로 순리롭게 진행되였는데
창　근　그래, 학교 대표들이 다 왔든가?
영　찬　한 학교에서 안 오고는 다 왔어!
창　근　그래, 무얼 결정했는가? 우리들이 계획한 문제는?
영　찬　(시계를 보고 나서) 대체 우리들이 토론한 대로 결정했어. 오후 네 시 붙어 시위운동을 개시하기로 하고, 시위도중에 친일분자네 집을 짓모으고 배급소를 처부수기로 되었어?

창 근 오후 네 시? 그러면 시간이 얼마 안 나맛는데…… (무엇을 생각다가) 요새 경계가 특별히 심한데 시위를 하기는 어려울 터인데, 차라리 밤에 몇 군데서 습격을 하는 것이 낫지……
영 찬 그 점도 충분히 고려는 했는데 시위를 하는 데는 한 가지 방법이 있어. 처음은 '지원병' 출정 환영을 하는 척하고 깽가리, 북을 치고 슬슬 학생들을 모아 갖이고, 네거리에 나가서 강제병을 반대하자는 기를 들고 정식으로 시위를 한단 말이야.
창 근 그래, 그렇나 이 일을 하는데는 학생들이 최고도의 결심이 필요한데, 죽어도 항복치 않을
영 찬 여바, 창근. 그는 넘녀 말어. 어떤 학교에서는 선동을 계획한 데도 있어. 모두들 말하기를 '왜놈한테 끌여 전선에 나가 죽으나 이곧서 왜놈들하고 싸우다 죽으나 죽기는 매일반이라'고들 야단이다. 놈들은 이전 조선 학생들에게까지 불집을 이르켜주니가
창 근 구체적 계획은?
영 찬 다 이야기 되었어. 먼저 우리 학교에서 북과 깽가리를 치고 나서면 다른 학교에서도 다들! (연순 급히 등장)
연 순 옵바, 고등계 형사놈하고, 구장하고 지금 이웃집에 들어갔어요. 어서 피해요, 빨이.

영찬, 창근 퇴장. 창근 다시 등장.

창 근 연순씨, 단단히 부탁하오. 만약 내가 못 도라오거든 나를 대신하야 어머님을 잘 모서올여요!
연 순 네. (눈물을 먹으며) 창근씨. (붙어잡는다)
창 근 연순. (뿌리치며 나간다)

연순 한참 섯다가 창근 방에 들어간다.
사이.
형사, 구장, 순사 등장. 연순 급히 안방으로 하(下). 디긋 자로 창근방에 들어간다.

형 사 (책을 뒤적거린다. 책 하나를 골나서 읽는다)「세계문학사」건방진 놈, 전쟁시대에 무슨 문학이냐? 돼지 못하게. (책을 함부로 뒤여던지며) 창근이란 놈의 사상이 단단히 불순해!

안에서 박씨 나온다. 연순 따라 나온다.

형 사 (아래우로 쳐다보고 나서) 그래, 댁이 창근이 어머니인가?
박   네, 그렀음니다!
형 사 그래, 창근이는 어데 갔어.
형 사 저 사람은 누구야. (연순을 가르치며)
박   저이집 메누리입니다!
형 사 (쳐다보며) 천하일색이로군. 하하. (삼인 대소)
박   글세, 밤낮 나가 돌아 단이니가 젠들 어디 알 수 있어요
형 사 무었이, 어때 내가 뻔연이 알고 있어. 창근이를 어데 숨것어? 내놓지 않으면 봉변을 당할 터이야!
박   멀정한 아히를 감치긴 어데 감처요. 대관절 무슨 일인지 알구나 봅시다. (굴치 안는다)
구 장 다른게 않이라 내가 이 몬저도 멧번 말슴 엿주었지만, 창근이가 이전 전문학교도 졸업했으니 '지원병'으로 내보내야 한다는 것임니다.
박   (새파라게 질인 채 퇴방에 가 앉는다)
구 장 대일본제국신민으로서 황군이 되어 전선에 나아가 활약하는 것보다 더 떳떳한 일이 또 있소이까? 더구나 조선 청년으로써 제국 군인의 군복을 입고 대동아전쟁에 참가한다는 것은 둘도 없는 영광임니다! 댁께서도 더 고집을 부리지 말고 어서 시원히 아드님을 지원병으로 내시요!
박   (날카롭게) 안 됩니다. 내가 죽으면 죽었지, 우리 창근이는 못 내놋습니다. (목소리가 걸인다. 정원에 나가)
구 장 아무래도 지원병으로 나가구야 말걸. 더 말썽을 일으키지 않고 떳떳하게 내보내는 것이 댁에게도 좋을 것이우다. (따라나가며)
박   안 된다니까 그러십니다. (쏜다) 우리집을 다 허무러가고 내 모가지를 따간대도 우리 창근이는 내놓을 수 없어! 우리집은 그 애 하나를 믿고 사니까 그 애를 빼앗아갈야거든 차라리 나붙어 죽이고, 내가 살아 있는 한 창근이는 못 내놔!
노 인 (등장) 안 될 말이지, 창근이를 병정을 뽑아가다니. (연순 막는다)
구 장 (지원서를 내놓으며) 자, 그러지 말고 이곧에다 도장이나 찍으시

오? (능글댄다) 당신에 아드님이 대일본제국의 군인이 될 것을 지원한다는 용지입니다! 이래도 뽑혀가고 저래도 뽑혀가는 형편에야 이렇게 아웅다웅 할 것이 있소! (다가안는다)

박　　　(물너가며) 이 양반이 미첫나? 웨 이렇게……
노　인　안 된다. 안 된다, 안 돼. 우리 창근이를 빼앗아가다니.
구　장　않니, 댁이 이렇게 버티실 작정이심니까? (성을 낸다)

　　　명걸 등장. 또 한 학생과 같이
　　　술이 취했다. 노래를 부르며. 일동 놀나.

　　　"일, 석탄 백탄 타는덴 돼기3)나 펄펄 나는데
　　　이내 가슴 타는 덴 연기나 조차 안 난다(없고나)
　　　이, 새우 색기 등살엔 고래 등이 터지고
　　　난쟁이 쪽발이 등살엔 백의동포만 녹누나!
　　　삼, 하룻강아지 싸흠에 어른 뒷다리 물니고
　　　사무라이 싸흠엔 학생들 신세만 망친다
　　　사, 신사 스텍기4) 바람엔 엽집 처녀가 녹아나고
　　　내선일체 바람엔 꽃다운 청춘만 녹누나."

명　걸　창근이. 어, 취했다. 창근이, 집에 업드려 무었해.
학　생　한잔 먹으로 가세. 싸움판에 글여가 죽을 터인데, 안 먹고 무었해?
명　걸　여바, 창근이. (방 앞에 닥처 방안 사람을 발견) 오라, 하하! 이 집에서도 또 강제병 노름이로군! 구장나리 (구장에게) 요새 대일본제국을 위해 발바당에 피가 나겠구려! (학생 노려 본다. 창근 모에게) 어머님, 창근이 어데 갔어요?
박　　　(다소 속을 누르며) 그 애가 아침에 나가서 엽대 안 돌아 오는구려. 학생들 무슨 볼일이 있으면 좀 있다 오시지?
명　걸　어머님, 괞이 속태우지 마서요. 놈들이 지랄을 한대두 사람이 속태운다고!
학　생　어머님, 세상은 머지 않었오이다.
형　사　너히는 웬 놈들이야?

---

3) 더미의 평안 방언.
4) 스테이크(steak).

명 걸   네, 말슴 나춰하십시오. 너히는 적어도 대일본제국의 학생 강제
         병이올시다. (구장 형사한테 눈짓을 한다) 또 무슨 분부가 게심
         니까? (학생 당장 칠 작정으로 노려다본다)
형 사   이런 비상시에 무슨 술을 그리 처먹고 지랄이야?
학 생   이 자식이 손탁5)을 못 밧구나. (닷자곳자로 고시나게)
구 장   학생들이 거 무슨 짓이요? (말인다)

         학생 벅싱6)식으로 한 대 메긴다.

박   (박씨 말이며) 학생들, 이 이러지 마시오. (내민다) 또 무슨 큰 봉
         변을 당할야고!
명 걸   어머님, 괜찮어요. 요새 우리 학생들은 저런 개들을 처누필 '전
         매특허'를 맡었지오. (형사를 백길노7) 차며) 이놈, 이자식, 죽고
         싶나. (박 계속 말인다) 제 에미 똥구멍에 대구리를 박구 뒈질 녀
         석같으니라구!
박   이러지들 마시오.

         노인도 말닌다. 삼인을 방에서 모라낸다. 형사, 구장 별안간 받은 습격에
         어쩔 줄을 몰나. 형사 대구리를 만지고, 구장 뺨을 만진다.

명 걸   (학생과 같이 나가며) 이놈에 자식들이 아즉 사람의 손맛을 못
         바였어. 조선학생들이 그저 죽은 줄만 알어. (퇴장)

         사이.

구 장   여보. (화가 났다. 분프리) 어떠컬 작정이요. 사람을 이렇게……
박   날더러 어떠커긴 무얼 어떠카란 말이요.
구 장   그래, 당신의 아들을 지원병으로 못 보내겠단 말이요.
박   나는 지원병이구 강제병이구 몰나.
구 장   자…… 그러지 말구 이 곧에 (용지를 내놓으며) 도장을 찍으시
         오. 도장이 없으면 지장이라도 좋으니!

---

5) 손아귀. 보살핌이나 세력 또는 영향이 미치는 범위를 뜻하는 북한말.
6) 복싱.
7) 발길로.

노 인 창근이는 안 된다. 제 에미가 어떠게 길너낸 창근인데, 안 된다.
박   그럼 날더러 어떠게 하란 말이요? (구장에게) 흥, 안 돼. 내 아들은 못 내놔. 못 내놔. (입슬이 푸들푸들된다)
형 사 이년 같으니라구. 그래 대일본제국국민으로서 이러는 법이 있어?
박   나를 죽여라, 나를 죽여. 내가 죽어도 내 아들은 못 내놓는다, 못 내놓는다.
형 사 이년. (스틱으로 후려갈긴다) 어디서 함부러 되지 못하게.
노 인 이놈이 이건 어데서 난 버리장머리야. 부인네를 때리다니?
연 순 어머니. (가 안는다)
형 사 (노인을 턱 밀치며) 이건 어디서 난 영감쟁이야.

노인 나가 쓸어진다.

박   이놈들아, 나를 죽여라. 내가 무슨 죄가 있단 말이야. 내가 무슨 죄가, 내 과부로 창근이를 길너온 죄밖에 없다. 내 손톱이 달아지도록 싹품을 팔아서 우리 창근이를 공부식힌 죄밖에 없다. 이놈들아, 나를 죽여라.
노 인 이놈들, 이 고약한 놈들, 어데서 함부로 우리 창근이는 못 빼앗아간다! 이 개같은 놈들?
형 사 (순사에게) 체포하라. (박을 가르킨다)

순사 박을 얽는다.

박   이놈들이 내가 무슨 죄가 있단 말이야. 너희들은 나의 남편을 잡아다 죽이고 또 내 아들마저 싸음판에 대다 죽일냐고 하느냐. 이놈들아. (끌려 나가며 목노아 운다)

연순, 노인 따라 나간다.

연 순 어머님, 어머님. (늑겨 울며 돌아와 기둥을 잡고 운다)
노 인 야! 이놈들이아, 창근이 애미가 무슨 죄가 있다구 잡아가느냐. 이 개같은 놈들아. (쓰러진다)

사이.
멀니서 깽가리 북소리 요란히 들인다. 고함소리 바짝 떠든다.
학생 '강제병을 반대하자', '침략전쟁을 반대하자' 떠드는 소리. '조선독립 만세' 점점 각가워온다. '일본 파시스트를 타도하자'

연　순　한아버지. (밖엘 내다본다. 노인 그쪽으로 간다) 저 학생들이.

그릇을 깨고 무엇을 패는 소리, 고함소리. '강제병을 반대하자', '조선독립 만세' 한참 계속. 불이 활활 붓는다.

연　순　한아버지, 학생들이 만세를 불너요. 저렇게 많은 학생들이. 아아, 저 봐요. 순사를 막 패요.
노　인　잘한다. 슬컨 패라, 슬컨. 조선사람은 영원히 살아있다. (와지근 집을 허무는 소리) 놈들이 조선 사람은 그저 다 죽은 줄만 알고, 어림도 없지.
연　순　아이, 저 바. 저 배급소를 허무러 버려요. 양식을 모조리 메여가요. 아이, 저 봐요. 어린 아해들이.

함성 계속, 승마 말발굽소리 점점 멀어진다.
사이.
창근 두 학생에게 부축당해 등장. 머리가 깨지고 옷이 쩨지고 중상이다.

연　순　창근씨, 웬일이서요. (놀난다. 가서 부축)
노　인　이게 창근이냐. 이런 머리에 피가
학　생　창근씨가 지금 승마순사와 충돌이 돼서 부상을 당했습니다. 곳 치료해 울니야 됩니다. (2인 뛰여나간다)

연순 빨리 방에 들어가 약병과 솜을 갖이고 나와 창근의 상처를 시서 준다.

노　인　야! 창근아, 좀 어떠냐.
창　근　한아버님, 아무치 안소이다. 염녀마서요. 연순! 어머님은?
연　순　경찰서에서 와서
창　근　머? 어머님을, 그놈들이? (이러날야고 한다)
연　순　창근씨, 진정하서요. 곳 나으실 거야요.

창　근　그놈들이, 그 원쑤놈들이 나의 어머니를.

　　　사이.
　　　박 등장. 머리가 흐터지고 미쳤다.

박　　창근아, 창근아, 그놈들이 내 손을 강제로 달어다 지장을 찍었다. 지장을 강제로 찍었다. 안 된다. 안 된다. 창근이를 강제병으로 뽑다니?
연　순　어머님, 창근씨가 돌아왔어요. 어머님.8)
박　　아-아- (기절하는 비명) 창근아, 창근아, 네가 죽다니. 창근아, 빨리 학교에 가거라. 아- 창근아, 네가 정말 죽었느냐. (운다) 적말 죽었느냐. 저 구렁이, 저 구렁이, 저 구렁이, 아-아- (무서워 신음)
창　근　(몸부림을 하며) 어머님, 내 여개 있어요. 어머님.
노　인　야, 창근이 에미야. 이게 원 일이냐?
연　순　어머님, 정신을 차리서요. 창근씨가 돌아왔어요
박　　안 된다, 안 된다. (종종거름을 친다) 내 창근이를 누가, 창근이를 누가, 아- 저 사체, 저 시체, 창근아, 창근아, 네가 정말 (무서운 표정. 노인 연순 창근을 가르키며) 아- 내 창근이를 누가 (운다) 창근아.
창　근　어머니, 어머니. (부른다, 울며) 내가 여게 있어요, 어머니.

막-

---

8) 연순의 대사로 바로잡음.

제2막

(20일 후)
　　곧 중국 산서성(山西省) 오대현(五臺縣) 하변촌(河邊村)
사람
　　장창근
　　영찬 전문학교 학생
　　관수 학생A 대학생
　　중촌(中村) 소위
　　지전(池田) 상등병
　　산전(山田) 이등병, 소년병, 난쟁이 머저리
　　산구(山口) 신병, 촌놈 근시안
　　왕고낭(王姑娘), 팔로군 공작원
　　장(張)촌장, 팔로군
　　苦力(꾸리)9), 조선의용군 편의대(便衣隊)10)

무대
　　좌편 2/3는 보초실. 실내 정문엔 침상, 좌편에 등 거는데, 복판엔 테불 의자, 실내 우편에 이층으로 오르는 층층다리, 밖으로 통하는 문.
　　우편 1/3은 밖 보초 보는 자리. 층계는 콩크리로 된 벽, 벽엔 총쏘는 구멍…… 우편 뒤 밖과 통하는 외통 골목길. 그리로 멀리 첩첩한 산봉이 보인다.

　　막이 오르면 초저녁 반달이 떠오나. 멀니서 기관총 소리 각금 대포 소리 들닌다.
　　치열한 싸흠이 끝난 뒤.

창　근　(음지기지 않고 총소리 나는 데만 바라보고 섯다)

　　고요한 산촌의 밤이다.
　　긴 사이.

---

9) 중국인 하층노동자.
10) 사복 차림으로 적 지역에 들어가서 후방을 교란하고 적정을 탐지하던 부대.

학생A　(병중인 듯 맥없이 이층에서 나려온다. 내려와 실내를 다 살피고 나서 다시 밖으로 나간다) 여바, 창근!

창　근　(깜작 놀나 돌아선다) 관수인가? 어때? 좀 낳은가

관　수　(의자에 앉으며) 나긴 멀 낳어? 이놈에 생활 죽지도 못하고…… (사이) 여바, 창근이. 요새는 죽는 문제를 작구만 생각하고 있네. 생각을 들일야고 애쓰면 애쓸 사록 작구만 죽엄에 대한 생각이 꼬리에 꼬리를 물고, 내 머리를 어즈럽힌단 말이야.

창　근　흥, 죽긴 왜 죽어? 우리가 죽는 것을 어떤 놈이 좋아하는데…… 안 될 말이지. 단단히 버티고 살어야 하네. 우리 조선 청년을 그저 요 모양으로 왜놈들의 도치카 굴속에서 죽으라고 내버러두지는 않을 것인데, 우리가 나갈 길은 따로 있으니까.

관　수　우리가 나갈 길이라니. (놀난다)

창　근　우리한테 삶에 길을 주고 자유의 길을 대처줄 (고의로 말을 끈는다)

관　수　(흥분) 삶의 길, 자유의 길?

창　근　허허, 좀 더 기다려 보잔 말이야. 속담에 하늘이 문어저도 사람 나갈 길은 이싹도 하지 않어. (슬적 돌린다. 숨은 비밀을 알리지 않을야고)

관　수　흥, 좀 더 기다려. (사이) 그런데 여바, 군 집에서 편지가 왔다지. 그래 어머님은 좀 어떠신지.

창　근　(아무 말 없이 편지를 꺼내 준다)

관　수　(편지를 읽는다. 점점 놀나는 표정. 급히 다 읽고나서) 어머님 병환이 점점 더하신 모양이지. 네거리에 나서 '창근아', '창근아' 부르시며 (편지를 보며)
"…… 창근씨는 어머님을 어떻게 하시렵니까. 저는 어머님의 뒤를 따라 하루종일 네거리를 싸단임니다. 저도 인제는 절반은 미친 사람이 되어버렸나바요……" (편지를 읽는다. 창근 비장한 표정)

창　근　어찌긴 어째? 오늘 조선에는 그렇게 네거리로 싸단이며 그 아들을 찾는 어머니가 얼마든지 있으니까…… 사랑하는 아들을 빼앗기고 우는 어머니가 얼마든지 있으니가. (글 읽듯이 한자 한자 맥없이 읽는다. 마즈막을 높인다)

관　수　(창근을 힘있게 잡으며) 여바, 창근이. 우리가 무었 때문에 이놈

　　　　의 곧에서 더 우물쭈물 한다는 말인가?
창　근　(말없이 관수를 바라본다)
관　수　(깊이 간직했든 삐라 한 장을 내 창근이에게 준다)
창　근　(그 삐라를 보고 돌여주며, 벌서 잘 알고 있다는 듯이 고개를 끄덕인다)
관　수　참 이상한 일이야. 이 삐라가 내 호주머니에 들어 있을 줄은…… 이 도치카 안에도 조선 의용군이 숨어 있는 모양이야……
창　근　쉬! (말을 막고 주위를 삺이고 나서) 조선의용군을 군은 어떻게 생각하나?
관　수　어떻게 생각하긴 어떻게 생각해. 그래 군은 나를 그렇케도 못 믿어? (짜증을 낸다)
창　근　안이야. 내 그저 물어보는 말이지?
관　수　난 이 글을 보고 그 자리에서 뛸내고 했어. 그래 군은 아무 감각도 없는가.
창　근　글세. 여바, 일이란 어디 그렇게 조급해서만 되는가…… 그런데 이놈들이 이전 도라올 때가 됏는데 (말을 슬그머니 돌닌다) 엽대 안도라 오는 것을 보니까 아마 오늘은 단단히 경을 치는 모양이야.
관　수　젓다우11)들이 밤낮 조선의용군을 상대한다고 떠들지만 밤낮 경치우고 돌아오는 걸. 여바, 창근이. (벼랑간 긴장해지며) 악가 저 일본말 아는 중국꾸리가 날더라 말하는데, 이 압촌에 조선의용군 부대가 굉장히 많이 왔대.
창　근　글세 말이야. 그래, 오늘 하루 종일 싸우는 모양인데, 엽때 안 돌아오는 꼬라지가 아마 한 놈도 살어오지 못하는 모양야.
관　수　그럼, 영찬군은 었지 됏을가.
창　근　급하면 뛰여넘어 가겠지
관　수　의용군은 조선 말만 하면 총을 안 쏜다니까.

　　　　중촌 맥없이 올너와 숨이 찻다. 다리를 절는다. 관수 빨이 이층으로 올너가.

창　근　오늘 싸흠은 대승이를 했지요? 참 수고 하섯습니다.

---

11) 저따위.

중 촌   다 틀녔어, 다 틀녔어. 조쪽을 주의해, 저쪽. 저쪽. 저쪽. (가르키며) 조선의용군, 조선의용군, 굉장히 많아. 아- (절망)

창 근   정말입니까. 그럼 우리가 패배했다는 말씀입니까.

중 촌   개수작말어, 바가야로. (실내에 들어가 쓰러지듯 앉는다. 낙심, 고민)

산 구   (역시 숨이 차고 녹초가 돼서 올너와. 총도 없다)

창 근   산구 이등병, 오늘 참 잘 싸웟지요.

산 구   말 마러. 다-녹았어. 녹았어. 우리 소대는 아주 몰살이야. (한숨. 목소리 나추어) 우리 소대장은 먼저 도망왔는…… (방쪽을 가르키며) 아즉 오지 않었어? (발을 들며 욕하는 형용)

창 근   (고개만 끄덕 끄덕)…… 다른 사람들은 어떻게 됏어?

산 구   나도 몰나.

창 근   (산구 총 없는 것을 보고) 웬 일이야? 산구군, 총은 어떠켔어?

산 구   아하 말말어. 조선의용군이 다 갖여 갔어. 우리 황군은 다 틀녔어. 우리 소대가 쫄닥 망했다니까, 쫄닥 당했어. 의용군놈들 어떻게 지독한지. 아-이구. (실내로 들어가)

지 전   (역시 숨이 차서 뛰여 올녀와)

창 근   지전 상등병, 오늘 대승리를 했어요?

지 전   이 자식, 널더러 그런 허튼 수작이나 하랬어.(따귀를 갈긴다. 실내로 들어간다)

산 전   (울면서 올너와. 각반이 다 풀어저 끌인다. 총은 까구로 메고 군모도 없다)

창 근   산전, 오늘이야 조선의용군이 지독한 줄 알었지. 내 말하지 않었어. 괜히 주의 하라고.

산 전   아이구, 내 오늘이야 정말 알었어. 조선의용군이 참 무서워. 내 오늘 깟닥하면 죽었어. 하나님이 압시오 뜰에는 어디든지 폭탄을 무더서 어디 꼼작을 할 수 있드라고. 아이구. (금방 무서워 죽을 듯) 여기서도 폭발탄이 뺑, 저게서도 폭발탄이 뺑, 산꼭대기에서는 긔관총이 가가가가, 똥구멍 밑에서 수류탄이 뺑, 아이구, 무스워. 난 다시 못 나가겠어. 조선의용군이 어떻게 많은지, 우리 소대는 모조리 죽었어. 빌어먹을 우리 소대장은 그곳에 내버리고 제 혼자 도망가지 않었어. 그 자식 돌아오지 않었어.

창 근   그 쪽젭이 수염 말이야.

산　전　응, 그래.
창　근　흥, 제일 먼저 도망온 것이 그놈인데. 그 큰소리 잘하는 우리 소대장 각하께서 제일 먼저 도망왔단 말이야. (비웃는 말. 글 잃듯 한자 한자 잃는다)
산　구　개자식 같으니라구. 우리 소대는 다 죽을 지경인데, 그래 제 혼자 도망와. 일본 황군두 이전 다 댓다니까.
창　근　우리 소대가 아즉 얼마나 짓텃어. 뒤에 누가 또 오나.
산　전　…… (한참 생각) 응- 그 쪽젭히 수염 하나, 나 하나, 남은 게 모두 도합처서 두 개야.
창　근　그럼, 그의 건?
산　전　다- 죽었대두 그래. 다 죽었어, 다 죽었어. 아이구, 말마러. 조선의용군 놈들이 어떻게 지독한지. 아이구, 무서워. (오든 길을 바라보며 실내로 들어가)

　　　　영찬 맥없이 상(上).

창　근　영찬, 괜찮었어서. 그래두 죽지 않고 도라오네 그려.
영　찬　말마러. 오늘 저녁 죽을 번했네. 왜놈도 이전 다 댔어. 다 죽었어. 소대장 놈은 혼자서 도망가구.
창　근　정말이야. 소대놈들이 다 죽었어.
영　찬　그럼, 다 죽지 않구. 조선의용군이 난 또 그렇게 싸움 잘하는 줄은 몰났어. 이건 머 펄펄 난다니까. 우리가 그 촌에 가니까 군대라군 하나두 없겠지. 멀이서 그저 헛총질만 뺑뺑하구 그래도 우리 쪽젭히 섬(수염)이는 의기 당당해서 큰소리를 치지…… 웬걸 별안간 조선의용군이 포위해 들어오는데. 아이구, 말 마러…… 머 불이야 벽적하는데, 이쪽에선 어디 손이나 쓰겠드라구. 내 참 우스워서, 저 쪽젭이 수염이 어떻게 급했든지, 글세 책상 밑에 들어가 숨어서 나오지 안는구려.
창　근　그럼, 영찬이는 어떻게 살어 왔어.
영　찬　아이구, 말 말어. 뛰여넘어 갈야고 했는데, 한참 싸우는 판에 어딜 깜작할 수 있나. 그래, 그저 총두 쏘지 않고 한구석에 꼭 드러백여서, 의용군이 와서 잡아가기만 기달였지.
창　근　그래, 어떻게 됐어?

영 찬　그래, 암만 기다리니 생전 잡아가 주어야지. 한참 인누라니까 그렇게 많은 의용군은 벌서 어느새 어디로 갔는지. 그래 나도 같이 도망 왔지. 내 오늘 처음 왜놈들의 미천을 알었어- 아, 의용군이 오니까 아, 이 자식들이 꼼작을 못 하는구려. 소대장이란 놈은 도망을 치구, 어떤 놈은 두 무릅을 꿀고 총을 바치지 안나, 어떤 놈은 (손)이 발이 되도록 빌면서 살여 달나고 그 꼬라지라니, 왜놈도 이젠 다 됏어.

창 근　흥…… 필연한 일이지. 그 조고만 섬 놈들이 이 큰 중국을 먹겠다구, 웬 된 말인가.

영 찬　한편으로는 무섭기두 하지만, 놈들의 꼬라지를 보니가 어떠케나 속이 시원한지.

창 근　그런데 여봐, (긴장해서 귓속말노) 긔회가 닥처왔는데 오늘밤 알겠지.

영 찬　글세…… 이전 더 참을 수 없어. 내 돌아오면서 가만이 생각해 보니, 나도 다같은 조선청년인데 내 몸에는 왜놈의 군복을 입고 왜놈들한테 섞겨서 우리 조선군대와 중국 팔로군 치려 단이다니 북그럽기도 하고, 속에서 불덩이 같은 화가 올너와서 참을 수 있어야지.

창 근　그런데 여봐, 내 반가운 소식 하나 전해 줄가.

영 찬　그래, 무슨 소식

창 근　저 부엌에 와서 물도 길어 주고 장작도 패여주는 중국 꾸리 있지 않어.

영 찬　그래 그 일본말 좀 아는 꾸리 말이야.

창 근　여보게, 놀나지 말게. 그 사람이 바로 조선의용군이야. (귀속 말노)

영 찬　멋이 어때? 그 꾸리가? 그래, 어떻게 알었어.

창 근　오늘 다들 없는 틈을 타서 이야기해 보았지.

영 찬　그래 어때?

창 근　…… (한숨을 쉬고 나서) 내 참 놀났어. 광장한 사람이야. 그 허구 있는 걸 바(봐). 깜족같이 않어. 누가 그를 조선사람인 줄 알레야. 그이도 말하는데, 오늘 저녁 긔회가……

영 찬　그럼 어쩌나

중 촌　(고개를 들며) 다들 도라왔어?

지　전　……(불만) 나두 몰으지.
중　촌　야구(野口) 분대장 돌아왔어.
산　전　총 한 방을 맞고 그 자리에 쓰러저 넘머저 있지요
중　촌　이등(伊藤)이는?
산　전　그 자리에서 꿀어 앉어 총을 밧쳤지요.
중　촌　강촌(岡村)이는?
산　전　대구리에 총을 맞고 묵사발이 돼서 죽었지요.12)
중　촌　아소(阿沼)는?
산　전　죽었지요, 다- 죽었지요.
중　촌　대산(大山)이는
지　전　들을 것도 없지, 다들 죽었는데.
중　촌　무었이, 어째 다 죽었어. 그래 너히들 같은 바버놈들만 남기고 다 죽었어? 아, 하나님 맙시오.
산　전　에- 다 죽었지요. 그저 우리 멧만 남었지요. (까분다)
지　전　다-들 먼저 도망 빼는 판에 죽지 않고 견데
중　촌　바가야로, 네가 먼저 도망첬지.
지　전　누가 먼저 도만쳤는데, 나는 그 뒤를 따라왔어.
중　촌　이놈의 자식, 이리 와. (따귀를 후려갈긴다)

　　　산전 킥킥 웃는다. 중촌 퇴(退)

지　전　(산전에게) 이 자식, 너 웨 우서?
산　전　난 우순 일이 없는대, 안 우섯읍니다. (시침이를 뗀다)
지　전　이놈의 자식, 이리 와! (따귀) 고냉이 임내13)를 내라.

　　　산전 앙우, 앙우, 앙우, 하면서 업디어 고냉이 임내를 낸다.

산　전　보고, 지전상등병. 고냉이 임내를 다 냈소이다
지　전　누가 그만두랬어. 또 해……

　　　산 전 또 고냉이 임내.

---

12) 산전의 대사로 바로잡음.
13) 고양이 흉내.

지 전   그만 두었. (대성)
산 전   지전상등병, 대단히 고맙습니다. (경례 퇴)
지 전   도라와, 또 이저버렸어.
산 전   네, 이 산전이등병 돌아가겠습니다. (**** ****)
지 전   도라가 다들 쉬라. (퇴)

　　　　사이.

영 찬   여봐, 어제 왕고낭이라는 여자 팔로군을 한 사람 잡아오지 않었
　　　　어. 그 녀자보구 머 좀 이야기나 해보았어. 상당히 똑똑해 보이
　　　　는데.
창 근   그 여자가 지금 어디 있어.
영 찬   엽대 몰나, 저 보초실 옆에 방에 갓다 두었는데. 골라지14)가 저
　　　　족제비이 수염이란 놈이 또
창 근   그래, 머 좀 이야기해 보았어.
영 찬   내 그 여자 보구 잠간 말해 보았어.
창 근   머라구, 신기해서 그 여자도 우리가 조선 사람인 걸 알어?
영 찬   내가 서트는 중국말노 말을 거니가 본체도 않애. 내가 조선사람
　　　　이라고 하니가 그녀자도 좀 마음이 도라서는지, 내 말을 받어 주
　　　　겠지.
창 근   그래서
영 찬   내 집에서 온 편지하구 이것(삐라를 꺼내 보이며)을 꺼내 보이
　　　　니가 아마 믿어지는 모양이야.
창 근   그래. 무어라구 말했어, 우리 일을.
영 찬   천만에, 그가 정말 팔로군인지도 모루구 어떻게 말을 해. 응 (문
　　　　득 생각난 듯) 그 장촌장 왔다갔어. 오늘은 봤는데, 내가 보기에
　　　　는 그도 이거(팔자 걸음을 하며)야.
창 근   왔다갔어- 오늘 저녁에 다시 오기로 했는데.
영 찬   그럼, 오늘 저녁에.
창 근   쉬- 조급해 말어. 이럴 때일사룩 침착해야 하니까.
영 찬   그런데 여봐, 그 왕꾸냥하구도 이약이를 해보는 것이 좋을 게야.
　　　　(실내로 들어 간다. 지전에 경례. 지전 본체도 안는다)

---
14) 꼬라지.

지 전 이늠아, 실내에 들어오면 먼저 무엇불어 할 것도 몰나. 조선놈들은 별 수가 없다니까. 독개비는 방망이가 제일이야. 이리와. (따귀) 당나귀 임내를 내. (영찬 부동, 따귀를 갈긴다) 할테야, 안 할테야. (영찬 업디여 당나귀 임내, 응아 응아 응아. 영찬이 터진다) 다시 해. (또 당나귀 노름)

지 전 그만— (영찬 이러서) 속으로는 좋지 않지. 미개한 조선놈들이 한개 대일본 황군 노릇하기가 그렇게 쉬운 줄 알어.

영 찬 내가 하기 싫어 하는 노릇도 아니야, 잡어다 식히니까 별 수 없이.

지 전 무엇이 어때, 바가 측쇼. 내 벌서붙어 너의 속을 뻔히 알고 있다.

영 찬 뻔히 알어, 그렇지도 않을 걸.

지 전 이 자식 이리와. 신을 버서. (영찬 신을 벗는다) 신을 입에 물어. (영찬 문다) 앞으로 갓. (구령. 영찬 간다) 뛰여갓. (구령. 영찬 뛰여간다. 지전이 앉어서) 이리 와. (다리를 내놓는다. 영찬 그 각반을 풀어준다)

꾸 리 (뒤에 낮다나 빨리 창근한테 가서 귀속말을 한참 한다) 오늘 밤은 꼭 모든 준비가 다 됏오.

창 근 그래, 염녀마시오.

지 전 (다 쁜 다음) 이제야 알었지. 돼지같은 조선놈을 훈련하기도 참 힘들단 말이야. (뽐내며 이층으로 을너간다)

   장촌장 올나온다.

창 근 누구야

장   예— 저, 저올시다. 저 장촌장임니다. 에— 장촌장이야요, 황군님. (장촌장 상(上))

창 근 오— 장촌장이시로군. 참 잘왔오. 나는 지금 장촌장을 기다리고 있는데.

장   헤. 황군님, 죄송하올시다.

창 근 여보, 장촌장. 날더라 황군이라구 불느지 마시오.

장   네, 죄송합니다. 그럼 선생님이시라구 불를가요…… 저…… 여게 만두를 갖이고 왔오이다. (만두를 내준다) 잡수시지요.

창 근 (받으며) 하하. 장촌장은 저를 아즉 일본 황군 취급을 함니다구려.
장 예…… 그저 천만의 말슴이심니다. 선생께서 여게서 수고를 하고 게시니까 그저 좀 위로를 들일가해서…… 헤……
창 근 하하, 감사함니다. 장촌장도 내 마음을 아시는구려.
장 아무렴요…… 헤……
창 근 장촌장, 무슨 일노 왔오.
장 에…… 저…… 저
창 근 말하시오
장 에…… 저…… 선생님, 에…… 저……
창 근 장촌장, 염녀마시오. 우리 다같이 한마음이 않이요. 당신은 아즉 나를 못 믿소. 나는 장촌장이 었더신 분인지 다 알고 있는데……
장 에…… 무슨 말슴을, 그런 말슴을…… 에…… 선생님, 저 어제 잡혀온 고낭 한 분을 보았지요.
창 근 네, 보았지요. 그 녀자 팔로군말이지요.
장 안입니다. 팔로군은 안입니다. 그런데 지금 어데 있어요.
창 근 저 (가르키며) 보초실 옆방에 있소이다. 어제 우리 친구하구 이약이까지 했다구요.
장 무슨 이약이요.
창 근 머 별다른 말은 없구, 그이도 우리가 일본놈하구 한 마음이 안인 것을 짐작할 것이워다.
장 저…… 그런데 선생님, 내가 선생님게 한가지 청이 있는데.
창 근 무슨 청, 그 왕구냥에 관한……
장 에- 그렇나 선생께서.
창 근 여보, 장촌장. 안심하시오. 당신은 아즉 나를 못 믿소. 그렇지요?
장 에, 않입니다. 그럴 리가 있어요.
창 근 장촌장, 알어두시오. 나도 조선사람이요. 양심이 있는 조선사람은 절대로 왜놈들한테 충성하지 않을 것이요.
장 …… (눈치만 본다)
창 근 당신은 잘 알겟지요. 당신네 중국에서 흔이 쓰는 '신재조영 심재한'(身在曹營 心在漢, 몸은 조나라에 있지만, 마음만은 한나라에 있다)는 말을.
장 에…… 선생께서 어떠케 이 말을 아십니까?

창 근   내가 웨 몰나요. 나도 글을 좀 읽었으니까요. 그 말은 우리 조선 사람한테도 쓸 데 있지요.
장   에- 나도 벌서 선생이 대학생이라는 것을 알었소이다.
창 근   어데서
장   왜- 그런 걸 몰나요. 벌서 알었지요.
창 근   그래요. 아니, 장촌장이 내게 부탁하신다든 말은?
장   에- 선생님. 에, 정말 저를 좀 도와 주시겠서요.
창 근   염녀마서요. 이 조선사람은 마음은 아즉 변하지 안었으니까요. 무슨 일이요. 빨리 말슴하시오.
장   그럼- 저- (편지를 꺼내며) 이걸 좀 저 왕구냥한테 전해 주시오.
창 근   저- 녀자 팔로군한테 말이지요. (편지를 받으며) 문제 없오. 곳 갓다주지.
장   감사함니다, 선생님. 이 은혜를 어떠케 갚어야 하는지. (중국 절을 할랴고 한다)
창 근   에- 이거 무슨 일이요. 안됨니다. (말닌다) 내가 장촌장한테 부탁할 일이 얼마든지 있는데 (귓속말) 어떳소, 알 수 있지요. (장 끄덕거리며)
장   네…… 문제 없습니다. 그까지것 쯤이야…… 네, 저는 본래 이 지방 사람이 돼서 이 일대는 어데든지 머 모르는 곳이 없습니다. 안심하시오. 진작 말슴하시지. 네, 그리고 (말소리를 낮춰서, 그러나 힘있게) 저게는 어데든지 조선의용군이 있습니다. 그분들은 아마 지금쯤은 선생님네 환영회를 준비중일 것이외다.
창 근   우리들의 환영회? (장 창근의 귀에 대고 속삭인다) 내, 그럼 그 쿠리도 오늘밤에 이 곳에
장   에, 그저 선생님네 결심만 있으시면.
창 근   흥, 우리들 결심을 의심합니까?
장   아닙니다, 그저.
창 근   (악수를 청하며) 단단히 믿슴니다, 꼭……
장   그러면 저 (가르키며) 왕쿠냥도.
창 근   그야 두말할 것도 없지요. 우리는 결코 그 녀자 팔로군을 내버려 두고
장   쉿. (막는다)

지전 이층에서 내려온다.

지 전   멀들 해?
장   오- 황군 선생! 황군 선생! 안녕하십니까? (경례)
지 전   내한테 멀 갖저왔어? 만두? 빨리 주어! 내가 배가 고파 죽겠오! 빨리 먹게 해야겠어!
장   에, 오늘 저녁 내가 황군님께 들일야고 만두를 갖여 왔오이다. 또 여게 게란도 있소이다. 많이 잡수시오. (준다. 게걸스레 먹는다)
지 전   장촌장 사람 참 좋와! 참 좋와! 마음이 고아했어, 고아했어. (장의 귀를 잡고) 내 호주머니 돈이나 한 푼도 없소. 돈이 좀 많이 많이 갖어와! 응!
장   에, 내 오늘 많이 갖여 오지, 황군!
지 전   응! 장촌장 사람이나 대단히 좋와! 꼭 갖여 와야 해! 안 갖고 오면 목아지나 잘나해. (창근한테 가서 호주머니를 감춘다. 만두를 꺼내간다. 이층으로 올나가 버린다) 장촌장, 돈 많이 많이 갖여 와! 응!
장   예! 예! 많이 많이 갖어 와! (창근에게) 그 편지를 전할 수 있을는지요. 몹시 급한 일인데.
창 근   그래! 당신도 같이 가보시지! (들어갈야고)
장   나도 가 볼 수 있어요! (들어가는데, 저녁밥 나팔 소리)

장 급히 퇴.

창 근   (편지를 영찬에게 주며) 이 편지를 빨리 왕고낭에게 주어! (영찬 편지를 급히 왕에게 준다)

지전, 산전, 산구 등 이층에서 내려와.

지 전   가. 밥 가저와!

영찬, 산전, 산구 가서 밥을 갖이고 와 밥을 다 떠놓구는 묵도. 그동안 산전 반찬을 여러 번 훔처먹는다. 지전한테 들킨다)

지 전   빼가, 무엇하는 거야.

산　전　아무것도 안 합니다. (반찬을 물고)

지전 혼자 먹는다. 산전 따라 먹는다.

지　전　(산전에게) 빠가, 개자식. 먹지 말어. 너이는 먹어라! (영찬 산구 먹는다)
지　전　또 반찬이 없는야?
산　구　(자기네 먹든 것을 내놓는다. 지전 그것마저 먹는다)
지　전　밥, 밥. (밥그릇을 탕탕 치며)
산　구　(밥을 떠준다)

지전 다 먹고 나간다. 산구 산전 서로 먼저 먹겠다고 ***** 야단들이다. 밥그릇이 떠러져 깨진다. 지전 성이 나서 다시 들어와.

지　전　바가야로, 무엇하는 거야? 누가 밥그릇을 깼어?
산　전　저 조선밥통이 (영찬을 가르킨다)
산　구　저 고맹이가 깼어? (산전을 가르키며)
지　전　이 자식들 두리 다 이리와! 자전거를 타! (두 사람 테블과 의자를 걸터잡고 자전거 타는 흉내를 한다) 그만두어. (영찬에게) (산전 계속 자구 안15) 떠러진다) 그만-! (산전에게) 이리 와! (단추 채우지 않은 것을 보고) 이 단추는 (단추를 만지며) 바가! (따귀) 세수댕여16) 가저 와! (산전 가서 세수댕여를 갖여다 지전에게 준다) 그것을 목에 걸어! (이미 달여있는 끈으로 목에 건다) 이 자식 단추 안 채운 죄로 너에게 세수댕여 훈장을 준다.
지　전　산전 이등병은 단추 안 채운 죄로 지전 상등병한테서 세수댕여 훈장을 탓습니다, 그뿐! (영찬 산구 킥킥 대고 웃는다)
지　전　이자식들, 무얼 우서? 이리 와! (두 사람에게 따귀) 서로 따귀를 때려! (2인 서로 따귀를 때린다!) 그렇게 슬넝슬넝 때려서는 안 돼! 이렇게 때려 이렇게 (두 사람 다 때려 보인다. 이인 서로 때려)
지　전　그만! (2인 고만둔다)

---
15) 자꾸만.
16) 세수대야.

지전 퇴장. 산구 창근과 **를 밖군다. 꾸리 밥그릇을 휘걷어 가지고 나간다.
영찬 혼자서 무엇을 생각. 창근 영찬한테 가서

창 근 빨리 저 왕구냥한테 이야기를.
영 찬 그래! 내 곳 왕구냥한테 말하지. 빨리 가서 밥 먹어.
창 근 오늘밤 기회를 놓지(면) 안 돼……
영 찬 그래 염여없어……

창근 나간다. 영찬 빨이 왕을 대려 내온다.

영 찬 왕구냥! 내 당신한테 상이할 일이 한 가지 있는데!
왕구냥 …… (돌아선다)
영 찬 왕구냥! 한 가지 상의할 일이 있어서!
왕구냥 나는 당신 같은 사람들하고 할 말이 없어……
영 찬 내한테 성낼 거야 없지 안소.
왕구냥 나는 바로 너 같은 인간들한테 성내는 거야.
영 찬 나는 일본 사람이 않이요. 일전에 잠간 이약이 한 일이 있는 조선사람인데…… 그리고 악가 편지 갖다 드린 것도 내가……
왕구냥 … (한참 처다본다) 정말? (긴장해서 처다본다) 당신이 정말 조선사람이요?
영 찬 내 당신을 속여서 무엇하겠오!
왕구냥 그럼 당신이 팔로군을 아시우.
영 찬 흥…… 팔로군? 좀 알지요. 중국공산당이 영도하는, 그리고 또 우리 조선의용군과 같이 왜놈들과 싸우고 있는 군대이지…… 그리고 포로한테는 우대를 하고……
왕구냥 당신이 어데서 그런 것을 알었오?
영 찬 …… (삐라를 내보인다)

꾸리 나와서 창근과 귀속말.

왕구냥 …… (삐라를 보고 영찬을 한참 보고나서) 그래, 당신은 조선의용군에 대해서 어떠케 생각하오.
영 찬 어떠케? 나도 조선사람이니까. (슬푼 생각, 결심)

왕구냥   당신은 나를 믿소?
영 찬   이거니가! (팔자 형용을 하며)
왕구냥   …… (대답대신 웃어보인다) 그래! 나는 조선의용군 동지를 하구
        참 각갑습니다. 그 동지들하구 싸훔도 같이 했구…… 그 동지들
        생활은 참 씩씩하지요. 싸훔도 잘하고, 연극도, 연극도…… 노래
        도 잘하고, 그 온 당신들과 같은 조선사람하구는 판판 달은
        데……
영 찬   물론 그렇지…… 그렇나 이 조선사람의 마음도 아즉 살어있으니
        까……

        사이.

영 찬   왕구냥! 내 당신한테 동지라고 부를 수 있을는지요.
왕구냥   …… (고개를 끄덕인다)…… 나두 조선 말을 한마디 아는데……
        동무…
영 찬   당신 어디서 동무란 말을 배웠오?
왕구냥   조선의용군 동지들한테서……
영 찬   '동무'라는 말 뜻을 하세요?
왕구냥   그야 무러볼 필요도 없지! (다소 애교)
영 찬   그럼 내 동무라고 부릅니다. 왕 동무. (손을 내민다)
왕구냥   동무! (이인 악수. 한참 열정적으로 처다본다)
영 찬   같이 갑시다! (주위를 살피고 나서, 힘있게)
왕구냥   정말 갈여우?……

        중촌 소위 올너와! 왕 급히 퇴.

중 촌   너는 이 곧에서 혼자 무엇하는 거야?
영 찬   몸이 좀 불편해서……
중 촌   흥! (비웃는 태도) 몸이 불편해? 몸이 불편하지 않고 대구리가
        불편하지……내 다 알어! 너놈의 속머리를…… 너는 지금 밤낮
        생각을 하고 있단 말이야……
영 찬   ……
중 촌   너놈들의 뱃대기에는 지금 우리한테 대한 불만이 모가지까지

(가르치며) 찻단 말이야!

영　찬　……

중　촌　내 참 모를 일이야. 우리 대일본제국에서 무엇대문에 저런 되지같은 조선놈들을 황군으로 뽑는지?

영　찬　……

중　촌　이 자식 아즉도 나가지 못해…… (영찬 퇴. 중촌 왕한테 갔다 다시 보초 있는데 가서) 저 쪽만 바라봐, 저쪽. 저게 조선의용군놈들 수두룩해…… 이쪽을 바라보았다가는 큰일나…… (실내를 가르치며. 방에 들어가 왕구냥을 다려나온다) 왕구냥! 너는 참 일본처녀야! 하하! 천하일색이란 말이야…… 하…… (가 앉는다)

중　촌　(벼란간 엄숙하여지며) 나는 다 알고 있어! 술-술 통쾌하게 말해…… 너는 팔로군에서 무얼 했어!

왕구냥　……(대답대신 돌아선다)

중　촌　응! 그래! 요 당돌한 계집년같으니라구…… 그래 말하지 않을테야…… 쏴 죽인다. (피스톨을 꺼내 겨눈다) 내 손에 너의 더러운 중국놈들이 얼마나 죽었는지 아느냐? 말을 할 텐야, 안 할 텐야? 조선의용군 본부가 어데 있어?

왕고냥　내 조선사람두 않인데 조선의용군 일을 어떠케 알어……

중　촌　흥! 너히 다같은 놈들인데…… 웨 몰나…… 네가 적말 이렇게 버틸 작정이야……

왕고냥　처분대로 하시지…… (교만)

사이.

중　촌　이 철없는 것야! 웨 그 모양이야…… 아서 얼닌다 얼굴이 이렇게 얌전하게 생긴 색씨가…… 그러지 말구…… 다 이약이해…… 곳 놔줄 테니…… 왕고냥, 금년 몇 살야?

왕고냥　난 몰라. (쏜다)

중　촌　몰나? 하하…… 참 어엽부단 말이야…… (껴안는다)……나하구 결혼할가? 왕고냥! 키쓰할야고)

왕　홱 뿌르치고 다라난다. 중촌 따라가 이인 한참 실내를 돈다. 필경 잽힌다. 창근 올너온다. 왕을 구할 작정이다.

중 촌 (깜짝 놀나며) 웨 들어왔어! 빨이 나가!
창 근 …… (섯다)
중 촌 나가, 나가, 나가, 나가, 빨이 나가!
창 근 ……
중 촌 이 자식이, 내 말을 안 들어! (총을 빼든다. 창근 퇴.) 왕고낭! (왕에게) 우리 둘이 결혼해, 응! 너는 나의 마누라가 되고…… (껴안는다. 왕 그를 뿌르치고 다라나. 중촌 딸아가 또 2인 실내를 돈다)

창근 산전을 데려다 실에 모라넣는다.

중 촌 이 자식 멀 바! (산전에게)
산 전 난 아무것도 안 봤습니다. (손으로 왕 있는 곧을 가리우며)
중 촌 이 조고만 자식 갖으니라구, 빨리 나가!
산 전 보고! 소대장! 제 한가지 보고 말이 있읍니다.
중 촌 개소리 말구 나가, 나가, 나가, 나가!

산전 퇴. 중촌 여전히 왕을 히롱. 점점 숨이 차서 야단. 창근 영찬 보초 보는 데 나와.

영 찬 여봐! 어찌 됏어!
창 근 이자식이 아주 환장을 했어!
영 찬 이놈의 자식을 쏴버릴까 바!
창 근 안돼! 가만이 있어 (보초 보는 산구더러) 꽤 피곤하지. 무슨 동정이 없어?
산 구 괜찮어? 그런데 여봐, 장군! 저게서 작고 무슨 소리가 나는 것같은데…… 나는 눈이 어두우니까 (근시 안경을 썼다) 어디 볼 수가 있어야지……
창 근 정말! 오 참, 산구군. 저 바…… 저 웬 사람이야, 저 바. 저…… (점점 긴장해지며) 오- 큰일났군. 저, 저…… 저 군대야! 군대~~~ 조선의용군이 또 처들어 오는군…… 큰일났어…… 빨리~ 가서 종을 처! 빨리.

산구 이층으로 듸여간다. 급한 종소리. 벅작 떠들자 '조선의용군', '적이다,

적' 우당탕 퉁탕 야단이다. 중촌 이층으로 뛰여가고, 꾸리도 이층으로 올너가고, 왕 빨리 빅겨선다.

영　찬　(왕에게) 왕동무, 오늘밤…… 준비 다 됏지요.
왕구냥　문제 없어…… 그런데 그 장촌장은 언제 오우?
영　찬　(시계를 보며) 아마 곳 올 것이요……
왕구냥　그리고 그 장선생하구도 이야기됏오?
영　찬　염녀말어요…… 모-든 준비 다 됏으니…… 오늘밤은 저놈들 그저…… (니를 악물며)
왕구냥　동무는 참 용감합니다. 우리는 다같이 억압받는 인민들이 아니요. 우리는 영원히 단결해서 우리의 공동한 원수 일본 파시스트를 소멸해야 합니다. 다 원수들 앞에서 용감해야 합니다.
영　찬　왕동무! 염녀마시오. 우리들의 승리를 머지 않었오.

　　　　쿵쿵 소리. 지전 산전 창근 이층에서 내려와. 영찬 산구와 보초를 밖군다.

지　전　빌어먹을 자식같은이라구! 이용군도 오지 안는 걸…… 종은 왜 처…… 산구란 자식…… 참! 바보야, 그런 따위가 무슨 군인 노릇을 하느라구……
산　전　산구는 근시안이니까 밤에 그렇게 바루 봐내지 못할 거야! 의용군이 안 오는 것이 좋지, 만약 왔으면 우리는 다 죽는 판인데…… 의용군이란 말만 들어두 골치가 앞은데……
지　전　개소리 말어!

　　　　소리 잠 나팔소리. 다들 침상에 누어 잔다.
　　　　긴 사이

산　전　(잠꼬대) 아이구……아이구…… (창근 슬그머니 일어나 이층으로 갈야고 한다)
산　전　아, 의용군 (잠꼬대) 아이구…… 사람을 쏴라! 의용군! 의용군. (전체 이러나 야단이다) 의용군이야! 의용군이야. 의용군이야. (뉘여논다. 산전 테불 속에 들어가 숨는다)

중촌 내려와 보초 있는데 가서,

중　촌　무슨 일이야?
영　찬　아무 일도 없음니다.
중　촌　(다시 실내를 들어와) 무슨 일이야?
지　전　아무 일도 없습니다. 우리들이 한참 곤해 잠자는 판에 저 조고만 자식이 잠고대를 해서……
산　전　보고, 소대장. 아 꿈에 조선의용군이 처들어 왔어요! 내 목아질 따겟지요! 어떠케나 무서운지 - (천진스럽게)
중　촌　(산전 따귀를 갈긴다) 이 비겁한 자식…… 의용군이 그렇게 무서워. 의용군이 무섭지 않지?
산　전　아이구, 의용군이란 말만 들어두 골치가 앞은데.
중　촌　바보 년석, 별 수 없어…… 이건 머야? (산전 목에 걸인 세수댕여를 보고)
산　전　보고, 소대장. 이것은 산전 이등병이 단추를 대우지 않었다구, 저 지전 상등병이 준 세수댕여 훈장임니다. 그뿐!
중　촌　바 야로, ****** (산전 뗀다) 빨려들 자! (퇴)
지　전　빌어먹을 이 조고만 자식! 남 잠도 못 자게 웨 지랄이야. 이리 와! (산전 간다) 저 수세댕여를 갖여와! (산전 갖어온다) 목에 걸어! 고냉이 임내를 내! (산전 고냉이 임내를 낸다) 그만 뒷! 다들 자!

　　　일동 잔다. 장촌장 상(上)

영　찬　(낮은 목소리로) 누구야?
장　　　나야…… 준비는? 저 왕고낭하구두……
영　찬　염녀없어…… 다 준비됏소……

　　창근 침상에서 이러나 봇다리를 갖이고…… 영찬한테 간다. 인기척. 중촌 올녀와 촌장 빨리 숨는다. 창근 빨리 제자리에 가 눕는다. 중촌 실(室)을 검사하고 다시 보초 있는 데 가서 보고 퇴장.
　　긴 사이.
　　창근 이러나 나가는데 또 구두소리. 놀난다…… 영찬한테 간다.

창　근　영찬이 어떠케 됏어?

영 찬　다 준비됏어! 장촌장도 왔고…… 빨이 해야지…… 이건 머야?
창 근　조선서 갖여온 물건들이야! 가지구 가야겠어!
영 찬　그건 갔다 무얼해?
창 근　안 갖여가면 놈들이나 조와하라구……
영 찬　빨리 저 왕구냥? 덤비지 말어! 그리구 관수한테 알려야지.

　　창근 우층으로 을너가다가 관수를 만난다. 적단통17), 긔관총…… 있는대로 메고 관수 왕에게 다 도준다. 관수도 용기를 낸다. 그 동안 영찬은 장촌장을 불어낸다. 일동 만난다.

장　　(왕에게) 고생했지요!
왕고낭　괜찮어요…… 이 두 조선동지들이 나를 살였오. 우리 빨리 나갑시다!
창 근　괜찮어. 놈들의 무기는 벌서 우린 손에 왔는데…… 깟닥하면 소멸해 버리지! (동작까지 하며)
장　　이렇게 우리 조선 인민과 중국 인민이 서로 든든히 단결하면 무슨 일인들 못 하겠오! 우리는 영원히 뭉치여 우리 원수를 소멸합시다.
창 근　그렀음니다. 우리 조중 두 민족이 서로 굳게 단결하야 우리들의 독립과 해방을 쟁취합시다.

　　일동 나간다.

영 찬　가만 있어 저게 인기적이 나! (일동 선다. 영찬 나가본다. 일동을 부른다. 일동 다시 퇴장.)

　　개짖는 소리.

산 전　(이러나 떠든다)…… 의용군~~ 의용군이야…… 사람 살여라……

　　일동 야단났다. 뛰여든다. 종을 친다.
　　중촌 상. 먼저 실내에 갔다 보초 있는데 간다.

---

17) 탄통.

중　촌　위병? 위병 어데 갔어? 위병!~~ (다시 방에 들어가 왕을 찾는
　　　　다. 실망) 왕고냥? 왕고냥~~ 왕고냥~ (실망)
산　전　왕고냥 도망갔어……
중　촌　도망갔어?…… 두 조선놈, 두 조선놈.
산　전　두 조선놈두 도망쳤지……
중　촌　두 조선놈두 도망첬어, 너이들 총은?
산　전　조선놈들이 다 갖여갖지……
중　촌　그놈들이 갖여갖어? (무의식중) 빨이 밖에 나가 바…… (실망해
　　　　들어와서) 일본 강국도 다 됏어? 천황폐하! (최경례) 제국은 절대
　　　　로 조선놈들을 믿지 못 합니다. 아- 모-든 것이 다 틀렸다!

　　　꾸리 피스톨을 쥐고 이층에서 천천히 내려와. 일동 놀낸다.

중　촌　왕서방…… 웬일이야?
꾸　리　(비웃는다) 오늘까지 꾸리로 부려먹든 이 '왕서방'은 조선사람이
　　　　야.
중　촌　조선사람?
꾸　리　조선의용군이야! 미안하지만, 가! (총 끝으로 지시)
중　촌　어딜 가?
꾸　리　안 갈 테냐?
중　촌　난 못 가! (꾸리 탕 쏜다. 중촌 나가 너머진다)
꾸　리　가! (산전, 산구 물려나간다)

-막-

북경의 밤(전1막)

이 글을 작년(昨年)적의 유치장에서 끝까지 혁명절개(革命節介)를 직히고
돌아간 ++동지(同志)의 영전(靈前)에 삼가 올리나이다.
1944년 7월 1일

곳
　북경
때
　1943년 5월
사람
　김철(金鐵)　　　26세, 견결(堅決), 용감(勇敢), 민첩(敏捷), 완강(頑强). 10여년 동안의 무장투쟁은 김철로 하여금 '백절불굴(百折不屈)'의 투사를 맨들어…… 그는 능히 조국이 필요하다고 할 시(時)에 혁명의 이익이 수(需)할 적에 능히 서슴지 않고 목숨을 던질 수 있는 볼세빅의 덕성(德性) 인격(人格)을 갖어…… 진(眞)을 위하여서는 단두대 앞에서도 떳떳하게 싸울 수 있는 용사
　장영택(張永澤)　　34세, 옛날의 '사회주의자' 한때는 혁혁한 투사. 변절자, 지금 왜놈 군부에서 축탁(囑託) 노릇…… '귀순공작'을 하고 있어…… 비루(鄙陋), 난약. 타락(墮落)…… 그렇다 거룩한 혁명가의 인격 앞에서는 '마음의 가책'을 받을 때도 (순간이지마는) 있어…… 진리에 부드칠 때 그의 머리는 각금 숙어지는 때도 있다.…… '순응론'이 그의 변절생활을 덮는 '보재기'. 세바-드의 본색(本色), 약자에게는 웃쭐 압박, 강자 앞에선 '고양이 앞에 쥐'……
　고교(高橋)　　　47세, 조선혁명사업(朝鮮革命事業)을 파괴해 온 '공로자'의 하나. 특히 사상범 취급에 '능수(能手)'. 자칭 '과학적 방법으로 범인을 다룬다'는 자(者)
　순사(巡査)　　　일본인 대학졸업생. 좀 바버(바보)에 가까워, 지나치게 '정직'…… 호인(好人), 그러기 때문에 10여년 순사 노릇이지만 여전히 순사급에서 더 올으지(오르지) 못해……

제1장

밤 두 시.
막이 오르면, 어떤 인가 없는 뜰! 주위에는 소나무가 죽 느러져…… 무시무시하다. 캄캄한 들판에 단지 보이는 것은 '묘' 우에 놓인 '해골 대구리'. 그 옆에 피스톨이 사람의 생명을 노리는 듯 지긋지긋한 빛을 내고 있다.
긴 사이.
점점 어슴프레하게 밝어지면서 그 해골과 피스톨 앞에 선 김철이 나타난다. 또 그 옆에는 피스톨을 가슴에 겨누고 있는 高橋……
김철이 넋잃은 사람 모양으로 머-ㅇ 하니 서서 해골대구리만 바라본다. 공포, 이지(理智)를 잃은 모양, 전신이 조곰씩 떨린다. 여러 가지 취조에 시달려 옷은 다 찢어지고 맥이 다 풀렸다.
긴 사이.

高　　(무거운, 그러나 날카로운 목소리로 침묵을 깨트리고) 말을 하지. 너에게 마즈막을 허락한 5분간이야.
金　　(여전히 해골만 쳐다보고 있어 또 무시무시한 침묵이 계속)

　　　긴 사이.

高　　(한발 나서며) 그래도 말을 안 할 테야? (목소리를 높여)
金　　(여전히 해골만 쳐다봐)

　　　긴 사이.

高　　한마디 말만 해! 살려줄 테니……
金　　내가 말을. (거의 무의식 가운데 나오는 말)
高　　다른 것은 가 그만두고 너의 애인 김영이 있는 곳만 말해!
金　　기-ㅁ…… 여-ㅇ…… (정신이 좀 나는 모양)

　　　사이.

高　　너의 애인 김영이 북경(北京)에 들어 왔지?
金　　김영? (정신이 드는 모양, 사방을 살펴본다. 완전히 본 정신에 도

　　　　　라와)
高　　이놈! 네가 죽고 사는 것은 이 순간에 매웠어! 말 한 마디를 하고 사느냐? 그렇지 않으면 죽느냐?
金　　……
高　　너희들의 북경 책임자가 누구야?
金　　북경책임자? 북경……
高　　그래 빨이 말해! (지진다)
金　　빨리 ……
高　　빨이 빨이 말해!
金　　몰나! (날카로운 눈초리로 高橋를 노려본다)

사이

高　　쏴 죽인다! 이놈!
金　　(옷을 헤치고 가슴을 내대며) 쏴라! 나는 죽어도 우리 조국은 영원히 살 것이다. 이놈 빨리 쏴!

　　사이.

高　　(총이 맥없이 내린다. 한참 무엇을 생각다 휙 나가 버린다)
金　　(해골을 한참 보고 주의를 삷이고 니를 악문다)

　　순사 올러와 검정 수건으로 김철의 눈을 싸매고 나서 밖으로 내몬다.

제2장

(일주일후)
막이 오르면 밤 한시.
지하실! 정면에 창이 높이 달렸고, 좌쪽에는 우(위)로 오르는 층층다리가 보힌다.
유치장! 방안에는 아무 것도 없고, 방금 전까지 '취조'에 쓰던 긴 의자, 들통, 쥐전재(주전자), 채쪽, 몽치, 공중에는 밧줄이 달여. 의자 두 개 모두가 무질서하게 아무렇게나 널려 있다. 음침한 방안 무시무시한 기분. …… (어둠컴컴한 광선)
정복(征服)당한 북경의 밤. 술, 계집, 노래, 침략자의 너털웃음, 광무(狂舞)의 밤. 밤도 깊어 새로 한 시. 경찰서 지하실에서 몸부림치고 있는 혁명가! 김철, 이 속에 잡히운 지 1개월이 넘는다. 뭇 즘생이 그의 생명과 피를 노리고 있다. 사선(死線)에서 격투하고 있는 '진리의 용사' 김철, 그는 벌서 일주일이 넘도록 굶었다. 물 한 목음 못 얻어먹고 …… 놈들은 김철을 굶며 죽일 작정…… 김철은 벌서 피가 마르기 시작했다. 정신을 잃기 시작.
 놈들은 별별 고문(물을 멕이고, '비행기'를 태우고, 불노 찌지고, 손톱 밑에 참대침질)을 썼으되, 한 가지 비밀은 알 수 없었다. 최후로 高橋가 생각한 것이 이렇게 굶겨서 말여서 김철의 '혼'을 사로잡자는 것이다. 철은 목이 탄다. 배가 곪으다. 고통, 죽엄에 가까운 자의 몸부림! 그 자신도 그 몸과 신경을 지휘할 능력을 잃었다. 그러나 끝까지 혁명 절개를 사수하는 김철. 방바닥에 쓰러져 누웠다. 기진 맥진……
긴 사이.

聲   뚜걱 뚜걱 구두 발소리 창 밖으로 왔다갔다 하는 순사의 발과 칼 끝이 보인다.
金   (고통 고민 이러서며) 물… 물… 물 한 목음만 (또 쓰러진다)
聲   아야, 아야, 아야, 아이구, 아이구……
金   (이러서며) 물을 좀…… 물을…… (본능적 부르지즘)
聲   히히…… (너털우슴 소리)
金   (깜짝 정신을 채린다. 독(毒)스러운 표정, 상처를 보고나서) 그래! 이곳은 원수들의 '마굴', 나를 너희들은 말려 죽일려고! 굶겨 죽일야고. 물, 밥으로서 나의 영혼과 의지를 사로잡을여고…… 흥 (쓰러질 듯 안는다) 놈들아! 나의 생명을 빼앗기는 쉬울 것이다. 그러나 나의 피줄기에 한 방울 피가 남아있을 때까지 너희가 나의 영혼을 건드러 본다는 것은 망상이지…… 어리석은 놈들! 너이들은 나의 고기와 뼈를 갈가 먹을 수는 있을 것이다. 그러나 혁명가의 혼을, 혁명가의 정신을 만져볼야는 것은 되지도 않은 수작이야…… 어름도 없는…… (밖에서 구두발 소리)
巡   (공손히 들어와, 또다시 밖을 삻이고나서 조용히) 긴상, 내 한 가지 김산(긴상)한테 물어볼 말이 있는데 …… 말해 주실여우? 물

　　　　론 내가 긴상한테 취조를 하는 거야 않이지! 이것은 나의 직책도
　　　　아니니까!　단지 내가 오랫동안 않이 긴상이 이곳에 잡혀온 후!
　　　　내가 긴상을 알게 된 후 나의 머릿속에는 한 개 해결할 수 없는
　　　　문제가 생겼단 말이야! (혼자말　비슷하게) 내가 벌서 조선서 순
　　　　사 노릇을 해먹은 지 십여년이지만, 훈7등의 '훈장'까지 탔지만
　　　　이런 문제에 부드처 보기는 처음이야…… (자백인 듯) 참 이상한
　　　　일이야!
金　　웨 심심한가? 웨 또 나를 가지구 히롱해 볼 작정인가?
巡　　물론 긴상이야 나를 한 개 원수로 대할 터이지 …… 이것은 당연
　　　　한 일이야 …… 그렇나 내가 지금 하는 말은 결코 히롱도, 다른
　　　　아무것도 않이요 …… 나의 양심에 있는 말을 할 뿐이고 ……
　　　　(하소)
金　　량심? 흥…
巡　　(밖을 돌보고와서) 긴상, 나를 이해해 주시오! 나도 긴상과 같은
　　　　이를 몰나보지 않습니다. (흥분) 나는 긴상과 같은 위대한 혁명
　　　　가한테 머리를 숙이지 않을 수 없오이다. 그 거룩한 인격에는 …
　　　　비록 순사 노릇을 해먹는 놈이지마는…… 나도 사람이요, 사람은
　　　　사람이 알어보는 법이니까…… (흥분) 우리 사람끼리 (저주한 듯)
金　　그래. 그대도 사람, 나도 사람인데는 틀임없지! 그러나 일본 파시
　　　　스트 강도놈들의 앞잡이…… 나는 조선혁명을 할랴는 사람, 사람
　　　　에도 종류가 있으니까……
巡　　(머리를 숙인다. 양심의 타격을 바든 모양)
金　　사람이 될야면 좋은 일도 좀 해 바야지……
巡　　그렇습니다. 나도 오늘까지 좋은 일을 못 해본 놈입니다. 더구나
　　　　순사 노릇을 해먹기 시작한 이래…… 그래…… 내 오늘까지 수많
　　　　은 조선혁명가를…… 참다운 조선사람을…… 내 손으로 많이 죽
　　　　엤오…… 내 손에는 조선사람의 피가…… (참회, 번민, 양심의 가
　　　　책. 꿈꾼 듯이)
聲　　아이구 아이구…… (옆방에서 취조소리. 놈들의 대는 욕설)

　　　사이.

巡　　그러나 내가 긴상을 맛나게 된 후, 긴상의 그 위대한 인격에 부

드치게 된 후, 나의 양심은 나를 뒤뒤려[1] 패고 있소! 나는 죄를 지었오! (부르지저 참회) 물론 긴상은 나의 이 속을 몰나볼 것이요…… 내가 지금 긴상한테……
金 그래, 그대는 나를 동정하는가?
巡 글세, 무어라고 말해야 옳을는지? 좌우간 나의 가슴 속에는 이상한 그 무엇이 을아(?) 밀고 있소이다. 나로서는 한 개 해결할 수 없는 문제가 생겼오이다.
金 무슨 문제가 그렇게 어려운……
巡 긴상…… 다른 것이 않이고…… 좀 미안한 말이지만……
金 (처다본다)
巡 긴상같이 아주 나히도 어린 청년이 무엇 때문에 그다지도 혁명에 충실한가 하는 문제요…… 자기의 생명도 명예도 부모도 모-든 것을 버리고…… 끝까지 조선독립을 해야 한다는 그 심리를 나로서는 리해할 수 없오…… 그리고 … 그렇게 지독한, (한숨) 고문에도 한마디 '실토'를 하지 안는다는 것은 나로서는 알기 어려운 문제요!
聲 아아, 아이구, 아이구…… (취조받는 신음)
金 흥! 그대들로서는 오늘 조선사람의 심사를 알 수 없어…… 오늘 조선의 정복자로서는, 통치자로서는 오늘 조선사람들의 심리를 알긴 어렵지! 오직 조선사람만이 놈들한테 눌일 대로 눌이고 짓밟힐 대로 짓밟힌 빨일 대로 빨인 조선사람들만이 조선의 혁명가들만이 그 심리를 알 수 있지 …

밖에서 발자욱소리 순사 나가본다.

金 (쓰러지며 고통) 죽기가 이렇게 힘들어서야!

高橋, 장영택 올라온다.

高 (간수를 보고) 오늘밤 무슨 표시가 있는가? (김을 가르키며)
巡 지금은 좀 잠이 든 모양입니다. 오늘 밤은 주임님께서 말슴하신 대로 멋대로 내버렸지요!

---

[1] 두드려.

高　　좀 잣는가?
巡　　자는 것같지도 않어요. 이러났다 누었다 무엇을 중얼대기만 하고, 내 원 저렇게 지독한…… 몹시 고통하는 모양이야요. 저렇게 더 끌다가는 죽을 것같애요. 정신없이 물, 밥만 잣구(자꾸) 찾는데…… 아마 이제는 더 견디지 못하겠는지…… 오늘 밤은 어제와 달러서 몹시 고통하는 걸요! 주임님! 벌서 일헤 동안이나 굶겼으니까, 이전 죽을 시간도 가까웠지요…… 사람의 목숨이란 참 찔긴거야.
高　　하루에 물 한잔 밥 한덩이를 주랫지?
巡　　네…… 그야 주임님께서 분부하신대로 주었지요. 그러나 그까진 물 한잔, 밥 한덩이야 무슨 소용있어요! 벌서 일헤 동안이나 굶었는데…… 오늘은 아마 죽을 것을 결심한 모양, 그도 먹지 않아요! 아무래도 오늘 저녁은 넘기지 못할 것같애요.
高　　그래, 무어라고 중얼대……
巡　　저 - 응 - (머리를 긁는다)
高　　웨 이 모양이야. 무엇이든지 저놈이 하는 수작을 모조리 적으랬지?
巡　　네. 네. 그래, 무어라고 중얼대는데, 이런 말을 작구 해요! '어리석은 놈들, 나의 혼을 사로잡으랴고, 되지도 않은 수작…… 나의 생명을 뺏기는 쉬울 것이다. 그렇나 나의 핏줄기에 피가 남아 있을 때까지 넣이(너희)들은 나의 영혼을 정복하지 못한다…… (김의 말시대로 할야고 애써)
高　　지독한 놈! (간수의 말을 끊어)
巡　　네, 이렇게 지독한 사람은 보기를 처음이야. 내 벌서 십년 동안을 순사 노릇을 해먹었고 훈7등의 '훈장'까지 탔어도 저렇게 지독한 사람은 처음이야 … (떠든다)…… 혁명가란 참……
高　　떠들기는…… (성이 나서)
巡　　보통 어지감하면 굴복하는데, (낮은 목소리로, 여전히 긴장해서) 저런 독종은 내 보기를 처음 바(봐)! 만약 조선의용군놈들이 모다 저렇게 지독하다면 장차 큰일이야…… (혼자말 비슷하게)
高　　쓸데없는 수작…… (쏜다)
巡　　주임님, 저 사람은 빨리 죽여버리든지, 그렇지 않으면 빨이 석방을 하든지! 내 혼자 있을 때면 무시무시해서 (무서운 표정) 아

… 어제밤 꿈입니다. 저놈이 주임님을 깔고 앉아서 칼로 가슴을 푹 찌르드니 심장을 빼내 가지고 달어나겠지요, 주임! 암만해도 무슨 일이 일어날 것같애요…… 혹시 조선의용군놈들이 이곳에 습격이나 오지 않을는지? (긴장해서 사실을 대한 것처럼 무서워한다)

高 허튼 수작. (쏜다)
巡 않이 정말입니다. (떠든다) 내 벌서 십년동안 순사노릇을 해먹어도 훈7등의 '훈장'까지 탓지만, 저렇게 지독한 놈은 처음이야요. 내 원, 뱃가죽이 모조리 탈 때까지 지저도 발은(바른) 말 한마디도 하지 않은 놈은 보든 배 처음이야! 더구나 '가죽쪼기'[2]를 입혀도 끗떡하지 않으니…… 조선의용군놈들이 모조리 저놈과 같으면 '우리 대일본제국'도 큰일이야. 글세, 이레 동안을 굶어서도 날더러 물 달나는 말 한마디 하지 안는구려. (장에게) 이런 지독한 놈이 또 있어요? 조선놈들이란 참 독종이야! 아, 장선생은 물론 례외지만은…… (미안한 듯)
高 허튼 수작 마러!

　　사이.

高 … 저놈이 지금 극도에 이르렀으니까 이 기회를 잘 리용해 …… 이잔 자기 정신을 수습하지 못할 지경에 이르렀어! 어떻게 해서든지 오늘밤은 사실 말하도록 해야할 것이야, 반드시 실토를 하도록. 오늘밤에도 실패하면 우리의 계획은 깨여지고 말 것이니까! 저놈들의 조직망을 일만타진할야든 계획이 깨여지면, 우리들의 모가지도 위험해. 요새 저놈들의 북경에서의 활동은 심상치 않어 …… 어데든지 저놈들의 손이 뻗치고 있으니까……
張 그러나 오늘까지 인간으로서는 견디기 어려운 온갖 고문에도 말하지 않은 놈이 제가 말한다고…… (주저)
高 (성이 나서) 그러니까 마즈막으로 한번 더 수단을 써볼야는 것이 아닌가!! 내가 식히는 대로만 해! 웨선 북경에 그놈들이 멧 놈이나 잠입했는가를 아러도 만족이야.
張 암만해도 지신이 없는데…… 몇을(며칠) 전에 내가 저놈보고 한

---

[2] 고문의 일종.

말은 오히려 반감을 삿는데.
高 (성이 나서) 그렇게도 자신이 없는가? 너설(너절)한 친구, 이것은 나의 명령이야! 어떤 방법으로든지 저놈이 (김을 가리키며) 실토를 하도록 해야 해! 만약 그렇지 않으면 그대가 책임을 질 터이니까!
張 내가 이 책임을? 내 힘으로 할 수 없는 일을? 내가 이놈을 얼이는 것보다 내가 오히려 저놈한테 넘어가야 할 형편인데……
高 응! 그래!! 내가 그대의 속을 뻔연히 안다! 너도 지금 딴 생각을 하고 있는 것을…… 너도 저놈들하고, 조선놈들이란 할 수 없다니까!
張 어떻게 하시는 말슴입니까? 내가 딴 생각을 하다니!
高 내가 잘 알고 있어!
張 무엇을 잘 안다고?
高 너의 그 두 쪽 마음을…… (가르키며)
張 그렇지 않아도 저놈은 나를 일본사람의 세바-드라고 욕하는데
高 세바-드보다도 못해…… 세바-드는 식히는 대로나 하지. 너는 대체 밥을 먹고 무엇 하는 거야. 요만한 일 ○○지 못하니! 그래, 조런 놈 하나 녹여낼 수단이 없어! 과거에 사회운동깨나 했다는 작자가 좀 더 성의를 내서…… 좀 더 충실하게, 좀 더 저놈의 비위에 맞는 말을 해야지……
張 성의를 내지 않아 심장을 터러 놓은데도 저놈한테 비밀을 알기는 다 틀였어! (돌아서며)
高 너는 나의 부하야. 이것은 나의 명령이야! 오늘밤은 어떻게 하여서든지 저놈의 비밀을 알어야 해. 만약 그렇지 않으면 그대의 생명이 위험할 터이니까!
金 鐵 (이러다나 무의식적으로) 물…… 물…… 야! 내가 이작 살아있는가!! (사방을 삶인다) (장은 그만이 뒤로 물어선다) 아! 내에게 물 한 목음만…… 물을…… 동무들, 나를 니젔오…… 물을 좀…… 물…… 물…… (무의식) 아! 내 가슴이 탄다…… 물을 좀 내 사랑하는 김영! 나에게 물 한 목음만…… 아! 나의 사랑하는 김영 동무, 나를 오해하지야 않겠지…… 김영! 나는 말하지 않었오? 혁명가의 사랑이라는 이것이 우리의 사랑이요!

사이.

高 　이놈! (철에게) 너도 이제야 나의 수완을 알었지! 나한테 굴하지 않고 견뎌내? 당돌한 놈 같으니라고…… 그래도 너의 비밀을 말하지 않을 터인가?

聲 　아이구, 아이구, 아야…… (취조를 받는 자의 신음)

(高)3) 흥! 이 高橋를 단단히 알어두어! 적어도 십여년 동안을 조선혁명을 부서온 이 高橋를! 오늘까지 내가 알라고 한 비밀을 못 알아본 적이 없어! 어떤 놈이든지 내 손에 걸리기만 하면! 안 속아본 적이 없어! 건방진 놈 같으니라구…… 이제도 바른 말을 하지 않을 터인가? 이제도? 단단히 알어 두어! 너의 앞에는 두 갈래 길이 놓였어! 하나는 바른 말을 하고 사느냐? 그렇지 않으면 죽느냐? 너의 멋대로 그 한 갈래 길을 택해. (나간다)

聲 　아이구, 아이구, 아야……

聲 　허허…… (떠든다) 쓸데없는 일이야…… 다 틀렷서!

張 　(조용히 김철 옆에 나서서 시(詩)를 읽는다)
　　청춘!
　　끓어 넘치는 청춘의 정열 그대는 무한한 자유를 구(求)하야
　　아름다운 꽃동산을 찾으니 한 쪼각 배를 타고 끝없는 창해를 -
　　헤매여 보지 않었는야?
　　모진 폭풍우을 헤치고 사나운 파도를 넘어서 ……
　　그렇나 네 오늘 차졌든 꽃은 -
　　캄캄한 굴속 차듸찬 돌바닥우
　　　+　　+　　+
　　생명! 타오르는 생명의 부르지즘
　　그대는 무한한 행복을 차져서 폭은한 복음자리를 찾어서 -
　　찬바람이 홉싸도는 대지를 헤치고!
　　어마어마한 산비탈을 다고 넘어 끝없이 헤매여 보지를 않었느냐?
　　그렇나 네 오늘 흘너온 데는 -
　　쇠사슬이 그리고 슯음이 너를 기달이고 있지를 안느야?
　　저주의 노래가 너를 맞이하고 있지를 안느야?
　　　+　　+　　+

---

3) 본문에는 인물 인식표가 없으나 내용상 高橋의 것.

　　　　희망 끝없는 희망의 불길…… 새로운 나라! 광명의 천지를 -
　　　　찾으려고 그대는 피투성이가 된 발에 신들메를 얼거가며 떠러진 -
　　　　쪽박을 차고 빈 배에 허리띠를 졸나가며 화독4)과 같이 타오르는 -
　　　　사막에서 헤매여보지를 않엇느냐?
　　　　그렇나 네
　　　　오늘 찾어든 곳에는 죽엄이 -
　　　　코우슴을 치며 너를 기다리고 있지를 안느야?
　　　　아! 운명의 작란!
　　　　이다지도 잔인할 줄은? 모-든 것이 꿈이다 꿈! 꿈!
　　　　아! 삶을 달나, 나의게 살 길을 가르쳐달나, 나에게 삶을 달나……
金　　허허…… 패배자의 노래…… 쓰러져가는 무리들의 하소연을 날더러? 어리석은 놈들…… 비루한 놈들, 차라리 나의 대구리를 따다 깎고 앉었지. 그 맛이 차라리 낳을 것을, 간얄픈 수작으로 나를…… (쓰러진다)

　　　사이.

張　　(어쩔 줄을 모른다. 무서운 듯 감히 철을 접근하지 못한다. 결심을 내린 듯 철에게 가서) 여보, 여보. (간신히 가서 흔든다) 여보, 여보, 김철 동무, 내 좀 할 말이 있으니……
金　　(장을 멀그럼이 처다본다)
聲　　아이구, 아야. (취조, 떠든다)
張　　김철 동무, 저를 알어 보겠읍니까? 나는 장영택이올시다. 미안합니다마는 좀 올일 말슴이 있어서. 어떻케 몸이 대단히 불편하십니까?
金　　(말없이 돌아앉는다)5)
張　　김철 도…… 동…… 무 (부르기가 미안해서) 제 마즈막으로 한마디 엿줄 말이 있으니……
金　　날더러 동무라고? 동무란 너같은 놈의 입에서 불너지는 말이 않

---
4) 화목(火木). 화덕.
5) 본문에는 인물 인식 표시가 없으나 내용상 金의 지문이 분명함.

이다. '개'는 '개'들끼리 하는 수작이 있고, '사람'은 '사람'끼리 하는 말이 있으니가 - 더구나 '개'하고 혁명가하고 서로 통할 말은 없어……

張 (생각) 여보시오. 비록 양심이 말나빠진 놈의 말이지만 들어주시오. 제가 최후로 김철 선생께 올일 말슴이 있어 왔소이다. 제가 몇 마디 말만 하도록 용서해 주……

金 ……

張 김철 선생! 나도 조선사람입니다. 나도 조선사람의 양심은 아즉 좀 남었습니다. 김철씨! 내 꼭 한마디 부탁할 말이 있소이다! 꼭 한마디……

金 (처다본다)

張 웨 꽃다운 청춘을 히생할야고 합니까…… 김철씨…… 살어야 합니다. 우리가 혁명을 하는 목적도 결국은 사는데 있소이다. '삶'을 떠나서 인생이란 허무한 것입니다. 웨? 죽어!! 어리서은 짓이지 - 살어야 합니다. (운다. 눈물을 싯는다. 앉으며) 나도 한때는 열열한 투사였오! 조선혁명을 내손에 쥐고 좌지우지 해보왔오. 나도 몇 해 전까지 조선 무산대중을 위하야, 그들의 해방을 위하야 싸워 왔오. 나의 오-ㄴ갓 것을 운동의 밭여 보았오 - 지금 생각하면 모든 것이 꿈이였어…… (희억하는 듯. 이러서며) 일단 잡힌 후 나는 허무를 느꼈오. 잡혔을 제 처음에는 나도 절개를 직혔오. 또 목숨을 내놓으면서라도 나의 혁명 절개를 살일랴고 햇오…… 그러나 결국은 그 모-든 것이 헛된 몸상(몽상)인 것을 알었오. 그때 나의 처지는 김철씨의 처지보다 오히려 험학하였다오. 더 악열하였오. 그때 나는 결심하기를 내 목숨을 맞이면서라도 다른 동지들을 구할야고, 혁명비밀을 직힐여고. 그렇나 누가 예상하였으리요. 세상 놈들이란 미들 놈들이 없지요. 어제까지 생사를 같이 한다는 놈들이 우리의 비밀을 제일 몬저 말했구려…… 팔아먹었구려.

聲 아이구, 아야. (떠든다)

張6) 이상하게두 지금 김철씨의 처지와 그때 나의 처지와는 꼭 같소이다. 다른 의용군놈들은 비밀을 다 말했는데, 김철씨만 그 비밀을 직히느라고 이 고생입니다. 벌서 김철씨의 비밀은 다른 청구

---

6) 본문에는 인물 인식 표시가 없으나 내용상 張의 대사가 분명함

(친구)들의 입으로 다 나왔오이다. 여보시오. 웨 이런 어리석은 일을 합니까 - 웨 쓸데없이 아릿다운 청춘의 목숨을 헛되이 버릴야고 (눈물을 씻는다) 합니가 - 꼭 한마디 북경에 조선의용군 공작원이 멧 사람 있는 것만 말하면 될 걸…… 어제 서장 나리께서도 김철씨가 이 한마디 말만 하면, 즉시 석방식힌다고 선언했는데.

金 이 심통이 말나 빠진 놈같으니라구, 내 앞에서 더 짓지(짖지) 말아! 내 너를 처다보는 것만도 모욕을 느낀다. 너도 조선사람이라고? 그래 엽때까지 조선혁명은 너같은 놈한테 유린을 당해왔다. 너같은 개들한테 짓밟혀왔다. 그러나 오늘부터는 절대로 안 될 것이다. 절대로 조선혁명은 이제야 비로소 자기 갈 길을 가고 있으니까.

張 네, 무슨 욕이라도 좋습니다. 내 얼굴에 똥칠을 한대도 좋습니다. - 그러나 나로서는 오늘 김철씨의 속을 알 수 없오이다. 웨 꽃다운 청춘을 헛되이 버릴야고 하는지? (눈물을 씻는다) 꼭 말 한마디만 하면 살 수 있을 것을! 지금 죽엄이 김철선생을 기다리고 있소이다.

金 흥…… 흥…… 너같은 놈으로서는 오는(오늘) 조선혁명가의 마음을 알어볼 수 없지. 개 눈엔 똥밖에 안 뵈이는 법이다. 여봐, 시끄러우니 내 엽헤서(옆에서) 지껄이지 안는 것이 엇대?

張 김철씨, 한푼어치 값이 못 가는 이놈의 말이지마는 좀 더 들어주시오. (운다) 혁명은 산꼴에서 조밥만 먹고 하는 것이 않입니다. 무엇이든지 우리가 이용할 수만 있다면 그것을 이용해야 합니다. 내가 오늘 이곳에 있는 것도 구경은 이 세력을 이용함으로서, 우리 운동을 전개해 보자는 것이외다. 꼬부랑길을 가도 그 목적지까지 가면 그만이 않이요.

聲 아이구,…… (죽어가는 소리, 우덩텅 퉁탕 소리.)

張7) 김철씨! 마음을 돌이시오. 그저 어름해서 우리의 일만 잘해 나가면 그만이 아니요. 우리가 살고 보면 그만이 아니요. 오늘 조선혁명가들 앞에 놓인 문제는 어떻게 좀 더 잘 적에게 응부(應付)8)하는가? 하는 문제요. 누가 좀 더 잘 '응부'하면, 않(아니) 누가

---

7) 본문에는 인물 인식 표시가 없으나 내용상 張의 대사가 분명함.
8) 요구에 응하여 물품 등을 공급하여 부여함.

좀더 잘 '응부'할 줄만 안다면 - 그는 승리자요, 최후의 승리는 그가 따낼 것이요. 김철씨같히 훌륭한 인격과 재주를 가지신 분이, 더구나 문학에 천재(天才)를 가지신 분이 이 세상을 떠난다는 것은 우리 조선으로 보아서, 아니 전세계 혁명으로 보아서 크다란(커다란) 손실이 않일 수 없오이다. 혁명을 위해서도 김철씨는 살어야 합니다. 조선의 예술을 살리기 위해서 김철씨는 살어야 합니다.

金 ⋯⋯ 허튼 수작, 웨 좀 더 솔직하니 말을 못해. 날더러 빨리 투항하라⋯⋯ 변절하라고⋯⋯ 왜놈들의 개가 되라고⋯⋯ 나도 그대와 같이 '일본놈의 산양개(사냥개)가 되라고.' 적을 이용을 해? 적에게 응부를 해? 그러지 말고 어떻게 하면 조선혁명을 좀 더 잘 팔아먹을 도리가 없을가 하는 것을 말하는 것이 어때? 비단 보잭이에 개똥을 싸어 팔아먹을 터인데, 어떻게 하면 깜족같이 세상사람을 속여 먹겠는가 라는 것을 말함이 옳지 않을까? 어리석은 작자들, 오늘 조선사람과 왜놈, 조선혁명과 반동세력과 사이에는 여하한 응부도 타협도 있을 수 없다. 네가 죽으면 내가 살고, 내가 살면 내가 죽고, 생사의 싸홈이 있을 뿐 ⋯ 너희들로써 나를 나의 생명을 빼앗을야고 하는 것은 당연한 일이다. 원수들의 손에 사로잡힌 나의 생명을 너희는 빼앗을 뿐이지, 여기에 여하한 응부도 '타협'도 있을 수 없다. 잔소리 말고 나를 죽여라. (배곪아 고통 쓰러진다)

사이.
뚜걱뚜걱 간수의 구두소리.

金 (배곪으 목말나프(배고프고 목말라서?) 일어선다) 아 - 나에게 물한 목음만⋯⋯ 물을⋯⋯ (무의식중)

간수 물 한 병, 컵 한 개를 장에게 준다.

金 (장에게 달여들어, 본능적 행동) 아 - 물⋯⋯ 물⋯⋯ 나에게 물, 물⋯⋯ (장 물을 주-ㄱ 따른다) 아 - 물을, 물⋯⋯ 물⋯⋯

철 달여든다. 장 줄야고 한다. 高 그것을 툭 처버린다. 철 방바닥에 흐터

　　　　진 물을 마실야고 엎드린다.

高　　（그를 구두발로 차며) 비루한 자식.⋯⋯ (한번 더 찬다)
金　　（좀 또러져 주저 앉으며, 高, 장, 물병을 처다본다) (高 물을 한 잔 죽 붓는다)
金　　（이러서며) 물⋯⋯ 물⋯⋯ 나의게 물을. (닥나(다가)서며)
高　　（물 잔을 내들며) 너에게 줄 물은 얼마든지⋯⋯ 말 한 마디만 하면⋯⋯
金　　물⋯⋯ 물⋯⋯ 나에게 물. (高의 물잔을 덥친다. 高 철을 탁 밀친다)
金　　（쓰러진 채 몸부림) 물⋯⋯ 물⋯⋯
高　　（또 물 한 잔을 부으며 철에게 보인다) 자, 네가 마실 물은 얼마든지⋯⋯
金　　（이러서 高에게 달여든다. 물 잔을 쥐고 마실야고 한다. 高 그것을 박으며)
高　　먼저 말을 해. 북경시내에 의용군놈들이 멧 사람 잠입햇느냐.
金　　（한참 물그럼히 처다보다가) 물, 물을⋯⋯ 나에게 물을⋯⋯ (또 그 물 잔을 쏘다 버린다. 철 헛터진 물을 마실야고. 高 그를 구두발로 문지르고 나서 또 한 잔 물을 부으며)
高　　꼭 한 대 말만 해. 너의 애인 김영이 북경에 들어왔지? 네가 마실 물은 얼마든지, 허⋯⋯ (만족한 우슴)

　　　　高 슬적 한 모퉁이로 빅켜선다. 철 高를 따라가며

金　　물, 물을⋯⋯
高　　（물잔을 내들며) 자 - 시원한 냉수를 한 목음 마시지⋯⋯ 허허⋯⋯
金　　물⋯⋯ 물⋯⋯ (미칠 듯이 달여든다)
高　　그래, 이것은 네가 마실 물이야 - 말을 할 터인가? 요새 의용군놈들이 30명 들어왔다지?
金　　（달여들며) 그래, 내 말하지. 그래, 내 말해. (숨이 차서) 물을. (물잔을 덥친다)
高　　（그것을 들며) 말을 먼저, 북경에 누가, 누가가?

金　……
간　수　허허……
金　(정신을 찰인 듯 천천히 뒤로 물러선다) 몰나…… 몰나…… (고개를 흔들며 나가 쓰러진다)

　　　사이.
　　　高 장에게 물잔과 물병을 준다.

張　(철의 머리 우에 물을 붓는다. 철 정신나는 듯 흐르는 물을 받아 먹을야고) 허…… 물을 좀 마시지!9)
金　(무의식중에 그 물을 받아 먹을야고 한다) 물, 물…… 나에게 물을 좀……
張　허! 말붙어(부터) 몬저 하고…… (슬쩍 빼서 돌인다. 철 따라간다)
金　물을, 물, 물. (미칠 듯)
張　그래, 물을 줄 터이니 꼭 한마디 말만……
金　(닥아서며) 나에게 물을……
張　(물잔을 내주며) 말을 하지? (죄지듯이)
金　그래, 내 말해. (숨이 차) 내 말해. (물잔을 받아들며 마실야고)
張　너의 북경책임자가 누구인가?
金　(정신을 채린 듯) 몰나…… 몰나. (고개를 흔들며, 나가 쓰러진다. 기진맥진했다. 몸부림. 임종에 각가운 찰나, 죽은 듯 잠잠하다)

　　　사이.

張　주임님! (철의 가슴에 손을 대본다. 손을 만져본다) 손이 참니다. 아마 죽어가는 모양입니다. (당황한다)
高　(다소 황겁했다10). 철의 가슴에 손을 넣어본다. 코에 귀를 대본다) 숨이 떠러진 모양이야. 빨이, 빨이, 빨이 좀 물을 좀 멕여…… 물……

장　물잔을 철의 입에 댄다. 철은 입을 악문 채 안 먹는다. 장철에게

---

9) 지문과 대사의 구분이 모호한 부분을 바로잡음.
10) 겁이 나서 얼떨떨하다.

　　　　물을 멕일야고 애쓴다.
高　　철의 머리에 물을 붓는다. 철 별안간 입에 대인 잔을 탁 친다.

　　- 조용하다 -
　　일동 경황, 어쩔 줄 몰나. 3인 퇴장.
　　사이.

金　鐵　(임종의 찰나 반쯤 이러나 정신이 똑똑해) 동무들, 끝까지 싸워주시오! 세상에서 일본 파시스트의 세력을 모조리 소멸할 때까지 - 조선에서 왜놈들을 완전히 몰아낼 때까지, 조선에서 자유의 기빨이 날릴 때까지, 조선독립은 머지 않은 것을. 동무, 나에게 준 임무를 완성 못하고 나는 갑니다. - 그렇나 나는 끝까지 적에게 굴치 않고 싸웠오. 동무! 놈들을…… 나의 원수를. (쓰러진다. 또 이러나며) 김영 동무, 잘 싸워주오. 김영 내…… (쓰러진다)

　　은은히 들여온다. 추도가(追悼歌)
　　막.